元·赵孟頫《苏东坡小像》，台北故宫博物院藏

明·朱之蕃《临李公麟画苏轼像轴》，万历四十七年（1619）（局部）

明·曾鲸《苏文忠公笠屐图》(局部)

明·佚名《东坡先生像》(局部)

清·黄慎《东坡玩砚图页》(局部)

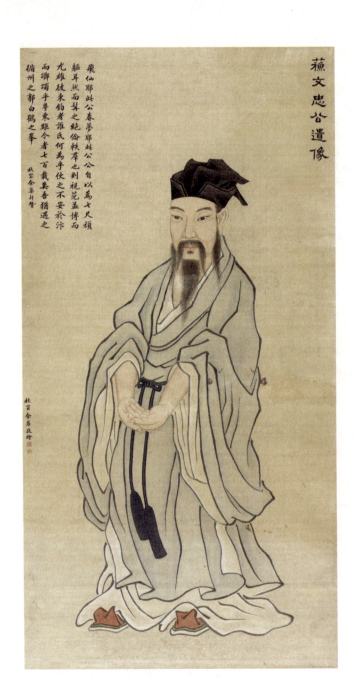

蘇文忠公遺像

清·余集《苏文忠公笠屐图》（局部）

近代·陈少梅《东坡居士像》(局部)

近代·徐宗浩《苏文忠公像》(局部)

東坡退朝食飽捫腹徐行謂侍兒曰是中有何物一婢曰都是文章坡不以為然又一婢曰滿腹都是識見坡更以為然至一婢名朝雲曰學士一肚皮不合時宜坡捧腹噴[印]

清·费丹旭《东坡居士像》

清·沈逎《东坡先生笠屐图》

明·李宗谟《东坡先生懿迹图卷》（局部）

清·陆恢《东坡先生笠屐图》

明·仇英《竹院品古图页》（局部）

清·丁观鹏《西园雅集图轴》（局部）

後言雅可錄自言不作封禪書更肯

悲吟白頭曲
司馬長卿欲娶富人女文君作白頭吟以

我笑吳人不好事好作祠堂傍儭
喜曾無
封禪書
諸之先生臨終詩云茂陵他日求遺草猶

竹不然配食水仙王一盞寒泉薦秋

菊
西湖有水
仙王廟

錢塘孤山放鶴亭宋處士林逋舊隱處蘇軾而為賦詩

者也西湖行宫在焉陽丁丑南巡適得處士詩帖坡詩宛

在墨彩猶新頃來湖上重展是卷緬高風於千載抒

雅興以重鋟並紀卷末以誌緣起御筆

書和靖林處士詩後　蘇軾

吳儂生長湖山曲呼吸湖光飲山
綠不論世外隱君子傭兒販婦皆
冰玉先生可是絕俗人神清骨冷無
由俗我不識君曾夢見眸子瞭然
光可燭遺篇妙字處、有步繞西
湖看不足詩如東野不言寒書似留
臺差少肉平生高節已難繼

劉三與之神駿乃為之贊曰

吁焉章世悍驕泰貳師

走嫖姚今在廷服虎貙勐

天驤立內朝八尺龍神超

逢莽將西燕西瑤帝念

之乃下招箭歸雲遞房妖

下禮部軾時為宗伯判某

狀云　朝廷方卻走馬以糞正

滇汗血亦行所用事遂寢于

時兵革不用海内小康馬則

不過矣而人少安軾嘗移請於

承議郎李公麟畫當時三

駿馬之狀而使鬼章青宜結

勁之藏於家紹聖四年三月

十四日軾在惠州謫居無事

因閱舊畫足思一寸

北宋・苏轼《三马图赞并引残卷》，绍圣四年（1097），北京故宫博物院藏

北宋·苏轼《定惠院二诗草稿卷》（传）

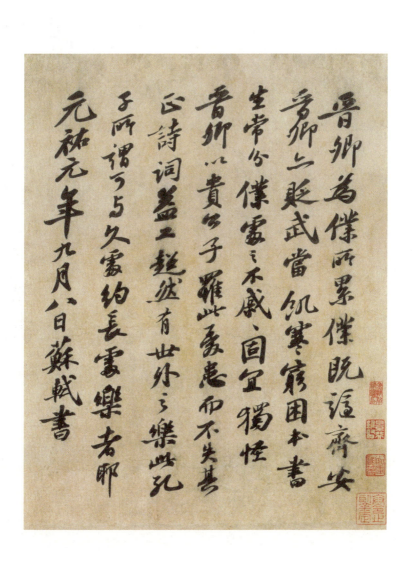

北宋·苏轼《题王诜诗词帖页》，元祐元年（1086），北京故宫博物院藏

保重冤中也不谨　肅奉再

季常先生文閣下　　正月 言

一曲承當方子明者他亦不甚怪也内胀
柳中舍已到京了羔已手未及奉慰邂逅立喜
伸意：柳丈眠日書人還知华游次
知屋畫已壞了不須快帳但頗著間
筆彩屋下不称先如畫也

軾啟　新歲未獲
展慶，祝頌無窮。稍晴，
起居何如。起造必有涯，何日果可
入城昨日得？以擇書過上元乃行計，
月末間別。此
公亦以此時來，幸
甚。竊計上元起造尚未
畫一籠，旦夕附
陳隆船次，今先附扶劣
草上□中有一鑄銅匠，欲借
所惠建州茶子，並搅試，今依樣選者兼

北宋·苏轼《新岁展庆帖》，元丰四年（1081），北京故宫博物院藏

實懷毋忽都言也不一 軾再拜

知□□日擊推不絕一哭甚
靈怩貴手方□酒一擲告□一

辭元鑒元頓

東坡真蹟余所見多重此十卷皆宋
人偽鉤廓填坡書奉濃院經填墨
益不免墨豬之論惟此二帖則杜老所
謂須史九重真龍出一洗万古凡馬空也

董其昌歡

軾啟人來得

書不意

伯誠訃音至於此哀愕不已

宏才令德百未一報而止於是耶

季常篤於兄弟而於

伯誠尤相知照想聞之無復生意某不

上念

門戶付囑之重下思 三子皆未成立任

情所至不自知返則朋友之愛蓋未可量

伏惟深照死生聚散之常理悟愛戀

之無益釋然自勉以就

遠業軾蒙

交照之厚故吐不諱之言必深察也本欲

北宋·苏轼《人来得书帖》，北京故宫博物院藏

右黃州寒食二首

破竈燒濕葦 那
知是寒食 但見烏
銜帋 君門深
九重墳墓在萬里也擬
哭塗窮死灰吹不
起

北宋·苏轼《黄州寒食诗帖》，台北故宫博物院藏

此虽云同归院亦不云宿於院中 不知别有文
字证得是宿学士院旧复云是
今家传说如此尤更 批云
軾白
今当改云宿学士院为复且仍旧云宿
侍疏金书 批手

WILLSENSE

苏轼十讲

朱刚

——

著

上海三联书店

前言

　　我于1991年起，随陈允吉先生治唐代文学，1994年转入王水照先生门下治宋代文学，故为博士学位论文选择研究对象时，考虑贯联唐宋，而以"唐宋八大家"的思想与创作为题。后因能力所限，缩小范围，只取韩柳欧苏四家，此"苏"即专指苏轼。毕业以后留在复旦大学中文系任教，正好南京大学"中国思想家评传丛书"的主事者来征求《苏轼评传》的撰稿人，遂与王先生一起承担了该书的写作任务。集中精力治苏，盖始于此时。2004年该书出版后，又逢复旦大学中文系设置专人专书的"精读"类课程，故请得"苏轼精读"一门授之，迄今已有十余年了。

　　因为是"思想家评传"的一种，《苏轼评传》

的写作方式跟一般文学家传记有所不同，简单记叙生平以外，主要探讨传主的哲学、史学、政治、文学等诸方面的思想，其诗词文作品大都被拆成了零碎的片段，引为论述的依据。但"精读"课程与此大异，解析完整的作品是主要内容，故我大体按照苏轼生平，联系时事，拈出十个专题，聚集有关作品，加以讲析。我所备的讲稿，起初比较简单，逐年修订增益，居然也便成帙。有听者以为可出版面世，感其厚意，用了一个暑假疏通文句，交付编辑，名为《苏轼十讲》。其中有些部分，与我近年发表的论文近似，这是因为我一般先在课堂上讲述新得，听取一些意见后，再写成论文，拿去参加相关的学术会议，听取专家意见再加以修改，然后发表于各类书刊。所以，对提供意见的同学和专家，我都要表示感谢。不过既是论文，也未免拆碎苏轼的作品，摘引其中信息量较大的语句。而本书作为讲稿，其特征首先就在于，我尽量使每一讲都包含一组完整的作品，在讲析这些作品的基础上，再引申至其他方面。按编辑的建议，这些作品在书中都注明出处。

无论对于听讲的学生，还是选购此书的读者，我都希望自己所起的最大作用，是帮助您读懂这些作品。

本书出版之际，又蒙王水照先生和陈尚君先生检读书稿，赐下推荐之语，这是尤其要诚挚感谢的。同样要感谢的还有编辑王焙尧女士，没有她的辛勤工作，就没有这本书。

目　录

第一讲　雪泥鸿爪

　　一、苏轼诗词对"鸿"的书写 / 005

　　二、"磨牛"与"黄犊" / 012

　　三、"月"喻 / 018

　　四、《次韵法芝举旧诗一首》 / 021

第二讲　贤良进卷

　　一、贤良方正能直言极谏科 / 024

　　二、北宋的"贤良进卷" / 027

　　三、苏轼、苏辙应制科始末 / 037

　　四、二苏《应诏集》与嘉祐时期的学术、政治动向 / 045

　　五、苏轼《策略一》 / 055

　　六、苏轼《贾谊论》 / 059

　　七、宋朝策论的文风 / 063

第三讲　乌台诗案

　　一、关于"新法"的争议和苏轼的态度 / 070

　　二、从熙宁到元丰 / 076

　　三、"乌台诗案"的记录 / 083

　　四、"乌台诗案"的审判 / 091

　　五、"乌台诗案"的结果 / 098

　　六、特别的"诗话" / 108

第四讲　三咏赤壁

　　一、黄州的"东坡居士" / 120

　　二、《念奴娇·赤壁怀古》与"豪放词" / 126

　　三、《赤壁赋》与宋代"文赋" / 134

　　四、《后赤壁赋》的神秘世界 / 143

　　五、诗可以怨 / 151

　　六、也无风雨也无晴 / 155

第五讲　庐山访禅

　　一、苏轼与佛、道 / 165

　　二、元丰七年的庐山之行 / 174

　　三、苏轼的庐山诗偈 / 180

　　四、东林常总禅师和"无情话" / 186

　　五、声色与禅 / 192

　　六、庐山真面目 / 199

第六讲　王苏关系

　　一、嘉祐时期 / 205

　　二、熙宁时期 / 213

　　三、元丰七年（1084） / 226

　　四、元祐元年（1086） / 236

　　五、建中靖国元年（1101） / 243

　　六、崇宁五年（1106） / 253

第七讲　东坡居士的"家"

　　一、我家江水初发源 / 258

　　二、永夜思家在何处 / 267

　　三、家在江南黄叶村 / 273

　　四、家在牛栏西复西 / 279

　　五、但愿人长久 / 292

第八讲　元祐党争

　　一、苏轼的奏议 / 304

　　二、《辩试馆职策问劄子》 / 319

　　三、立朝大节 / 331

　　四、苏轼与他的"敌人" / 335

　　五、对床夜雨 / 347

第九讲　唱和《千秋岁》

　　一、"丑正欺愚"之令　/　359

　　二、飞红万点愁如海　/　364

　　三、"贬谪文化"的最强音　/　369

　　四、从个人唱和到集体表达　/　373

　　五、公共性"文坛"　/　386

第十讲　个体诗史

　　一、人生的终点——诗和禅　/　401

　　二、《东坡乐府》的词题词序　/　409

　　三、"诗史"观念　/　416

　　四、苏轼的诗题　/　420

　　五、晚年苏辙的诗世界　/　428

外一篇　从桃源流出的江湖——苏诗的"江湖"书写

　　一、失意之人被放逐的场所　/　447

　　二、"江湖"可思　/　451

　　三、"江湖"可归　/　457

　　四、通向桃源的"江湖"　/　462

　　五、余论　/　467

延伸阅读　/　469

第一讲

雪泥鸿爪

苏轼的诗词中对"鸿"的书写非常多，经常是用来自喻的。"鸿"是候鸟，随季节的更换飞来飞去，苏轼是个官员，也要随朝廷的差遣跑来跑去，于是他觉得自己像"鸿"。进一步说，不但是跑来跑去的时候像"鸿"，整个人生也就是在世间的一次匆匆旅行，所以人生在整体上也像"鸿"一样飞过这个世界。那么留下来什么呢？也许有些痕迹，就是"雪泥鸿爪"了。这"雪泥鸿爪"出自他早年写的诗，可以说是他有关"鸿"的书写中最脍炙人口的了。不过，这仅仅是苏轼写"鸿"的起点，从这个起点出发，经过一生，后来有个终点。我们先来看一下这个终点，因为它跟起点非常不同。正因为终点跟起点不同了，所以我们有必要去考察产生不同的过程。这过程，就是人生。

宋徽宗建中靖国元年（1101），也就是苏轼在世的最后一年，他从贬谪之地海南岛获赦北归，五月一日舟至金陵（今江苏南京），遇见老朋友法芝和尚，作《次韵法芝举旧诗一首》：

> 春来何处不归鸿，非复赢牛踏旧踪。但愿老师真似月，
> 谁家瓮里不相逢。（苏轼《次韵法芝举旧诗一首》，《苏轼诗
> 集》卷四十五，中华书局1982年版。"真似月"原作"心似
> 月"，改动理由详见下文。）

　　苏轼写了此诗以后不久，七月二十八日就病逝于常州。所
以，第一句中的"归鸿"是他最后一次对"鸿"的书写，而且
肯定是用来自喻的，因为这个时候他好不容易从海南北归了。
我们知道这一只"归鸿"马上就要终结旅程，读起来不免是伤
感的，但苏轼写下"何处不归鸿"的时候，心情无疑是喜悦的。
这就是跟"雪泥鸿爪"的不同。"雪泥鸿爪"是谈不上喜悦的，
也可以说是相当悲观的。从"雪泥鸿爪"到"何处不归鸿"，意
味着从悲观中解脱出来。

　　当然这首诗比较难读，除了"归鸿"以外，接下来还有"赢
牛踏旧踪"和"老师真似月"两个比喻，四句诗写了三个比喻，
而且大抵直呈喻体，对喻义没有明确的阐说。这样的写法给我
们解读诗意造成很大障碍，但这是老朋友之间相赠的诗，作者
这么写了，他相信对方即法芝和尚是能够看明白的。

　　法芝是谁呢？《苏轼诗集》有个注，说法芝"名昙秀"。这
个注释是错误的。苏轼确实把这位法芝称呼为"昙秀"，但有
时又称为"芝上人"，所以他应当是名法芝、字昙秀。宋朝的僧
人跟一般人一样，也有名有字。名是法名，由两个汉字组成，
前面一个汉字表示辈分，如"法芝"的"法"，就是辈分，他剃

度的时候，一起剃度的师兄弟都叫"法×"，这样"法"是同辈师兄弟共有的，只属于他的就是"芝"，所以经常单用一个"芝"来称呼他。字呢，一般也是两个汉字，如"昙秀"，但这个不可以拆开，不能单用一个"秀"来称呼他。这是名与字的不同用法，阅读有关僧人的资料时，需要注意。

跟苏轼同时的一位诗人贺铸，其《庆湖遗老诗集》卷七，有一首《寄别僧芝》，诗前有一段自序说："吴僧法芝，字昙秀，姓钱氏。戊辰（1088）九月，邂逅于乌江汤泉佛祠，将为京都之游，既相别，马上赋此以寄。"这里介绍的"吴僧法芝"，被贺铸简称为"僧芝"，字是"昙秀"，这就是《次韵法芝举旧诗一首》的写赠对象了。他的俗姓是钱氏，又是"吴僧"，很可能是五代十国时吴越钱王的后代，苏轼在杭州时，与钱王的后人建立了很深的友谊。

孔凡礼先生编订《苏轼诗集》时，参校了各种版本，把诗中"真似月"一语校改为"心似月"。这个校改，我觉得也不对。苏轼有一篇文章，叫《书过送昙秀诗后》：

"三年避地少经过，十日论诗喜琢磨。自欲灰心老南岳，犹能茧足慰东坡。来时野寺无鱼鼓，去后闲门有雀罗。从此期师真似月，断云时复挂星河。"仆在广陵作诗《送昙秀》云："老芝如云月，炯炯时一出。"今昙秀复来惠州见余，余病，已绝不作诗。儿子过粗能搜句，时有可观，此篇殆咄咄逼老人矣。特为书之，以满行橐。丁丑正月二十一日。（《苏轼文集》卷六十八，中华书局1986年版）

丁丑是绍圣四年（1097），苏轼贬居在惠州，法芝前来看望，苏轼的儿子苏过写了一首律诗送给法芝，就是文章开头抄录的八句。苏过的诗里有"从此期师真似月"一句，苏轼在后面解释说，这是因为苏轼早先送法芝的诗里已经把对方比喻为"月"。我们查一下"老芝如云月，炯炯时一出"之句，是在苏轼《送芝上人游庐山》（《苏轼诗集》卷三十五）诗里，作于元祐七年（1092）。这样，事情的经过是：元祐七年苏轼把法芝比喻为"月"；过了五年，苏过继续用这个比喻称许法芝，所以表述为"真似月"，意思是"但愿您真像我父亲说的那样，澄明如月"；然后再过四年，苏轼写《次韵法芝举旧诗一首》，又转用苏过的诗句来赠予法芝，文本上应该以"真似月"为是。

　　"真似月"与"心似月"有什么差别呢？都是把对方比喻成"月"，但"心似月"可以是第一次做这样的比喻，而"真似月"则表明已不是第一次，这是很重要的差别。在苏轼父子与法芝之间，这个比喻被反复使用，其喻义为双方所知晓，且不断地加深领会和沟通。借助于这个简单的意象，他们可以达成更为复杂曲折的交流。这一点值得强调，因为诗中另一个比喻"牛"，也曾出现在苏轼元祐七年赠予法芝的《送芝上人游庐山》中，也是反复使用，我们后面将会解析。至于"鸿"，在苏轼的作品中出现得就更频繁，其含义亦必为法芝所了解。作为赠诗的接受者，这位方外友人能够明白"鸿""牛""月"三个比喻的意思，所以苏轼不需要多做阐释。

　　不过我们若仔细揣摩诗意，则苏轼将三个比喻连贯地呈现在一首诗里，分明是有一条意脉的。他说我现在是"归鸿"，不再是"羸牛"，希望您真的似"月"。这究竟在说什么呢？我们要对这样一条意脉加以清晰的透视，就必须从苏轼的一系列文本中找到相关的书写，来确定其喻义。我觉得很有意思的一个发现是，这些文本正好可以把苏轼的一生串联起来。

一、苏轼诗词对"鸿"的书写

苏轼字子瞻，出生于宋仁宗景祐三年十二月十九日。这景祐三年大致相当于公元1036年，但苏轼的生日，推算起来却到了1037年1月8日。所以这件事表述起来有点麻烦，写成"苏轼生于景祐三年（1036）"或"苏轼生于景祐三年（1037）"都不太确切，只好把年月日都写出来。他的父亲苏洵和弟弟苏辙也是著名的文人，按照当时文人的一般做法，他们都要通过科举考试走上仕途。不过两代人在考运上差别很大，苏洵考了一辈子都是不幸落第，而苏轼、苏辙则在嘉祐二年（1057）第一次参加考试就一举登科。这一年的主考官是欧阳修，因此苏轼兄弟就成为欧公的"门生"。对于苏轼来说，拜入欧公门下，应该是比金榜题名更重要的事，他后来一生的政治态度、文艺主张，都自觉地继承欧公的衣钵。

不幸的是，就在嘉祐二年，苏轼的母亲程氏在家乡眉州去世，这样他必须回家为母亲守孝。到了嘉祐五年（1060）再到北宋的东京开封府，在欧阳修等人的推荐下，他和苏辙一起参加了次年举行的制科考试[1]，又是联名并中，苏轼被授予"签书

---

[1] 关于这次制科考试，详情请参考第二讲"贤良进卷"。

凤翔府节度判官厅公事"的官职，这是他的仕途起点。于是他告别父亲和弟弟，独自去凤翔上任，途中写了著名的《和子由渑池怀旧》诗，就是苏诗写"鸿"的起点了：

> 人生到处知何似？应似飞鸿踏雪泥。泥上偶然留指爪，鸿飞那复计东西。老僧已死成新塔，坏壁无由见旧题。往日崎岖还记否，路长人困蹇驴嘶。（往岁，马死于二陵，骑驴至渑池。）（苏轼《和子由渑池怀旧》，《苏轼诗集》卷三）

这首诗前面的四句，就是"雪泥鸿爪"的来历。

"雪泥鸿爪"是个比喻，其喻义是什么呢？简单地说，就是太渺小的个体不由自主地飘荡在太巨大的空间之中，所到之处都属偶然。古人注释苏诗，多引北宋天衣义怀禅师（993—1064）的名言"譬如雁过长空，影沉寒水，雁无遗踪之意，水无留影之心"（惠洪《禅林僧宝传》卷十一《天衣怀禅师》）来注释此句，认为苏轼的比喻是受了这禅语的启发。从时间上看，义怀比苏轼年长数十岁，苏轼受他的影响不无可能，但嘉祐年间的苏轼是否知道义怀的这段禅语，却也不能确定。我们且不管两者之间有否渊源关系，比较而言，潭底的雁影比雪上的鸿爪更为空灵无实，不落痕迹，自然更具万缘皆属偶然、本质都为空幻的禅意。不过，从苏轼全诗的意思来看，恐怕不是要无视这痕迹，相反，他是在寻觅痕迹。虽然是偶然留下的痕迹，虽然留下痕迹的主体（鸿）已经不知去向，虽然连痕迹本身也将在时间的流逝中渐渐失去其物质性的依托（僧死壁坏，题诗不见），但苏轼却能由痕迹引起关于往事的鲜明记忆，在诗的最后还提醒弟弟来共享这记忆。所以，义怀和苏轼的两个比喻虽然相似，但禅意自禅意，诗意自诗意，并不相同。禅意是说空幻、说无常；诗意却正好相反，说虽然人生无常，在这世上的行踪也偶然无定，留下的痕迹也不可长保，但只要有共享回忆的人，便拥有了人世间的温馨。这也许受了禅意的启发，但并不是禅，而是人生之歌。

当然，"鸿飞那复计东西"，此时的苏轼对于人生的感受，确是不由自主，充满偶然性的。从仕宦的实况来说，这样的感受将会延续一生，所以这个"鸿"的意象在他以后的诗词中也不断重现。直到他去世，苏辙在《祭亡兄端明文》中依然用"鸿"来比喻兄长的身世：

> 涉世多艰，竟奚所为？如鸿风飞，流落四维。（苏辙《祭亡兄端明文》，《栾城集·栾城后集》卷二十，上海古籍出版社1987年版，下文简称《栾城后集》）

我觉得苏辙这几句正好可以移注"雪泥鸿爪"一喻。因为身世飘忽不定，所以一切境遇皆为偶值，无处可以长守，不能安定。而造成这种状况的原因，在于为官之人不能自主，一身随朝廷差遣而转徙，竟不知将来之于何地，则此身犹如寄于天地间，随风飘荡，而前途也如梦境一般不可预计。

人生固然是不可完全预计的，苏轼还在凤翔的时候，对他非常欣赏的皇帝宋仁宗去世了，其侄子宋英宗继位，改元治平；到治平三年（1066），父亲苏洵卒，苏轼、苏辙再次回乡守孝，其间宋英宗又去世了，宋神宗继位，改元熙宁；到熙宁二年（1069），守完孝的苏轼回到东京，迎面就撞见一件大事：王安石变法。

这里暂不谈论王安石变法的是非功过，当时产生的一个显著结果，就是把北宋的政界撕裂为两半：支持变法的"新党"和反对的"旧党"。有许多原因使苏轼选择了反对立场[1]，但宋神宗的支持使"新党"在"新旧党争"中占据了优势，这就使苏轼被迫离开朝廷，熙宁四年（1071）任杭州通判，熙宁七年（1074）任密州知州，熙宁十年（1077）任徐州知州，长期在地方上工作。由于作为地方官的他必须执行自己所反对的政令，心情必定是不好的，在当时所作的诗文中难免有些宣泄。这些宣泄引起了"新党"的注意，认为是恶意的讥讽，便对苏轼加以弹劾。正好王安石罢相，宋神宗改元元丰，亲自主持政局，使原本反对王安石的话语读起来都像在反对皇帝了。语境的改变引起有意无意的解读错位，给苏轼带来一场牢狱之灾，就是轰动朝野的"乌台诗案"。元丰二年（1079）苏轼转任湖州知州，七月二十八日在任上被捕，八月十八日押解至京，拘于御史台，到十二月二十八日才结案出狱。其间，负责审讯的御史台对他严厉拷问，意图置之死刑，但负责法律裁断的大理寺、审刑院却认为苏轼所犯的"罪"可据朝廷历年颁发的"赦令"予以赦免，最多剥夺他两项官职就可以抵消。[2]最后，由皇帝圣裁，加以"特责"，被贬为黄州团练副使，本州安置。受其连累的苏辙也被

---

1 我曾试图对这些原因加以概括和分析，请参考王水照、朱刚《苏轼评传》第四章，第337—350页，南京大学出版社2004年版。本书后面几讲也会大致提及。

2 详情请参考第三讲"乌台诗案"。

贬为监筠州盐酒税。

于是，元丰三年（1080）至七年（1084）间，苏轼贬居黄州。他在黄州所作的一首词里，再次以"孤鸿"自比：

> 缺月挂疏桐，漏断人初静。谁见幽人独往来，缥缈孤鸿影。
>
> 惊起却回头，有恨无人省。拣尽寒枝不肯栖，寂寞沙洲冷。
>
> （苏轼《卜算子·黄州定惠院寓居作》，龙榆生《东坡乐府笺》卷二，上海古籍出版社2009年版）

这里的"幽人""孤鸿"都在写自己。他原来以"鸿"自喻，是因为必须随朝廷差遣而转徙，不能自主，感到被动不安；但此时被朝廷抛弃了，不再转徙了，却又觉得孤怀寂寞，有不被理解之苦，所以这"孤鸿"仍是精神上遭流落的象喻。

不过，"拣尽寒枝不肯栖"，情愿停在寂寞的沙洲上，表明这"孤鸿"对自己的栖身之地有所选择。有选择就是一种主体意识，与完全被动的随风飘荡之鸿有所不同了。这不能不说是贬谪的打击唤醒了苏轼对主体性的自觉，大抵贬居的时候对"自我"的关心总比身任要职时期更多。

苏轼在黄州所作的诗歌中，还有一首包含了写"鸿"的名句：

> 东风未肯入东门，走马还寻去岁村。人似秋鸿来有信，事如春梦了无痕。江城白酒三杯酽，野老苍颜一笑温。已约

年年为此会，故人不用赋《招魂》。（苏轼《正月二十日，与潘、郭二生出郊寻春，忽记去年是日同至女王城作诗，乃和前韵》，《苏轼诗集》卷二十一）

诗意是说，每年在相同的时间、约相同的朋友到相同的地点聚会，喝酒写诗，这样的生活很好，不必因为是贬居就不快乐。这里写的"秋鸿"，有了候鸟的另一种属性。在"雪泥鸿爪"里，那个"鸿"只是迁徙、飘零，不知道会去哪里；而这个"秋鸿"是会回来的，一年一度到相同的地方。

所以，作为候鸟的鸿，春去秋来其实是有规律的，其境遇并非全属偶然。或者说，偶然性并不来自鸿本身，而是来自外力的迫使。人也是如此，自由之身可以与喜爱的环境反复温存，听命于朝廷的仕宦生涯才会四处漂泊。这个时候的苏轼年近五十，而坚持"新法"、亲自主政的宋神宗只有三十几岁，苏轼当然不能也不敢因为政见不同，就预想皇帝会英年早逝，他只能为仕宦生涯就此结束做好心理准备，调整心态去适应长期贬居的生活，而从中体会到获得自由之身的喜悦。

不过苏轼的仕宦生涯并没有在黄州结束。元丰七年（1084）宋神宗下诏让他离开黄州，改去汝州居住，不久又同意他改居常州。然后，元丰八年（1085）宋神宗崩，年幼的宋哲宗继位，太皇太后高氏听政，起用司马光等"旧党"官员。苏轼也在十一月起知登州，十二月受召回京城。元祐元年（1086）任翰林学士，成了"元祐大臣"。就仕途而言，这是佳境，但也意味着自由之身已经失去，他又必须听命于朝廷的差遣而到处转徙，重新陷入"雪泥鸿爪"般的人生境遇。

元祐四年（1089），苏轼再次来到杭州，担任知州。这又是旧地重游，当然跟写"人似秋鸿来有信"的时候不同，那是主动约了朋友旧地重游，这是被朝廷差遣到同一个地方。但这次重游的经历，似乎令他的人生被动、所至偶然之感有所纾解，以诗为证：

> 到处相逢亦偶然，梦中相对各华颠。还来一醉西湖雨，不见跳珠十五年。（苏轼《与莫同年雨中饮湖上》，《苏轼诗集》卷三十一）

这首诗里没有写"鸿"，但首句"到处相逢亦偶然"，正好就是"雪泥鸿爪"喻义的直写。太渺小的生命个体在太巨大的空间里不由自主地飘荡，所到所遇无不充满偶然性，同梦境没有根本区别。而在这样的过程中，人生最珍贵的东西——时间，却悄无声息而冷酷无情地流逝，当老朋友重逢而彼此看到的都是满头白发时，感慨之余，是否为生命的空虚而悲哀呢？在这里，苏轼虽然没有悲叹，可读者分明能感到一种人生空漠的意识扑面而来。

不过，苏轼也提醒我们，可以换一个角度来看这件事：如此渺小的个体在如此巨大的时空中飘荡，而居然能够重逢，那简直是个奇迹，足可快慰平生。所以，此诗的后两句扭转了悲观的意思，等于是在提议为"重逢"而干杯！因了这重逢的喜悦，"雪泥鸿爪"般的人生也弥漫出温馨的气氛，驱走了空漠意识。十五年前，苏轼曾以"白雨跳珠乱入船"（《六月二十七日望湖楼醉书五绝》之一，《苏轼诗集》卷七）形容西湖之雨，同样的情景如今再一次出现在眼前，仿佛一段悠扬乐曲中的主题重现，令人陶醉其中。如果说"重逢"是个奇迹，那么即便如何平凡的人生，原也不乏这样的奇迹，使生命具有诗意。

候鸟一年一度到同一个地方，当然也是"重逢"，但那必须是能够自主的生涯；这不能自主的生涯里居然也有"重逢"，便是更值得珍惜的。对于日常生活中发生的一切，不断地深入体会，就会发现很多应该珍惜的东西。我们读宋诗，尤其是苏轼的诗，经常会读到这样的内容。

苏轼离杭归朝，是在元祐六年（1091），此时他的弟弟苏辙已经获得更高的官职，进入了执政官的行列。所以，为了避嫌，苏轼经常申请到外地任官，先后在颍州、扬州、定州等地担任知州，中间也曾有几度在朝，所获得的最高官职是端明殿学士、翰林侍读学士、礼部尚书。这离执政的宰相只有一步之遥，所以《宋史》的《苏轼传》还为他没能当上宰相而感到遗憾。不过苏轼的仕途经历，后来有人概括为一联，叫"一生与宰相无缘，到处有西湖作伴"，他不但自己没当上宰相，而且与宰相王安石、司马光等都闹得不太开心，而他当过地方官的杭州、颍州都有西湖，扬州有个瘦西湖，后来贬谪到惠州，还是有个西湖。

二、"磨牛"与"黄犊"

"重逢"的喜悦固然可以遣散到处偶然的痛苦，但这样的喜悦马上被另一种痛苦所打消。苏轼在元祐七年（1092）所作

《送芝上人游庐山》中，使用了另一个比喻，就是"牛"：

> 二年阅三州，我老不自惜。团团如磨牛，步步踏陈迹。岂知世外人，长与鱼鸟逸。老芝如云月，炯炯时一出。比年三见之，常若有所适。逝将走庐阜，计阔道逾密。吾生如寄耳，出处谁能必。江南千万峰，何处访子室。（苏轼《送芝上人游庐山》，《苏轼诗集》卷三十五）

所谓"二年阅三州"，就是指元祐六、七年间，苏轼从杭州知州被召回，又出知颍州，移扬州。此时苏轼五十六七岁，过了中年，渐入老境。数州皆其早年游宦经历之地，临老出守复又至此，初时虽有"重逢"的喜悦，但"重逢"得多了，却犹如转磨之牛，"步步踏陈迹"了。所以他羡慕法芝的自主生涯，这游方的僧人总是到处跑，每次见到时，都说要去一个新的地方，这会儿是要去庐山了。相比之下，"吾生如寄耳，出处谁能必"，苏轼的生涯就不能自主，无法预料，只好"团团如磨牛"，在原地打转。

钱锺书先生对这个"磨牛"之喻有一番分析，他引了古诗中所咏的盆中之虫、拉磨之驴、磨上之蚁，及西方文学中的有关比喻，进行阐释，说这是"生涯落套刻板，沿而不革，因而长循"，"守故蹈常，依样照例，陈陈相袭，沉沉欲死，心生厌怠，摆脱无从"的意思（《管锥编》第三册第928页，中华书局1986年版）。这个分析很透彻了。我们拿来跟"雪泥鸿爪"之喻相比，这"磨牛"之喻的喻义可以说正好相反：前者苦于到处偶然，后者则苦于人生的重复无趣。若将两者联系来看，则更觉意味深厚：从少年时感叹人境相值的偶然性，到中年后历经宦途的转徙，改为感叹人境相值的重复性，这一转变中，积累了厚重的人生阅历和久长的人生思考。"雪泥鸿爪"之喻中暗示的那个太大的空间，在"磨牛"之喻中变得太小。这是一种时、空交换的关系，时间久了，空间便小了。就此而言，即将再次降临到苏轼头上的贬谪命运，却会把他带向前所未至的岭南大地，乃至天涯海角，毋宁说是值得欢庆的。

元祐之政随着太皇太后高氏的去世而走向尾声，哲宗皇帝亲政，意图起用"新党"，恢复他父亲神宗的政策。苏轼在元祐八年（1093）出知定州，次年改元绍圣，"新党"掌控政局，大规模贬谪"元祐党人"，苏轼得到落两职（剥夺端明殿学士、翰林侍读学士称号）、追一官（官品降低一级），以左朝奉郎（正六品上散官）责知英州（今广东英德）的严惩，而在他赶赴英州的路上，又继续降官为左承议郎（正六品下），追贬宁远军节度副使、惠州安置。被惩罚的还有其他元祐大臣，已经死去的司马光被追夺赠官、谥号，连墓碑都被磨毁，活着的均被贬谪远州，苏辙也在连续遭贬后，又回到他元丰时的谪居地筠州居住，真像做了一场大梦。

万里南迁的苏轼，在途中跟苏辙见了一面，于绍圣元年（1094）秋天翻过了大庾岭，作诗云："浩然天地间，惟我独也正。今日岭上行，身世永相忘。"（《过大庾岭》，《苏轼诗集》卷三十八）进入岭南意味着告别了"步步踏陈迹"的被动重复之生涯，来到海阔天空之处，再次获得黄州时期那样对自我的关注。十月二日到达惠州，正值孟冬之际，他却感到"岭南万户皆春色"（《十月二日初到惠州》，《苏轼诗集》卷三十八）。后来因为吃到了荔枝，还肯定自己"南来万里真良图"（《四月十一日初食荔支》，《苏轼诗集》卷三十九），准备终老于惠州的他用了几乎全部的积蓄，在白鹤峰下修筑新居，还让长子苏迈带领原先寄住在宜兴的家人前来团聚。

然而，绍圣四年（1097）二月，朝廷又一次大规模贬窜"元祐党人"，苏辙被贬到雷州，过了一月，苏轼责授琼州（今海口一带）别驾、昌化军（今儋州）安置。于是，苏轼只好把家人留在惠州，在幼子苏过的陪伴下赶赴贬所。五月十一日，他在广西藤州追上了苏辙，兄弟同行到达雷州，至六月十一日告别，渡过琼州海峡，登上海南岛。这一次浪迹天涯旅途中的兄弟会聚，正好一个月，此后再未相见。

不过，朝廷的这一番折腾，也带来一个奇妙的结果，贬谪"元祐党人"的政策使岭海之间充满了逐臣，让岭南地区拥有了那个时代最杰出的史学家范祖禹，诗、词、文三种文学体裁的顶尖高手苏轼、秦观、苏辙，以及政治家刘挚、梁焘、刘安世等一大批精英人物，创造了中国历史上最高水平的"贬谪文化"。岭南地区从来不曾，也再不可能拥有如此豪华的精英队伍，这使我们不能不把宋哲宗时期看作岭南文化史的一个高峰。就苏氏一家来说，轼辙兄弟都带了幼子（苏过、苏远）相伴，加上此前来到惠州的苏迈，有五苏聚集在岭海之间。有一次，苏迈写了诗，通过渡海的船舶寄给苏过，经过雷州时，苏远先唱和了一首，苏辙看到子侄们写得都不错，就寄书苏轼，表示庆贺，于是苏轼也次韵一首以资鼓励。在这首诗的开头，又出现了"牛"的比喻：

我似老牛鞭不动，雨滑泥深四蹄重。汝如黄犊走却来，海阔山高百程送。庶几门户有八慈，不恨居邻无二仲。他年汝曹笏满床，中夜起舞踏破瓮。会当洗眼看腾跃，莫指痴腹笑空洞。誉儿虽是两翁癖，积德已自三世种。岂惟万一许生还，尚恐九十烦珍从。六子晨耕箪瓢出，众妇夜绩灯火共。《春秋》古史乃家法，诗笔《离骚》亦时用。但令文字还照世，粪土腐余安足梦。（苏轼《过于海舶，得迈寄书、酒。作诗，远和之，皆粲然可观。子由有书相庆也，因用其韵赋一篇，并寄诸子侄》，《苏轼诗集》卷四十二）

他说两位老人依靠壮年的子侄相伴，得以应对贬居的困境。虽然在贬地怕是找不到优秀的邻居，但家里孩子们都很出色，也可以欣慰。他期待孩子们都有前途，描绘了将来一家团聚、男耕女织的场景。在这首诗里，苏轼把自己比喻为路途艰难中的老牛，这是因为他年纪大了，又遭遇贬谪。但文字间传达出来的情绪，与"磨牛"已不可同日而语。尤其是把儿子比作步履轻健的"黄犊"，跨越"海阔山高"，可见其精神上的欢快。如果不是因为身体衰老，他也能够像"黄犊"般不惧"雨滑泥深"的。从精神气象上来说，他已经是"黄犊"，不是"磨牛"了。所以在此诗的末尾，他提出了对子侄的期许：只要孩子们能够继承学问和诗笔，令世人还能欣赏到苏氏的创作，则两位老人就算埋骨南荒，也无甚遗憾了。

当然，苏轼、苏辙并没有埋骨南荒。元符三年（1100）正月，宋哲宗暴崩。由于哲宗没有儿子，须从他的弟弟中挑选一位继承人。为了有利于哲宗所行政策的延续，"新党"的宰相章惇主张由哲宗的母弟，即其生母朱太妃的另一个儿子来继承皇位。但这个主张却遭到向太后的反对。原来，哲宗虽然是神宗的长子，却并非神宗正宫皇后向氏所生。宋朝的后宫比较规矩，这向氏虽无子，其正后的身份并不动摇，在哲宗朝也依然高居太后之位。但如果再选一位朱太妃的儿子来做皇帝，则朱太妃的地位就太不一般了，有可能威胁到向太后。所以向太后坚持认为，朱太妃的儿子与神宗其他的儿子没有身份上的区别，应该按照年龄的顺序，由端王赵佶来继承皇位。赵佶的生母已经去世，他显然是向太后眼里的最佳人选。此时章惇说了一句冒失的话："端王浪子耳。"他说这位赵佶是个"浪子"，怎么可以做皇帝？然而，"新党"中比较温和的一派首领曾布（曾巩的弟弟）在争执中支持了向太后，导致章惇失败。这样赵佶顺利继位，就是著名的"浪子"皇帝宋徽宗。他一继位，马上就在全国范围内发起一场批判章惇的政治运动。为了打击章惇所领导的政治力量，被章惇迫害的"元祐党人"便渐获起用，政局于是又一次发生逆转。苏轼、苏辙也因此得以离开贬地，启程北归。

静如处子的苏辙表现出他动如脱兔的一面，此年二月朝廷将他移置永州（今属湖南），他马上动身北上，四月又移置岳州（今湖南岳阳），他接到命令时已经身在虔州（今江西赣州），到十一月，更许他任便居住，于是他在年底之前便到达京城附近的颍昌府（今河南许昌）。其行动如此迅速，当然是要寻机归朝。相比之下，苏轼却没有那么急迫，二月份诏移廉州（今广西合浦）安置，四月份又移永州居住，而他六月份才离开海南岛。十一月朝廷许其任便居住，他接到命令时尚在广东境内的英州

（今广东英德），直到此年的年底，他还没有越过南岭。兄弟二人北归的迟速不同，也许反映出他们对于政治局势的不同判断，或者对于重新卷入党争的不同态度。但这竟使他们失去再次见面的机会。而在离开海南岛时，苏轼对于这几年南国经历的表述是："九死南荒吾不恨，兹游奇绝冠平生。"（《六月二十日夜渡海》，《苏轼诗集》卷四十三）正是这岭海之游，帮助他摆脱了"团团如磨牛，步步踏陈迹"的生涯，使年高体衰的"老牛"却具有"黄犊"般的精神气象。

三、"月"喻

上面说了"鸿"与"牛"，最后说到"月"喻。早在元祐七年（1092）的《送芝上人游庐山》诗中，苏轼就把法芝比作"月"，此后苏轼贬居惠州时，法芝来探望，苏过送法芝的诗里，也有"从此期师真似月"之句，这些都已在前面说过。大体而言，用"月"喻来形容一位僧人因悟道而澄澈的心境，本身并没有太多新意。生活在宋初的临济宗善昭禅师（947—1024）早有一段名言："一切众生本源佛性，譬如朗月当空，只为浮云翳障，不得显现。"这段话见于善昭的《汾阳无德禅师语录》卷上，又见于《天圣广灯录》卷十六"汾州大中寺太子院赐紫善昭禅师"章，此后，"朗月当空"便常被禅家问答时取为"话头"，而苏轼与许多禅僧交往密切，对此应不陌生。值得注意的是苏氏父子与法芝之间反复使用同一个比喻的方式，让我们领会到此喻既是称赞对方，也是在人生境界上对自我的期许。换言之，对话的双方都希望达到这样的境界。如果说，作为僧人的法芝本来就应该如此，那么身在仕途，经历了几番起伏的苏轼，是要在体会了人生的各种困境后，一步步追求精神的解脱。

精神的解脱指向对生命意义的觉悟，元符三年（1100）六月二十日夜里渡海北归的苏轼，正是在宣称"兹游奇绝冠平生"的同时，把自己的心境也与"月"喻相联结：

> 参横斗转欲三更，苦雨终风也解晴。云散月明谁点缀，天容海色本澄清。空余鲁叟乘桴意，粗识轩辕奏乐声。九死南荒吾不恨，兹游奇绝冠平生。（苏轼《六月二十日夜渡海》，《苏轼诗集》卷四十三）

我们可以充分体会此诗开头四句"快板"一样的节奏所流露的欢喜。与通常律诗的写法不同，这四句几乎是同样的句式，"参横斗转""苦雨终风""云散月明""天容海色"，排比对偶而下，一气呵成。这是语词的舞蹈，是心灵随着活泼欢快的节奏而律动，唱出的是生命澄澈的欢歌。一次一次悲喜交迭的遭逢，仿佛是对灵魂的洗礼，终于呈现一尘不染的本来面目。生命到达澄澈之境时涌自心底的欢喜，弥漫在朗月繁星之下，无边大海之上。

自从绍圣四年（1097）被贬出海以来，苏轼屡次以"乘桴浮于海"的孔子自比，以坚持人格上、政见上的自我肯定，如元符二年（1099）所作《千秋岁·次韵少游》词结尾："吾已矣，乘桴且恁浮于海。"（《能改斋漫录》卷十七）他以这样的道德守持，来对抗朝廷的迫害，立柱天南，巍然不屈。但在此时，模仿儒学圣人的这份道德守持也被超越，苏轼在大海上听到的，是中华民族的始祖轩辕黄帝的奏乐之声。来自太古幽深之处的这种乐声，是浑沌未分，天人合一的音响，是包括人类在内的自然本身的完满和谐，它使东坡老人从道德境界迈向了天地境界。因此，诗的结尾说，回顾这海南一游，乃是生命中最壮丽的奇遇，虽九死而不恨。这不仅仅是表达了一份倔强而已，心灵上真正得到了成长的人，是会真诚感谢他所遭遇的逆境的。如果没有遭受贬谪，他就不能到达"鲁叟"的道德境界，如果贬地不是这遥离中原的南荒，他也没有机会听见"轩辕"的奏乐，领略到天地境界。海南一游，确实造就了一个心灵澄澈的诗人，造就了一个海天朗月般的生命。政治上的自我平反，人格上的壁立千仞，这些都已不在话下，诗人的生命之歌唱到这里，将要融入天地自然之乐章，而成为遍彻时空的交响。

苏轼渡海后，在广西、广东盘桓了约有半年，于宋徽宗建中靖国元年（1101）正月才翻过南岭，进入今江西境内。行至虔州时，又有一诗明确地将自己的心境比喻为"月"：

> 钟鼓江南岸，归来梦自惊。浮云时事改，孤月此心明。雨已倾盆落，诗仍翻水成。二江争送客，木杪看桥横。（苏轼《次韵江晦叔二首》之二，《苏轼诗集》卷四十五）

虔州就是现在江西省的赣州，"江西"一名实际上是"江南西路"的简称，正像"广东"是"广南东路"的简称，苏轼越过南岭，就是从"广南东路"来到了"江南西路"，他的表述是"归来"。能够获得"归来"是因为时事有了变化，可是他获得了解脱和觉悟的心灵，就像浮云散尽以后显露的明月，无论时事如何变化，都可以等闲视之了。后面说，天要下雨，苏轼要写诗，就是这么自然。"翻水"即倒水，语出韩愈诗，意谓轻而易举地写成了诗，但为什么有个"仍"字呢？原来，苏轼以前也曾到过江西，那是元丰七年（1084）他结束了黄州的贬居生活后，立即到筠州（今江西高安）访弟苏辙，当时苏辙在筠州等他，有诗云："老兄骑骡日百里，据鞍作诗若翻水。"（《次韵子瞻特来高安相别，先寄迟、适、远，却寄迈、迨、过、逊》，《栾城集》卷十三）这一次苏轼结束岭南的贬居生活，也是先入江西，但苏辙已经北归中原，早走了一步，见不到兄弟的苏轼大概想起了多年前的这句诗，所以说"诗仍翻水成"，表示自己的诗兴、诗才不减当年。"二江"指赣州的章、贡二水，要流入长江去，把苏轼的小船也送入长江去。

"浮云时事改，孤月此心明"，宋代的批评家胡仔对这两句颇加赞赏："语意高妙，如参禅悟道之人，吐露胸襟，无一毫窒碍也。"（《苕溪渔隐丛话后集》卷二十六）其实，这"月"喻不单是写出他"参禅悟道"的觉悟，也被他自己看作人生的圆满的完成。所以，当他继续北行，在金陵重遇法芝和尚时，就作了《次韵法芝举旧诗一首》，再现这个"月"喻。

四、《次韵法芝举旧诗一首》

最后，让我们回到《次韵法芝举旧诗一首》，将"鸿""牛""月"三个比喻联结起来看：

春来何处不归鸿，非复羸牛踏旧踪。但愿老师真似月，谁家瓮里不相逢。

这是苏轼留下的最后几首诗之一，其诗意颇堪看作他对人生思考的总结。

首句"归鸿"，是早年"雪泥鸿爪"之喻的再现，但喻义已大不相同，因为这次不是随风飘零的"鸿"，而是"归鸿"，虽经飘零，毕竟总会归来。在苏轼北归，经过海康时，他与贬谪在那里的秦观见了最后一面，分别时，秦观作《江城子》一词相送，首句就是"南来飞燕北归鸿"（《淮海居士长短句》卷上，上海古籍出版社1985年版）。秦观想必了解苏轼诗词对于"鸿"的书写，所以用"归鸿"喻苏轼，而苏轼此诗中的"归鸿"肯定也有自喻之意，近承秦观词句，远翻早年"雪泥鸿爪"之案，身世的飘忽不定和人境相值的偶然性，被这"归"字解去了。

次句"羸牛踏旧踪"，又是复现"磨牛"之喻，但这次经了"奇绝冠平生"的海外一游，便在这个比喻的前面加了"非复"二字，意谓已摆脱"步步踏陈迹"之痛苦，空间的局促和身世迁徙的重复循环也被超越了。

后二句既是对法芝的期望，也是自述人生思考的心得，即谓人生的真实、本来之面目，原如皓天中的明月，永恒存在，并且能为人人所理解，因为那原是一切人类的共同底蕴。与"孤月此心明"相比，这个"谁家瓮里不相逢"的"月"又多了一层普遍性的含义。人生的最终意义，归结到此"月"喻。

"鸿""牛""月"，这三个比喻写出了苏轼人生思考的历程，而在这首诗中完全重现，仿佛生命就是这样一首诗。

第二讲

贤良进卷

苏轼的著作，除了单行的《苏氏易传》《东坡书传》《东坡乐府》等经注和词集外，他的诗文编入别集。但这别集的情况比较复杂，现存的大致可以分为两种类型：一是宋代传下来的所谓"七集本"，包括《东坡集》四十卷、《东坡后集》二十卷、《东坡续集》十二卷、《奏议集》十五卷、《外制集》三卷、《内制集》十卷和《应诏集》十卷，这里除了《东坡续集》为明人编辑外，大抵都保留了宋代的原貌；二是所谓"全集本"，就是后人把"七集本"中的诗文分开，各自编辑起来，诗大致按写作时间顺序，文则按"论""策""序""记"等类别统一编排，目前通行的《苏轼诗集》(中华书局1982年版)、《苏轼文集》(中华书局1986年版)就属于这一类型。我们现在使用《苏轼诗集》和《苏轼文集》比较方便，但有时候仍需参考"七集本"。相对而言，苏辙的诗文别集，情况要简明得多，他自己编成了《栾城集》《栾城后集》《栾城三集》和《栾城应诏集》，历代相传都是这样"四集"的本子，没有统编的"全集"本。我们现在需要留意的是，东坡"七集本"和栾城"四集"中，都有一个《应诏集》。这两本《应诏集》，题目的意思是应皇帝的诏令而写了里面的文章，实际上是为参加朝廷举行的考试而作，就是我们这里要讲的"贤良进卷"。事情要从嘉祐六年（1061）苏氏兄弟参加"贤良方正能直言极谏科"考试讲起。

一、贤良方正能直言极谏科

自汉代以来，中国就有"贤良对策"的制度，由地方政府推荐"贤良"的人才到中央去回答皇帝提出的问题，如果答得好，便由此入仕。汉文帝时代的晁错，可能是"贤良对策"制度所收获的第一个有用之才。汉武帝登基，亦首举此政，广川董仲舒连对"天人三策"，是文化史上的一件大事，公孙弘则徒步封侯，严助、东方朔等继起，人才极盛。在选官制度还不够公平完善的时代，相比于宗室、外戚、门客、家奴之登庸者，这批"贤良"才是国家的支柱。六朝的政治虽被贬为"门户私计"，但南北朝廷仍不废贤良之举。到了唐代，便融入科举之中，成为所谓的"制科"，即除了进士、明经等"常科"外，由皇帝临时下制举行的选拔特殊人才之考试。这"制科"的名目虽然多种多样，但中唐以来最为突出的就是"贤良方正能直言极谏科"，专门选拔政治方面的人才，实际上就是汉世"贤良对策"的延续。由于政治上问题甚多，故此科屡屡举行。

降及北宋，"制科"形成了完善的制度，又有"六科"之称，即包含六个科目：贤良方正能直言极谏科、博通坟典明于教化科、才识兼茂明于体用科、详明吏理可使从政科、识洞韬略运筹决胜科、军谋宏远材任边寄科。另外还有高蹈丘园科、沉沦草泽科、茂才异等科，专取布衣。这些科目中，"贤良"科堪称代表，故当时的习惯也以"贤良"统称"制科"举人。

唐代的"贤良"科，考试方式仍与汉代相似，应试者所作的主要是一篇对策。有的对策激烈攻击时弊，在当时颇具盛名，如刘蕡的对策。至北宋仁宗以后，随着制度的完善化，应试的手续、步骤变得复杂，应试者所作的文字剧增，除了对策之外，还有所谓"秘阁六论"，而更重要的则是"贤良进卷"。这些都与考试的步骤相应。步骤大致有三：第一步，经近臣推荐，应试者向朝廷提交五十篇策论，由朝廷委员考评，排出名次，这就是所谓"贤良进卷"了；第二步，"进卷"考评获得合格者，被召集到京师，到秘阁去做六篇命题作文，题目都是从古代典籍甚至注疏中挑出一句乃至半句，要求按题面写成论文，并且在文中交代题面的出处，实际上论文写得如何并不重要，能否记得出处，才是成败的关键，此之谓"秘阁六论"；第三步，在"秘阁六论"考试中获得"四通""五通"（即准确交代了多数题目的出处）者，有资格去参加"御试对策"，即回答有关当前政治的一系列问题，其写成的对策也要由朝廷委员考评，合格者便获得"制科"出身。

按宋代的俗称，"制科"又叫"大科"，由此出身的人较快被提拔，升进之速远逾一般的进士，所以很多已经具有进士出身的人，还要去考这个"制科"。但应考过程中确实也难关重重。

那五十篇策论即"进卷"，虽说是提交给朝廷的，实际上总是以单行本到处流传，等于是向整个社会公开，要接受全体士大夫的考量。而最难的莫过于"秘阁六论"，其方式虽类似于后来的"八股文"考试，但后者的出题范围限于《四书章句集注》，这"秘阁六论"的出题范围却并无限制，除儒家经典及其注疏外，从古代子、史类书籍中也可能出题。这是对应试者的阅读量和记忆力进行严厉的审查，能通过这一关的人，每次都是寥寥无几。最后的对策，有时候是比较形式化的，但若不幸遇到党争激烈的关头，则对策所提供的意见被哪一派首肯，这一派的力量能否支持他获胜，就要看运气了。总而言之，这"制科"既重视平时的写作，又要求临场的发挥，还直接关涉到政治局势，确实结合了汉举贤良和唐试进士的优点和难点，堪称科举考试之最。

不过，现在看来，"秘阁六论"大抵是相当乏味的文章，"御试对策"虽有做得相当精彩的，毕竟也是匆促而成，最有价值的乃是"贤良进卷"。每一个应试者，一下子提交五十篇策论，等于一部文章专集，苏轼、苏辙的《应诏集》就是这样的专集，他们用这个专集去参加了嘉祐六年的"贤良方正能直言极谏科"考试。对于今天的读者来说，两本《应诏集》即"贤良进卷"，可以向我们展示他们正式出仕之前已经形成的一套学问、一系列观点，标志着一个阶段。

二、北宋的"贤良进卷"

在进入苏轼的"贤良进卷"之前,我们先从更大范围考察一下北宋一代"贤良进卷"的整体情况。当时去参加"制科"考试的人都写过"进卷",但后来未必考上,因为没考上,史书就不一定会记载;反过来史书记载什么人在哪年考上了制科,那个人的"进卷"却也未必就能流传下来,当然也未必完全失传,更常见的情况是留下其中的几篇。所以,现在要把北宋一代的"贤良进卷"全部找出来,困难比较大。不过,若略去那些只留下零散几篇的,仅就保存了"进卷"全貌的来说,却也不多,目前我能找到的是七个"进卷"。除了苏轼、苏辙的两个外,另外五个是:

1. 二苏的前辈张方平,曾两次应制科,其《乐全集》四十卷,为宋代以来所传原本,其中收入了相关的文章。卷六至卷十五为《刍荛论》十卷,可以判定为一个"进卷"(另一个"进卷"似未收入,或者只选收了一部分)。

2. 著名的思想家李觏,有《富国强兵安民策》三十篇,史书记载这是其制科"进卷"的一部分。"进卷"应该有五十篇,他应制科前作有《礼论》七篇、《易论》十三篇,很可能就是"进卷"的另二十篇。

3. 二苏的朋友陈舜俞,四库馆臣从《永乐大典》辑出他的《都官集》,其卷六、卷七为《治说》五十篇,前有《进治说序》,实为制科"进卷"。五十篇的正文并未全部保存下来,但题目是全的,所以仍能窥见全貌。

4. 二苏的朋友和政敌李清臣,文集已经失传,但南宋人编的《圣宋文选》收入了他的策论五卷,实际上就是其"贤良进卷"的全貌。

5. 二苏的学生秦观,也曾因苏轼的推荐而参加制科考试,其《淮海集》中保存了"进卷"的全部。

现在,我们把这七个"进卷"中的文章题目列为一表,以观其大概。

	张方平	李觏	陈舜俞	苏轼	苏辙	李清臣	秦观
1	*政体论	礼论第一	说御	中庸论上	夏论	论略	晁错论
2	立政之本在信命令	礼论第二	说用	中庸论中	商论	易论上	韦元成论
3	政理之要在广言路	礼论第三	说复	中庸论下	周论	易论中	石庆论
4	姑息之赏	礼论第四	说变	大臣论上	六国论	易论下	张安世论
5	恩贷之罚	礼论第五	说应	大臣论下	秦论	春秋论上	李陵论
6	*主柄论	礼论第六	说柄	秦始皇帝论	汉论	春秋论下	司马迁论
7	后妃	礼论第七	说几	汉高帝论	三国论	礼论上	李固论
8	宦者	易论第一	说权	魏武帝论	晋论	礼论中	陈寔论
9	宰司	易论第二	说上	伊尹论	七代论	礼论下	袁绍论
10	藩镇	易论第三	说学	周公论	隋论	诗论上	鲁肃论
11	*选举论	易论第四	说教	管仲论	唐论	诗论下	诸葛亮论
12	凡资任子弟隶名国子监立格试业补用论	易论第五	说化	孙武论上	五代论	史论上	臧洪论

	张方平	李觏	陈舜俞	苏轼	苏辙	李清臣	秦观
13	复举孝廉	易论第六	说政	孙武论下	周公论	史论下	王导论
14	选格	易论第七	说刑	子思论	老聃论上	四子论上	崔浩论
15	川岭举人便宜	易论第八	说仁	孟轲论	老聃论下	四子论下	王俭论
16	*官人论	易论第九	说义	乐毅论	礼论	唐虞论	韩愈论
17	用人体要	易论第十	说礼	荀卿论	易论	三代论	李泌论
18	郡县理本	易论第十一	说乐	韩非论	书论	秦论	白敏中论
19	考功之法	易论第十二	说智	留侯论	诗论	西汉论	李训论
20	辟署之制	易论第十三	说信	贾谊论	春秋论	东汉论	王朴论
21	*宗室论	富国策第一	说体	晁错论	燕赵论	魏论	序篇
22	皇族试用	富国策第二	说制	霍光论	蜀论	梁论	国论
23	诸院教授	富国策第三	说实	扬雄论	防边论一	隋论	主术
24	？	富国策第四	说听	诸葛亮论	防边论二	唐论	治势上
25	？	富国策第五	说断	韩愈论	防边论三	五代论	治势下
26	*礼乐论	富国策第六	说祭	策略一	君术第一道	策旨	安都

	张方平	李 觏	陈舜俞	苏 轼	苏 辙	李清臣	秦 观
27	学校	富国策第七	说财	策略二	君术第二道	法原策	任臣上
28	车服	富国策第八	说兵	策略三	君术第三道	势原策	任臣下
29	僭俗	富国策第九	说战	策略四	君术第四道	议刑策上	朋党上
30	雅乐	富国策第十	说河	策略五	君术第五道	议刑策下	朋党下
31	*刑法论	强兵策第一	说预立太子	策别/课百官/厉法禁	臣事上第一道	议兵策上	人材
32	诏狱之弊	强兵策第二	说幸	策别/课百官/抑侥幸	臣事上第二道	议兵策中	法律上
33	不孝之刑	强兵策第三	说节	策别/课百官/决壅蔽	臣事上第三道	议兵策下	法律下
34	官刑之滥	强兵策第四	说势	策别/课百官/专任使	臣事上第四道	议戎策上	论议上
35	吏为奸赃	强兵策第五	说官	策别/课百官/无责难	臣事上第五道	议戎策下	论议下
36	*武备论	强兵策第六	说任	策别/课百官/无沮善	臣事下第一道	议官策上	官制上
37	民兵	强兵策第七	说使	策别/安万民/敦教化	臣事下第二道	议官策中	官制下
38	任将	强兵策第八	说进	策别/安万民/劝亲睦	臣事下第三道	议官策下	财用上

	张方平	李觏	陈舜俞	苏 轼	苏 辙	李清臣	秦 观
39	兵器	强兵策第九	说党	策别/安万民/均户口	臣事下第四道	重计策	财用下
40	?	强兵策第十	说副	策别/安万民/较赋役	臣事下第五道	实僃策	将帅
41	*食货论	安民策第一	说士	策别/安万民/教战守	民政上第一道	明责策	奇兵
42	屯田	安民策第二	说农	策别/安万民/去奸民	民政上第二道	劝吏策	辩士
43	仓廪	安民策第三	说工	策别/厚货财/省费用	民政上第三道	固本策	谋主
44	税赋	安民策第四	说商	策别/厚货财/定军制	民政上第四道	厚俗策	兵法
45	畿赋	安民策第五	说田	策别/训兵旅/蓄材用	民政上第五道	广助策	盗贼上
46	轻重	安民策第六	说谏	策别/训兵旅/练军实	民政下第一道	养材策	盗贼中
47	原蠹上篇	安民策第七	说恩	策别/训兵旅/倡勇敢	民政下第二道	审分策	盗贼下
48	原蠹中篇	安民策第八	说宥	策断一	民政下第三道	慎柄策	边防上
49	原蠹下篇	安民策第九	说禁	策断二	民政下第四道	解蔽策	边防中
50	?	安民策第十	说戒	策断三	民政下第五道	辨邪策	边防下

注：表中?代表篇目缺失；*详见下文中解释。

我们之所以重视"进卷"的全貌，就是因为从上面的表格可以看出，五十篇策论不是简单堆积起来的，而是具备着一定的结构。也就是说，"贤良进卷"的性质其实不像别集，而像子书。中国在先秦时期产生过很多子书，如《孟子》《韩非子》等，后来别集流行而子书越来越少，但在宋代，士林之间流传着许多单行的"贤良进卷"，实际上可以视为子书的复兴。理论内容如何暂且不论，只就篇目安排的结构形态来说，其层次性、体系性是高于先秦子书的。尤其是苏轼的进卷，先分为策、论两种各二十五篇，策中又分为策略、策别、策断三类，策别之中又分为课百官、安万民、厚货财、训兵旅四个方面，每个方面又包含几个具体的篇目，结构上呈现了四个层次，在历代子书中可能没有第二个例子了。

当然，基本的构成单位是一篇一篇用古文写作的策、论，脱离了"进卷"的整体后，也自具独立性，就此而言，它又是唐宋"古文运动"的成果。可以说，以"古文运动"的精神再造先秦子书传统，才是对"贤良进卷"的确评。

若具体剖析"进卷"之结构，大抵论、策各占一半，因为要进呈朝廷，所以也分称"进论""进策"，前者偏重于原理性，后者比较倾向于具体的建议。上表之中，苏轼、苏辙、李清臣的"进卷"都是论、策各二十五篇，李觏和秦观都是二十论、三十策，亦大致均匀。需要说明的是，陈舜俞的"进卷"虽然都标题为"说"，但他在《进治说序》中自己交代："总五十首，离其篇为上、下，上篇言皇王之轨法，兼明当世所未至，下篇指国家之蠹敝，要以施行之便宜。"就是说，前二十五篇重原理，后二十五篇重实用，则性质上等于论、策各占其半。只有张方平的"进卷"比较别出心裁，似乎是分了九个专题，每个专题冠以一论（上表中打了＊号），续以数策，是以论带策的形式。从时间上看，张方平应制科比较早，可能"进卷"的格式起初不太讲究，后来倾向于标准化了。观其论题，大约可以分为五种：

经籍论，如《诗论》《易论》之类。

历代论，如《商论》《唐论》之类。

人物论，如《秦始皇帝论》《韩愈论》《四子论》之类。

地域论，如《燕赵论》《蜀论》之类。

主题论，如《政体论》《大臣论》《说仁》《说义》《防边论》之类。

这样的分类只是就题面而言，从其实际内容上说，时有交叉。比如，若以历代人物构成人物论的系列，则与历代论相差不远。李清臣的《四子论》题面上是指孟子、荀子、扬雄、韩愈四个人物，实际上是通过对此四家学说的辨析，来谈论"性"的问题，归入主题论亦无妨。而秦观的《韩愈论》，则纯是一篇文学评论。总体来说，论的内容遍及哲学、历史、文艺诸领域，至于政治、经济、军事、外交方面的论文，则与策并无严格分别，只能说策更偏重这些方面，而且大多针对现实问题。

策的组织方式多种多样，上面已提及，苏轼在整体结构的经营上似乎最下功夫，但其他几位也大抵各具自己的思路。有趣的是陈舜俞的《说预立太子》一篇，与另四十九篇的命题方式迥然不同，这显然是因为宋仁宗没有亲生儿子，至其晚年，继承人的问题十分突出，所以陈舜俞不惜破坏其"进卷"命题上的统一性，硬是把这个问题纳入他谈论的范围。这个现象再次证明"进卷"的作者对于现实的强烈关怀。

　　一般来说，策论写到五十篇，而且被组织为一个有结构的整体，这就足以系统地表达出作者的主要思想，以及他对各领域具体问题的意见。今天，这些策论大多已散入各人的文集，读者也多把它们看作单篇的文章，难免使其整体性有所失落。所以，把它们恢复为"进卷"，应该是一件颇有意义的事。虽然按近代的文学观念，比起记、序、传、书及一些小品文来，策论并非纯粹的文学作品，但"进卷"的作者多为文章名家，而且写作时正值盛年，尽心竭力，体现他最好的水平，写成以后，在当世就要遭遇严格的考评，而能否流传至今，又关乎后世的取舍，故上面的表格中，包含了许多受到历代文章选家青睐的名作。而且，当我们知道这些策论出自"贤良进卷"时，也就可以理解它们为什么形式一致、主题类似，连长短也相仿佛。宋人的文章批评之所以讲究"法度"，也与此有关，因为这确实不是私人性的写作，必须讲规矩。最典型的可能是秦观的"进卷"，南宋的汪应辰就已指出，"少游五十篇只用一格"（《文献通考》卷二三七"秦少游《淮海集》三十卷"下注引"玉山汪氏"），就是每篇的结构方式全部相同。同时，因为"进卷"要上呈候审，所以即便竭尽文章修辞的能事，其基本风格却必须平易畅达，不可过于晦涩，令人难解。这对北宋古文的总体风貌之形成，多少有些作用。

　　就"贤良进卷"的形式而言，应当来源于唐代的进士"行卷"。为了向主考官或对科举取士有影响力的人展示自己的写作实力，唐代的应试者把他们平时得意的诗文抄成"行卷"，在考前到处投递。宋初的君臣讨厌这样的风气，设计了"糊名""誊录"等法，而且禁止举子们投递"行卷"，使进士考试成为真正的"一考定终身"。但是，以"贤良方正能直言极谏科"为代表的"制科"，却正式要求先缴"进卷"。这等于是"行卷"的制度化。学术界对唐代的进士"行卷"已有较多的研究，一般认为，唐诗之盛自与"诗赋取士"的科举制度相关，但试帖诗本身少有杰作，科举影响文学的真正实绩倒是这些"行卷"。其实宋代的情形也相似，王安石改进士试"经义"，那"经义"文亦颇受诟病，而与进士"行卷"相似的"贤良进卷"，却包含了许多脍炙人口的名作。相比之下，从今存的唐人诗文，要钩稽出某个"行卷"的原貌，是极为困难的，而宋代的"贤良进卷"虽多散入文集，但此类文章的特征鲜明，要恢复"进卷"的原貌尚有可能。所以，宋代"贤良进卷"可以被看作科举影响文学的最佳正果。如果我们相信韩愈的"五原"那样的系列论文曾被编入他的"行卷"，那么这个"行卷"就是北宋"贤良进卷"的先驱了。

作为一种制度性的存在，"贤良进卷"的写作方式对作者的知识结构的塑造也是值得重视的。为了养成适合于写作"进卷"的能力，士大夫一方面要广泛而深入地阅读各类典籍（为了应付"秘阁六论"，还必须具备超强的记忆力），通过独立思考，形成一套基本上自成一家的学说，另一方面也要关怀现实，研究具体的问题，提出各种建议。其议论要耸人耳目，必须新颖独到，在某些领域具备专长，才能被人首肯，但五十篇策论在总体上又遍涉全部领域，所以作者还必须使自己成为通才，不能拘于一隅。应该说，文官政治对士大夫素养上的要求，极为典型地反映在"贤良进卷"的写作方式之中，由此造就了宋代士大夫作家的一系列特征，当然也与宋代文学的总体特征密切相关。如果说"贤良进卷"是士大夫文学的典范，大概并不太过分。

宋代笔记的繁荣，诗话的涌现，语录的流行，文集的大量编撰，也是士大夫文化兴起的结果，特别是笔记和诗话，以随意性和无体系性为其显著特征，反映了士大夫在写作方式上的某种爱好。这样的写作习惯经常被认作中国人的思维特征，但"贤良进卷"的撰写却纯然与此异趣，它要求体大思精，强调规矩，重视结构，崇尚自成一家的学说，同时又针对现实。这是士大夫写作传统中不可忽视的严肃一面，受过此种训练的人不会丧失这种著述的能力。比如，苏辙在晚年还写作了《历代论》五卷，共四十五篇（见《栾城后集》卷七至卷十一），形式上跟"贤良进卷"很相似。这个时候他不需要再应付什么考试，仅仅是早年撰写"进卷"的习惯，促使他投入系列性论文的写作。而且，"苏门"弟子如秦观、张耒、李廌等，都有"进卷"或类似的系列性论文留存，看来这样的写作方式是"苏门"的一大作风。

"贤良进卷"本是典型的士大夫文学，而且写作目的是去应"制科"，凡是身非士大夫者，或者虽是士大夫而不应制科者，本来并不需要如此写作。但是，实际上既有不应制科而采取类似写作方式的士大夫，也有身非士大夫而写出了类似作品的。宋仁宗的时代可能是此种写作风气的极盛期，连僧人也受到了影响。释契嵩的《镡津集》卷五至卷七，有《论原》四十篇，其细目如《礼乐》《大政》《至政》《赏罚》诸论，命题与结构方式极似"贤良进卷"。虽然身为僧人，他却并不回避谈论世俗的问题，而且与李觏争论是非。无独有偶的是，在他去世后，为他写作了《镡津明教大师行业记》（见《镡津集》卷首）的，正是另一个"贤良进卷"的作者陈舜俞。契嵩的写作方式与李觏、陈舜俞等人几乎没有什么区别。甚至在以接受宋代禅僧文学为主的日本五山文学中，我们也可以发现士大夫文学的某种影响，比如虎关师炼的《济北集》卷十五，就由如下十篇论构成：

《外别论》、《正旁论》、《寺像毁败论》、《智通论》及《瞽瞍杀人论》；《李斯论》、《萧何论》、《文帝论》、《则天论》及《姚崇论》。

虽然只有十论，但也构成系列，前五篇是主题论，后五篇是历代人物论，而且论述对象是中国宋代以前的人物，颇似一组小型的贤良"进论"。大概在五山禅僧中，虎关是最像宋代士大夫的。至于中国南宋、元明以后的文人别集，包含此类系列性论文的就不胜枚举了。

三、苏轼、苏辙应制科始末

现在我们考察苏轼、苏辙的生平，有两部年谱必须参考，就是孔凡礼先生编纂的《苏轼年谱》（中华书局1998年版）和《苏辙年谱》（学苑出版社2001年版）。[1]关于苏氏兄弟应"制科"

---

1 孔先生其后又编纂了合订本《三苏年谱》，北京古籍出版社2004年版。对比前二书，《三苏年谱》主要增入苏洵事迹，也补充了有关二苏的新见资料，但前二书已有的条目文字，基本上原样抄入，较少做合并、疏通的工作，有一些二苏同做的事，仍被分作两条，更严重的问题是，这两条还未必抄在一处，中间被其他叙述隔开，仿

的经过以及其间应试文章，目前就以这两部年谱的叙述较为简要而完整，但包含一些细节上的讹误和不够明确之处。因此，我们须在《年谱》的基础上，考定事件的始末，然后才能议论其文章。

按两部《年谱》的叙述，二十二岁的苏轼和十九岁的苏辙在宋仁宗嘉祐二年（1057）初次赴举，便一齐进士登第。此后归乡为母亲程夫人服丧，至嘉祐五年（1060）再至京师，以"选人"身份至吏部流内铨去报到授官，分别得到河南府福昌县主簿和渑池县主簿的任命，但并未前去上任，而是由欧阳修、杨畋推荐，应次年举行的"制科"考试。这"制科"的具体科目，现存史料中或作"材识兼茂明于体用科"，或作"贤良方正能直言极谏科"，因为都是"制科"，考试方式完全一样，故不免混同。就二苏本人的表述来看，他们主观上是应"直言"科的，如苏辙晚年自撰《颍滨遗老传上》（《栾城后集》卷十二），就自称"二十三举直言"，苏轼也在《答李端叔书》（《苏轼文集》卷四十九）中自言"其科号为直言极谏"。至于推荐人，欧阳修是他们考中进士时的座师，自然乐于推荐；另一个推荐人杨畋，是吏部的官员，苏辙去吏部报到的时候，遇到了杨畋，杨主动说起："听闻你们有志于报考制科，我是不是有这个荣幸成为你们的推荐人呢？"现在看来，杨畋此举为自己争取到一个青史留名的机会。

按"制科"考试的步骤，获得近臣推荐后，应试者要向朝

佛前后二事。所以，《三苏年谱》虽然引证资料更丰富，但叙述上也更多混乱，反不如两部单人的年谱。

廷提交由五十篇策论构成的"贤良进卷"，朝廷将委员考评，排出名次，确定进入下一步召试的名单。所以苏氏兄弟接下来的任务就是写作和编辑"进卷"，即他们文集中的《应诏集》。据苏轼后来回忆："嘉祐中，予与子由同举制科，寓居怀远驿，时年二十六，而子由二十三耳。"（《感旧诗》叙，《苏轼诗集》卷三十三）这里自叙的年岁，是嘉祐六年（1061）之事，可见"进卷"的写作和编辑从嘉祐五年延续到了嘉祐六年。这个时候苏洵住在京畿的雍丘县，而轼辙兄弟须进京注官，随即又举"制科"，准备"进卷"，所以寓居开封城内的怀远驿。怀远驿在哪里呢?《玉海》卷一百七十二有"景德怀远驿"条云："景德三年十二月辛巳，作怀远驿于汴河北，以待南蕃交州、西蕃大食、龟兹、于阗、甘州等贡奉客使。"可见这是北宋朝廷建造的"国际宾馆"，在"汴河北"。汴河是一条运河，我们在《清明上河图》中可以看到这条河，北宋东京有内城和外城，汴河大致呈东西向，横贯内城的南部。现在开封城内的"州桥"遗址，当时就建在汴河上，这汴河流出东京后，往南跟淮河连接，把北宋的京师与经济最发达的东南地区沟通起来。苏轼当官后，进出京师，经常走这条水运的通道。

那么，我们推考苏氏兄弟寓居怀远驿，约有一年的时间，专心备考。其间他们编定了"进卷"，提交给朝廷，获得通过。但据史料记载，这次应举的人非常多，有三十三位，结果大宰相韩琦发话了，他说现在的年轻人真不懂谦虚，有二苏在此，居然还有这么多人来竞争! 这话一传开，多数人都退去了。当然二苏要面临的第二步依然很艰巨，就是所谓"秘阁六论"。据说，秘阁考试原定在八月举行，但八月份苏辙不巧生了病，又是大宰相韩琦做主，把考期推迟了一个月，到九月再考。因为他觉得苏轼、苏辙只要有一个不能参加，朝廷举行这个考试就没什么意思。以上故事被苏轼的学生李廌记在《师友谈记》里，好像是听苏轼亲口说的，但缺少旁证。

史书记载的嘉祐六年"秘阁试论"，还是在八月十七日举行，考官是吴奎、杨畋、王畴、王安石，考题是《王者不治夷狄论》、《礼义信足以成德论》、《刘恺丁鸿孰贤论》、《礼以养人为本论》、《既醉备五福论》和《形势不如德论》，题面分别出自《公羊传》隐公二年何休注、《论语·子路》樊迟学稼章包咸注、《后汉书》本传、《汉书·礼乐志》、《毛诗·生民·既醉》注疏和《史记》吴起传赞，正好三经三史。我们已经说过，"秘阁六论"的考点，在于能不能准确交代题面的出典，文章只要大致通顺就可以了。考试的结果，合格的就只有苏轼、苏辙和王介三人。现在我们看不到王介的文章，而二苏的六论都在他们的文集里，检核之下，只有苏轼的《形势不如德论》，交代出处不够明确。按宋人沈作喆的说法，"形势不如德"这样的题目是专跟考生为难的"顽"题，因为"意思语言，子史中相近似者殆十余处，独此一句在《史》赞，令人捉摸不着。虽东坡犹惑之，故论备举诸处以该之也"（沈作喆《寓简》卷八）。就是古籍中相似语句太多，让你记不清这一句到底是出自哪里。苏轼文中也提到了太史公，但未准确交代《史记》的哪一处，另外又"备举诸处"，引证典籍中的类似文句，综合立论。看来，他确实被此"顽"题所困，这一篇严格来说是不合格的。但六篇中只有一篇不合格，不影响他通过"秘阁试论"这一难关。至于苏辙的六论，文章也许逊于苏轼，但交代出处无一错讹，作为考试答卷是更完美的。宋代也有些笔记说，苏辙在答题时得到了苏轼的提示。这当然是不负责任的闲谈，并不可信。考场上并非只有他们兄弟二人，还有"不近人情"的王安石做考官，哪能容得他们作弊？

通过了"秘阁试论"的三人，一齐进入"制科"考试的第三个步骤，即八月二十五日在崇政殿举行的"御试对策"。仁宗皇帝亲临考场，考官为胡宿、沈遘、范镇、司马光、蔡襄，胡宿起草了《策问》，即有关当前政治的一系列提问，考生一一加以回答，等于提出政策建议，串联成文，提交长篇的对策，付考官们去考评。考评的结果要分为五等，第五等相当于不合格，第四等以上算合格，但第一、二等皆虚设，自宋初以来，只有吴育在景祐元年（1034）获得了"第三次等"，其余合格者全是第四等而已。然而这一次苏轼的对策却被考为"第三等"，真是破天荒的高分。王介获得了第四等，也算顺利通过。苏辙的对策却引起了一番争议。《苏辙年谱》备录了司马光闰八月九日所奏《论制策等第状》、苏辙《颍滨遗老传上》的自述和《续资治通鉴长编》的记事，大致经过是：因苏辙对策批评朝廷、宫廷事"最为切直"，司马光考为第三等，范镇以为不妥，与蔡襄等商量后，置于第四等，但胡宿以为策语不逊，力主黜落，司马光又坚持要录取在第三等，争执不下，最后闹到了要仁宗皇帝御裁的地步。这仁宗皇帝处理事情的习惯，大抵是根据大臣们的不同意见取个中间值，所以他考虑，是不是把苏辙收入第四等？这个时候推荐二苏应制科的杨畋又出来说话了，他说苏辙批评得那么激烈，而皇帝还想要包容他，这是朝廷盛事，应该把这件事记下来，交给史馆，去编入国史。他这个建议令仁宗皇帝很开心，于是苏辙被收入第四等的事就这么决定了。

　　这样，苏氏兄弟同获"制科"出身，照例，他们要对考官表示感谢，就是写一篇《谢制科启》。苏辙《栾城集》中无此"启"，孔凡礼校点《苏轼文集》卷四十六却收入了两篇，《苏轼年谱》猜测一篇给"秘阁试论"的考官，另一篇给"御试对策"的考官。实则，《苏轼文集》中的第二篇，就是苏辙所写，被南宋的吕祖谦收在《皇朝文鉴》卷一百二十二，题目就是《谢中制科启》，署名苏辙，首云"辙以薄材……"，中云"幼承父兄之余训"，全是苏辙的口吻。此"启"未收入《栾城集》，却被明代以来刊行的苏轼集误收，开篇"辙"字也被改为"轼"字，而中间"父兄"字依旧，显见矛盾。孔凡礼是以明代茅维刊《苏文忠公全集》为底本来整理《苏轼文集》的，所以沿袭了这个错误。比较原始的"七集本"《东坡集》卷二十六就只有一篇《谢制科启》，没有第二篇。苏辙的方面，南宋人孙汝听编了《苏颍滨年表》，就说苏辙当年"有《谢制科启》"，孔凡礼在《苏辙年谱》中引用了这个说法，但又谓"文已久佚"，其实不佚。在这篇《谢中制科启》中，苏辙检讨自己做事不够稳妥，批评朝政过于激烈，但也辩解说，他如此大胆进言，动机是为了要做忠臣。这样的内容显然与其"御试对策"引起的争议有关，涉及一系列人事，故苏辙自编《栾城集》时不予收入，也许出于免生事端的考虑。但此"启"在宋代必仍流传，而为吕祖谦、孙汝听所知。

　　苏辙的麻烦还没有完。获得"制科"出身的二苏改授官职，苏轼授大理评事、凤翔府签判，这大概相当于北宋前期进士科状元的待遇，非常优厚；苏辙只得到"试秘书省校书郎，充商州军事推官"，比苏轼差得多。然而，负责起草任命状的知制诰王安石，却只肯作苏轼的制词，而拒绝为苏辙草制。这是王、苏矛盾的起点，我们要不避繁琐，考订一下。

苏辙后来在《颍滨遗老传上》自叙这件事：

> 知制诰王介甫意其右宰相，专攻人主，比之谷永，不肯撰词。宰相韩魏公哂曰："此人策语，谓宰相不足用，欲得娄师德、郝处俊而用之，尚以谷永疑之乎？"知制诰沈文通亦考官也，知其不然，故文通当制，有爱君之言。

《苏辙年谱》据此判断："'宰相不足用'云云，亦苏辙答策中语，疑以此开罪宰相，宰相欲黜之也。"这是非常明显的误读，宰相"韩魏公"乃韩琦，对二苏极为欣赏，他那段话是为苏辙辩护的，怎能理解为"欲黜之"？这里真正对苏辙不利的，就是被韩琦所"哂"的王安石。宋代知制诰有"封还词头"的权力，即以拒绝撰制，来表示自己反对这一项任命。宋人吕希哲记载此事比较详细：

> 初，欧阳文忠公举苏子瞻，沈文通举苏子由应制科，兄弟皆中选。时王介甫知制诰，以子由对策专攻上身及后宫，封还词头。乃喻文通为之，词曰："虽文彩未极，条贯靡究，朕知可谓爱君矣。"盖文与介甫意正相反。子由《谢启》云："古之所谓乡愿者，今之所谓中庸常行之行；古之所谓忠告者，今之所谓狂狷不逊之徒。"又云："欲自守以为是，则见非者皆当世之望人；欲自讼以为非，则所守者亦古人之常

节。"（吕希哲《吕氏杂记》卷下）

可见，"封还词头"这一种表示反对的方式，也不一定造成无法挽救的结果，因为担任知制诰的不止一人，只要宰相坚持原来的任命，起草制书的事完全可以另请高明。苏辙的制词，后来便转由沈遘来起草（按照吕希哲的说法，他也是苏辙应制科的推荐人之一），他的看法与王安石不同。值得注意的是，这里还引用了苏辙给沈遘的《谢启》，对胡宿、王安石之类"当世之望人"表示了不屑。与上文所述《谢中制科启》的情况一样，此启也未收入《栾城集》，是苏辙的佚文。

王安石的不满并不只针对苏辙，据宋人邵博记载，他对三苏都有意见：

> 东坡中制科，王荆公问吕申公（公著）："见苏轼制策否？"申公称之。荆公曰："全类战国文章，若安石为考官，必黜之。"故荆公后修《英宗实录》，谓苏明允"有战国纵横之学"云。（邵博《邵氏闻见后录》卷十四，中华书局1983年版）

《苏轼年谱》引录了这条记载，却判断云："安石乃考官，《后录》偶失实。"这《邵氏闻见后录》固然常有蓄意攻击王安石之处，但简单地判断为"失实"，却缺乏根据。如果《英宗实录》中没有类似的话，邵氏怎能公然捏造？至于王安石"乃考官"，上面已叙述，他担任的是"秘阁试论"的考官，而那六篇论文的评审有客观的标准，主要看文中是否写明题面的出处，文章写得如何并不重要，故考官的主观好恶不起作用。"若安石为考官，必黜之"，是针对苏轼的"御试对策"而言，但这一次是由司马光等人来担任考官，无王安石。对于苏轼来说，这真是值得庆幸的事！

虽然二苏在嘉祐二年就考上了进士，但直到嘉祐六年"制科"及第，才真正进入仕途。相比之下，苏轼颇为顺利，不久便离京去凤翔赴任，但苏辙却连续遭受波折，所以他对这件事，可谓终生在意。《颍滨遗老传上》又云："是时先君被命修礼书，而兄子瞻出签书凤翔判官，傍无侍子，辙乃奏乞养亲。三年，子瞻解还，辙始求为大名推官。"可见，虽然改由沈遘撰制，但苏辙仍辞官不赴。名义上说是"养亲"，实有抗议的意思。从我们目前掌握的史料来看，王安石与三苏的交恶，实始于此，两年以后，苏洵写出了著名的《辨奸论》，亦可谓事出有因矣。

四、二苏《应诏集》与嘉祐时期的学术、政治动向

根据上面叙述的"制科"考试过程，苏氏兄弟直接为此事所作的文章应有三个部分：一是由五十篇策论构成的"贤良进卷"，在嘉祐五年至六年编写完成，提交朝廷；二是"秘阁六论"，三是"御试对策"，都是嘉祐六年临场写作。这些文章现在都保存在二苏的文集中，没有任何缺失。

苏辙的《栾城集》由他自己编辑，故条理最为井然。《栾城集》的最后部分为《栾城应诏集》十二卷，前五卷为"进论"各五首，第六至十卷为"进策"各五首，合起来就是五十篇策论，

即"贤良进卷"了；卷十一是"试论八首"，其中前六首就是"秘阁六论"，另外两首当是进士考试的程文；最后一卷"策一道"，乃《御试制策》。可见，《栾城应诏集》包括了应进士考试和"制科"考试的文章，其主要部分便是"贤良进卷"。

苏轼的"七集本"《应诏集》十卷也是他的"贤良进卷"，即五十篇策论，可视为其本人编定；另外，《东坡后集》卷十有《秘阁试论六首》和《御试制科策一道》，就是六论和对策，虽不像《栾城应诏集》那样与"进卷"同编，毕竟也集中在一处，便于寻检。相比之下，像《苏轼文集》那样的"全集本"就显得很乱，因为要按文类编排，六论和对策当然不能在一处，连"进卷"的二十五策和二十五论也被拆开，更有甚者，由三篇《中庸论》、两篇《大臣论》和二十篇历代人物论组成的二十五论，还被分散，且在二十篇历代人物论的中间，插入一篇不属于"进卷"的《士燮论》。可见，"全集本"重新编排的结果，令文献的原貌丧失殆尽，不利于研究。

值得庆幸的是，《栾城应诏集》和"七集本"东坡《应诏集》，把苏氏弟兄的两个"贤良进卷"原封不动地保存至今，它们各含五十篇策论，都完成于嘉祐六年之前，是我们研究二苏早期（正式出仕前）思想、政见、文章的珍贵资料。可以顺便提及的是，苏辙的"进卷"中包含了《礼论》、《易论》、《书论》、《诗论》和《春秋论》，这五篇文章也被后人误收到苏轼的集子里，现在也见于《苏轼文集》，所以关于这"五经论"到底是谁写的，学术界还有争议。其实，我们比照这两个"进卷"，也可以看出一种互相配合的结构：苏辙有"五经论"，讨论传统的儒家经典，苏轼的"进卷"就没有这方面的内容，但有三篇《中庸论》，这是北宋"新儒学"重树的经典；苏辙有《夏论》至《五代论》十二篇以朝代命题的论，苏轼则有《秦始皇帝论》至《韩愈论》二十篇以历代人物命题的论，显然出于相似的构思而又有意加以区别。从这个角度说，我们几乎可以认为，二苏共同制作了两个"进卷"，所以，与归在苏辙名下的文章相似的观点乃至文句，在苏轼其他文章中屡能看到，反过来也是如此。那么，为了使"进卷"所包含的文章构成漂亮的系列性，兄弟之间互赠某些作品的可能性甚大，至少他们一定会互相讨论，乃至动笔修订对方的作品。因此，制作"进卷"时期的二苏，大抵如同一人，难以分论。两个"进卷"所表述的观点，现在也只能视为二苏共持，不宜强加分别。当然，"五经论"被编在苏辙的"进卷"，则起初以苏辙作品的名义问世，是可以确信无疑的。

嘉祐六年的"制科"考官和上面提到的相关人物中，胡宿（996—1067）最为年长，他在文学方面被视为"西昆体"的后续人物。其次就是荐举二苏的欧阳修（1007—1072）和杨畋（1007—1062），考官王畴（1007—1065）、范镇（1008—1088）和宰相韩琦（1008—1075）大抵与之同龄，吴奎（1011—1068）和蔡襄（1012—1067）略小，但可以算同一代人，其中韩琦、欧阳修、蔡襄是庆历年间范仲淹政治集团的核心人物，到嘉祐年间已为名公巨卿，韩琦掌握着北宋朝廷的决策大权，而欧、蔡可谓文学艺术上的一代宗师。另外还有三位更年轻的官员，就是司马光（1019—1086）、王安石（1021—1086）和沈遘（1025—1067）。这沈遘最年轻，但去世甚早，司马光和王安石则在不久的将来成为"新旧党争"的领袖，他们应该算另一代人。嘉祐年间的他们已在士林享有盛誉，朝廷委任其为考官，说明他们的能力和见解已获重视，而他们也明确地表达和坚持自己的意见，决不含糊。颇具意味的是，在看待苏辙对策的问题上，此二人的态度已截然相反。从西蜀偏远之地来到首都的苏氏兄弟，所面对的前辈先达，或者说对二苏的学业加以评判裁断的，主要就是这两代人：当年的"庆历士大夫"和将来的"党争"领袖。

苏氏兄弟与"庆历士大夫"的关系非常密切，如苏轼即曾自述，进士及第后"始见知于欧阳公，因公以识韩（琦）、富（弼），皆以国士待轼"（《范文正公文集叙》，《苏轼文集》卷十）。不仅如此，就连仁宗皇帝见了兄弟二人，也高兴地说："吾为子孙得两宰相。"（《宋史·后妃传上·慈圣光献曹皇后传》）此种备受前辈赏识的情形，令苏轼对当前政局与自己的前途非常乐观。他的乐观也并非盲目，我们通读二苏的"贤良进卷"，就可见他们对"庆历士大夫"的肯定和理解，以及成为其继承者的真诚愿望，而此种愿望也获得了长辈的接受。这方面最为显著的表现，就是二苏对欧阳修思想、政见的非常自觉的认同和继承。

还在应进士考试之前，至和二年（1055）苏轼就已写过《正统论三首》，其《续欧阳子朋党论》大概也是早期之作。欧阳修关于"正统""朋党"的著名观点，被尚处学习阶段的苏轼取为论题，继续发挥，他后来自述的"童子何知，谓公我师，昼诵其文，夜梦见之"[《祭欧阳文忠公夫人文（颍州）》，《苏轼文集》卷六十三]，也许并非夸张。其"进卷"中的《周公论》一篇，本来讨论的是周公替成王摄政，是否僭越的问题，却以较多的篇幅去否定周文王生前"称王"之说，牵合得出"凡以文王、周公为称王者，皆过也"的结论。这样的写法，固然也可以理解为行文的技巧，但更可能的情形是：写作此文的苏轼，脑子里始终有一篇欧阳修的《泰誓论》在。这《泰誓论》见于欧公《居士集》卷十八，主旨就是驳斥西伯受命称王为"妄说"，就此而言，苏轼的《周公论》实际上就是"续欧阳子泰誓论"。

像文王、周公那样的上古之人，史料记载既极为有限，又时见矛盾，其是非如何判别？我们读欧阳修《泰誓论》，可知其方法，此篇分析当时的人事，三次反复"此岂近于人情邪"，来证明记载之枉。这"人情"就是全篇的关键词。在欧阳修看来，"圣人之言，在人情不远"（《答宋咸书》，《居士外集》卷十九），故可根据"人情"来判别记载之是非。而且，他坚信"尧舜三王之治，必本于人情，不立异以为高，不逆情以干誉"（《纵囚论》，《居士集》卷十八），所以推本于"人情"，还不只是治学方法，也是施政根据，所谓"不近人情，不可为法"（《十五国次解》，《居士外集》卷十）。这是欧阳修思想的核心内容之一。大抵北宋思想界多继承中唐"古文运动"之精神，以"复古"为最高价值，其最易陷入的困境，就是与世俗发生冲突。为了摆脱这一困境，欧阳修致力于"圣人之道"的合情合理、易明易行的解释，其论学论政，皆诉诸"人情""常理"，意在将"复古"的价值观与日常性相融合，不再显得惊世骇俗，而能被世人普遍接受，成为一种普世价值。随着欧阳修的声望、地位在嘉祐年间走向极盛，以"人情"为本的普世化思路确实产生了颇大的影响，在二苏的"进卷"中，这几乎成为议论的出发点：

　　苏轼《中庸论上》："圣人之道，自本而观之，则皆出于人情。"

苏轼《汉高帝论》："古之善原人情而深识天下之势者，无如高帝。"

苏轼《子思论》："圣人之道，造端乎夫妇之所能行，而极乎圣人之所不能知。"

苏轼《策别·安万民一》："宜先其实而后其名，择其近于人情者而先之。"

苏轼《策别·安万民三》："圣人之兴作也，必因人之情，故易为功。"

苏辙《夏论》："今夫人之爱其子，是天下之通义也；有得焉，而思以与其子孙，人情之所皆然也。圣人以是为不可易，故从而听之，使之父子相继而无相乱。"

苏辙《易论》："夫《易》本于卜筮，而圣人阔言于其间，以尽天下之人情。"

苏辙《诗论》："夫六经之道，惟其近于人情，是以久传而不废。"

苏辙《春秋论》："《春秋》者，亦人之言而已。"

苏辙《君术策第一道》："善治天下者，必明于天下之情，而后得御天下之术。"

苏辙《臣事策下第四道》："圣人之为天下，不务逆人之心。人心之所向，因而顺之，人心之所去，因而废之，故天下乐从其所为。"

以上言论，有解释圣人之道的，有申述经典含义的，有评论历史人物的，也有提出施政建议的，都以推原"人情"为旨归，切近"人情"为先务，可见二苏议论与欧公思想的高度契合。

然而，"人情"是一个缺乏明确理论含义的词语，虽然它具有将个人体会与公众愿望相联结的特征，从而有利于上述普世化的思路，但除非拥有完善的民意调查机构或公众表决制度，否则无非将个人体会直接等同于公众愿望而已。因此，以"人情"为依据的议论，实际上近于无所依据地自诵其说，或者只是随事制宜的功利主义态度。王安石指责三苏为"战国纵横之学"，"全类战国文章"，即含有对其议论缺乏明确宗旨的不满。在拒绝为苏辙撰制的同时，他为苏轼撰制云：

> 敕某：尔方尚少，已能博考群书，而深言当世之务。才能之异，志力之强，亦足以观矣。其使序于大理，吾将试尔从政之才。夫士之强学赡辞，必知要然后不违于道。择尔所闻，而守之以要，则将无施而不称矣，可不勉哉！（王安石《应才识兼茂明于体用科守河南府福昌县主簿苏轼大理评事制》，《临川先生文集》卷五十一）

观其辞气，不可谓不语重心长，他肯定了苏轼的"强学赡辞"，即博学能文，却又指出其不足之处，提出"知要""守之以要"的希望。所谓"要"，就是明确而统一的原则性，也就是理论宗旨。很显然，以"不近人情"著称的王安石，对欧、苏那种将圣人之道与日常性相融会的"人情"之论，是不以为然的，在他眼里，这根本不成其为理论原则，不过是堕于"流俗"而已。而且，对于苏轼持论跟欧阳修的高度一致，他心中实有反感，后来在宋神宗面前表露出来：

上曰："轼有文学……"安石曰："邪憸之人！臣非苟言之，皆有事状。作《贾谊论》，言优游浸渍，深交绛、灌，以取天下之权；欲附丽欧阳修，修作《正统论》，章望之非之，乃作论罢章望之，其论都无理……"（《续资治通鉴长编拾补》卷六，神宗熙宁二年十一月己巳条）

看来他对包含《贾谊论》在内的苏轼"贤良进卷"以及更早撰作的《正统论》等文，都曾仔细阅读，并且大感失望。"附丽欧阳修"的说法，从人品的角度言之也许过分，但就其观点相承言之，则也一针见血。

相比于欧阳修，苏氏兄弟的人生轨迹将与王安石平行更久，故我们研读其"贤良进卷"时，也必须重视王安石对此的态度。欧阳修将"复古"价值观与日常性相融合以避免与世俗冲突的思路，虽被二苏所继承，但并未被介于其间的王安石一代人所认可，后者希望的是以更鲜明的姿态坚持"复古"价值观，树立为唯一正确的最高原则，而不惮与世俗激烈冲突。司马光虽与王安石的具体主张不同，但原则至上的思路也如出一辙，如此相同的思路和不同的主张，即将把北宋的士大夫社会撕裂成两半。在二苏初入仕途的嘉祐时期，比"庆历士大夫"更年轻一代的学者型政治家，正逐渐走到时代的前沿，甚至已经比欧阳修等更引人注目。他们所预示的动向，在学术上是作为宋明理学之先声的"性命之学"的崛起，在政治上是呼吁"变法"，这样的动向后来通过王安石的"新学""新法"而呈现出成熟的形态，被"新党"确立为牢不可移的指导原则——"国是"。

对此动向，二苏亦并非无所察觉。上面已经提到，苏辙"进卷"中有"五经论"，而苏轼的"进卷"则相应地安排了三篇《中庸论》，这《中庸》正是"性命之学"所依据的根本典籍。《中庸论上》也明云："自子思作《中庸》，儒者皆祖之以为性命之说。"不过，他的三篇《中庸论》却并不谈论"性命"，"进卷"中真正以"性"善"性"恶为论题的是《扬雄论》一篇，提出了"性"非善非恶的见解。在北宋"性"论中，这也足以自成一家，但他对于这个论题，似乎只是因其甚嚣尘上而不得不表明自己的意见，内心倒希望取消这个论题，如其《韩愈论》所云："儒者之患，患在于论性。以为喜怒哀乐皆出于情，而非性之所有。夫有喜有怒，而后有仁义，有哀有乐，而后有礼乐，以为仁义礼乐皆出于情而非性，则是相率而叛圣人之教也。"可见，与其谈论人"性"，他还是更愿意谈论人"情"。然而，"性""情"之关系虽不可分割，但论"性"是从研究经典而得出抽象原则，可依此为准，矫厉世俗，论"情"则容易随顺世俗，为王安石之辈所不取。

"变法"的愿望，在二苏"进卷"特别是"进策"中，也有所表达。比较来看，苏轼的二十五策，除总论性的《策略》五篇和专谈外患的《策断》三篇外，涉及内政的有《策别》十七篇，包括《课百官》六篇、《安万民》六篇、《厚货财》二篇和《训兵旅》三篇，分论吏治、民生、财政、军事四个方面，而论财政的最少，仅有的二篇，一篇讲"省费用"，一篇讲"定军制"，固然是"厚货财"的途径，却并不直接谈论财经政策；而苏辙的二十五策，则相对简单地命名为《君术策》五道、《臣事策》十道和《民政策》十道，其中却包含了不少分析财政问题，提出相关建议的篇目。这大概也是两部"进卷"在论题、论域上有意分工合作的体现。最值得注意的是，苏辙在《臣事策下》第五道提出了给全国胥吏发放薪水的主张，后来茅坤在《唐宋八大家文钞》中收入此篇，还加了一个标题叫《禄胥吏》，这个主张令我们联想到王安石的"制吏禄"政策，与"新法"中的"雇役"之法，也思路相似。还有《民政策下》第二道，更提出了"贷民急"的建议，就是官府向农民发放借贷：

> 夫所谓贷者，虽其为名近于商贾市井之事，然其为意不可以不察也。天下之民无田以为农，而又无财以为工商，禁而勿贷，则其势不免转死于沟壑。而使富民为贷，则有相君臣之心，用不仁之法，而收太半之息。其不然者，亦不免于脱衣避屋以为质，民受其困，而上不享其利，徒使富民执予夺之权，以豪役乡里。故其势莫如官贷，以赒民之急。《周官》之法，使民之贷者，与其有司辨其贵贱，而以国服为息。今可使郡县尽贷，而任之以其土著之民，以防其遁逃窜伏之奸。而一夫之贷，无过若干。春贷以敛缯帛，夏贷以收秋实，薄收其息而优之，使之偿之无难，而又时免其息之所当入，以收其心。使民得脱于奴隶之中，而获自属于天子。如此则天下之游民可得而使，富民之贷可以不禁而自息。

这里阐述的"贷民急"一策，无论是施行方法，还是经典依据，都与王安石的"青苗法"极其近似。所以，二苏"进卷"虽未明确提议"变法"，却也实有相似的愿望，包含了与后来王安石所行"新法"相似的建议。不过，提出"贷民急"建议的苏辙，到了熙宁二年，却变成"青苗法"的第一个反对者。王安石应该读过他的"进卷"，当时不知是否感到诧异？按王氏的个性来推想，他大概不会去体量苏辙为什么改变了观点，他会认为这无非就是"小人"的行径：反复无常。

总之，二苏"贤良进卷"的内容，既有继承欧阳修等"庆历士大夫"主张的一面，也表现出与王安石等后来的"党争"领袖相似的某些诉求，但以前一方面为主。熙宁以降，面对王安石"变法"，二苏的所论所行，与早年的"进卷"所述见解有差异乃至矛盾之处，是由许多人事因素促成的变化。下面我们选读苏轼的《策略一》和《贾谊论》，以见他在这个阶段的基本主张。

五、苏轼《策略一》

上面说过，苏轼"贤良进卷"中的二十五策，分为《策略》五篇、《策别》十七篇和《策断》三篇。其中《策略》是其政治观点的总体阐述，《策别》提供具体的措施，《策断》则专为如何对付辽和西夏的问题而作。《策略一》就是《策略》部分的第一篇，也是二十五策的开篇。

> 臣闻天下治乱，皆有常势。是以天下虽乱，而圣人以为无难者，其应之有术也。水旱盗贼，人民流离，是安之而已也。乱臣割据，四分五裂，是伐之而已也。权臣专制，擅作威福，是诛之而已也。四夷交侵，边鄙不宁，是攘之而已也。

凡此数者，其于害民蠹国为不浅矣。然其所以为害者有状，是故其所以救之者有方也。

天下之患，莫大于不知其然而然。不知其然而然者，是拱手而待乱也。

国家无大兵革，几百年矣。天下有治平之名，而无治平之实，有可忧之势，而无可忧之形，此其有未测者也。方今天下，非有水旱盗贼人民流离之祸，而咨嗟怨愤，常若不安其生。非有乱臣割据、四分五裂之忧，而休养生息，常若不足以用。非有权臣专制擅作威福之弊，而上下不交，君臣不亲。非有四夷交侵边鄙不宁之灾，而中国皇皇，常有外忧。此臣之所以大惑也。

今夫医之治病，切脉观色，听其声音，而知病之所由起，曰"此寒也，此热也"，或曰"此寒热之相搏也"，及其他，无不可为者。今且有人恍然而不乐，问其所苦，且不能自言，则其受病之深而不可测者矣，其言语、饮食、起居、动作，固无以异于常人，此庸医之所以为无足忧，而扁鹊、仓公之所望而惊也。其病之所由起者深，则其所以治之者，固非卤莽因循苟且之所能去也。而天下之士，方且掇拾三代之遗文，补葺汉唐之故事，以为区区之论，可以济世，不已疏乎！

方今之势，苟不能涤荡振刷，而卓然有所立，未见其可也。臣尝观西汉之衰，其君皆非有暴骜淫虐之行，特以怠惰弛废，溺于宴安，畏期月之劳，而忘千载之患，是以日趋于亡而不自知也。夫君者，天也。仲尼赞《易》，称天之德曰："天行健，君子以自强不息。"由此观之，天之所以刚健而不屈者，以其动而不息也。惟其动而不息，是以万物杂然各得其职而不乱，其光为日月，其文为星辰，其威为雷霆，其泽为雨露，皆生于动者也。使天而不知动，则其块然者将腐坏而不能自持，况能以御万物哉！苟天子一日赫然奋其刚明之威，使天下明知人主欲有所立，则智者愿效其谋，勇者乐致其死，纵横颠倒，无所施而不可。苟人主不先自断于中，群臣虽有伊吕稷契，无如之何。故臣特以人主自断而欲有所立为先，而后论所以为立之要云。

（苏轼《策略一》，《苏轼文集》卷八）

这样的古文可谓明白如话，几乎不需要注释，就能读懂。在全部"进策"的开头一篇，纵论"天下治乱"与"方今之势"，提出宏观战略，对于整体来说也是合适的。苏轼指出"天下治乱"是有规律的，发现了什么问题，就有相应的办法去对治，但现状仿佛没有问题，显得太平，而太平之下又隐藏着大问题，就是各方面都过得去，却都做不好。没有流离失所，但是民生不安；没有割据分裂，但是财用不足；没有奸臣擅权，但是上下不亲；没有边关交战，但是常处外患之中。不难发现，他列举出这四种弊病，其实就是后面的十七篇《策别》所要针对解决的，那十七篇包括：《安万民》六篇针对民生不安，《厚货财》二篇针对财用不足，《课百官》六篇针对上下不亲，《训兵旅》三篇针对外患不断。不过在《策略一》中他还没有具体展开，而是从总体上进行把握，他以医为喻，说明症状显著的病是容易治疗的，而仿佛没病的大病却总被耽误。于是，顺理成章地推出此篇的结论，就是要"涤荡振刷，而卓然有所立"，简单说，就是要改革。无论如何先要有这个决心，然后才能讨论具体方案。所以，《策略一》这一篇的要旨，就是先促动皇帝下定改革的决心，为此他使用了许多排比句，增强气势，令文风显得雄伟壮观。

毫无疑问，范仲淹、欧阳修以来北宋士人的高昂理想主义，与"以天下为己任"的强烈责任感，在这里得到了充分的体现，而苏轼古文那种海涵地负的大气，与辞锋凌厉的锐气，也初步得以展示。然而这篇《策略一》也给今天的苏轼研究带来一个颇具争议的问题，即苏轼政治态度前后变化的问题。按照他在《策略一》中的说法，他对现状很是担忧，并明确要求改革，但后来苏轼反对王安石变法，却是众所周知的事实，这其间的矛盾，令今天的研究者费解。

实际上，自范、欧振起士风以来，仁宗朝后期的士大夫，几乎没有完全满足于现状而不思进取的，即便被今人认作"保守派"首领的司马光，也在为谋求更良好的政治局面而劳心焦虑。苏轼的朋友刘安世曾回忆说：

> 天下之法，未有无弊者。祖宗以来，以忠厚仁慈治天下，至于嘉祐末年，天下之事似乎舒缓，委靡不振。当时士大夫亦自厌之，多有文字论列。（马永卿《元城语录》卷上记刘安世语）

可见，仁宗朝后期以来，改革的呼声曾充满朝野，这当然也成为王安石变法的舆论基础。然而，那些曾经呼吁改革的人，后来多有反对王安石变法的，不独苏轼为然。因此，这期间的政治态度的变化，并不是苏轼身上的特殊现象，而是一个群体现象，值得做更深入的考察。我不太赞成硬着头皮去串联苏轼的有关表述，勉强把他的政见解释成前后一致，实际上我们也没有理由要求一个政治家始终保持某种确定不变的政见。我比较乐于承认苏轼的政治态度有前后变化，而作为研究者的任务之一，是去探讨和解释这些变化。

当然，呼吁过改革的人，也自有一部分是赞成王安石变法，后来参与到变法集团中去的。苏轼的同年进士吕惠卿、曾布，朋友章惇等，就是王安石的得力干将，以后成为"新党"的宰执大臣。连苏辙也一度被派入变法集团，参与讨论，只是后来议论不合，主动脱离了。年轻而有声望，又主张改革的苏轼，为何与他的那些同年朋友走上了不同的道路？下面这篇《贾谊论》，或许能给我们一些启示。

六、苏轼《贾谊论》

苏轼的"贤良进卷"由策、论各二十五篇组成，《贾谊论》便是二十五论之一。自司马迁作《史记·屈原贾生列传》以来，贾谊一直被当作"怀才不遇"的典型，历代以贾谊为题而作的史论也不乏其数，大多对他充满同情。但苏轼这篇却比较独特，他指出了并着重强调的是贾谊自身的问题。

> 非才之难，所以自用者实难。惜乎，贾生王者之佐，而不能自用其才也。夫君子之所取者远，则必有所待，所就者大，则必有所忍。古之贤人，皆有可致之才，而卒不能行其

万一者，未必皆其时君之罪，或者其自取也。

愚观贾生之论，如其所言，虽三代何以远过。得君如汉文，犹且以不用死。然则是天下无尧舜，终不可以有所为耶？仲尼圣人，历试于天下，苟非大无道之国，皆欲勉强扶持，庶几一日得行其道。将之荆，先之以子夏，申之以冉有。君子之欲得其君，如此其勤也。孟子去齐，三宿而后出昼，犹曰："王其庶几召我。"君子之不忍弃其君，如此其厚也。公孙丑问曰："夫子何为不豫？"孟子曰："方今天下，舍我其谁哉，而吾何为不豫？"君子之爱其身，如此其至也。夫如此而不用，然后知天下之果不足与有为，而可以无憾矣。若贾生者，非汉文之不用生，生之不能用汉文也。

夫绛侯亲握天子玺，而授之文帝，灌婴连兵数十万，以决刘、吕之雄雌。又皆高帝之旧将。此其君臣相得之分，岂特父子骨肉手足哉。贾生洛阳之少年，欲使其一朝之间，尽弃其旧而谋其新，亦已难矣。为贾生者，上得其君，下得其大臣，如绛、灌之属，优游浸渍而深交之，使天子不疑，大臣不忌，然后举天下而唯吾之所欲为，不过十年，可以得志。安有立谈之间，而遽为人痛哭哉？观其过湘，为赋以吊屈原，纡郁愤闷，趯然有远举之志。其后卒以自伤哭泣，至于夭绝。是亦不善处穷者也。夫谋之一不见用，安知终不复用也。不知默默以待其变，而自残至此。呜呼，贾生志大而量小，才有余而识不足也。

古之人有高世之才，必有遗俗之累，是故非聪明睿哲不惑之主，则不能全其用。古今称苻坚得王猛于草茅之中，一朝尽斥去其旧臣，而与之谋。彼其匹夫略有天下之半，其以此哉。

愚深悲贾生之志，故备论之。亦使人君得如贾谊之臣，则知其有狷介之操，一不见用，则忧伤病沮，不能复振；而为贾生者，亦慎其所发哉！

（苏轼《贾谊论》,《苏轼文集》卷四）

此文首先肯定了贾谊的才学，然后以孔、孟圣人的处世之道为对照，结合贾谊所面对的具体政治环境，分析其人生悲剧的造成，有本人器量不足方面的原因。因为器量不足，所以不能等待、不能忍耐，也不肯讲究方法避免冲突，结果不能获取施展其才学的机会。当然，文中也以苻坚信用王猛的事做对照，对汉文帝之不用贾谊表示了遗憾。两处对照用得恰到好处，体现出高明的写作技巧；而从贾谊自身找到"怀才不遇"的原因，从而在"才"之外关注到"量"的问题，也传达出宋代学者型政治家走向成熟的信息。从现代的观点来看，造成贾谊人生悲剧的原因当然主要不在其自身，但平心而论，在君主集权的社会政治制度没有很大改变的前提下，苏轼把贾谊的悲剧当作失败的教训，为有志于用世的人探讨一种更为成熟的处世之道，对当代和后世都有不小的启发。因此，这篇《贾谊论》在后代颇受选家的青睐，进入多种古文选本，至今传为唐宋古文的名篇。

然而，上面也已经提到，正是这篇《贾谊论》引起了王安石对苏轼人品的怀疑！苏轼为贾谊设计的方案是：与周勃、灌婴那些老臣们搞好关系，"优游浸渍而深交之"，获得他们的支持，然后"不过十年，可以得志"，到那时候有什么才华都可以施展出来。在王安石看来，这简直就是黑白不分的歪理邪说。

实际上，从另一角度也可以说，《贾谊论》探讨的处世之道也预示着苏轼自己的政治道路充满坎坷。我们不难看出，为贾谊设计的这个方案正是苏轼自己的办法。眉山少年一反洛阳少年所为，与宋仁宗信任的大臣如韩琦、富弼、欧阳修等人"优游浸渍而深交之"，从而获得了几乎整整一代前辈的赏识，初年的仕途十分顺利，既中进士，复举贤良，京城里的世家大族如晁氏、王氏，当代的名士如司马光等，都与他结交，似乎真的是"不过十年，可以得志"。但问题在于，这种良好的氛围并没有维持多久，随着宋仁宗的去世，仁宗的旧臣们便面临着与继位的新皇帝宋英宗合作的局面，而并非仁宗亲生儿子的宋英宗在此不愉快的合作中忍受了不到四年便快快死去，接下来的宋神宗却是英宗亲生儿子，不须顾忌，自登位伊始，就陆续将韩琦、欧阳修等老臣赶到地方官任上去，开始物色和培养自己的大臣。苏轼"优游浸渍"而建立的关系，换了皇帝以后，几乎全归无效。真所谓"一朝天子一朝臣"，新皇帝重组其政治核心集团，自是势在必行，而王安石变法恰恰与朝廷大臣的更换过程结合在一起，于是，以神宗、王安石为首，主要由年轻的官员组成的新政治集团得以在改革中急速崛起。在此形势下，被旧君、老臣们赏识和视为接班人的苏轼，反会随同老臣们被一起淘汰。幸而局面没有完全一边倒，结果形成了连环不断的"党争"，命运也就注定苏轼要随着"党争"形势的变化而升沉不定，走上一条起伏多变的政治道路。

当然，《贾谊论》也认为，贾谊经不起政治打击，郁闷而死，为"不善处穷"，是不可取的。所谓"处穷"，用今天的话说，就是应付人生的逆境。而善处逆境，恰是苏轼的长处。

我们顺便读一首王安石的同题名作《贾生》诗，来做个对照：

> 身后谋议略施行，谁道君王薄贾生。爵位自高言尽废，古来何啻万公卿。（王安石《贾生》，《临川先生文集》卷三十二）

按照《汉书·贾谊传》的说法，贾谊生前虽没有机会施展抱负，但他提出的主张确实为汉皇朝所需要，在他身后基本上都被付诸实施了。所以王安石说，既然如此，贾谊对历史已经起到伟大的作用，比那些爵位虽高却并无历史作用的公卿大臣强得多了。王安石如此看待贾谊，也传达出他自己的人生志向。他看到苏轼的《贾谊论》，想教贾谊去讨好那些公卿大臣，大概是有些愤怒的。

七、宋朝策论的文风

最后，我们以二苏的"贤良进卷"为例，简单延伸一下，考察宋代策论的文风。这两部"进卷"包含的文章都是策论，其中有许多被后世文章选家所青睐的名篇，而且整体上经过精心编制，只要浏览《应诏集》的目录，就可以感受到近于完美的整体性，所有标题都形成系列，而秩序井然。如苏辙的二十五论，由十二篇历代论、三篇人物论、"五经论"和五篇地域论组成，历史、人物、经籍、地域，涉及广泛而区划分明，且都联系时事以发表议论。正如王安石给苏轼撰制所下的评语，这是既"博考群书"，又"深言当世之务"，充分展示作者才能的著作。那么，具备如此高度整体性的著作，为什么王安石只许其"强学赡辞"，而不许其"知要"呢？推其原因，大概是"进卷"整体结构上显示的这种简明有序的外观，与文章实际内容的丰富多样性，形成了极大的反差。

以苏辙的十二篇历代论为例，从《夏论》《商论》到《唐论》《五代论》，按历史顺序对每个朝代加以议论，看来秩序井然。但仔细阅读各篇，则每篇自有不同的主旨。《夏论》是讲父子相承比禅让制更合人情，《商论》是拿商、周两代做对比，来讨论治理天下之术，《周论》是对古代的"三代损益论"发表看法，《六国论》讲东方诸国不支援韩魏抗秦，所以都被秦所灭，以下《秦论》《汉论》《三国论》《晋论》《七代论》《隋论》等也各有不同主旨，最后两篇，《唐论》是讲内外，即中央与地方的关系问题，《五代论》则强调不可侥幸于一时之利。可见，虽然同是史论，主题实际上非常多样化，而且前后并无统一的思路。我们不难想象，如果不是以所论对象，而是以论说的主旨来命题的话，这一组文章将失去系列性。读完一篇，根本不能预料下一篇的主旨会是什么。同样，苏轼的二十篇历史人物论也是如此，像《秦始皇帝论》是强调"礼"的必要性，《汉高帝论》则讨论臣下应如何向君主进言，《周公论》辩文王、周公不"称王"，《管仲论》讲兵法，《子思论》讲立论的方法问题，《荀卿论》批评异说高论之害，《贾谊论》谈处世之道，《扬雄论》探讨"性"的善恶，等等。他不是从某种确定的原则、标准出发去评议历代人物，而是每篇都选取不同的视角，抓住历史人物的不同方面，展开各具特色的论旨。每一篇的说理都可谓透彻，但你一次只读一篇便罢，若一口气读完数篇，则貌似整齐划一的框架下隐藏的丰富多样性，就会让你应接不暇。恐怕王安石提醒他须"知要""守之以要"，也不光就学术思想而言，还与二苏"进卷"给人的阅读感受有关。

二苏初到京师，便文名鹊起，除了临场所作的应试文章外，"贤良进卷"是他们第一次集中展示其写作能力的文卷，当时必被人广泛阅读，且有可能刊印行世，宋人对于苏文的印象式批评，最早就应该来自阅读这两部"进卷"的感受。那么，在单篇文章的艺术效果之外，"进卷"整体的上述特征，至少增强了读者对苏文灵活多变、出奇无穷的总体印象。所以，用不着等到《东坡集》《栾城集》出版，宋人就能对二苏的文风获得总体认识，因为他们从"进卷"中可以一下子读到百篇形式相似而内容却包罗万象的策论。

或许，在王安石看来，这也是思想上缺乏宗旨的表现。前面说过，二苏议论大抵继承了欧阳修以"人情"为旨归的意见，但"人情"本身就具备多样性，以此为宗旨，确也近于无所宗旨。不过，从经典中推导出统一、抽象的理论原则，而应用于具体事务，来发表看法，那是王安石擅长的"经术"，他所倡导的"经义"之文才是这种写法，而二苏所做的乃是策论，这策论自有策论的做法。苏轼"进卷"中的《子思论》就谈到这个方面："昔者夫子之文章，非有意于为文，是以未尝立论也。所可得而言者，唯其归于至当。"苏辙也明说："天下之事，安可以一说治也？"（《老聃论下》）可见，他们的思维方式恰好跟王安石相反，不喜欢先立原则的做法，而重视具体意见针对具体事务的施行效果。

除此之外，还有一点不能不加以考虑，就是策论一体，虽不妨视为史论、政论之类，但同时却也是一种科举的程文。对于北宋士大夫来说，表达政见还有奏议、章表、制诰等文体，跟施政过程的关系更为直接，其中表达的意见，作者对其施行后果须负明确的责任，相对而言，策论就不如此正式。皇帝若不读臣僚的奏议，会被认为不称职，但一般情况下他不必阅读策论；大臣们写了奏议，付诸实行后效果不好，大抵要受惩罚，但写策论不至于被惩罚。于是我们不难想象，策论一定会逐渐淡化其作为政论、史论的一面，而更显著地朝着符合科举程文要求的方向发展。所以，苏轼对于自己的"进卷"，日后就有几乎相反的评价：

> 轼少年时，读书作文，专为应举而已。既及进士第，贪得不已，又举制策，其实何所有。而其科号为直言极谏，故每纷然诵说古今，考论是非，以应其名耳。……妄论利害，搀说得失，此正制科人习气。（《答李端叔书》，《苏轼文集》卷四十九）

> 凡文字，少小时须令气象峥嵘，采色绚烂，渐老渐熟乃造平淡。其实不是平淡，绚烂之极也。汝只见爷伯而今平淡，一向只学此样，何不取旧日应举时文字看，高下抑扬，如龙蛇捉不住，当且学此。（《与二郎侄一首》，《苏轼文集》附录孔凡礼辑《苏轼佚文汇编》卷四）

前者对朋友言，必须谦虚；后者对侄子说，不妨自负。其评价的不同，当然可以从这个角度去理解。但无论如何，苏轼检讨的是策论的内容，而自负的是文章。也就是说，策论一体本来就要论说"利害""得失"，即便日后会发现这是"妄论""捝说"，但作为文章，还是该如此去做。所谓"高下抑扬，如龙蛇捉不住"，就是不能太平实，经常要出人意表，充分重视文字的阅读效果，去抓住读者的注意力。作为程文，这实在是成功的关键！

实际上，若考察宋代策论的发展，我们一直可以看到二苏示范作用的存在。陆游记录南宋流行语"苏文熟，吃羊肉"(《老学庵笔记》卷八)，也是就场屋文章能否成功取得科第而言，则所谓"苏文"主要就指策论了。这种淡化其史论、政论的性质，而强调阅读效果的策论，大概可以称为"文学性"的策论。

有二苏成功的榜样在前，撰作系列性策论而编制成"进卷"，后来在苏门弟子中颇成风气。这里简单列举，以为附录。

首先是秦观，他按苏轼的指教编写了"进卷"，去应元祐年间的制科，完全步了二苏的后尘。这个以"婉约词"风靡后世的作者，当时却是策论的大家之一。其次是张耒，据《宋史·艺文志》的记载，张耒有"进卷"十二卷。现存的张耒文集里，确有数十篇具备系列性的策论，但在文集的编撰、翻刻过程中，似乎已经与其他同类的文章混在一起，其面貌犹如苏轼别集的"全集本"，要准确分辨哪些策论属于"进卷"，现在看来有较大的困难。不过，通观张耒的生平，他并没有应过"制科"，何以会写作"进卷"，并在当时单行？

张耒于熙宁六年中进士后，长期担任诸县丞、簿，而于元丰末、元祐初入京任太学录。这太学录是所谓"学官"，而自王安石变法以来，朝廷对"学官"，尤其是中央太学的"学官"选任是相当重视的。据元祐初臣僚所奏：

> 内自太学，外至诸郡，学官之制，皆令就试。四方之士，区区于"进卷"，屑屑于程文，不惮奔驰之远，留滞之久者，顾岂其心哉？（《续资治通鉴长编》卷三百八十二，元祐元年七月丙辰条录王岩叟奏状）

据此可以推测，张耒的太学教职并不是轻易得到的，他必须参加考试，而为了获得应试的资格，又先须投递"进卷"。这一过程，居然也跟"制科"相似。从熙宁后期到元丰末，"新党"主政，取缔了"制科"，张耒的"进卷"大概就是为谋求"学官"职位而作。我们从这个事例也可以得到一个信息，就是除了"制科"以外，"进卷"的写作形式也曾被应用于别的场合。

最后是李廌，他的文集没有以原编的面貌流传下来，现存的《济南集》八卷只是四库馆臣辑《永乐大典》本，故其著述的全貌难以了解。但现存一本《苏门六君子文粹》，其卷四十五、四十六录有李廌的"进论"七篇。既然叫作"进论"，则原来应该有个"贤良进卷"。李廌于元祐间两次举进士，都未通过省试，而此时"旧党"主政，恢复了"制科"，可能他曾有改举"制科"的打算。但李廌终身无科名，这条路他最终也没有走通。不过，要说策论的文风，即便在"苏门六君子"中，李廌也是学二苏最为用力的。

第三讲

乌台诗案

　　中国历史上以"变法"闻名的宋神宗，在位时期有两个年号，熙宁（1068—1077）和元丰（1078—1085）。熙宁二年（1069）开始了变法，主要是由王安石执政；王安石在熙宁七年罢相，八年复起，九年又罢相，然后神宗亲自主政，改年号为元丰；元丰二年（1079）就发生了"乌台诗案"，把当朝第一诗人苏轼抓起来，关到御史台（就是所谓"乌台"），审问其诗歌如何讥讽朝政（所以叫"诗案"），前后延续数月，牵连到官员数十名，成为轰动朝野的一桩大案。此案的起因，当然跟变法有关，正因为苏轼反对王安石的"新法"，才会去写那些讽刺诗，那些讽刺诗的确凿存在，也表明此案并非"冤案"。但事情还有另一面，在王安石执政的熙宁年间，苏轼在很多场合，包括上交朝廷的正式奏章中明确反对、激烈攻击"新法"，并未被认为有"罪"，而到了神宗亲自主政的元丰二年，他却因为从前写的诗歌中隐含了反对的意思，而被视为有"罪"，逮捕法办。所以，就此案的发生来说，还有环境方面的原因，即熙宁和元丰这两个时期言论环境的变化。我们先从熙宁年间有关"新法"的争议说起。

一、关于"新法"的争议和苏轼的态度

熙宁二年（1069），宋神宗起用王安石为参知政事（副宰相），马上又升他为同中书门下平章事（正宰相），实行变法。正好在这一年，苏轼、苏辙为父亲苏洵服丧完毕，回到东京（开封府）。这几乎就是命运注定他们要卷入这场风潮，自此起直到离世，其政治、学术和文艺创作，都与王安石的"新法"及变法理论"新学"密切相关。

讨论王安石"新法"的是非利弊是一件困难的事，其中大部分"新法"是财政改革，应该由经济史家去处理，但其引起的"新旧党争"则无疑属于政治史的范围。不过就我个人阅读史料的印象来说，这"新旧党争"并不是什么忠臣与奸臣，或者君子与小人之间的斗争。那些反对变法的人，其动机经常被解释为"新法"损害了他们的利益，其实这一点很难论证，无法令人信服。史料上呈现的面貌是：卷在里面的人几乎没有一个不想把国家搞好，而那些明确表示支持或反对的人绝大多数是不计个人祸福的高尚的人。——我这样的看法也许很浅薄，但我们不必先存了太深刻的成见，再去阅读史料，那结果不会太好；我们先浅薄些，倒有利于追随史料自身的表述进路，看

得更全面些。王安石要变法，自然有他的道理，这不必否定；但就反对者来说，有一点也很明显，他们并不都是一开始便与之为敌。按常理说，"新法"引起朝廷官员们的讨论或争议，原是必然之事，因为仅其主要的内容，就有财政方面的青苗法、免役法、均输法、市易法、方田均税法、农田水利法，和军事方面的将兵法、保马法、保甲法等；为了统一设计、指挥实施，还要专门成立一个叫作"制置三司条例司"的新核心机构；为了培养适于推行"新法"的人才，又要改变教育制度，在太学实行"三舍法"；与此相应，科举制度的改革也势在必行，取消诗赋，改试经义、策论，并制定经义（儒家经典的阐释）的标准答案，用以统一思想，这便是"新学"。虽然这些改革措施不可能在王安石开始执政的熙宁二年一举推出，但也足以让人感到"日新月异"了。揆于常情，这么多的新花样，几乎不可能有一个人从头到尾全部赞成，所以，每一条"新法"的提出，都会制造新的反对者。比如苏轼，就是从熙宁二年五月议论科举改革时，开始成为反对者的。

苏轼是"贤良方正能直言极谏科"三等出身，他回到朝廷，应该担任什么官？按司马光的意见，苏轼应该出任谏官，参与议论朝政。这个意见应该说没有什么错。但据苏辙后来回忆，王安石认为苏轼跟自己"议论素异"（《亡兄子瞻端明墓志铭》，《栾城后集》卷二十二），从来就见解不合，所以，为了不让他来干扰自己的改革事业，就给他安排了一个闲职，叫作"值官告院"。倒是苏辙却被神宗皇帝指派到"制置三司条例司"工作，进入了变法的核心机构。在这种情况下，苏轼有三个月的时间保持了沉默，对接二连三地出台的那些"理财"之法不发一言。

直到五月份，科举改革的倡议出台，神宗要求官员们对此提出意见，苏轼才应朝廷的要求，奏上一份《议学校贡举状》（《苏轼文集》卷二十五）。由于这份奏议，他得到了神宗皇帝的召见。

取消诗赋而代以经义、策论的科举改革主张，其实不始于此时。诗赋是文学作品，经义、策论是经学论文和政策建议，科举的目标在录用政治方面的人才，唐代以来却用文学取士，早就引起很多人的不满，改成经义、策论看上去是更合适的。所以，对于这项改革，司马光便没有明确反对。但苏轼却认为诗赋优于经义、策论，因为诗赋有押韵、平仄等技术规范可考，主要看考生的素质而不是观点，经义、策论的好坏却主要看观点，容易被朝廷一时的政策导向所影响，造成迎合的风气。大概这是当时罕见的为文学取士辩护的议状，故引起神宗的重视。应该说，苏轼本来就是文学取士制度的一个产物，为这个制度辩护的态度贯穿了他的一生，至死不改。当然，由于王安石的坚持，苏轼的意见虽然一度打动了神宗，却并未能阻止科举改革的进行。而且从此以后，史书上屡见神宗想起用苏轼而被王安石阻止的记载。大概在王安石看来，苏轼的学问就是"博"，什么都知道一点，却并没有内在的统一性，没有确定的主张，那么他之所以反对科举改革，无非就是要跟自己立异。其实，对于文学取士的传统，从来都是既有人质疑，也有人为之辩护的，比如嘉祐元年（1056）欧阳修就上奏过一篇《议学状》（《欧阳文忠公集》卷一百一十二），反对当时的科举改革提议。我们若把苏轼的《议学校贡举状》与欧阳修的《议学状》对读，就会发现其间明显的继承性。所以苏轼的观点自有其师门渊源，他在这个问题上既没有附和司马光，也不是故意跟王安石对立。

但是，苏轼发言的五月份，却也是反对"新法"的风潮开始走向波浪汹涌的一月。御史台的长官吕诲弹劾王安石，除了对"新法"有许多不理解以外，他还认为王安石一上台就纷纷扰扰什么都要变，把朝廷给搞乱了，所以他对王安石的人品也有明显的反感。神宗不以为然，却也不愿扩大事端，就把弹章退还给吕诲。皇帝的这种依违两可的处置，造成了一个僵局：御史是专掌批评的，这批评不被采纳，就意味着皇帝认为他不称职，于是吕诲断然要求去职；而被御史弹劾的执政官，则要求朝廷澄清是非，如果不予澄清，就拒绝继续处理政务。双方坚执不屈，神宗被迫做出抉择，清洗吕诲领导下的御史台，坚定了王安石变法的信心。然而如此一来，此前关于"新法"诸措施的不同意见的争辩，就正式上升为政治斗争了。官员们依其对于"新法"的支持与否，分成"新党"和"旧党"两个党派，开始"新旧党争"。八月份，谏院长官范纯仁、刑部官员刘述、御史刘琦、钱𫖮等皆以反对王安石被罢免。此月苏辙因反对农田水利、免役、均输、青苗诸法，而自动离开"条例司"。到熙宁三年（1070），朝内外的老臣韩琦、欧阳修、文彦博都反对青苗法，亦被责罚。司马光一直在神宗面前力争"新法"之非，并拒绝接受枢密副使的委任，但神宗同意免去这委任时，掌管颁发诏命的范镇又再三不肯颁发，结果神宗只好把诏旨直接交与司马光，于是范镇自请解职。然后孙觉、吕公著以反对"新法"被罢免，宋敏求、苏颂、李大临以反对王安石提拔李定被罢免，程颢、张戬（张载弟）、李常等亦纷纷斥罢。孔文仲应制科，原考为三等，以对策中反对"新法"被皇帝御批黜落，考官却将御批封还给皇帝，坚持要录取，范镇还为此上疏力争，皆不听，于是范镇要求致仕（退休），却被批准。司马光亦被派往长安，但在地方上更不堪被迫执行"新法"之苦，至熙宁四年（1071）六月获准到洛阳闲居，"自是绝口不论事"（《宋史·司马光传》），一心一意去修《资治通鉴》了。这次反"新法"的风潮至此才逐渐退落，王安石得到专任。此后虽还有富弼因不肯行青苗法于其辖区而遭处分，刘挚、杨绘以指斥时政被贬等事，但已是余波了。

在这次反"新法"的政治风潮中，苏轼的"旧党"立场逐渐地明朗起来，而王安石也意识到苏轼正在成长为他的一个有力的政敌，故于熙宁二年（1069）冬天，派他去担任开封府推官，处理京城内外大量的民事诉讼，使他没有精力议论政治。出乎他意料的是，这位文学家在处理民事诉讼上表现出少有的精明，变得更有影响，而且并不耽误议政，在十二月的严寒中，写出一封万言书给神宗，系统地阐明他反对"新法"的政见，对"新法"诸措施逐条地批驳、责难，一概否定，成为当时反"新法"的奏议中最系统、完整的一封。翌年二月，前朝宰相韩琦从河北交来一封奏疏，用大量实地调查的结果来证明青苗法害民。由于英宗、神宗并不是仁宗亲生的子孙，其登上皇帝宝座出于韩琦的"定策"，所以他的意见非同小可，朝内外马上传出韩琦要率兵入京"清君侧"的谣言。王安石以称病不出来对抗，离职近二十天，使"新旧党争"处于白热化的高潮。苏轼于此时再次上书，借韩琦奏疏引起的倒王之势推波助澜，迫促神宗驱逐"小人"王安石。但神宗又一次扶持了王安石，一边同意司马光辞去枢密副使，一边让"条例司"做出一个驳斥韩琦奏章的文件，颁之天下。这是王安石的一个具有决定性的胜利。

但苏轼犹不服输。三月份进士殿试，苏轼作了《拟进士对御试策》进呈，巧妙地将策问内容引向对王安石和"新法"的攻击。

熙宁三年（1070）八月，王安石抓住了一个驱逐苏轼的机会。御史台的谢景温突然弹劾苏轼，说他从前往来于四川和京师之间时，往返挟带货物，沿途做生意，又冒称朝廷差遣，向地方官借用舟船兵卒等。王安石立即下令调查，结果虽然查无实据，却也闹得沸沸扬扬。由于谢景温与王安石有姻亲关系，史书上说谢的弹劾为王所指使。此举激怒了以心平气和著称的司马光，隔日面见神宗时，断然要求离开朝廷，因为反对王安石本来是个政见方面的问题，现在反对者在品德方面也被怀疑了，那么为了保持自己在品德方面的名声，只好离开朝廷。在神宗听来，这分明是为苏轼说话，所以他的回答是："苏轼非佳士，卿误知之。"（《续资治通鉴长编》卷二百一十四）皇帝对苏轼的印象已经坏了。在此情势下，被弹劾的苏轼当然就不敢自辩，只好乞补外任，离开朝廷。熙宁四年（1071）六月，他被任命为杭州通判，离开了危机四伏的京师。其离京时间约与司马光赴洛相近，这二人的离去标志着反对"新法"的政治活动归于失败。

不过，失败归失败，但从以上所叙关于"新法"的争议经过和朝廷的处置方式来看，反对"新法"虽然可能冒犯君、相，但作为一种政见本身是被许可的。这些"新法"既然都交给大家讨论，当然没有不许人提出反对意见的道理，而且，北宋的文官制度本来就允许官员对现行政策持不同意见，为了不至于妨碍这政策的实施，通常的处置办法是罢去反对者在京城担任的要职，但一般都会让他们保留原先的级别，去担任地方官，至少不会对他们问"罪"。此后，随着资历的增长，其级别的晋升也大抵不受影响，只是不调回京城而已。这种做法隐含的一个问题是，仿佛京城和地方是两个世界。在交通和信息传播不太发达的时代，我们常能看到某个士大夫离开京城的纷扰而到地方上去安静地写作，然而苏轼生活的时代是宋朝，水陆交通发达，印刷术的发明和普及引发了信息传播领域的革命性进步，这就使京城和地方不会再是两个世界。一方面，苏轼不可能因为离开京城而摆脱"新法"，另一方面，他的一举一动，也不可能因为远离京城而逃过朝廷的注视。

二、从熙宁到元丰

苏轼一生有两次在杭州任职，熙宁年间是任通判，元祐年间是任知州。这一州之长，汉代叫"太守"，唐代叫"刺史"，宋代叫"知某州事"，简称"知州"，明代以后把州改称府，就叫"知府"了，现在我们叫市长，但日本还叫"知事"，"东京都知事""大阪府知事"之类，延续了宋代的叫法。通判是从宋朝开始为防止知州独揽一方大权而设立的官位，它的品衔比知州低，但以联合签署公文的形式，对知州起到监督作用，所以也称为"监州"。苏轼先后担任杭州的通判和知州，都不是贬官，他的官僚级别不贬，只是离朝"外任"。不过在杭州通判之前，他已经做过一任凤翔府签判，所以如果没有被谢景温弹劾的事，他已经有了做知州的资格，做通判的待遇不算优厚。

但对于中国文化史来说，苏轼与杭州的相遇是意义非凡的。江南城乡的风光，千姿百态的西湖，秀丽如画的吴山和惊心动魄的钱江潮，是造物对诗人的最好馈赠；苏轼也无负于这番馈赠，他为杭州的山水留下了许多家喻户晓的名句，使这些山水永远跟他的名字联系在一起，也从此改变了杭州的形象：这个钱粮盐布的都会因为苏轼而转变成艺术和美的栖息地，至今神韵流淌，风月无边。除了诗歌外，苏轼在杭州也开始了填词的创作，这个新兴的文体将在他的手上大放光彩，成为宋代文学中最迷人的体裁。

不过，苏轼的杭州之行虽然离开了京城的变法风潮，却无法摆脱"新法"的压力。早在唐代，东南地区已是全国的经济中心，而杭州更有"东南第一州"之称。宋神宗、王安石的财政改革，以增加政府的收入为现实的目标，对东南地区自然不能轻易放过，他们派出了许多"提举"官，专门指挥当地的"新法"执行事宜，而且管理由"新法"而获得的收入。由于这部分收入的份额甚大，一般又不用于日常行政经费，而形为纯粹的"收入"，故"提举"官一定拥有比原来的地方官远为显著的业绩，致使地方上的财政结构和权力结构被改变，"提举"官的权力实际在地方官之上。走马上任的苏轼，立即碰上"提举两浙盐事"卢秉严厉打击盐贩子的政策，卢秉获得无数的盐税向朝廷报功，换来的是无数营销"私盐"的罪犯等着苏轼去审讯发落。然后，为了保证"官盐"的运输，还要开通一条"运盐河"，苏轼受命巡行属县，去监视开河工程的进行。可以想象，被自己所反对的事弄得如此忙碌的苏轼，会以什么样的心情去工作。

不光如此，熙宁六年（1073）朝廷又设立了"经义局"，在王安石的领导下，修订《诗经》《尚书》《周礼》三部经典的标准解释，当时谓之"三经新义"，用于科举考试。如此一来，"新学"成为权威意识形态，所有希望通过科举走上政坛的年轻人都必须先接受和背诵王氏的"经义"，形成思想文化的独断局面。这就使苏轼不但作为一个官僚陷入了困境，作为一个文化人亦面临着前所未有的桎梏。

科举改革是王安石的诸多政策中引起的后果最为深远的，取消诗赋而改考根据"三经新义"来做的"经义"文，实际上就是从唐代"文学取士"到明代"八股取士"之间的一个转折，"八股文"就是"经义"的俗称，只不过后来根据的不再是王安石的"三经新义"，而是朱熹的《四书章句集注》，但根据经典的某种标准解释来写一篇论文的方式，却是完全一致。这个转折对中国传统社会影响很大，比如《红楼梦》中的贾宝玉，因为不求上进而被父亲责打一顿，其实他的诗赋水平比贾政欣赏的那些清客要高得多，若生在唐代，他就是个很上进的青年，但生在清代，一个迷恋诗歌艺术而不肯去读《四书章句集注》的人便被认为不求上进。类似的情况其实在王安石改革科举的当时，就发生在秦观的身上！他的诗赋不但被苏轼视同珍宝，连王安石也是称许有加的，但以他那样的才华，也只能落第。为了秦观的前途，苏轼只好背叛自己的思想，劝他对"三经新义"也下点功夫，以利再考。秦观后来考上了，但跟他情况相似的陈师道，则因为不肯认同"三经新义"，从此不再赴考，终身无科名。你有标准解释，我就退出科举，那个时代有不少这样的人。

这种情况很值得注意，这是从"新旧党争"演变出来的一个分裂局面：两党都在朝廷的时候，那是"党争"；那"党争"

一旦分出胜负，便是胜利的一党集中到京城去，失败的一党纷纷"外任"，分散到地方；京城虽是核心，但地方的范围更广，形成朝野对抗的局面。熙宁年间"新党"掌握了朝廷，但因为司马光、吕海、程颢等著名的"旧党"人士集居在洛阳，便使西京洛阳府成为与东京开封府对峙的另一个核心。苏轼不在洛阳，但也有他自己的交游圈，而且不断扩大，他的名声和才华，或许也得加上他的性格魅力，吸引着越来越多的年轻人成为他的赞同者、追随者。由于印刷术的进步而刚刚登上历史舞台的中国出版业，也找到了最佳的合作者，杭州的出版商马上就抓住机会，开板雕印苏轼在杭州的作品，名为《苏子瞻学士钱塘集》。这部集子虽已失传，但它是我们目前可以考知的作家生前出版作品集的最早个案，换句话说，这是中国出版业与当时诗人的第一次合作。很显然，这一合作是非常成功的，《钱塘集》的市场效果肯定不错，以至于出版商对它不断增订，到了元丰初年，又推出一部《元丰续添苏子瞻学士钱塘集》。而恰恰就是这部增订版的《钱塘集》，在"乌台诗案"中成为主要"罪证"。我们知道，"乌台诗案"并不是中国历史上最早的文字狱，但确实是第一件以出版物为"罪证"的文字狱。

从传播媒体的角度说，印刷出版实际上是一种近代化的传媒，但中国在北宋可以说是提前出现了，出版事业的发展使宋代开始拥有了真正意义上的"舆论"。持有"旧党"政见的苏轼，在他的诗文创作中当然寓含了不少反对"新法"之意、憎恶"新党"之情，而与他合作的近代化传媒，则使其个人写作成为"舆论"。我们熟知，在苏轼之前，历史上也不乏与当朝君相政见不同、私加非议者，但那时候传播范围很有限，若无人告密，君相也未必得知，而传统儒家也主张执政者以"有则改之，无则加勉"的态度去面对批评，因为即便是错误的批评甚或恶意的诽谤，从无权无势的人嘴里发出，也没有多少恶劣的影响，不妨表示宽容。然而，传媒技术的革命使情况发生了根本性的变化，得到出版业相助的苏轼，就像一个插翅飞翔的非议者，他的声音会传遍国土，乃至响达境外，冲击所有人的耳膜，严重地影响和阻碍当前政策的贯彻推行。北宋集权国家确实碰上了前所未有的新课题，在那个时代简单地遵从"有则改之，无则加勉"的古训，不加处置，便等于放任反对者占据宣传阵地，掌控舆论。所以，"新党"中有见识的人，一定会因此而关注苏轼的创作倾向。这样的关注，是前代大诗人如屈原、陶渊明、李白、杜甫所未曾经受的。

"新党"在朝、"旧党"在野的局面也不可能一直维持下去，因为"新党"内部也产生了裂变，在熙宁七年（1074）至九年（1076）间，王安石遭到以吕惠卿为代表的"新党"中少壮一代的惨重打击，两次罢相，最后闲居于金陵（今江苏南京），变成了终日喃喃自语的骑驴病叟。失去了精神导师的宋神宗碰到前所未有的尴尬局面：为了对得起王安石，他不能起用吕惠卿，但剩下来出任宰相的，一个是王安石的亲家吴充，一个是王安石的同年进士但几乎没有什么政见的王珪。于是，他不得不亲自主持政务。可是，在中国传统的政治格局中，皇帝亲自主持政务一般不被提倡，因为这极其危险。当权力在宰相手上时，这权力是可以批评的，批评者的安全由皇帝来保护；而一旦由皇帝亲自掌握大权，这权力便不可批评，即便那皇帝圣明无比，不可批评的权力也不受人欢迎。宋神宗不算一个暴君，但从他亲自主政起，整个国家的政治环境就变得迥异。此前"旧党"人士针对王安石而发的许多不满言辞，现在仿佛直接加在了神宗的头上，使他极易把所有异议和不满看作对他的皇权的蔑视。为了证明自己值得尊重，他无法克制迅速建功立业的欲望，积极向南方和西北用兵，还把年号由熙宁改为元丰。虽然对西夏用兵的大败，后来导致神宗心情抑郁，失去健康，英年早逝，但这不是他起初能够预料的。除了对外用兵，对内坚持实施"新法"外，神宗本人对刑法的爱好也日益显露出来，他认为现有的法律条文不够细密，专门设局，重新修订，有宋一代颁布的法典总数242部，神宗一朝占了90部，仁宗时期的《嘉祐编敕》只有30卷，而神宗时期的《元丰敕令格式》达到2006卷；对于重要案件，神宗认为开封府和大理寺无法及时审理，就使用御史台进行审讯，还不时地委派大臣组建临时法庭，谓之"诏狱"。熙宁八年（1075），判处了李逢"谋反"案，被株连的宗室、官员甚多，元丰元年（1078）初，又兴起大理寺"纳贿"案，牵涉的官员更多，这样的重案接连不断，下一个就是"乌台诗案"！这一点也是需要注意的，"乌台诗案"不是孤立的，它是熙宁、元丰之交连续兴起的大案之一。王安石曾对神宗的这种做法提出过很严厉的批评，他说陛下判的案子，没有一件是判得对的。

苏轼在杭州任满后，于熙宁七年（1074）改任密州的知州，九年又移知河中府，熙宁十年（1077）二月，在赴河中府的路上接到命令改任徐州的知州。按惯例，他要先到京城述职，然后赴任，但到了开封城外，却被拒绝进城，所谓"有旨不许入国门"。这是一个警告，表示皇帝不想见到他。苏轼只好直接去徐州上任，却碰到黄河决堤，水汇徐州城下，于是这位诗人表现出了他作为"能吏"的一面，亲率当地军民筑堤救灾，还因为成绩显著而受到嘉奖。纵观苏轼的一生，他在地方官任上大抵都有些作为，而被当地的人民所喜爱，但这并未改变他在"党争"中的命运。新党的官员沈括、李定等人早就在收集他的"罪状"，就是他的诗词和散文中指责当前政策的文字。据宋人施宿《东坡先生年谱》记载，还在苏轼任杭州通判的时候，宋神宗就收到过沈括送来的揭发材料，只不过当时反对"新法"的大风潮刚刚过去，若遽然追究此事，可能又会引来一场争议，对"新党"未必有利；但时日既久，"新法"已经成为既定的政策，"新学"也占据了权威意识形态的地位，最关键的是，本来由王安石主持的可以批评的"新政"已经变成了由皇帝亲自主持的不可批评的"圣政"，苏轼非议"圣政"、指斥"乘舆"（皇帝）的罪名于是无可逃遁。

　　元丰二年（1079），宋神宗找到了一个愿意坚定地执行"新法"的大臣蔡确，将他从御史台的长官提拔为参知政事，阻止了宰相吴充改变"新法"以安抚人心的意图。御史台的长官由新党的李定代理，于是李定便纠集台中的御史舒亶、何正臣等，弹劾苏轼诗语讥讽朝廷，要求给予处分。从现存史料看，他们的弹劾开始于七月初，其时苏轼已由徐州移知湖州，神宗就派御史台的皇甫遵火速前往，七月二十八日赶至湖州衙门，当场逮捕了苏轼。据目击者云："顷刻之间，拉一太守，如驱犬鸡。"（孔平仲《孔氏谈苑》卷一）八月十八日，他们把苏轼押解至京，拘于御史台，然后根据《元丰续添苏子瞻学士钱塘集》，逐篇拷问其语句的讥讽含义，历时一百三十天，至十二月二十八日才结案出狱。

　　"诗案"过去了许多年后，苏轼的政敌和朋友刘安世回忆说："东坡何罪？独以名太高，与朝廷争胜耳。"（马永卿《元城语录》）这句简短的话击中了要害，"诗案"的本质，并不是几个"小人"对苏轼的嫉恨和陷害，而是神宗亲自主持的"朝廷"对这位声名藉甚的异议者的惩罚。我们看到苏轼以个人的名声可以"与朝廷争胜"，就不难想象传媒领域的技术革命给一个时代带来的巨大变化，也不难理解并非暴君的宋神宗为什么要问"罪"于苏轼，而苏轼的写作从无"罪"变成有"罪"，又是由从熙宁到元丰的政治环境的变化所决定的。

三、"乌台诗案"的记录

　　与历史上其他案件不同，"乌台诗案"的内容是拷问苏轼作品（主要是诗歌）中的讥讽含义，这就使审讯过程等于一首一首解读他的诗歌，苏轼必须老老实实交代自己写的这一句那一句都是什么意思，字面上用了什么典故，内在的含义又如何体现，所有构思、技巧都由作者本人解析出来。特殊的场合令这位大诗人如此详尽、不容保留地阐释自己的作品，作为"供状"被记录在案卷当中。从文学批评史的立场看，这简直是空前绝后的难得资料。宋朝本来就流行"诗话"，这"诗案"的口供可称"诗话"中的绝品，所以批评家想尽一切办法要去获得这份资料，而出版业的发达又使它容易面世流传。导致的一个结果是，有关"乌台诗案"的记录，传到今天还是相当完整。

因为记录得完整，这份记录又具备了另一种重要的意义：可以据此恢复其过程细节的一个宋朝司法案例。这样的案例在史料中也绝无仅有。

所以，无论是对苏轼的传记研究，还是对北宋文学史、政治史、法制史的研究而言，"乌台诗案"都成为值得仔细考察的历史事件，历代学者参与讨论的也非常多，其成果当然十分可观。我们根据这些研究，先简单叙述相关的记录文本，这是最基础的工作。

今存记录"乌台诗案"的文本，被学者们据以研究此案的，主要有以下三种：

署名"朋九万"的《东坡乌台诗案》一卷；

胡仔《苕溪渔隐丛话》卷四十二至四十五，共四卷；

署名周紫芝的《诗谳》一卷。

这三种文本可以确定都是从宋代传下来的，此后当然还有一些根据它们而来的衍生文本，姑且不论。学者们对此三种文本多有考察，形成了大体一致的看法。[1]

先说《诗谳》，我们在《丛书集成初编》中可以看到此书，其内容很简略，并且引用了跟"诗案"无关的一些诗话、笔记的说法，已失去审讯记录的形态，估计是书商牟利之作，署名"周紫芝"也是出于伪托。周紫芝是南宋的文人，他的集子里

1　比较详尽的，有内山精也《〈东坡乌台诗案〉流传考——围绕北宋末至南宋初士大夫间的苏轼文艺作品收集热》，日文原文发表于《横滨市立大学论丛》人文科学系列47–3伊东昭雄教授退职纪念号，1996年3月，中文译文收入氏著《传媒与真相——苏轼及其周围士大夫的文学》，上海古籍出版社2005年版。刘德重《关于苏轼"乌台诗案"的几种刊本》，《上海大学学报》2002年第9期。

有一篇《读诗谳》，但没有说他自己编了这部书。

再说胡仔的文本，据其自述，他的父亲胡舜陟曾在北宋末年的御史台工作，在那里发现了"乌台诗案"的原始案卷，于是抄录了一个副本，胡仔就根据这个副本进行节录。看起来，这个文本的来源很权威，内容当然可靠，问题在于《苕溪渔隐丛话》是一部诗话，为了符合全书的诗话体裁，胡仔对他父亲抄来的案卷副本进行了节录和改编，已经不是御史台案卷的原貌了。

不过御史台的原始案卷，后来却被南宋宰相周必大看到，他在《二老堂诗话》中有如下一段记载：

> 元丰己未，东坡坐作诗谤讪，追赴御史狱。当时所供诗案，今已印行，所谓《乌台诗案》是也。靖康丁未岁，台吏随驾挈真案至维扬，张全真参政时为中丞，南渡取而藏之。后张丞相德远为全真作墓志，诸子以其半遗德远充润笔，其半犹存全真家。余尝借观，皆坡亲笔，凡有涂改，即押字于下，而用台印。

这段记载很珍贵。丁未是靖康二年（1127），北宋被金兵所灭，徽、钦二帝被掳北去，宋高宗赵构在河南商丘（北宋的南京）即位，改元建炎，马上又逃到扬州。御史台的一个工作人员从金兵占领的开封逃出来，却把"真案"就是"乌台诗案"的原始案卷带上了，大概他先跑到商丘，然后跟着高宗又跑到了扬州。此时南宋临时政府也建立了御史台，建炎三年（1129）张守（字全真）担任了御史中丞，就是御史台的长官。估计那个负责的台吏把千辛万苦带出来的案卷交给了这位新的长官，却被这长官取为私人的收藏。绍兴十五年（1145）张守去世，宰相张浚（字德远）为张守写作墓志，张守的儿子们就拆了这案卷的一半，送给张浚作为"润笔"，另一半仍在张守的子孙处，周必大亲眼见过，那上面还盖了北宋御史台的印章。这是关于御史台原卷的最晚记载，此后就不知下落了。但我们可以看到这案卷被南宋的那些公卿大臣当作奇货收藏，还能作为"润笔"赠送，同时，那位不知名的台吏在逃命的时候也不忘带上"乌台诗案"的案卷。

周必大还提到一项重要的信息："当时所供诗案，今已印行，所谓《乌台诗案》是也。"就是说，那时候已经有出版的《乌台诗案》了。我们可以猜想，像胡舜陟那样有机会去御史台查找案卷，抄录副本的人，也许不少，如果有人愿意交付出版，那肯定是受欢迎的。现在看来，署名"朋九万"的《东坡乌台诗案》就是那样的出版物。"朋"这个姓比较奇怪，古往今来似乎没有其他姓"朋"的人，也许"朋九万"是个笔名，意思是他提供这个本子，满足非常多的朋友需要。这个本子早就见于南宋书目的记载，曾在南宋前期刊行。现在我们也可以在《丛书集成初编》中看到排印本。目前所有关于"乌台诗案"的记录里，此书是最为详尽的，学者们大都认为它是"原案实录"，也就是说最接近御史台案卷的原貌。

实际上，"朋九万"《东坡乌台诗案》已经成为现代学者研究"乌台诗案"最重要的史料。我们考察这个文本，可以发现它虽然将许多内容统编为一卷，但全书的结构仍井然可观，因为各段落前都有小标题，如"监察御史里行何大正札子""御史台检会送到册子""供状""御史台根勘结按状"等,"供状"之下还分出"与王诜往来诗赋""与李清臣写超然台记并诗""次韵章传"等细目,条理非常清晰。这些小标题中有的看来不太准确,如"何大正"肯定是"何正臣"之误刻,"御史台根勘结按状"下面抄录了不少大理寺的判词。所以小标题不像是御史台原卷所有,应是编辑者加上去的。大体上,我们可以把这个文本区分为三个部分:

1. 弹劾奏章和罪证。奏章共有四篇,即监察御史里行何大正(应该是何正臣)、监察御史舒亶、国子博士李宜之、御史中丞李定的弹劾状;后面一段小标题"御史台检会送到册子",交代"诗案"的主要罪证,是杭州刊版的《元丰续添苏子瞻学士钱塘集》。

2. 供状。这部分先概述了苏轼的简历,然后是针对许多具体作品有无讥讽之意的审讯记录,即"供状",约四十篇,此是全书主体,最后有一段小标题为"中使皇甫遵到湖州勾至御史台"的文字,简叙"诗案"的审讯经过。

3. 结案判词。这部分小标题为"御史台根勘结按状",美国学者蔡涵墨(Charles Hartman)在1993年对这个部分进行了非常细密的解读,推断其主要内容实为大理寺的判词,即根据御史台的审讯材料,由大理寺对此案所做的判决[1]。

---

1 蔡涵墨(Charles Hartman), The Inquisition against Su Shih: His Sentence as an Example of Sung Legal Practice, Journal of the American Oriental Society, 第113卷第2期,1993年。卞东波译《乌台诗案的审讯:宋代法律施行之个案》,载《中国古典文学研究的新视镜——晚近北美汉学论文选译》第187—212页,安徽教育出版社2016年版。

如果蔡涵墨的推断正确，则最后部分内容并非御史台原卷所有，但是看上去它也不像是大理寺判词的原貌，至少文本中并未以大理寺判词的面目呈现。实际上这部分文字比较杂乱，很难相信它是司法部门专业人员所写。所以我以为这部分应该出于《东坡乌台诗案》的编者即"朋九万"之手，他杂取了有关资料编辑出这部分文字，用来交代"乌台诗案"的结果，使全书内容显得完整。第二部分最为详细，占了最大篇幅，可以相信是从负责审讯的御史台所存案卷或其副本过录的。至于第一部分的弹劾奏章，我们不能确定是否御史台原卷所有，但对于全书来说，为了交代"诗案"的起因，它们是必要的。

　　作为一个记录了案件起诉、审讯、判决之全过程的文本，以"供状"为主要部分，当然是合理的；不过正如我们前面已经提及的，"供状"之所以被过录得如此详尽，还有一个原因就是它们包含了对涉案诗歌的权威解读，而这正是《东坡乌台诗案》的读者对此书最大的关注点。绝大部分读者是把"诗案"当作"诗话"，而不是当作司法案卷去读的。我们由此可以推测，"供状"部分被编者删削的可能性很小，为了满足读者的期待，他应该竭其所有提供全部资料，而这资料的最初来源无疑是御史台。所以，鉴于《东坡乌台诗案》的主体部分出自御史台，我们不妨称之为"诗案"的"御史台本"，尽管其"供状"之外的部分也可能有别的来源。

　　为什么要把"朋九万"《东坡乌台诗案》称为"御史台本"呢？因为接下来我还想介绍另一种文本，来自跟御史台不同的官署，我把它叫作"审刑院本"。南宋以来，有关苏轼作品的出版物非常多，其中有个《东坡外集》，到了明代后，有人增订再版，名为《重编东坡先生外集》，现在中国国家图书馆收藏了一部。这个集子的卷八十六，就是一卷"乌台诗案"，但它不叫这个标题，它的卷首标题如下：

> 中书门下奏，据审刑院状申，御史台根勘到祠部员外郎直史馆苏某为作诗赋并诸般文字谤讪朝政案款状。

按北宋的制度，审刑院是对案件进行复核的机构，其判决意见经由中书门下奏上。标题的文字与此制度相符，可以判断这个文本来自审刑院。它的总体篇幅比《东坡乌台诗案》要小，结构上也有异同。开头部分并没有抄录弹劾奏章，而是一段苏轼的简历；接下来，主体部分也是供状，分了"一与王诜干涉事""一与李清臣干涉事""一与章传干涉事"等三十余篇，篇数和每篇的文字都比《东坡乌台诗案》所录"供状"要少，但前后次序是一致的，内容上基本重合，可以认为是御史台提供的"供状"的一个缩写本；值得注意的是最后一部分，与《东坡乌台诗案》的"御史台根勘结按状"有不少相似文字，但看起来更像一篇完整而有条理的结案判词，先简单地引用了御史们弹劾奏章的要点，然后是判决意见，最后根据皇帝圣旨记录判决结果。这样，从"供状"被缩写和结案判词显得整饬的文本特征来看，《外集》这一卷很可能就忠实地抄录了审刑院复核此案后上奏的文件，亦即"乌台诗案"的"审刑院本"。《外集》的最初编辑既然是在南宋时代，编者就有可能获得审刑院文件的副本。这跟御史台案卷被人抄出刻印的道理是一样的。

把"审刑院本"与"御史台本"对照一下，可以将其异同列为下表：

文本	御史台本（"朋九万"本）	审刑院本（《外集》本）
结构	弹劾奏章（全）	弹劾奏章（无，其要点在结案判词中被简单引录）
	审讯供状（详细、接近原貌）	审讯供状（简略、缩写本）
	结案判词（简略、杂乱）	结案判词（相对详细、整饬）
性质	经过编辑的文本	可能是原始文件的抄录

以上异同，与御史台、审刑院这两个官署的职能是相应的。御史台是审讯机构，故能提供最详细的"供状"；而审刑院是对案件进行复核的，所以可将"供状"简化一些，但结案判词就显得很正式。

对于把"诗案"当作"诗话"来看待的读者，这个"审刑院本"的意思也许不大，因为最像"诗话"的"供状"部分被缩写简化了。《外集》的这一卷文本历来不太受到关注，应该就是这个原因。但是，如果我们把两种本子的"供状"仔细比对，也可以发现很有意思的现象。"御史台本"的"供状"中有一项专门就苏轼与苏辙的往来诗歌进行审讯的交代记录，而"审刑院本"把这一项削除了；"御史台本"还涉及了苏轼与参寥子道潜唱和的诗歌，而"审刑院本"简写为"和僧诗"，不出现"道潜"这个名字。这说明什么呢？御史台什么都要审问，问出来就当作"罪证"。但审刑院的官员显然认为，把兄弟之间私下来往的文字当作"罪证"是不合适的，除非他们抄给别人去看；至于僧人，既已离俗出家，就没有必要去写明他的名字了。所以，在这缩写的过程中，无论是有意还是无意，审刑院的这位写者很自然地保持了司法官员的专业立场，而这专业立场正是审刑院与御史台的不同之处。当然"审刑院本"的更重要价值，还在于它提供了具有专业水准的结案判词的原貌。

简单地总结一下，"乌台诗案"的"御史台本"提供了最详细的审讯"供状"，而"审刑院本"记录了正式的判决结果，再结合有关史料的记载，我们就可以完整地恢复起这个案子的审判过程。

四、"乌台诗案"的审判

宋代官员如何审判案子？我们一般的印象可能来自戏剧舞台上的包公戏，"包龙图打坐在开封府"，提起一干人犯来审，审完了就判决执行。这个情况，完全不符合宋代的司法实践。包龙图就是龙图阁直学士包拯，是北宋人，他那个时候的司法制度有个显著的特点，叫作"鞫谳分司"，就是审讯和判决由不同的官署负责进行，比如开封府下面，有个"推官"专掌审讯，还有个"判官"专掌判决。这个制度也将应用于"乌台诗案"。具体来说，御史台在此案中负责"推勘"（或曰"根勘"），也就是调查审讯，勘明事实，其结果主要呈现为"供状"；接下来，当由大理寺负责"检法"，即针对苏轼的罪状，找到相应的法律条文，说你犯了哪一条法，该受怎样的惩罚，如此进行判决，其结果便是"判词"。可想而知，这"检法"的工作与"推勘"不同，后者也许能根据常识进行，"检法"却必须负责人具备法律方面的专业知识，一定要由"法官"来担任。苏轼本人就曾经做过开封府的"推官"，但与"判官"是两回事。实际上一般进士科出身的文官，如包拯、苏轼等，大都不适合"判官"之职，不能胜任"检法"工作。北宋朝廷专门设置了"明法"科，录取那些熟悉法律条文的专门人才，为"法官"的后备。

像"乌台诗案"这样轰动朝野的大事，历史记录当然也不会缺乏，但这种记录往往突出结果，忽略过程。比如记录北宋史事最为详细的《续资治通鉴长编》，就是如此。由于此案的结果是苏轼被贬官黄州，所以《长编》就在卷三百零一，"元丰二年十二月庚申苏轼贬黄州"条下简单地回顾"诗案"审理的过程云：

> 初，御史台既以轼具狱，上法寺，当徒二年，会赦当原。

这里的"法寺"就是大理寺，御史台把审讯结果交给大理寺，然后由大理寺做出判决。这个回顾虽然很简单，却与"鞫谳分司"的北宋司法制度相符。问题是御史台怎么审，大理寺怎么判，史书并不详细叙说，它只是把大理寺的判决内容概括为两个要点："当徒二年，会赦当原。"意思是苏轼的罪行该判两年徒刑，但正好遇上朝廷颁发的赦令，他该被赦免。

《长编》的这两点概括，当然是值得信任的，由此返观"朋九万"《东坡乌台诗案》，最后一部分"御史台根勘结按状"就包含了这样的判决内容，只是文字条理比较混乱。所以，美国学者蔡涵墨认为这些文字来自大理寺，估计不错；文字条理的混乱，也许因为编者"朋九万"在法律方面是外行，或者这个版本在流传过程中产生了一些错讹。但蔡涵墨的这项研究，其意义是不言而喻的。与以往的相关论述主要集中于苏轼跟御史台之间的冲突不同，他指出了御史台权力的边界，该机构负责审讯，在判决方面或许可以提出建议，但真正的判决权由别的官署掌握。

蔡涵墨没有关注"诗案"的"审刑院本"，但《重编东坡先生外集》所保存的这个文本却能有力地支持他的结论。审刑院的职责是复核案件，通过中书门下奏上判决意见，我们在该文本最后的结案判词的部分，可以看到不少与大理寺判词相似的文字，这说明审刑院重复或者说支持了大理寺的有关判决。就司法领域来说，这已经是"终审"了，当然北宋的司法程序还要给皇帝保留最后"圣裁"的权力。实际上，由于皇帝一般不是法律方面的专家，他的"圣裁"即便不混入个人好恶，往往也包含了法律之外的比如政治影响方面的考虑，当我们从司法角度考察"乌台诗案"时，"审刑院本"提供了该案被如何判决的最终记录。

于是，我们现在有了较为充足的条件，还原出"诗案"在审判方面的基本过程，可以分为如下四个环节：

1. 御史台的审讯

《长编》没有记明御史台把审讯结果提交给大理寺的具体时间，但《东坡乌台诗案》记得很清楚，其"御史台根勘结按状"中有以下文字：

> 御史台根勘所，今根勘苏轼、王诜情罪，于十一月三十

日结案具状申奏。差权发运三司度支副使陈睦录问，别无翻异。

御史台于元丰二年（1079）十一月三十日奏上审讯结果。这也就是说，从苏轼被押至御史台的八月十八日起，直至十一月底，"诗案"都处在审讯即"根勘"阶段。值得注意的是，除了苏轼外，还专门提到北宋著名的画家王诜，这是一位驸马，神宗皇帝的妹夫，属于皇亲国戚。北宋的规矩，不许士大夫跟皇亲国戚交往过于密切，所以御史台把苏轼与王诜相关的诗文当作审讯的重点，"供状"中的第一篇就是"与王诜往来诗赋"（审刑院本的供状第一篇叫作"一与王诜干涉事"）。

审讯的结果当然都反映在"供状"里，而供状每一篇都具备基本的形态，就是都涉及另一个人，如王诜、李清臣、司马光、黄庭坚，等等，苏轼跟他们都发生了诗文唱和或赠送的关系，这些诗文被列举出来，追问其中是否含有讥讽内容。为什么要采用这样的审讯方式呢？宋人常做反面的理解，说这是李定为首的御史台想要把更多的人牵连进去；但如果从正面理解，恐怕跟这个案件本身的追责范围有关，它要获取的"罪证"必须是苏轼写了给别人传看，从而产生了不良影响的作品，换言之，如果仅仅是苏轼自己写了，没有给别人看，就不作为"罪证"。实际上，"供状"并没有包括苏轼在元丰二年以前所写讥讽"新法"的全部诗词文作品，我们现在读《苏轼诗集》、《苏轼文集》和《东坡乐府》，可以发现更多的"讥讽"作品，但它们不属于李定等人追问的范围。这样，被审讯的诗文都要与另一个人相关，所以"供状"就以"与某人往来诗赋"或"与某人干涉事"这样的形态分列了大约四十篇，而篇幅最大的就是跟王诜相关的第一篇。比较特殊的是与苏辙相关的那一篇，在御史台本的"供状"中是有的，而审刑院本将它删去。当然审刑院本的"供状"并非完全不涉及苏辙，苏轼写给苏辙的诗，传给了王诜去看，这样的诗就算"罪证"，而只局限于兄弟之间的那些，在审刑院本中不算"罪证"。

御史台对苏轼的审讯是非常严厉的，这方面可以找到不少当时人的相关记载，但北宋的司法制度也给苏轼保留了一定的权利。在御史台奏上审讯结果后，朝廷派了其他官署的一位官员陈睦来"录问"，就是确认"供状"。如果愿意，苏轼还拥有在此时"翻异"的机会。这当然是北宋在司法程序上比较谨慎、细致的一种设计。

2. 大理寺的初判

大约从十二月起，"诗案"进入了判决阶段。如果陈睦的"录问"很快完成，交给大理寺，那么大理寺的初判可以被推测在十二月初。

如前所述，《东坡乌台诗案》所谓的"御史台根勘结按状"，其实包含了大理寺判词的内容，按《长编》的概括，就是"当徒二年，会赦当原"两点。换言之，大理寺官员通过非常专业的"检法"程序，判定苏轼所犯的罪应该得到"徒二年"的惩罚，但因目前朝廷发出的"赦令"，他的罪应被赦免，那也就不必惩罚。需要注意的是，这个判决等于将御史台在此案上所下的功夫一笔勾销。

我们从《长编》也可以找到当时的大理寺负责人，此书卷二百九十五记载，元丰元年（1078）十二月重置大理寺狱，知审刑院崔台符转任大理卿。那么，次年对"乌台诗案"做出如上初判的大理寺，是在崔台符的领导下。

3. 御史台反对大理寺

大理寺的初判显然令御史台非常不满，乃至有些恼羞成怒，《续资治通鉴长编》卷三百零一在叙述了大理寺"当徒二年，会赦当原"的判决后，接下去就说"于是中丞李定言""御史舒亶又言"，引录了御史中丞李定和御史舒亶反对大理寺判决的奏状。他们向皇帝要求对苏轼"特行废绝"，强调苏轼犯罪动机的险恶，谓其"所怀如此，顾可置而不诛乎"？

御史台提出对大理寺初判的反对，大约也在十二月初，或稍后。不过李定和舒亶的两份奏状并不包含司法方面的讨论，没有指出判词存在什么错误，只说其结果不对，起不到惩戒苏轼等"旧党"人物的作用。我们从《东坡乌台诗案》中还可以看到，为了增强反对的力度，御史台在"供状"定稿已经提交后，即十二月份，还在继续审讯苏轼，挖掘更多的"罪状"，尤其是与驸马王诜交往中的"非法"事实。

4. 审刑院支持大理寺

在负责审讯的御史台与负责判决的大理寺意见矛盾的情形下，负责复核的审刑院的态度就很重要了。我们从"审刑院本"

的结案判词可以看出，审刑院的官员顶住了御史台的压力，非常鲜明地支持了大理寺"当徒二年，会赦当原"的判决，并进一步强调赦令的有效性。对这个结案判词，我们下面要做专门的解读，在此先考察一下"诗案"发生时审刑院的情况。

据《续资治通鉴长编》卷三百记载，就在"诗案"正处审理过程之中，元丰二年（1079）冬十月甲辰，知审刑院苏寀卒。此后，《长编》并未记载朝廷任命新的审刑院长官，而至次年，即元丰三年八月己亥，审刑院并归刑部（见《续资治通鉴长编》卷三百零七），该机构不再独立存在。可见，"乌台诗案"几乎就是北宋审刑院作为独立机构处理的最后案件之一。在"诗案"的"审刑院本"被写成之时，苏寀已卒，新的长官是谁，或者有没有新的长官，都不可知。审刑院在这样的情况下不顾御史台的反对，向朝廷提交了支持大理寺的判词，体现了北宋司法官员值得赞赏的专业精神。也许，我们可以认为当时同属司法系统的大理卿崔台符对此具有影响，在转任大理卿之前，他曾长期担任知审刑院之职。

崔台符（1024—1087）《宋史》有传，评价并不高：

> 崔台符字平叔，蒲阴人，中明法科，为大理详断官……入判大理寺。初，王安石定按问欲举法，举朝以为非，台符独举手加额曰："数百年误用刑名，今乃得正。"安石喜其附己，故用之。历知审刑院、判少府监。复置大理狱，拜右谏议大夫，为大理卿。时中官石得一以皇城侦逻为狱，台符与少卿杨汲辄迎伺其意，所在以锻炼笞掠成之，都人慑栗，至不敢偶语。数年间，丽文法者且万人。官制行，迁刑部侍郎，

官至光禄大夫。(《宋史》卷三百五十五《崔台符传》，中华
书局1985年标点本，第11186页）

从履历来看，他自"明法科"出身，从大理详断官、判大
理寺、知审刑院，到大理卿，再到刑部侍郎，一直担任司法官
员。虽然据史书的说法，他在政治上似乎属于"新党"，执法
方面也显得严苛，但在"乌台诗案"的判决上，他所领导的大
理寺和具有影响的审刑院，却能顶住御史台的政治压力，保证
苏轼获得合法的处置，并不在法律之外加以重判。遭遇"诗案"
当然是苏轼的不幸，但他也不妨庆幸他的时代已具备可称完善
的"鞫谳分司"制度，以及这种制度所培养起来的司法官员的
专业精神，即便拥有此种精神的人是他的政敌。大概在北宋时
代，真正替犯案的人维护权利，并不依靠包龙图那样的清官，
而靠比较严密的司法制度。

五、"乌台诗案"的结果

从司法角度来说，把苏轼"乌台诗案"的结果表述为他因犯
"罪"而贬谪黄州，是不能成立的，因为此案的判决结果非常明确
地显示，他的"罪"已被依法赦免。参照《续资治通鉴长编》等史
籍的记载，我们可以把"审刑院本"的结案判词梳理为三个要点：
一是定罪量刑，苏轼所犯的罪"当徒二年"；二是强调赦令对苏轼
此案有效，"会赦当原"，也就是免罪；三是根据皇帝圣旨，对苏
轼处以"特责"，贬谪黄州。以下逐次展开。

1. "当徒二年"

这是《长编》对大理寺初判内容的概括，"审刑院本"结案判词，在概述了御史台弹劾、审讯的过程后，列出三条定罪量刑的文字：

一、到台累次虚妄不实供通。准律，别制下问，报上不实，徒一年，未奏减一等。

二、诗赋等文字讥讽朝政阙失等，到台被问，便因依招通。准敕，作匿名文字，谤证（讪）朝政及中外臣僚，徒二年。又准《刑统》，犯罪案问欲举，减罪二等，今比附，徒一年。

三、作诗赋寄王诜等，致有镂板印行，讽毁朝政，又谤讪中外臣僚。准敕，犯罪以官当徒，九品以上官当徒一年。准敕，馆阁贴职许为一官。或以官，或以职，临时取旨。

把前两条加起来，大概就得出"徒二年"的结果了。蔡涵墨也企图从《东坡乌台诗案》的"御史台根勘结按状"所包含的大理寺判词去读出这个结果，可惜他依据的这个文本存在很多错乱，给具体细节的追究造成困难。但总体而言，大理寺、审刑院在量刑方面保持了一致，与《长编》的概括也相符。

这里还有必要简单复述一下蔡涵墨的相关分析，他指出御史台最初对苏轼的指控是"指斥乘舆"，即辱骂皇帝，这在传统上属于"十恶"，为不赦之罪，可判死刑；但从实际情况看，对批评皇帝的言论如此定罪，已"有悖于宋代的法律理论与实践"。按照他对大理寺判词的解读，"大理寺的官员明显与御史台的推勘者保持着距离，他们拟定适用的法律"，也就是说，司法官员避免了笼统定性的断罪方式，他们根据专业知识，引用"律""敕"和《刑统》的具体条文来进行判决，得出"徒一年""徒二年"之类的具体量刑结果。我们在以上引文中可以看到，审刑院的官员也采取了相同的判决方式。而且，《宋史·崔台符传》中提到的，由王安石所定，被举朝反对，却获得崔台符支持的"案问欲举"法（大意是被审讯时能主动交代，可减罪二等），也被应用于苏轼此案的判决。这也许可以解释"供状"中的某些文字，无论是御史台的记录本，还是审刑院的缩写本"供状"，大都记明所涉的苏轼诗文哪些是在"册子"（即作为罪证的《元丰续添苏子瞻学士钱塘集》）内，哪些并非"册子"原载而是犯人主动交代的。

再看上面引文的第三条。这一条文字有些费解，因为其所述苏轼的罪状与第二条基本重复。但后面的主要内容，是"准敕"说明"以官当徒"的方法，这意味着所谓"徒二年"也并不真正施行，而可以用褫夺苏轼官职的方式来抵换。

2."会赦当原"

这也是《长编》对大理寺初判内容的概括，但在"朋九万"《东坡乌台诗案》的"御史台根勘结按状"，即蔡涵墨认为包含了大理寺判词的部分，我们找不到与此相应的具体表述，而"审刑院本"的判词中却有颇为详细的一段：

> 某人见任祠部员外郎直史馆，并历任太常博士，合追两

官，勒停。犯在熙宁四年九月十日明堂赦、七年十一月二十日南郊赦、八年十月十四日赦、十年十一月二十七日南郊赦，所犯事在元丰三[1]年十月十五日德音前，准赦书，官员犯人入己赃不赦，余罪赦除之。其某人合该上项赦恩并德音，原免释放。

此处先确认了"以官当徒"的结果，即追夺两官，以抵换"徒二年"，结果是"勒停"即勒令停职。然后，列举了自苏轼有"犯罪事实"以来，朝廷颁发过的四次赦令，以及当年十月十五日新下的德音，认为它们对苏轼一案都是有效的。所以，苏轼的"罪"已全部被赦免，应该"原免释放"。这里难以确定的是，被免罪的苏轼是不是不必再接受用来抵换"徒二年"的"追两官，勒停"之处罚，而可以保留原来的官职？或者官职和赦恩相加才抵换了"徒二年"，苏轼依然被"勒停"？无论如何，苏轼被释放时已是无罪之身，这一点应该没有疑问。

在《东坡乌台诗案》的"御史台根勘结按状"中，可以与"审刑院本"的这段文字相对照的，是如下一段：

> 据苏轼见任祠部员外郎直史馆，并历任太常博士，其苏轼合追两官，勒停放。

1　这个"三"字应当是"二"字之讹，元丰二年十月庚戌（十五日）的德音，是因太皇太后曹氏病危而发，见《续资治通鉴长编》卷三百："庚戌，以太皇太后服药，德音降死罪囚，流以下释之。"

这里的"勒停"后面跟个"放"字，文意不相衔接，很可能中间脱去了有关赦令的叙述，而"放"字所属的文句应相当于"审刑院本"中的"原免释放"。这当然只是推测，但大理寺的初判估计是包含了"会赦当原"之内容的，这些内容无助于满足《东坡乌台诗案》的读者对苏诗解读的兴趣，故被编者删略，或者竟是文本流传过程中造成的脱简。根据"审刑院本"，我们可以补出这方面的内容。

值得注意的还有"准赦书，官员犯人入己赃不赦，余罪赦除之"一句，它表明前文确认的苏轼所犯"报上不实""谤讪朝政"等"罪"是在可被赦除的范围内，只要苏轼没有"入己赃"即收受赃款赃物，他就没有不赦之"罪"了。这令我们回想到《东坡乌台诗案》所载元丰二年十一月三十日后御史台继续审讯苏轼的内容：

> 续据御史台根勘所状称，苏轼说与王诜道："你将取佛入涅盘及桃花雀竹等，我待要朱繇、武宗元画鬼神。"王诜允肯言得。
>
> 熙宁三年巳后，至元丰三年十一月十五日[1]德音前，令王诜送钱与柳秘丞，后留僧思大师画数轴，并就王诜借钱一百贯……

这是在"供状"定本已经提交，乃至大理寺已经做出初判后，御史台对苏轼罪状的继续挖掘。很明显，此时御史台审问

1　此处"元丰三年十一月十五日"，亦当作"元丰二年十月十五日"，同前注。

的主题不再是某篇诗文是否讽刺朝政,其调查工作聚焦在了苏轼与王诜的钱物来往。这并非"诗案"被起诉的本旨,是不是因为大理寺的判词也引用了"官员犯人入己赃不赦,余罪赦除之"的赦令,所以御史台此后便努力朝"入己赃"的方向去调查取证呢?果然如此,则为了入苏轼于不赦之罪,御史台亦可谓煞费心机矣。然而,至少负责复核的审刑院并不认为这些钱物来往属于赃款赃物。

"审刑院本"的判词强调了赦令的累积和有效性,给出了"原免释放"这一司法领域内的最终判决。虽然真正的终裁之权还要留给皇帝,但它表明了北宋司法系统从其专业立场出发处理"乌台诗案"的结果。皇帝有权在法外加恩或给予惩罚,法官则明确地守护了依法判决的原则。并不是任何时代所有法官都能做到这一点的,对于北宋神宗时代司法系统的专业精神,我们应予好评,在这个系统长期主持工作的崔台符,史书对他的酷评看来不够公正。

3."特责"

"朋九万"编《东坡乌台诗案》的末尾记载了皇帝最后对苏轼的处置:

> 奉圣旨:苏轼可责授检校水部员外郎,充黄州团练副使,本州安置,不得签书公事。

这个处置也被记录在"审刑院本"的末尾,但文字稍有差异：

> 准圣旨牒，奉敕，某人依断，特责授检校水部员外郎，
> 充黄州团练副使，本州安置。

虽然后面似乎脱去了"不得签书公事"一句，但前面对圣
旨的意思转达得更具体一些，"依断"表明皇帝也认可了司法
机构对苏轼"当徒二年，会赦当原"的判决，本应"原免释放"，
但也许考虑到此案的政治影响，或者御史台的不满情绪，仍决
定将苏轼贬谪黄州，以示惩罚。值得注意的是，在"责授检校
水部员外郎"前，"审刑院本"有一个"特"字，透露了在法律
之外加以惩罚的意思。《续资治通鉴长编》卷三百零一对此事
的表述，也与此相同，在引述了李定、舒亶反对大理寺初判的
奏疏后，云"疏奏，轼等皆特责"。这"特责"意谓特别处分，
换言之，将苏轼贬谪黄州并不是一种"合法"的惩罚，它超越
了法律范围，而来自皇帝的特权。说得更明白些，这就是神宗
皇帝对苏轼的惩罚。

当然，《长编》把宋神宗的这一决定表述为他受到御史台
压力的结果，后者本来意图将苏轼置于死地，而神宗使用皇帝
的特权，给予他不杀之恩。《宋史·苏轼传》对"乌台诗案"的
表述也与此相似：

> 御史李定、舒亶、何正臣摭其表语，并媒蘖所为诗以为
> 讪谤，逮赴台狱，欲置之死，锻炼久之不决。神宗独怜之，
> 以黄州团练副使安置。（《宋史》卷三百三十八《苏轼传》，

中华书局标点本，第10809页）

　　照这个说法，宋神宗对苏轼"独怜之"，给予了特别的宽容，才饶其性命，将他贬谪黄州。类似的表述方式在传统史籍中十分常见，其目的是归恶于臣下而归恩于皇上，经常给我们探讨相关问题带来困惑。其实这种说法本身经不起推敲。固然，与御史台的态度相比，神宗的处置显得宽容；但御史台并非"诗案"的判决机构，既然大理寺、审刑院已依法判其免罪，则神宗的宽容在这里可谓毫无必要。恰恰相反，"审刑院本"使用的"特责"一词，准确地刻画出这一处置的性质，不是特别的宽容，而是特别的惩罚。

　　当然，到此为止，我们基本上是把"乌台诗案"看作一个司法案例来解剖了。使这种解剖成为可能的，主要是我们现在还能掌握到御史台和审刑院对此案的接近原始的记录。在此基础上，我们阅读宋代其他史料中有关此案的诸多表述，就会发现，那些大量的表述都围绕这个案件记载许多传闻，而很少触及真正的审判经过。即便像《长编》那样的史书，对审判的记载也非常简略，至于笔记、诗文等，就更多"小道消息"，其真伪混杂难辨。为什么会发生这种情况呢？除了传统作者的书写习惯外，值得重视的一点是：当时人其实很少把"乌台诗案"视为司法案例，而更多地看成政治事件。他们看问题会比较"深刻"，那些审讯出来的"罪证"、与此相应的被触犯的法律条文，以及依法判决的逻辑，在他们眼里都是走个程序、写个文书而已，并不重要，重要的是皇帝到底想怎么处置苏轼，还有就是哪些人会对皇帝的决心起到影响。

这样的看法也不无道理，因为即便专从司法程序的角度，我们也能看到，给予此案最后结果的，乃是皇帝的"圣裁"，而这一"圣裁"虽然也认可法官的判决，却还是更多地考虑到政治的因素。确实，作为政治事件的"乌台诗案"，包含了更多的故事，有一些比较可靠的，不能不提。

　　此案一发生，亲朋好友、"旧党"臣僚纷起营救，其中有两个人的说法可以注意。一个是苏轼的前辈张方平，他给神宗写了一封奏章，说写诗讽喻政治符合儒家对《诗经》的解释传统，是一种正确的做法，皇帝看了，只该自我反省，"有则改之，无则加勉"，根本就不该去问"罪"于作者，所以把苏轼抓起来是错误的。他这个说法最不给皇帝留面子，据说他写了奏章派儿子去京城上交，结果他儿子犹犹豫豫就不敢交上去。后来苏辙看到这个奏章，也惊异得吐舌。那么苏辙采用什么说法呢？他的《为兄轼下狱上书》现存于《栾城集》卷三十五，其为兄长辩护的说法是："顷年通判杭州，及知密州日，每遇物托兴，作为歌诗，语或轻发，向者曾经臣寮缴进，陛下置而不问。轼感荷恩贷，自此深自悔咎，不敢复有所为。"他承认苏轼在杭州、密州时期写有讽刺诗，但此后就已改正，不再写作。看上去，这只是可笑地从苏轼的"犯罪经历"中减去两三年，但我们要看苏辙选取的改正时间点，正是熙宁末、元丰初，从王安石执政时期转变为宋神宗亲主政务的时候。苏辙的意思是，神宗一旦亲自秉政，苏轼就不再有"语或轻发"之举，说明苏轼的讥讽针对的只是王安石，不是宋神宗。我们看"乌台诗案"的"供状"，其实也牵涉到苏轼在元丰初年写的诗文，可见苏辙的这个说法并不符合事实。但苏辙显然明白"乌台诗案"的发生是因为从熙宁到元丰的政治环境的变化，他这委婉的辩护所表达的意思，当时人（包括皇帝）是能够看明白的。

　　至于对神宗的最后决定起到影响作用的人物，也有两位是比较关键的。一位是宋仁宗的曹皇后，此时被尊为太皇太后，她对英宗、神宗父子的作为素有不满，奋力保护仁宗曾经欣赏的苏轼，主张将他无罪释放。因为神宗暂未答应，她居然生起了大病。为了缓解太皇太后的病情，神宗照例要大赦天下，但曹后却说，不要你大赦天下，"只放了苏轼一人足矣"。扔下了这句狠话的太皇太后不久便撒手人寰，苏轼得知其死讯时，尚在狱中。另一位反对以文字狱方式来加害苏轼的关键人物，是在朝任职的王安石弟弟王安礼。苏轼的罪名虽然是指斥"乘舆"（皇帝），到底是因"新法"而起，皇帝做错了事是无法追究的，倘若真将苏轼迫害致死，这笔账最后一定会算到王安石的头上去，王安礼无论如何要及时表明态度，屡次为苏轼求情。有的史料记载，王安石本人也曾反对"诗案"，虽然关于此事的证据不足，但王安礼的态度大抵也可以代表他的哥哥。另外，后来成为苏轼最大政敌的章惇，此时也为苏轼求过情。

　　以上的故事大抵都可靠，问题在于这样一来，好像只剩御史台的那几位御史是主张严惩苏轼的，别人都不以为然。这当然是不可能的事，所以把"乌台诗案"看作政治事件时，存世的史料呈现出明显的缺陷。历史上凡是被否定的事往往如此，史料记载了许多人曾为阻止其恶化付出努力，但就是不说"元凶"是谁。

　　《宋大诏令集》卷二百零五有一篇《尚书祠部员外郎直史馆苏轼责授黄州团练副使本州安置制》，即当时由朝廷发布的对"乌台诗案"之结果的正式表述，引录于下：

> 敕：其官某，稍以时名，获跻显仕，列职儒馆，历典名城。报礼未闻，阴怀觖望，讪谤国政，出于诬欺。致言职之交攻，属宪司而辩治，诐辞险说，情实其孚。虽肆宥示恩，朕欲从贷，而奸言乱众，义所不容。黜置方州，以励风俗，往服轻典，毋忘自新。

六、特别的"诗话"

除了司法案例与政治事件外，历代读者对"乌台诗案"的态度，更多是把"诗案"当作"诗话"一样阅读的。这个情况我们在前面也已提及，就此而言，存世的几个相关文本中，胡仔《苕溪渔隐丛话》里节录的四卷是最接近"诗话"体裁的。我们最后取这个文本为例，观察这种特殊的"诗话"。

《苕溪渔隐丛话》卷四十二在节录"诗案"前有这样一段说明：

> 王定国《甲申杂记》云："天下之公论，虽仇怨不能夺也。李承之奉世知南京，尝谓余曰：昨在从班，李定资深鞫子瞻狱，虽同列不敢辄启问。一日，资深于崇政殿门，忽谓诸人曰：'苏轼奇才也！'众莫敢对。已而曰：'虽三十年所作文字诗句，引证经传，随问即答，无一字差舛，诚天下之奇才也！'叹息不已。"苕溪渔隐曰："余之先君，靖康间尝为

台端，台中子瞻诗案具在，因录得其本，与近时所刊行《乌台诗话》为尤详，今节入《丛话》，以备观览。"

　　胡仔先引了王巩（字定国）《甲申杂记》中的一个故事。这王巩是苏轼的朋友，他记录的故事也是听别人转述的。李定（字资深）是引发"诗案"的弹劾者之一，也是负责"诗案"审讯的御史中丞，但故事里说，他通过审讯而认识到苏轼是一个奇才，居然佩服起来。这个故事不知真假，但我们知道，李定在提交了苏轼"供状"，大理寺据此判决苏轼免罪后，还专门上奏，要求特加严惩，并继续审问，试图挖掘更多罪状。

　　后面自称"苕溪渔隐曰"的一段，交代了资料的来源，是胡仔父亲从御史台原始案卷抄录的副本。可以注意的是，他已经看到一种当时刊行的《乌台诗话》。大抵"诗案"一旦成为过去，人们就把它当作"诗话"看了。

　　我们在前面已经分析了，在"乌台诗案"中被审讯的诗都是苏轼所写，又跟另一个人相关的，纯粹自白的诗不是审讯对象。这个特点，经过胡仔节录后，就很难看出了。比如下面这一例：

　　《山村》诗云："烟雨蒙蒙鸡犬声，有生何处不安生。但教黄犊无人佩，布谷何劳也劝耕。"意言是时贩私盐者多带刀杖，故取前汉龚遂令人卖剑买牛，卖刀买犊，曰："何为带牛佩犊？"意言但得盐法宽平，令民不带刀剑而买牛犊，则民自力耕，不劳劝督，以讥盐法太峻不便也。又云："老翁七十自腰镰，惭愧春山笋蕨甜。岂是闻韶解忘味，尔来三月食无盐。"意言山中之人饥贫无食，虽老犹自采笋蕨充饥。时盐法峻急，僻远之人无盐食用，动经数月。若古之圣贤，则能闻韶忘味，山中小民岂能食淡而乐乎？以讥盐法太急也。又云："杖藜裹饭去忽忽，过眼青钱转手空。赢得儿童语音好，一年强半在城中。"意言百姓请得青苗钱，立便于城中浮费使却。又言乡村之人一年两度夏秋税，及数度请纳和预买钱，今来更添青苗、助役钱，因此庄家幼小子弟多在城市，不着次第，但学得城中人语音而已。以讥新法青苗、助役不便也。

（胡仔《苕溪渔隐丛话前集》卷四十二）

《山村五绝》见《苏轼诗集》卷九，原本有五首，被审讯的是第二、三、四首，是熙宁六年（1073）在杭州所写。这看起来并不是跟别人的唱和诗，只是一位地方官巡行农村时写下了自己的所见所感。它们之所以成为"诗案"的审讯对象，主要是由于苏轼写了以后，又抄给了驸马王诜去看，所以在御史台和审刑院本的"供状"中，这部分内容都被列为与王诜相关的诗赋之一。但这一原委被胡仔所忽略，他关心的只是苏轼这些诗如何被解读。

按苏轼自己的交代，这些诗讥讽了朝廷施行的盐法、青苗法和助役法（又叫免役法）。青苗法是由政府贷钱给农民，以解决青黄不接的困难，等收获后加二分利息归还；助役法是让本应承担差役的人缴钱免役，其他人也出一些助役钱，由政府拿这些钱去雇役。这两项是王安石"新法"的重要内容，目的是让农民能专心投入生产。但苏轼却说：农民刚到城市里领了贷到的青苗钱，受到比乡村远为丰富的商品诱惑，把贷来的钱马上用光了；官府每年两次发放青苗钱，两次收缴利息和本钱，再加上交税，缴免役、助役钱等，使农民们一年有大半的时间要往城里跑，生产反被耽误，徒然让小孩子都学会了城里人的口音。这样的说法可能有些夸张，但确实也道出了青苗法、助役法实施过程中出现的问题。

相比之下，令苏轼反感更大的是盐法。盐是所有人的生活必需品，自古以来就有民间自由生产、贩卖的"私盐"和政府统一收购、发卖的"公盐"，所谓"盐法"大致就是对这两种方式的选择或者适当调配。这其实不算王安石设计的"新法"，但熙宁政府实行的是统一收购、发卖的"公盐"法，严厉打击"私盐"贩卖，其目的应该是增加政府的收入。在当时人看来，既然是王安石主政时实行的盐法，也就把它视同"新法"之一来看待。苏轼在诗里指出了这种盐法产生的两个后果：一是政府的商业网络达不到所有乡村，专卖"公盐"而禁止"私盐"，令偏僻地方的人几个月都吃不到盐；二是因为"私盐"终究为人需要，贩卖者有利可图，所以虽加严禁，无法断绝，反而让贩卖者成群结队，购买武器自卫，以防止官兵拦截。他的意思是，如果盐禁放开，人们用来买武器的钱可以去买牛犊，自然会勤劳耕作，无须这么多布谷鸟来"劝耕"。布谷鸟比喻朝廷派往各地督促"新法"实施的"提举"官，当时谓之"劝农使"。苏轼对这些"提举"官的反感，屡见于他的诗文。

顺便提及，苏辙的《栾城集》卷五有《次韵子瞻山村五绝》，就是苏轼这五首诗的唱和之作。可见，苏轼不光把它们寄给王诜，也寄给了苏辙。如果御史台掌握苏辙的和诗，他们应能发现苏辙跟其兄长一样，也在诗里讥刺"新法"。据《续资治通鉴长编》卷三百零一记载，王诜预先知道了神宗要派人去湖州逮捕苏轼的事，急忙通知了苏辙等人"毁匿所谤讪文书"，所以御史台大概并不知道苏辙写有和诗。我们在《东坡乌台诗案》中可以看到，为了准确把握苏轼诗语的含义，御史台到处征集资料，苏诗的唱和、赠送对象都被调查。幸好《山村五绝》看上去不是唱和诗，故未继续深挖。

绝大部分被"诗案"所牵涉的苏诗，是有明确的赠送、唱和对象的，如下面这一例：

> 任杭州通判日，转运司差往湖州相度堤岸利害，因与知湖州孙觉相见，作诗与孙觉云："嗟余与子久离群，耳冷心灰百不闻。若对青山谈世事，当须举白便浮君。"某是时约孙觉并坐客，如有言及时事者，罚一大盏。虽不指言时事是非，意言时事多不便，不得说也。又云："天目山前渌浸裾，碧澜堂下看衔驴。作堤捍水非吾事，闲送苕溪入太湖。"某为先曾言水利不便，却被转运司差相度堤岸，又云"作堤捍水非吾事"，意言本非兴水利之人，以讥讽水利之不便也。（胡仔《苕溪渔隐丛话前集》卷四十四）

孙觉（字莘老）原是王安石的好友，也因为反对"新法"而离朝，出任湖州的知州。他在湖州修了一条"松江堤"，据说"高丈余，长百里"（《宋史·孙觉传》），而苏轼也从杭州被转运司派去湖州，跟孙觉协商修堤之事，时在熙宁五年（1072）十二月。苏轼的赠诗在《苏轼诗集》卷八题为《赠孙莘老七绝》，原有七首，"诗案"中涉及了两首。据"朋九万"《东坡乌台诗案》

所载，苏轼起初不肯承认其中有讥讽朝廷的意思，后来被一再逼问，方才招认："虽不指时事，是亦轼意言时事多不便，更不可说，说亦不尽。"胡仔对这段话似乎稍有改写。确实，这两首诗在字面上似乎并没有特别批判或反对什么，但即便不是当年的御史，也不难读出充满诗中的反抗情绪。

从熙宁二年（1069）开始"变法"起，"新法"的是非利弊一直是被公开讨论的，苏轼虽不是最早参与讨论的官员之一，但从那年五月议论科举改革起，他便将自己的反对理由表述得很充分而明白，他一直在"言时事"，一直在"说"。到了此时，局面却变到"言时事多不便，更不可说"的地步。这分明是权力压制言语，却说是言语得罪了权力，作为"言官"的御史本应站在言语这边的，但元丰御史真是别具风貌。仁宗朝的御史台是专门跟执政者唱反调、持异议的，而神宗朝的御史台却转变了功能，专门替执政者惩罚和扫除异议。

从文学上说，前一首可以称为苏轼的名作。字面意思与真实情绪之间的矛盾张力，是这首诗吸引人之处。嗟叹"离群"，仿佛自伤处境凄凉，其实是独立不倚的自我肯定；"耳冷心灰百不闻"，仿佛消极沉闷，其实并不是真的不管事，据《宋史》记载："时惟杭、越、湖三州格新法不行。"当时曾巩在越州抗拒免役法，苏轼与孙觉也分别在杭、湖二州抗拒盐法，故"百不闻"之语，其实是不听命令，二人之间，当自有会心；"若对青山谈世事，当须举白便浮君"，字面上是说回避不谈，实际上，读者都能感觉到，那语调间透着一股傲岸不屈的迈往之气。在如此青山面前，世事不值得一谈：这正是诗人的襟抱。第二首在写景以后，同样表达了"不管事"也就是抗拒的意思。不过，苏轼原本为了帮助孙觉修"松江堤"而来到湖州，怎么说"作堤捍水非吾事"呢？这不是否定了孙觉兴建的工程吗？经过御史们的反复审讯，他才交代这是借故讽刺了"新法"中的农田水利法。这样的意思能追问出来，也足见李定等人的本事。"闲送苕溪入太湖"，肯定是"苕溪渔隐"胡仔很喜欢的诗句吧。

孙觉在湖州，苏轼去出差才能见到，更多的唱和发生在苏轼与杭州当地官员之间，如他与杭州知州陈襄的这一例：

> 杭州一僧寺内，秋日开牡丹花数朵，陈襄作绝句，某和云："一朵妖红翠欲流，春光回照雪霜羞。化工只欲呈新巧，不放闲花得少休。"此诗讥当时执政，以化工比执政，以闲花比小民，言执政但欲出新意擘画，令小民不得蹔闲也。（胡仔《苕溪渔隐丛话前集》卷四十四）

此诗见《苏轼诗集》卷十一，题为《和述古冬日牡丹四首》，"述古"就是陈襄的字。《东坡乌台诗案》的"供状"中，四首都是审讯的对象，但胡仔这里只抄了第一首，大概他认为这一首就足以代表了。原题是"冬日"，不知胡仔为何改成"秋日"。《东坡乌台诗案》作"十月"，在熙宁六年（1073）。牡丹花在十月份开放，确是稀奇的事，不免要作诗，苏轼却来了特别的灵感，说这是造物者一心想玩个"新巧"，不让花卉们休息，以此讽刺执政者总想搞"新法"，不让百姓们安闲。这里没有具体批判哪一条"新法"，反正在此时的苏轼看来，"新法"都是扰民生事，本无必要的。就诗歌而言，这是立意新颖、寓意巧妙的好诗，讥讽之意则极为明显。据《东坡乌台诗案》载，此题四首诗都在杭州刊版的《元丰续添苏子瞻学士钱塘集》内。

陈襄也是神宗朝著名的大臣，其政治倾向是偏于"旧党"的，但没有跟宋神宗、王安石闹翻。在担任杭州知州前，他曾任陈州的知州，跟苏辙相识，到杭州又跟苏轼交往，此后回到朝廷。现存他的文集《古灵集》卷一首篇就是《熙宁经筵论荐司马光等三十三人章稿》，此章约于熙宁十年（1077）初奏上神宗，三十三人中包括了苏轼、苏辙。他向神宗极力推荐，这些人应予起用。在元丰的御史们看来，他收到苏轼这样的和诗，不但不揭发，反而推荐其人，也是很可恶的。舒亶就在反对大理寺判决的奏疏中明言："王诜辈公为朋比，如盛儒、周邠固不足论，若司马光、张方平、范镇、陈襄、刘挚，皆略能诵说先王之言，而所怀如此，可置而不诛乎？"（《宋史·舒亶传》）他想要牵连诛杀的人里，就有陈襄。

当然，除了陈襄，舒亶首先要诛杀的人是一致被看作"旧党"领袖的司马光，而无论是元丰御史，还是后来取"诗案"编"诗话"的人，都不会放过苏轼跟司马光相关的作品。不过司马光在洛阳，苏轼于熙宁四年（1071）离朝后跟他实在没有唱和的机会，相关的诗只有一首：

司马君实在西京葺一园，名独乐园，作诗寄之云："青山在屋上，流水在屋下。中有五亩园，花竹秀而野。花香袭杖屦，竹色侵盏斝。樽酒乐余春，棋局消长夏。洛阳古多士，风俗犹尔雅。先生卧不出，冠盖倾洛社。虽云与众乐，中有独乐者。才全德不形，所贵知我寡。先生独何事，四海望陶冶。儿童诵君实，走卒知司马。持此欲安归，造物不我舍。

声名逐吾辈，此病天所赭。抚掌笑先生，年来效瘖哑。"此诗言四海望光执政，陶冶天下，以讥见任执政不得其人。又言儿童走卒皆知其姓字，终当进用。缘光曾言新法不便，某亦曾言新法不便，既言终当进用光，意亦是讥朝廷新法不便，终用光改变此法也。又言光却瘖默不言，意望光依前上言攻击新法也。（胡仔《苕溪渔隐丛话前集》卷四十四）

此诗在《苏轼诗集》卷十五题为《司马君实独乐园》，《东坡乌台诗案》则称之为《寄题司马君实独乐园》，就是司马光造了这个园子。苏轼闻讯后写诗寄给他，时在熙宁十年（1077）的五月六日。独乐园后来也被李格非的《洛阳名园记》所采录，但据李格非说，这个园子其实很小，因为是司马光所居，才算"名园"。在《东坡乌台诗案》所录"供状"中，特地说明"此诗不系降到册子内"，就是《元丰续添苏子瞻学士钱塘集》并没有刻入，是御史们通过审讯或别的途径，另外搜寻出来的。而且在九月三日之前，苏轼并不承认这首诗里也有讥讽含义，后来反复追问，才招认"先生独何事，四海望陶冶。儿童诵君实，走卒知司马"和"抚掌笑先生，年来效瘖哑"这几句带有讥讽。"供状"所录的就只有这几句，胡仔则将全诗都抄了出来。可见胡仔的编写工作，严格说来并不仅是节录"诗案"，有时候他也把苏诗补全。这样当然更符合"诗话"读者的需求。

应该说，即便是苏轼自己招认，谓称赞司马光有宰相之器是为了讥讽现任宰相不行，笑司马光瘖默不言是为了唆使他继续攻击"新法"，这多少也有点深文周纳。苏轼赞同这位"旧党"领袖的政见，希望他执政，那是毫无疑问的，但全诗都只讲司马光的好话，没有明确说别人的坏话，所谓讥讽之意都是反推而得，相比于前面那些诗来，把这一首也当作"罪证"，其实是很勉强的。认为称赞司马光就有"罪"，那前提是要把司马光先认定为"敌人"了。苏轼自己也这样招认，估计是有些被迫的。御史台审讯的严苛，于此可见一斑。

　　"乌台诗案"中所涉的苏诗及有关"供状"，后来演变成"诗话"，情形大抵如上。

第四讲

三咏赤壁

　　王水照先生做过一本《苏轼选集》，集中了苏轼最著名的一批诗、词、文，及其相关解释和历史上的评论，由上海古籍出版社于1984年出版。对于希望比较快速而又正确地掌握苏轼创作成就的读者来说，这本《选集》值得推荐。不过在我看来，其《前言》是更值得细读的。从嘉祐二年（1057）进士登科算起，王先生概括苏轼的创作生涯长达四十多年，留下二千七百余首诗、三百多首词、四千八百多篇文章，对于"时间跨度如此漫长、作品内容如此丰富的创作历程"，王先生认为其"必然呈现出阶段性"。区分阶段当然是作家研究的常用手段，但一般都按自然年序分为早期、中期、晚期之类，先生的做法则比较特别，他通观苏轼一生，"除了嘉祐、治平间初入仕途时期外，他两次在朝任职（熙宁初、元祐初）、两次在外地做官（熙宁、元丰在杭、密、徐、湖；元祐、绍圣在杭、颍、扬、定)、两次被贬(黄州、惠儋),就其主要经历而言,正好经历两次'在朝—外任—贬居'的过程",所以,王先生认为,"与其按自然年序,把他的创作划分为早、中、晚三期,不如按其生活经历分成初入仕途及两次'在朝—外任—贬居'而分为七段,并进而按其思想和艺术的特点分成任职和贬居两期"。这里的七段之说,准确地抓住了苏轼仕途的特点,比一般笼统的早中晚三期说更贴合个案;而任职与贬居两期之说,实际上更为充分地重视了"贬居"生活形态对苏轼创作的意义。

苏轼晚年自述:"问汝平生功业,黄州、惠州、儋州。"(《自题金山画像》,《苏轼诗集》卷四十八)相比于任职时期,似乎他本人更重视自己的贬居时期。这个说法也许有些愤激、自嘲之意,但王先生根据文学创作的业绩来判断,也认为任职时期是相对歉收期,贬居时期才是丰收期。所以他的《前言》以大部分篇幅讲述苏轼贬居时期的写作成就。黄州的四年多,是苏轼生平中第一段贬居期,王先生概括此期的写作特点有三:

一、抒写贬谪时期复杂矛盾的人生感慨,是其主要题材。比之任职时期,政治社会诗减少,个人抒情诗增多;

二、这时期创作的风格除了豪健清雄外,又发展清旷简远的一面,透露出向以后岭海时期平淡自然风格过渡的消息;

三、在散文方面,任职时期以议论文(政论、史论)和记叙文为主,这时期则着重抒情性,注重于抒情与叙事、写景、说理的高度结合,出现了带有自觉创作意识的文学散文或文学性散文,其中尤以散文赋、随笔、题跋、书简等成就为高。

这些论述切中实情，是我们继续考察苏轼黄州时期生活、创作情况的基础。这个时期的苏轼开始有了一个更为著名的称呼：东坡。

一、黄州的"东坡居士"

贬谪，是中国历代中央集权皇朝对于获罪官员的一种最常见的惩罚方式。由于政治、经济、文化都向中央高度集中，所以，除了官衔级别的责降外，还可以贬地的偏远程度来表示惩罚的轻重，而且后一个方面似乎更能体现这种惩罚方式的特点。在许多场合，被贬谪者必须带着官员的身份（无论其高低）远赴偏僻之地，而不能辞官回乡当一个平民。这不是因为他们中的所有人都情愿付出一切代价以图留在官场，而是制度上规定其必须如此。令士人们梦寐以求的官员身份在此时具有奇异的囚禁作用，或许可以看作官僚政治的某种病变。但事情还有另一方面，被贬谪者本身具有的才能和影响力，也被强制送到那样偏远的、很少得到大人物光顾的地方，对当地的开发多少也起到有益的作用。比如潮州、柳州、黄州，就因为曾经是韩愈、柳宗元、苏轼的贬地，而在文化史上闪耀出一片异彩。很难断定贬谪这种惩罚方式是否本来就带有一举两得的目的，但它确实为许多穷乡僻壤带去了机会。同时，被贬谪者也经受了严重的身心考验，拥有了一段非同寻常的人生经历，这对其心理成长和事业发展必然影响甚巨。因此，现代的研究者提出"贬谪文化"的课题，来对此种现象做专门的探讨。

自然，各个时代的"贬谪文化"也各具其内容特色，此事首先当从制度上加以考察。像韩愈、柳宗元之遭贬，固然是被迫离开了政治中心，但他们在贬地却还是名副其实地掌握着地方官的权力。而到了苏轼的时代，情况便大不相同，成熟的官僚体制使这种惩罚方式更有效地发挥出惩罚的目的：朝廷制造出大量有名无实的官衔，把被贬者抑留于官僚体系之内，却不使其具有权力。元丰三年（1080）二月一日到达黄州的苏轼，官衔是"检校尚书水部员外郎、充黄州团练副使、本州安置"。水部员外郎是水部（工部的第四司）的副长官，但"检校"则表示这只是一个荣誉称号；团练副使是唐代的地方军事助理官，宋代只表示官僚的级别，根本就没有这样的职务；比较实在的倒是"本州安置"，规定苏轼要住在这个地方。令人啼笑皆非的官名把贬谪官员与流放罪犯区分开来。

　　在我们后人看来，黄州的贬居生活是苏轼生平中的一个阶段，这样的看法肯定低估了这次贬谪对他的心理打击。正如做噩梦的人不知道眼前是不会延续太久的梦境，当时的苏轼也不知道何时才能走出厄运。按一般的推想来看，他会觉得自己已经走入一条死路：元丰三年的苏轼已经四十五岁，而亲自主持政务、坚决实行"新法"的宋神宗年方三十三岁，谁也不能预料神宗会英年早逝，则因持"旧党"政见而被惩罚的苏轼，能够指望的至多是获得谅解而已，如果说苏轼"得志"的前提是"党争"局面的改观，那么在当时看来这种希望极其渺茫，几乎是不可能的。所以，对当时的苏轼而言，自己的政治生命基本上就应结束于此。这样的打击是可以用"毁灭性"来形容的，年过不惑的他，必须重新打算自己的后半辈子要怎么过，也就是思索安身立命之计。

首先是心理上要放下进士登科以来的仕途梦想，做好当一辈子老百姓的准备，并且不是安居家乡的百姓，而是听朝廷之命流落天涯、必须随遇而安的一名百姓。当然身份上其实还是个官，仍会跟当地或路过的官员交往，但尴尬的是俸禄却基本断绝，需要自营经济收入。初到黄州时，他寄居于定惠院僧舍，至五月份苏辙将其家眷送来，全家便迁居到长江边的临皋亭，据说大有饥寒之忧，只好痛自节俭，时不时地依靠苏辙的接济。不过到了第二年，他却有了一块地，在州城旧营地的东面，故称作"东坡"。据其自述：

> 余至黄州二年，日以困匮。故人马正卿哀余之食，为于郡中请故营地数十亩，使得躬耕其中。地既久荒为茨棘瓦砾之场，而岁又大旱，垦辟之劳，筋力殆尽。释耒而叹，乃作是诗。自愍其勤，庶几来岁之入以忘其劳焉。（《东坡八首·叙》，《苏轼诗集》卷二十一）

这里交代了"东坡"的来历，是苏轼到黄州的第二年，即元丰四年（1081），老朋友马正卿为他向官府求来的一块荒地，让他可以躬耕以免饥。苏轼在大旱之岁开荒播种，十分辛劳，放下锄头写了八首诗。虽然如此，总算可以指望下一年有些收入了，而有了"东坡"的苏轼也就自称为"东坡居士"。此后，他又在东坡造了几间屋，因为落成于冬天，便在墙上画一些雪景，称之为"雪堂"。这"雪堂"是他写作和接待客人的地方，家属还住在临皋亭。所以从此以后，黄州就有了一个东坡居士，时常往来于临皋亭与雪堂之间。

在基本生活有了着落的基础上，其次就要保持身体健康、精神乐观了，方法是修道养气、参悟佛理。到黄州的当年，他就给人写信说，借了天庆观的道堂三间，准备冬至后入室，闭关修炼四十九日(《答秦太虚七首》之四，《苏轼文集》卷五十二)，同时又谓："闲居未免看书，惟佛经以遣日。"(《与章子厚参政书二首》之一，《苏轼文集》卷四十九) 当时的佛教界最为兴盛的是禅宗，禅僧们很重视得法悟道的机缘与师承的渊源，所以苏轼在禅门被归为临济宗黄龙派的弟子，其实他与云门宗甚至禅宗以外的僧人也颇有交往。苏轼接触佛、道虽不始于此时[1]，但黄州的贬居生活确实加深了他在这方面的修养，对他的心理调适很有帮助。健康的身体和乐观的精神状态是争取政治生命的前提，无论东山再起的希望多么渺茫，苏轼也必须等待。

这种等待看来是漫长的。历代圣贤在政途无望之日，往往借著书立说来表见于后世，苏轼在重新思考安身立命之计时，在耕种自济、养生自保的同时，当然更要著书以自见。所谓著书，自以注释经典为最高，加之王安石"三经新义"颁行后，学子们被迫于权势，被诱以科举，渐渐不知意识形态之外别有学问，乃是文化上莫大的危机，苏氏与王氏所学不同，故必要重注经典，自申其说，以与"新学"相抗。从现存的苏轼、苏辙著作来看，他们兄弟对经典的注释有明确的分工，苏轼承担了《周易》《尚书》《论语》的注释，苏辙承担《诗经》、《春秋》

---

1 关于苏轼与佛、道的关系，请参看下一讲"庐山访禅"。

和《孟子》，因此我们现在可以读到苏轼的《易传》《书传》和苏辙的《诗集传》《春秋集解》《孟子解》，苏轼还有一部《论语说》已经失传，当代有学者做了辑佚。三部著作的最后定稿虽然要到晚年，但在黄州期间，苏轼已经完成了《易传》九卷、《论语说》五卷的初稿，《书传》也已开始起笔。这些成果标志着苏轼自成一家的学术思想的形成，经过黄州谪居著书的他，已跻身于北宋最重要的思想家之列，其学说被称为"苏氏蜀学"。

当然，文学创作上，他也获得前所未有的发展。这一点已由王水照先生在《苏轼选集》的《前言》中加以总结。就这个时期最为著名的作品来说，自然应推"三咏赤壁"，即《赤壁赋》、《后赤壁赋》与《念奴娇·赤壁怀古》词，它们使黄州赤壁名满天下，由于这赤壁与三国时周瑜和曹操的战场并非一地，所以又被称为"东坡赤壁"。关于这"三咏赤壁"，我们后面要详细解读，这里略过。

因为远离了政治旋涡的中心而获得学术、文艺上突飞猛进的苏轼，当然也不可能忘记险恶的政治环境仍无时不威胁着他的生存。徐州有人造反了，只因苏轼曾经做过知州，政敌们便说他要负不能事先觉察的责任。分明是欲加之词，可是追查下来，偏偏苏轼在当时已经有所觉察，做了措施。这非但无罪反当有功的结果肯定令政敌们很尴尬，对苏轼则是一场虚惊，虽然此事反而证明了他非凡的吏治才能，但对他的处境没有带来什么改善，只让他时时感觉着危机四伏。我们在苏轼居黄州期间写给友人的书信中，屡次看到惧祸自晦的表示，他为没被人认出是苏轼而高兴，为未能及早称病不出而后悔，为做到了终日不说一句话而得意，当然也为"畏人默坐成痴钝"而自嘲。这实在是为求取生存的无奈之计。

综上所述，耕种自济、养生自保、著书自见、文学自适、韬晦自存——这就是东坡居士在黄州的生活内容。这样的生活延续了四年，直到元丰七年（1084）正月，宋神宗出手札说："苏轼黜居思咎，阅岁滋深，人材实难，不忍终弃，可移汝州团练副使，本州安置。"（施宿《东坡先生年谱下》元丰七年条引）给他换了一个"安置"的地方。由于汝州（今河南临汝）在北宋属于京西北路，离政治中心较近，再加上手札中的善意言辞，神宗的这番举动可以被理解为他对苏轼已经谅解，或许还准备重新起用。这大概是宋神宗晚年准备调和参用新、旧党人的一个表示。他的命令被传达到黄州，已经是元丰七年的三月，苏轼得以离黄州北上，则在四月。故从元丰三年二月起至此，苏轼在黄州的贬居正好超过四年，若依古人的习惯，统计首尾，则有五年。苏轼自己就表述成"五年"：

> 君不见武昌樊口幽绝处，东坡先生留五年。春风摇江天漠漠，暮云卷雨山娟娟。丹枫翻鸦伴水宿，长松落雪惊醉眠。桃花流水在人间，武陵岂必皆神仙。（《书王定国所藏烟江叠嶂图》，《苏轼诗集》卷三十）

这"五年"的生活在他事后的追忆中犹如住在陶渊明所描写的桃花源，"春风"等四句分别写了黄州的春、夏、秋、冬四时之景。

二、《念奴娇·赤壁怀古》与"豪放词"

在词史上，苏轼是"豪放词"的开创者，而第一代表作就是在黄州所作的《念奴娇·赤壁怀古》。我们知道，所谓"豪放"是相对于"婉约"而言，宋词分为"豪放"和"婉约"两派，似乎是个众所周知的常识。一般情况下，我们会从字面去理解，大致看作表达风格上阳刚、阴柔的区别。但实际上，在词的发展历程中，这不只是一个风格的问题，甚至可以说，主要不是风格问题。有不少学者致力于从文学批评史的角度清理这个问题，在此推荐王水照先生的两篇论文，一篇是《苏轼豪放词派的涵义和评价问题》，发表于《中华文史论丛》1984年第2辑；另一篇是《从苏轼、秦观词看词与诗的分合趋向》，发表于《复旦学报（社会科学版）》1988年第1期。根据他的清理，"豪放"一词在宋人笔下已经出现，但本来是指一种快意的、不受束缚的创作态度，不一定指作品的审美风格。从审美风格的角度把词分作"婉约""豪放"二体，也就是这二分法的最早来源，现在可以找到的是明代张綖的《诗余图谱·凡例》：

> 按词体大略有二：一体婉约，一体豪放。婉约者欲其辞情蕴酝藉，豪放者欲其气象恢弘。盖亦存乎其人，如秦少游之作多是婉约，苏子瞻之作多是豪放。大抵词体以婉约为正，故东坡称少游为"今之词手"，后山评东坡词"虽极天下之工，要非本色"。

我们从这段文字可以看出，虽然张綖提出了二分法，但在

126

他心目中，这两派并不是对等的、并列的关系，他说"词体以婉约为正"，婉约词才是正体，那么豪放词只能是变体了。当然，王先生提示我们，从今天尊重历史的态度出发，应该把所谓的正体、变体理解为传统的词与经过革新的词。从而，当我们谈论"豪放派"时，相比于作品风格，是更应该注重其写作态度，即革新词体之意义的。

无论是作为歌词，还是作为一种新生的诗体，词本来都不应该存在确定的风格。就像诗一样，作者各人有各人的风格，从来没有"豪放诗派"和"婉约诗派"对举的说法。现存的唐代词集《云谣集杂曲子》，可以说是最早的一批词作，从风格上看，也是多种多样的。只不过，这个词集出自敦煌遗书，宋人是看不到的，他们大概只看到文人的词作。文人"填词"之风始于唐代中期，至晚唐、五代而愈趋流行，恰好这个时代的文人喜欢填"婉约"的词，他们总是在歌筵酒席之间，填一首新词付歌姬去唱，内容当然是这些文人与歌姬之间的不必负责的"爱情"，而且多数是以歌唱者即女性的口吻写的，风格大抵"婉约"乃至绮靡。这当然并不妨碍一些感人的优秀作品的诞生，而且在五代时期的西蜀，还编出了一部影响深远的词集《花间集》。看不到敦煌写卷的宋人，就把这部《花间集》认作词的祖宗，如此一来，词竟是天生"婉约"的体裁了！在此背景下，"豪放"词的出现，除了风格上的创新外，更主要的意义就在于对词这种文学体裁的认识的改变。

这种改变当然会有一个过程，首先要摆脱以歌唱者口吻写词即"代言"的做法，变成作者的自我表达，然后才是以苏轼为代表的"以诗为词"的写作态度，就是把词当作一种新的诗体来写，与原有的诗歌传统融合。从系年上比较可靠的作品来看，苏轼写词大概开始于杭州通判任上，那里住着一位著名的老词人张先，与张先的交往很可能是他开始写词的契机。杭州、密州、徐州时期的苏轼词，有一大部分是跟兄弟、同僚、朋友相关的，或寄赠或唱和，在交游之中产生，仅以赠杭州知州陈襄的词为例，就有《虞美人·有美堂赠述古》《南乡子·送述古》《清平乐·送述古赴南都》《诉衷情·送述古迓元素》《行香子·丹阳寄述古》等好多首。在士大夫交游、迎来送往的场合，一般会有诗歌唱酬，但苏轼却经常有意识地改用词，甚至有时候对方赠他一首诗，他回赠的却是词。可以说，他用词取代了诗的某些功能。

至于"豪放词"，一般认为，写于熙宁八年（1075）冬天的《江城子·密州出猎》，是具备"豪放"风格的开山之作：

　　老夫聊发少年狂。左牵黄，右擎苍。锦帽貂裘，千骑卷平冈。为报倾城随太守，亲射虎，看孙郎。

　　酒酣胸胆尚开张。鬓微霜，又何妨！持节云中，何日遣冯唐？会挽雕弓如满月，西北望，射天狼。

　　（苏轼《江城子·密州出猎》，《东坡乐府笺》卷一）

在一次打猎活动之后，苏轼填了此词，填完了自己颇为得意，写信给朋友说："数日前，猎于郊外，所获颇多。作得一阕，令东州壮士抵掌顿足而歌之，吹笛击鼓以为节，颇壮观也。"并自谓："虽无柳七郎风味，亦自是一家。"（《与鲜于子骏三首》之二，《苏轼文集》卷五十三）柳七郎就是婉约词人柳永，苏轼显然是有意要改变柳永词的写法。

柳永擅长的，就是以柔婉的风格表现男女情爱题材，而请妙龄的少女们歌唱。不过生在北宋太平时代，他也不免兼为一个企图通过科举而成为士大夫的书生，后来也当过小官，所以他的词中其实也含有士大夫自我表达的成分，只不过与词的传统题材、风格经常融合在一起。与此相比，苏轼就是更进一步，改变《花间集》以来的传统题材、风格，成为纯粹的士大夫自我表达，从而也改变了这种文学体裁的性质：从歌姬的唱词变成了士大夫的抒情诗。所以，他有意强调自己跟"柳七郎风味"不同，而且也知道他的作品不再适于歌姬演唱，于是他改变了演唱方式，让"东州壮士"伴随简单的舞蹈动作来歌唱。从他特意说明"吹笛击鼓以为节"来看，显然他选择的乐器也与通常有别。

风格上的创新和题材上的开拓是至为明显的。狩猎的题材用以吟诗作赋固然常见不鲜，但用以填词，却很可能是第一次，而与这一题材相应的风格，即便不是雄壮豪放，至少也无法"婉约"。值得一提的是，作者并不是简单参与狩猎而已，他是作为密州知州，亲自组织和指挥了这次狩猎活动，上阕一开头就突出了他的豪迈意气，自称"老夫"之"狂"不减"少年"，继而写严整的装备，包括猎犬、猎鹰和军人装束的随从，接下去是开阔的狩猎场面，他不但率领"千骑"将"平冈"团团围住，而且让全城老少都来观看，还亲自表现一番，弯弓去射猛虎。历史上，狩猎活动是个具有浓重仪式性的传统，目的不是去弄点猎物来下酒，而是与今天召开体育运动会的情况相似。就此而言，事后的作词、演唱，便也是这次活动的继续，仿佛运动会的闭幕式。无论如何，从头到尾都出自这位地方长官的精心策划、组织、指挥。我们可以看到，这"聊发少年狂"的"老夫"已兼有多重领军人物的身份：作为密州知州，他是当地军民的长官，在狩猎活动中，他是总指挥，而填出一首《江城子·密州出猎》的他，又成为"豪放词派"的开创者。毫无疑问，苏轼以他的行为和作品塑造的这个自我形象，就是千年以来主宰中国社会的精英——士大夫形象，而他的"豪放词"，自然便是士大夫的自我表达。

士大夫的自我表达，在下阕中呈现得更为明确而复杂。喝酒壮胆，是表达他的激情，这种激情冲淡了对于岁月流逝、两鬓微霜的忧虑。不过，毕竟岁月流逝而壮志难酬，什么时候皇帝会派一个使者来给自己委以重任呢？这一层意思似乎不宜直说，所以苏轼采取用典的方式来曲折地表达。不过，典故也只是勉强地表达出希望被重用的意思，其实苏轼的处境跟汉代的魏尚并不相同。魏尚是汉文帝时代的云中太守，抵御匈奴，颇有战功，只因报功时略有误差，被贬官削爵。这是因为皇帝不了解情况，未认识其才能，后来得到冯唐的说明，便开释了误会，立即派冯唐持节奔赴云中，重新起用魏尚。苏轼的情况与此不同，宋神宗对他并非缺乏了解，相反，对他的才能是有足够认识的，其间也没有多大的误会，不加重用的根本原因在于政见不同。换句话说，苏轼之所以不得志，正因为他自己反对现行政策（即王安石"新法"），就此而言，怨不得皇帝。对此，苏轼本人肯定心中有数，所以最后也是非常勉强地把自己和皇帝捆置在一条战线上：面对外国，他们总是一致的。虽然从历史上的边关英雄写到自己立功边疆的志向，似乎顺理成章，但后来的事实表明，苏轼其实并不赞成向西夏用兵。我们了解苏轼的生平和政见后，就会感觉这首词的下阕表达得十分复杂，不像字面意思那样简单。如果君臣之间只有在面对外国时才能勉强寻求到一致的立场，那么这位士大夫的苦闷几乎就是无法销释的，更何况这对外作战的说法也是言不由衷。实际上，苏轼根本没有与宋神宗合作的可能，他只好抱着一腔笼统抽象的报国激情，没有具体实践的途径。然而这抽象笼统的激情却又确实存在，无处释放，于是我们看到一个接近神话的形象：他把雕弓拉得如满月一般，向天上的星座射去。按中国的阅读传统，"射天狼"当然可以理解为对外作战，按当时的局势，甚至可以将外国落实为西夏，苏轼也肯定利用了这一层寓意。但是，文学作品中出现的形象是具有多义性的，箭射星座的形象更能凸现他报国无门的真实处境。无论如何，这个形象不是与歌姬厮混的风流才子，而是一个忧患深重的士大夫。

就这样，苏轼把词完全地变成了士大夫的文学。然后，到了黄州，他以一位贬居士大夫的所感所思，写作了《念奴娇·赤壁怀古》：

> 大江东去，浪淘尽、千古风流人物。故垒西边，人道是、三国周郎赤壁。乱石崩云，惊涛裂岸，卷起千堆雪。江山如画，一时多少豪杰！
>
> 遥想公瑾当年，小乔初嫁了，雄姿英发。羽扇纶巾，谈笑间、强虏灰飞烟灭。故国神游，多情应笑我，早生华发。人间如梦，一尊还酹江月。
>
> （苏轼《念奴娇·赤壁怀古》，《东坡乐府笺》卷二）

在今天的长江、汉水流域，共有五处叫作"赤壁"的地方，三国时"赤壁大战"的旧址，一般认为在今湖北嘉鱼县境内，而苏轼所游的赤壁，是今湖北黄冈的赤鼻矶，两者并非一地。这一点，苏轼本人似乎也是明白的，所以词里说："故垒西边，人道是、三国周郎赤壁。"当地人向苏轼指点"那个地方就是周瑜破曹之处"，他只是采用了当地人的说法而已。不过我们若是相信他叙述的这个情形曾经真实发生，那么写这首词的时候，必须是苏轼第一次来到此地。这就跟作品系年的问题相关了。

这一首著名的豪放词作于哪一年，其实并无可信的记载。从南宋傅藻的《东坡纪年录》起，一般都将它与前、后《赤壁赋》一起系于元丰五年（1082）。这只是把"三咏赤壁"都归在一起而已，前人对于系年不明的作品经常如此处理，其本身不能成为根据。若是相信词中所述苏轼第一次来到赤壁的情形，从而将此词的创作时间系于元丰三年（1080），即苏轼到黄州的第一年，倒是有一个旁证。这一年的五月，苏辙送兄长的家眷来黄州，留伴一阵后，离去至江州。根据苏辙的《栾城集》卷四，他在黄州的作品有《赤壁怀古》诗，说明他曾到赤壁游玩。那么，想来苏轼应该陪同前往，而且苏辙的诗题与苏轼此词的词题完全相同，如非偶然，便是同时所作。在苏辙留黄期间，兄弟二人的作品都相互有关，把《赤壁怀古》推想为一诗一词同时同题之作，符合苏轼用词跟对方的诗唱和的习惯，虽仍嫌证据不足，但我觉得比元丰五年之说更为合情合理。

苏辙诗云：

新破荆州得水军，鼓行夏口气如云。千艘已共长江险，百胜安知赤壁焚。觜距方强要一斗，君臣已定势三分。古来伐国须观衅，意突成功所未闻。

这是一首标准意义上的怀古诗，从赤壁之战的历史中引出教训：不能依靠军事力量的强大去进攻本身没有荒乱失德行为的国家。联系苏辙的政见，这里包含了对宋神宗进攻西夏政策的批评，直到晚年，他仍把进攻西夏看作"陵虐邻国"，加以否定（苏辙《历代论·尧舜》，《栾城后集》卷七）。大概三国的形势与北宋、西夏、辽鼎立的时势有相似处，所以北宋人对三国历史抱有特别的兴趣。好像苏轼对三国史的研究在当时还有些名气，后来王安石也建议他重写三国史。不过，苏轼的《念奴娇·赤壁怀古》并不在历史教训上展开，它是由凭吊古战场的雄伟景象，而进入对创造壮举的英雄的缅怀。

"周郎"和"公瑾"都指赤壁之战的主要指挥者周瑜，史载其担任建威中郎将时，才二十四岁，吴中皆呼为周郎。"小乔"是乔玄的幼女，周瑜的妻子，她嫁给周瑜其实在赤壁之战之前十年，词中说"初嫁"，是为了突出周瑜少年英才、风流倜傥的形象。赤壁大战发生在汉献帝建安十三年（208），此年的周瑜三十四岁，相关的人物，还有三十七岁的鲁肃、二十七岁的孙权、二十八岁的诸葛亮，被他们一起打败的是五十四岁的曹操。这确实是一代年轻英才战胜了长辈，改变天下局势的战例。苏轼所谓"江山如画，一时多少豪杰"，而在"豪杰"中又着力突出胜利者年轻潇洒的形象，应该说非常准确地捕捉到了这一战例的特点。这个特点令他感动，心潮起伏，由衷地追慕那些少年英姿。

与此相比，苏轼不能不想到现在年近半百的自己，"乌台诗案"之余，除了早生的华发外，成就了什么呢？知道人生如梦而已罢了。面对这壮丽的江山，缅怀这令人激动的历史往事，不免思绪纷飞，故国神游，觉而自笑多情。虽是一片无奈，但这无奈的多情之中，仍有未尝泯灭的志气在。因为只有志气不凡的人，才会对过去了的不凡的历史如此多情。

关于这首词，还有一个著名的故事，见于宋代俞文豹的《吹剑续录》：

> 东坡居士在玉堂日，有幕士善歌，因问："我词何如柳七？"对曰："柳郎中词，只合十七八女郎，执红牙板，歌'杨柳岸、晓风残月'；学士词，须关西大汉，铜琵琶，铁绰板，唱'大江东去'。"东坡为之绝倒。（俞文豹《吹剑续录》，见《吹剑录全编》，古典文学出版社1958年版）

这个故事生动地说明了苏轼、柳永词风格的不同，也正可说明豪放、婉约二派词风的区别，而早在苏轼的时代，人们就把这首"大江东去"当作豪放词的代表作了。

三、《赤壁赋》与宋代"文赋"

与《念奴娇·赤壁怀古》为宋代"豪放词"的第一代表作相似，《赤壁赋》则是宋代"文赋"的第一代表作。苏轼在黄州的文学成就，确实光照千古。

相比于《念奴娇·赤壁怀古》词的系年难以确定，《赤壁赋》和《后赤壁赋》的写作时间则毫无疑问，因为赋中都有明确的表述，《赤壁赋》是"壬戌之秋，七月既望"，即宋神宗元丰五年（1082）的七月十六日，《后赤壁赋》是"是岁十月之望"，即同年十月十五日。这时的苏轼已经在黄州过了两年多的贬居生活，他经历了痛苦和从痛苦中解脱的心理过程，拥有了坚定而洞达的世界观、人生观。这些都在这两篇著名的赋，尤其是《赤壁赋》里表述出来。

　　壬戌之秋，七月既望，苏子与客泛舟，游于赤壁之下。清风徐来，水波不兴。举酒属客，诵《明月》之诗，歌《窈窕》之章。少焉，月出于东山之上，徘徊于斗、牛之间。白露横江，水光接天。纵一苇之所如，凌万顷之茫然。浩浩乎如凭虚御风，而不知其所止，飘飘乎如遗世独立，羽化而登仙。

　　于是饮酒乐甚，扣舷而歌之。歌曰："桂棹兮兰桨，击空明兮溯流光。渺渺兮予怀，望美人兮天一方。"客有吹洞箫者，倚歌而和之，其声呜呜然，如怨如慕，如泣如诉。余音袅袅，不绝如缕。舞幽壑之潜蛟，泣孤舟之嫠妇。

　　苏子愀然，正襟危坐而问客曰："何为其然也？"

　　客曰："'月明星稀，乌鹊南飞。'此非曹孟德之诗乎？西望夏口，东望武昌，山川相缪，郁乎苍苍。此非孟德之困于周郎者乎？方其破荆州，下江陵，顺流而东也，舳舻千里，旌旗蔽空，酾酒临江，横槊赋诗，固一世之雄也，而今安在哉？况吾与子渔樵于江渚之上，侣鱼虾而友麋鹿。驾一叶之扁舟，举匏尊以相属。寄蜉蝣于天地，渺沧海之一粟。哀吾生之须臾，羡长江之无穷。挟飞仙以遨游，抱明月而长终。知不可乎骤得，托遗响于悲风。"

苏子曰："客亦知夫水与月乎？逝者如斯，而未尝往也。盈虚者如彼，而卒莫消长也。盖将自其变者而观之，则天地曾不能以一瞬。自其不变者而观之，则物与我皆无尽也，而又何羡乎？且夫天地之间，物各有主。苟非吾之所有，虽一毫而莫取。惟江上之清风，与山间之明月，耳得之而为声，目遇之而成色，取之无禁，用之不竭，是造物者之无尽藏也，而吾与子之所共食。"

客喜而笑，洗盏更酌，肴核既尽，杯盘狼籍。相与枕藉乎舟中，不知东方之既白。

（苏轼《赤壁赋》，《苏轼文集》卷一）

与汉赋以来的传统相一致，这篇《赤壁赋》也以主客对话的方式展开。客人善于吹箫，据考证为道士杨世昌，四川人，他特地去黄州陪伴贬居中的苏轼，长达一年。苏轼与杨道士一起，夜游赤壁。他们泛舟、对酒、唱歌、吹箫，然后因为箫声的悲戚，而引出了对话。对话的结果是转悲为喜。所以，除了描写风景之外，全篇的主题是如何转悲为喜，即解脱痛苦。

人生为什么会有痛苦？说到底是由于欲求之不满足，抱负也好，权位也好，名利也好，寿命也好，无论其价值为正面或负面，其出于人心的追求，而不得满足则皆成为痛苦，并无二致。解除此痛苦的办法，只有两途：一是满足之，二是超越之。

但满足之后，会有新的欲求和新的痛苦，所以是饮鸩止渴，不是真正的办法。真正的办法只有超越之。所谓超越，并不是麻痹其痛苦的感觉，而是思考更为根本的东西：世界的本质、人生的命运等，用今天的话说，这叫"终极关怀"。以"终极关怀"作为赋的内容，可以说是这篇《赤壁赋》的独到之处，也是它成为第一"文赋"的关键。赋本来是一种极尽铺陈的文体，但宋人继承中唐以来"古文运动"的传统，且将"文以载道"的精神从古文扩散到其他文体，使赋也受此影响而在一定程度上"古文"化，故今人称之为"文赋"，这个"文"指的就是古文。而所谓"载道"，最为核心的意思，就是对"终极关怀"的表述了。以罗列现象为能事的臃肿不堪的赋体，因为苏轼对"终极关怀"的书写，而充满了理性的思辨，皮毛落尽，精神抖擞。

　　思辨的过程体现在客人和苏轼的对话里。先看客人的话，"月明星稀，乌鹊南飞"是曹操《短歌行》中的诗句，这说明他首先也把眼前的这个赤壁看作曹操和周瑜的战场，然后他想起了大战之前，曹操降服了荆州刘琮，攻占江陵，沿着长江向东直下，进军赤壁的盛大气势，谓之"一世之雄"。但是，像那样的"一世之雄"都已烟消云散，更何况我们这些普通的游人呢？蜉蝣是一种昆虫，夏秋之交生于水边，据说早生晚死，存活时间很短，古人诗文中经常用来比喻人生的短暂。人类当然比蜉蝣要活得长些，但相对于天地之永恒，则跟蜉蝣并无多少差别，也犹如一粟之微小相对于沧海之巨大。接下来客人说：与人生的短暂相比，这长江却无穷无尽，一直可以让飞仙在其上空游玩，怀抱着（水底印着）明月而长存；什么时候人也能修炼到长生呢？不能长生就未免悲哀。这样的说法似乎正合乎一位道士的口吻，不过整体上意思其实简单，不过感叹历史上的盛举都成了陈迹，想到人生之不能长久，所以悲从中来而已。

真正阐述超越之见的是苏轼的回答。他要从哲理上去讨论人生和世界的存在时间之短长，所以将存在的时间形式概括为一个概念"变"，从这个"变"的概念出发进行讨论。由于人生短暂被视为"变"的体现之一，故我们若能改变对于"变"的看法，就能重塑人生观。不过在赋中，苏轼并未一开口就说得如此抽象，他先以对方已经提到的江水、明月为喻，从两个比喻说起。

这两个比喻怎么解读呢？我的建议，先看后一个关于"月"的比喻。"盈虚者如彼，而卒莫消长也"，有的版本是"盈虚者如代"，可能更好一些。现在我们读到这一句，不觉得有理解上的困难，因为"人们看到的月亮总有或满或缺的变化，而月球本身不曾变"，似乎是个常识。不过这个常识里包含了一个解读此句时不该有的"月球"概念，我觉得需要先去掉这个属于现代人的"月球"概念，才是正确理解此句的关键。苏轼的意思是，人们每天看到的"月"都不相同，时而圆，时而缺，仿佛有很多的"月"，但是这么多不同的"月"都被我们称之为"月"，概括为一个总名"月"，与这个总名的"月"所对应的实体（古人又称为"月之体"或"月之性"），它并没有什么变化，没有时间性。变化的是每天看到的具体的"月"，这才是有时间性的。所以，去掉"月球"概念以后，我们应把"盈虚者"解读为每天看到的具体之"月"，而把"卒莫消长"者解读为概括的总名之"月"，在时间的长河里，前者只存在一瞬，后者长存，千古以来我们都把它叫作"月"。

明白了这层意思，反过来再看前一个关于"水"的比喻，也就容易解读了。长江里的每一滴具体的水，犹如我们每天看到的具体之"月"；而对这么多水的总称"长江"，便犹如总名之"月"。你从水的角度看，每一滴水确实在不断地流去；但从长江的角度看，长江还在，并没有流去。所以，只要我们承认长江是水，承认圆的缺的都叫作月，那么水和月都有其不变的、永恒的一面。于是，苏轼从"变"推出必定与其共存的对立面"不变"。从"变"的一面去看，不要说人生，这世界也不能久存；但从"不变"的一面看，则某一物总是某一物，不能被误为他物，我总是我，不会混同于他人，所以物也好，我也好，都是永恒的。世上任何事物都同时具有短暂和永恒的两面，只因你思考的角度不同罢了。既然如此，人生从某种角度来说也是永恒的，何必去羡慕事物的长久而悲叹生命的短暂呢？

　　到此为止，针对客人的"羡长江之无穷"，苏轼通过关于"变"和"不变"的讨论，指出"而又何羡乎"，可谓疑问已释。接下来"且夫"一段，进一步道出他的人生态度。羡慕本身是一种占有欲的表现，但一个人是不该占有不属于自己的东西的。如果想到一个人生来赤条条的什么都没有，就可以说世间没有一样东西本来属于我的，那就本不该去占有任何世间之物。只有天地间自然的清风明月，能给人带来美的享受，而且"取之无禁，用之不竭"，所以对自然美的充分享受才是一个人无所拥有的最大拥有。这里用"声""色"指听觉表象和视觉表象，用"无尽藏"指用之不尽的丰富资源，都是佛学的概念。但苏轼用这些佛学概念，似乎也能说服道士。"共食"是一起享受的意思，有的版本作"共适"，则是一起赏玩适宜之意。我觉得"共食"更好一些，南宋的朱熹曾说，他看到东坡手书《赤壁赋》就作"共食"，并把"食"解释为"犹言享也"（《朱子语类》卷一百三十）。

基于"终极关怀"而来的这种超越得失的非功利人生态度，经常很容易被认为是一种消极的逃避。对世间得失祸福都不在意的人，曾经被唐代的韩愈看作不能进行艺术创造的人。他在《送高闲上人序》（《韩昌黎文集校注》第269页，上海古籍出版社1986年版）里说，一个人要"有得有丧，勃然不释"，对于得失都不肯放过，才能感受世间的不平，郁积于心，不平则鸣，那才有艺术创造。苏轼却认为，超越得失的心灵，才能完善地感受和拥有天地之美。韩愈的说法其实含有借艺术创造以成名不朽的意思，而在苏轼看来，艺术创造即使可能是对天地之美的最好表达，其本身也不是目的，当一个人的心灵与天地之美融为一体时，艺术创造只是轻松自由的发露而已。这是宋代文人的一种"天地境界"，政治、学术、文艺等都不是人生的目的，人生的意义被提到天地宇宙观的高度来思考之。而这，当然以超越世间得失为前提，以"终极关怀"为前提。

必须注意的是，在苏轼的笔下，天地和人生的终极意义不像他的同时人程颐所表述的那样，为极具道德色彩的"天理"。苏轼的天地和人生洋溢着无穷无尽的美。在这篇《赤壁赋》中，形于主客对话的思辨内容还没有开始，读者就已被引入秋夜长江上明月清风的美景之间，再加上一段如怨如慕、如泣如诉的箫声，更平添了艺术的氛围；到思辨结束以后，还有一段随意放旷的醉酒而眠，仿佛人生与天地之美的彻底融化，整体地成为一个艺术品。千百年来，这"大苏游赤壁"的所感所思，无数次地令人遐想，培养着我们民族的审美之感、超越之思。今天的黄州依然有长江在奔流，夜间依然有明月当头，所以我们应该能够理解苏轼说的水和月的永恒；如果在水面小舟上人们对着明月清风能想起千年前的这位苏东坡，体会到他所说的那番道理，感其所感，思其所思，那就等于苏东坡还荡漾在他的小舟上，他的人生与水、月一般永恒。如果再也没有人去这样感觉，这样思考，那就"逝者如斯"，真的流失了。

可以顺便提及的是，把这种包含了不少古文句法，甚至具备"载道"内涵的赋叫作"文赋"，是现代人的叫法。宋人如何称呼这种赋呢？他们自己有一个名称，叫作"古赋"。我们知道，赋在不同的历史时期呈现不同的形态，在汉代大赋以后，六朝时期随着文体的骈化而多有"骈赋"，唐代则因科举的需要而格律化，称为"律赋"。宋代科举在王安石改革前，仍以诗赋取士，所用的赋也是"律赋"。这样，为了应付科举而练习写赋，当然都要写"律赋"，但"律赋"的长短、格式都很固定，若作为一般文学表达的体裁，就不能局限于此。于是宋人认为，在"律赋"形成之前，历史上本来就有体裁上更为多样化的赋，在科举以外的场合不妨应用。那么，相对于"律赋"，他们就把不遵守"律赋"格式的赋叫作"古赋"。这就好像不遵守"律诗"格律的诗被他们称为"古诗"，不遵守"骈文"对偶规则的文章叫作"古文"，道理一样。所以，从文学批评史的角度说，"古赋"的称呼应该是更好的，与"古诗""古文"配套起来，反映出一个时代的文学观念。当然，受骈文影响的赋既称"骈赋"，则受古文影响的赋被称为"文赋"，也有合理之处。

与《赤壁赋》所述相一致的超越性人生观，也见于东坡的一些小品文，下面两篇可以确定是写于黄州的：

> 元丰六年十月十二日，夜，解衣欲睡，月色入户，欣然起行。念无与为乐者，遂至承天寺，寻张怀民。怀民亦未寝，相与步于中庭。庭下如积水空明，水中藻荇交横，盖竹柏影也。何夜无月，何处无竹柏，但少闲人如吾两人耳。（苏轼《记承天夜游》，《苏轼文集》卷七十一）

> 东坡居士酒醉饭饱，倚于几上，白云左绕，清江右洄，重门洞开，林峦坌入。当是时，若有思而无所思，以受万物之备，惭愧！惭愧！（苏轼《书临皋亭》，《苏轼文集》卷七十一）

承天寺和临皋亭都在黄州，后者是苏轼和家人寄居之处，前者也是常去游玩的场所。张怀民是清河人张梦得，当时也贬居在黄州。从写法来看，这两篇非常不同：前一篇有时间，有事件，有感想，虽然短小，仍具一般"记"体古文的必要成分；后一篇则横空而起，随意而书，点到为止，不受一点文体拘束。所以，前篇以小含大，见其精致工巧；后篇如片云浮空，见其自由萧散。前篇将月夜庭院中的竹柏之影比喻为一方透明积水中飘浮的水草，可谓精妙之至；后篇白云、清江、树林、山峰，随视野所及，纷至沓来，任作者酒醉饭饱，指点江山，可谓横放之极。就小品文的写作艺术来说，这两篇很有代表性。

风格如此相异的两篇文字，表达的主旨却是一致的，正如苏轼自己所说："江山风月，本无常主，闲者便是主人。"（《与范子丰八首》之八,《苏轼文集》卷五十)人们常说要做这世界的主人,为此奋斗不息,患得患失,只是任你如何呼风唤雨,百年人生要做万古江山的主人,岂不是梦话吗?因此,若以世间得失为人生的唯一营求,忙碌一生也不过是这个世界的过客,追逐、占有得越多,失去的也越多,并不是主人。只有不以世间得失萦怀的"闲人",因为无所得,故而无所失,那才能欣赏和享受江山风月之美,取之无禁,用之不竭,又不怕被人夺去,与之共有千古,可以算得上江山的主人。《记承天夜游》最后揭出的就是一个"闲"字,不仅是身闲,更重要的是心闲。世间闲人太少,而《书临皋亭》中"酒醉饭饱,倚于几上"的东坡先生却正是身心俱闲之人。只要自己打开了门户,自然的一切胜景都会纷涌而来,让你尽情欣赏,所谓"受万物之备",就是感受到"万物皆备于我",也即是成为万物之主人。天地对闲人的馈赠竟是如此丰厚,真是让人觉得"惭愧惭愧"。

佛教译经,依经文的长短而有"大品""小品"之称,因此,文人所作短小的序跋题记之类,也被唤作"小品文",是唐宋以来古文中最为自由活泼的品种。苏轼的小品文独抒性灵,对后世影响甚大,而他本人对小品文的大量写作,则始于黄州时期。因上面两篇所表达的主旨与《赤壁赋》一致,故附说于此。

四、《后赤壁赋》的神秘世界

《后赤壁赋》的写作时间与《赤壁赋》只隔三月,但随着季节的不同,赋中所写的风景也不相同,而作品的整体气象亦具甚大的差异。苏轼经常自书《赤壁赋》赠送朋友，却并没有书《后赤壁赋》赠人的记载。这当然不是因为《后赤壁赋》写得不够出色，而是因为前后二赋所写的内容不同，也就是说，他很乐于跟人分享《赤壁赋》中的所思所感，却更愿意把《后赤壁赋》保留给自己。在我看来，《赤壁赋》处理的是一个公共性的话题，而《后赤壁赋》中的所思所感，是更具有苏轼的个人性、私密性的，熟悉的读者也知道，其内容还带有一点神秘性。

　　是岁十月之望，步自雪堂，将归于临皋。二客从予，过黄泥之坂。霜露既降，木叶尽脱。人影在地，仰见明月。顾而乐之，行歌相答。已而叹曰："有客无酒，有酒无肴，月白风清，如此良夜何？"客曰："今者薄暮，举网得鱼，巨口细鳞，状如松江之鲈。顾安所得酒乎？"归而谋诸妇。妇曰："我有斗酒，藏之久矣，以待子不时之须。"于是携酒与鱼，复游于赤壁之下。

　　江流有声，断岸千尺。山高月小，水落石出。曾日月之几何，而江山不可复识矣。予乃摄衣而上，履巉岩，披蒙茸。踞虎豹，登虬龙。攀栖鹘之危巢，俯冯夷之幽宫。盖二客不能从焉。划然长啸，草木震动。山鸣谷应，风起水涌。予亦悄然而悲，肃然而恐，凛乎其不可久留也。返而登舟，放乎中流，听其所止而休焉。

　　时夜将半，四顾寂寥，适有孤鹤，横江东来，翅如车轮，玄裳缟衣，戛然长鸣，掠予舟而西也。

　　须臾客去，予亦就睡。梦二道士，羽衣蹁跹，过临皋之

144

下，揖予而言曰："赤壁之游乐乎？"问其姓名，俯而不答。呜呼噫嘻，我知之矣，畴昔之夜，飞鸣而过我者，非子也耶？道士顾笑，予亦惊悟。开户视之，不见其处。

（苏轼《后赤壁赋》，《苏轼文集》卷一）

开篇"是岁"一语，表明《后赤壁赋》本身就是承接《赤壁赋》而作的，所以后面说"复游"，说"曾日月之几何，而江山不可复识矣"，都表现了与前赋对比的自觉意识。就写景方面说，前赋句句是秋景，后赋则句句是冬景，可谓"随物赋形"，各尽其妙。"清风徐来，水波不兴"与"山高月小，水落石出"，至今被人们奉为描写秋、冬二景的典范。

苏轼自己把他从雪堂到临皋亭的行程表述为"归"，是因为家人住在临皋亭，黄泥坂是这段路上的一个斜坡，"二客"中的一位还是杨世昌道士，另一位不知是谁。那位善解人意的"妇"则是苏轼的第二个妻子王闰之，她是苏轼前妻王弗的堂妹，王弗于治平二年（1065）去世，苏轼回乡续娶了王闰之。王闰之与苏轼同行将近三十年，到元祐八年（1093）八月病故，此后苏轼流落南荒，主要靠侍妾王朝云照顾了。

客人在这篇赋里似乎不具备对话功能，只是提供了下酒菜，加上王闰之准备好的酒，于是可以再游赤壁。"断岸千尺"的说法肯定是夸张的，就在北宋便有人指出黄州赤壁并无那么险峻的山势，今天看来那也只是一个小土丘，所有风景描写都出于苏轼的生花妙笔。不过与今天不同的是，宋代黄州的赤壁确实还在长江岸边，现在离江岸有点远，是千年之间长江泥沙沉积使江面退缩的结果。

虽然一样有客人陪伴，但由于此篇不以主客对话的方式展开，毫无议论性的言句，所以整篇的意旨就不像前赋那样可以通过对话内容获得明确的了解，显得迷离恍惚，玄妙莫测。从赋中叙述的事态来看，这一次苏轼是一个人爬上了断岸，"二客不能从焉"，就是黑夜里单独经历了一次冒险。他撩起衣裳，登上江岸，踏的是"巉岩"，即险峻的山石，拨开"蒙茸"，即稠密的草木。"虎豹"是指山石的形状，"虬龙"则形容弯曲的树干。这树上未必真有"栖鹘"的巢，但苏轼应该真的爬到树上去了。爬上树去做什么？大概为了获得更好的视野去俯视长江。"冯夷"是传说中的水神，"冯夷之幽宫"就指长江了。黑夜里的江水看去深不可测，苏轼于是长啸一声。这一声长啸引起了自然界各种可怖的反应，令苏轼自己也感到了害怕，因而回到舟中。这舟中应该还有两位客人，但既没有吹箫，也没有对话，甚至连驾船也不顾，默默地任其飘荡中流，随其所止。

　　这仿佛是个小小的历险记，苏轼这么写，究竟想表达什么？首先我们应该注意主人公在这个历险记中不断变化的心理体会，大概可以归纳为这样一个心路历程：先是迎难而上，在幽暗崎岖的险境中攀登，到了一定的高处后却看到一个莫知所以的世界，终于因为自己的某个行为（"划然长啸"）而引起了令人恐怖的景象，结果被迫回舟中，只好随流飘荡。

　　这个"历程"有没有象征性？如果与苏轼到此为止的生涯相对照，毋宁说是相当符合的。他以科举（进士科、制科）起家，进入仕途，在我们看来固然相当顺利，但实际上，要连续通过"解试""省试""殿试"，才能得到进士出身；接下来面对"制科"考试，也是难关重重，先要写五十篇策论提交给朝廷，考评通过后才能参加秘阁举行的"六论"考试，写六篇论文，题目都是从经史典籍中随意取来的一句半句，论文中须准确写明这题目的出处，等于是对阅读量和记忆力的严峻考查，最后还要当着皇帝的面写一篇"御试对策"并通过考评，才能获得"制科"出身。在这样一关难似一关的考试下，杀出重围，就算他才华横溢，毕竟也须付出相当大的努力，迎难而上。此后为官议政，却与皇帝、宰相的意见相左，以致离朝外任。这当然是因为苏轼对王安石"新法"持反对态度而然，但平心而论，王安石毕竟是当朝宰相，与他争论无疑是存在相当大的心理压力的，而且他深受皇帝信任，则苏轼作为"旧党"人物的仕进之途，何异于在幽暗崎岖的险境中攀登？努力的攀登固然使苏轼到达了相当的高度，他官居知州，声名遐迩，但另一方面，对于朝廷的新政却越来越感到不理解，于是他写作诗歌，去冷嘲热讽，这就犹如赋中的"划然长啸"之行为，结果引来了"乌台诗案"这样的可怕后果，使自己处于被责罚贬居的境地。当然到了黄州后，苏轼也成功地进行了心理调适，决定对什么都不介怀，顺其自然，所谓"放乎中流，听其所止而休焉"，他的心灵从纷扰中解脱，获得了宁静。

这样看来，《后赤壁赋》这黑夜独游的一段，虽也可能是真实的叙述，但应该是有寓意的，仿佛是苏轼对于自己平生经历、遭遇、心态的一次简短的回顾，而其落脚点则在于心神的解脱和宁静。这种解脱和宁静的心态，大约也可以与《赤壁赋》所阐述的非功利的人生态度相呼应，但《后赤壁赋》不做议论性的阐释，只在描写和叙述中象征性地呈露出来。

不过到此为止，仅仅是《后赤壁赋》的前半篇。后半篇是
更为奇妙的，文本上可以分为两段，即夜半见鹤的一段和梦见
道士的一段。按照苏轼在梦里的说法，似乎道士就是鹤，这就
更让人觉得匪夷所思了，因为苏轼并不是在虚构小说情节，南
宋人注释苏轼诗集，曾引录当时苏轼写赠杨世昌道士的一个帖
子云："十月十五日夜，与杨道士泛舟赤壁，饮醉。夜半，有一
鹤自江南来，翅如车轮，嘎然长鸣，掠余舟而西，不知其为何
祥也。"(《帖赠杨世昌二首》之二，《苏轼文集》附《苏轼佚文
汇编》卷六) 帖中所述与《后赤壁赋》相同，说明苏轼确实看
到了那只鹤，然后他做梦，我们没有理由断定这梦一定是虚构
的。当然，"梦"确实成为把鹤和道士联结起来的桥梁，否则
两者并无关系。经过"梦"的联结，两者似为一体，或是鹤化
作了道士，或是道士化作了鹤。不过这也并不确定，只是"梦"
中的苏轼这样认为，那"梦"中的道士既未肯定也未否定，只
回头笑笑而已。一片缥缈神秘，出于尘表。而梦醒之后，则"开
户视之，不见其处"，什么也没有了。

　　显然，苏轼触及了一个神秘世界，与我们这个现实的世界
不同。道士化鹤之类，不是现实世界里可以捉摸、理解的事，
而反过来，神秘世界的事，我们平时也是感知不到的，因为我
们的心灵总是被眼前现实世界的事物所牵掣，没有余暇去感知
另一个世界。但《后赤壁赋》的后半篇却向神秘世界延伸。如
此看来，把前半篇的历险记解读为一种心路历程，并且以获得
心神的解脱和宁静为落脚点，是很重要的。因为解脱、宁静，
这个历程才能继续迈向另外一个世界，一个缥缈神秘，没有半
点烟火气息的世界。当然这也只是有所感知而已，是不能仔细

揣摩的。这方面还可以提到一件趣事。《后赤壁赋》的通行版本中,"梦二道士"一句多作"梦一道士",但现存的比较可靠的宋刻本则作"二"。到底一个道士还是两个道士呢?这是从南宋起就有人议论的话题。一般认为,既然前面写的是"孤鹤",那么道士也应当只有一个。但是,新加坡的衣若芬教授却通过详密的研究,确定苏轼的原文为"二道士"。主要根据是现存宋人乔仲常的《后赤壁赋图卷》(今保存在美国密苏里州堪萨斯城的纳尔逊·艾金斯博物馆),那里面非常清楚地画了两位道士。这当然说明,画家所根据的《后赤壁赋》文本就作"二道士"。看来,苏轼梦见的确实是两个道士,也许他只与两个道士中的一个对话,也许他认为"玄裳缟衣"(上下颜色不同)的"孤鹤"是两个道士合体所化。反正这是无法仔细揣摩的世界,或者说不能用我们的日常理智去认识的世界,所以不必认定"孤鹤"只能与"一道士"对应。如果苏轼有意创造扑朔迷离的氛围,那么从某种角度说,"二道士"反而是神来之笔。

这样说,当然有些认同于神秘的味道。不过我们也不必害怕神秘,在分析文学作品时,更不必回避诗人对神秘世界的感知,因为那经常是他超越常人的审美感知力的显示。在象征性地回顾平生之后,苏轼的心路历程并未停滞下来,而是向着另一途径伸展,从人间的幽昧之地,超向不可捉摸的世外之境,在迷离恍惚的幻觉中进行了一场人天(仙)对话,最后又复返人间。可以相信,他确实拥有了一番特殊的心理体验,正如他后来在《潮州韩文公庙碑》(《苏轼文集》卷十七)中所云:"幽则为鬼神,而明则复为人。"心神宁定,加上感知力的杰出,就能够穿行于两个世界之间。说到底,这是对于现实世界的各种因果关系的超越，心理上从这个世界脱离出去，于是万缘都息之后，一番深思飘浮于人天之际，空灵清澈，也正如《赤壁赋》所云："飘飘乎如遗世独立，羽化而登仙。"所以，前赋是关于超越的思辨，后赋则表现了超越的心境。

这样，如果我们确认《后赤壁赋》的主旨还是超越，则可以就此把握全篇。后半篇的神秘世界固然是超越的心理体验，前面的历险记则是走向超越之旅，而开篇絮絮叨叨写回家，写客人提供了鱼，写妻子准备了酒，诸如此类便是有意铺垫的"日常性"。除了赠内、祝寿、悼亡等特殊的题材，传统士大夫的作品里很少会出现他的"妇"，因为"妇"跟他营造的诗文艺术没有多少关系，宁可出现歌姬、侍妾之流，也不出现"妇"。《后赤壁赋》可以算比较稀见地出现了"妇"的著名作品。"妇"在这里的功能就是对日常性的提示，她的出现表明这里是日常世界。这个日常世界是《后赤壁赋》的起点，由此出发，经过夜游赤壁，心路历险，要向神秘世界超越。

"我欲乘风归去，又恐琼楼玉宇，高处不胜寒"（《水调歌头·丙辰中秋，欢饮达旦，大醉，作此篇，兼怀子由》，《东坡乐府笺》卷一），曾经把飘向天上神仙世界表述为"归去"的苏轼，是相信自己为"谪仙"的。"谪仙"就是因为天资特别好，人们相信他本来是神仙，不知什么原因而被贬落在人间。这样的"谪仙"苏轼，偶尔感觉自己"羽化而登仙"，倒也不甚奇怪。因为尘世间确实有许多令他难耐之处，他一定需要来自另一个世界的抚慰。实际上，超越尘世的想望，在历代诗人身上，多少都会有所体现，但苏轼的特点是，他并不因此就厌离尘世。他当然不会再计较自己在这个世界的得失祸福，却也不会便"乘风归去",他将以超越的心态,继续游戏人间。《后赤壁赋》中略露端倪的神秘世界,是"谪仙"赠送给人类的礼物。

五、诗可以怨

东坡黄州时期的作品中,除了《赤壁赋》外,他经常自书送人的还有一首海棠诗。这海棠据说是蜀中的名产,但唐代大诗人杜甫在蜀甚久,却没写过海棠,自宋代起就成为诗评家反复提到的一件憾事。东坡是蜀人,对于海棠有特别的情怀,而在黄州贬谪流落之地,突见家乡的名花,便不禁感慨万千,作七言长诗一首:

> 江城地瘴蕃草木,只有名花苦幽独。嫣然一笑竹篱间,桃李漫山总粗俗。也知造物有深意,故遣佳人在空谷。自然富贵出天姿,不待金盘荐华屋。朱唇得酒晕生脸,翠袖卷纱红映肉。林深雾暗晓光迟,日暖风轻春睡足。雨中有泪亦凄怆,月下无人更清淑。先生食饱无一事,散步逍遥自扪腹。不问人家与僧舍,拄杖敲门看修竹。忽逢绝艳照衰朽,叹息无言揩病目。陋邦何处得此花,无乃好事移西蜀?寸根千里不易致,衔子飞来定鸿鹄。天涯流落俱可念,为饮一樽歌此曲。明朝酒醒还独来,雪落纷纷那忍触。(苏轼《寓居定惠院之东,杂花满山,有海棠一株,土人不知贵也》,《苏轼诗集》卷二十)

此诗作于元丰三年（1080）东坡初到黄州时，当时他的家属还未到，他独自寓居在定惠院僧舍。据宋代诗话记载："东坡作此诗……平生喜为人写，盖人间刊石者，自有五六本，云轼平生得意诗也。"（魏庆之《诗人玉屑》卷十七，又见《王直方诗话》《古今诗话》）清人查慎行对此诗的评论是"千古绝作"（《初白庵诗评》卷中）。

全诗可以分为两部分，开头至"月下无人更清淑"，是以拟人的手法，把海棠比作一位天生丽质、高贵清淑、独拔流俗的佳人来描写；"先生"以下则是作者触景生情，对花抒怀，与花同病相怜，充满同根西蜀、流落陋邦的飘零之感，结尾处预料海棠凋谢之景，尤令人黯然神伤。

不过，细味此诗，也不仅是自怜飘零而已。诗的情调虽然幽咽，笔势却颇为纵放，直抒怀抱的句子不多，但由于诗里已明示抒情主人公与海棠为同病相怜，所以全诗对海棠的着力刻画，也等于委曲诉其衷肠。作者写海棠之美可谓不遗余力，这样美的海棠却被造物主安排在"空谷"，当粗俗的草木桃李漫山生荣时，只有她却苦于"幽独"。不过她的美是不能掩却的，"竹篱间"的"嫣然一笑"，自出天姿，不待华屋金盘来衬映。这"陋邦"本不配有此名花，乃是从西蜀移来，西蜀远在千里之外，致之不易，本当珍惜，如今却任其天涯流落！如果说这海棠是作者的自喻，那么，草木桃李当指目前进用于朝廷者，则所谓瘴地、陋邦当指朝廷，而"造物"便分明指皇帝。诗里说，海棠的境遇出于造物的"深意"，这"深意"二字确实具有深意，值得仔细体会。子曰："诗可以怨。"回味此诗，可谓句句是"怨"。

作为诗歌的基本功能之一，"诗可以怨"是受到孔子肯定的，从最正统、最狭隘的意识形态来说也是没有问题的。尽管刚刚遭受过"乌台诗案"，尽管朋友们多善意地提示苏轼不要再随便作诗，尽管他本人也时而表示要慎言避祸，但实际上他心里不可能认同把"怨"驱逐出诗歌的主张。正如陈师道指出的，"苏诗初学刘禹锡，故多怨刺"（《后山诗话》），这是从初学的时代起就根深蒂固存在的写作习惯，情动于中，不能自已，即便有意要克制，也是不容易的，更何况"诗可以怨"是个非常基本的儒家诗学观念，作为诗人的苏轼不可能放弃这一正当的表达权利。从他经常把这首海棠诗抄送朋友，就可以看出他并不害怕自己心里的"怨"被人所知。

对于"以诗为词"的苏轼来说，"诗可以怨"，词也一样。在写作海棠诗的前后，苏轼还有一首词《卜算子·黄州定惠院寓居作》（《东坡乐府笺》卷二），我们在第一讲中已经读过，这里不妨从"怨"的角度，再次体会：

> 缺月挂疏桐，漏断人初静。谁见幽人独往来？缥缈孤鸿影。
>
> 惊起却回头，有恨无人省。拣尽寒枝不肯栖，寂寞沙洲冷。

词中有"幽人"和"孤鸿"两个形象，但正如海棠诗中的"先生"和"名花"一样，两个形象是一而二、二而一的，都是作者的自况。这孤鸿在深夜里惊起回首，一肚子的心事幽怨，无人可以理解；拣尽寒枝，都不肯随意栖身，结果独宿沙洲，甘守寂寞。谪居中的苏轼愁闷孤独而又心怀清高，于此可见。词境清空逸绝，语短而思长，达到了精妙的艺术境界，而所谓"有恨无人省"，分明也就是"怨"。

值得注意的是"拣尽寒枝不肯栖"所表现出的主体自觉抉择的态度，比海棠诗中"散步逍遥自扪腹"的"先生"更多一份自我肯定。应该说，"怨"的本身便包含着自我肯定，对自己生存价值的坚信不疑，故虽情动于中，而心志不乱。苏轼寓居定惠院的时候，因家人尚未到达黄州，独自钻研《周易》，完成了《东坡易传》的初稿，此书卷七有云：

> 众人之志，不出于饮食男女之间，与凡养生之资，其资厚者其气强，其资约者其气微，故气胜志而为魄。圣贤则不然，以志一气，清明在躬，志气如神，虽禄之以天下，穷至于匹夫，无所损益也，故志胜气而为魂。

"志"和"气"对举，是孟子的说法，所谓"以志帅气"，大约是要以理智支配情感的意思。苏轼此说也强调了"志"，他说一个人要"清明在躬，志气如神"，永远保持理智的清醒，保持正确看待事物、看待人生的理性风范，从而不会做出违背自我的选择。

"怨"，当然说明主体处在逆境之中，但在逆境中要真正保持自我肯定，确实需要心志不乱。对于人生的逆境，做到意志上"不屈服"并不是最困难的，更难的是处于逆境而仍能"清明在躬"，具有正确的认识能力。这是因为，处在逆境中的人，除自伤其处境凄凉外，还会因怨愤不平，而使情思、行为失去控制，非唯戕害身体，而且心志紊乱，容易产生偏见。如果一个人经常陷入偏见，即便意志再坚强，也等于已经被逆境所击败。所以，司马迁说过："小雅怨诽而不乱。"即便有怨愤之情，也不能让它紊乱心神。只有心神平定宁静，不受搅乱，才是真正战胜逆境。黄州时期的苏轼，就做到了怨而不乱。一方面，他不会放弃"诗可以怨"的表达权，另一方面，他在逆境中寻求到更为广阔的心灵空间，回顾自己的经历，他将写出"也无风雨也无晴"的人间绝唱。

六、也无风雨也无晴

从文艺创作的角度来说，元丰五年（1082）对于苏东坡来说是丰收的一年，除了两篇《赤壁赋》外，此年正月二十日与友人出郊寻春，写出了"人似秋鸿来有信，事如春梦了无痕"的名句，我们也在第一讲中读过；至三月初，寒食节，他自书寒食诗二首，成为流传千古的书法名帖《黄州寒食诗帖》；过了几天，三月七日，他又因为出游黄州城外，淋了一场雨，而写作了几乎家喻户晓的名作《定风波》：

> 三月七日，沙湖道中遇雨，雨具先去，同行皆狼狈，余独不觉。已而遂晴，故作此。

> 莫听穿林打叶声，何妨吟啸且徐行。竹杖芒鞋轻胜马，谁怕？一蓑烟雨任平生。
> 料峭春风吹酒醒，微冷，山头斜照却相迎。回首向来萧

瑟处，归去，也无风雨也无晴。

（苏轼《定风波》，《东坡乐府笺》卷二）

　　这首词的前面有一段小序，说明了写作的原委。从词的文本的发展历史来说，苏轼这样的做法也颇具意义，很可能是"以诗为词"的一项最有价值的成果。在苏轼以前，填词大抵没有题目，只标一个词牌，即乐曲名，接下来就是词的正文了。但从苏轼的词集《东坡乐府》始，词牌与正文之间，还有一行字，长短不同。现在，我们把较短的叫作词题，较长的则称为词序。词题如《江城子·密州出猎》《江城子·乙卯正月二十日夜记梦》《水调歌头·丙辰中秋，欢饮达旦，大醉，作此篇，兼怀子由》等；词序如《定风波》前面的这一段，更长的还有《哨遍》（为米折腰）、《洞仙歌》（冰肌玉骨）、《水调歌头》（昵昵儿女语）等篇的序。可以说，大量地制作词题、词序，是苏轼对词的文本发展史做出的一个贡献。

　　现代对于作品文本的研究中，正文之外的附带部分，我们叫作"副文本"，如序跋、夹注，等等，它们的作用在于限定作品的意义指向。具体就这首《定风波》来说，小序的存在，交代了确定的写作场合，对于抒情性的作品而言，就凸显了抒情者的个体情景，从而加强了个性化的程度。从观念上说，这是对"作者权"的强调，表明何时何地何种情境下，由何人创造了这个作品。换句话说，题序可以被视为作者的一个声明："这个作品是我的。"所以，苏轼制作题序的意义在于，他开始把词当作自己要负责的一个作品，与诗一样。而在此之前，人们只习惯把诗文当作自己的作品，词只是临时填写了交付歌女去唱的，唱过就算了，不视为作品。

另外，小序中所说"雨具先去"（携带雨具的人先走了一步），还可以帮助我们确定正文中"一蓑烟雨任平生"的句义。如果我们将"一蓑"理解为一件蓑衣，那就跟"雨具先去"相矛盾了，而且既有蓑衣，则苏轼没有淋上雨，"雨"和"晴"的问题就没有那么突出。结合小序来解读，苏轼应该是被雨淋了，但在"同行皆狼狈"时，他却穿着芒鞋，拄着竹杖，在风雨中吟啸徐行，直到雨过天晴。所以这个"一蓑"不是一件蓑衣，这个"蓑"是个特殊的量词，表示一件蓑衣足以抵挡的雨量，也就是不太大的春雨。东坡词中与此相似的量词，还有《如梦令》（为向东坡传语）中"江上一犁春雨"（《东坡乐府笺》卷三）的"犁"，这"一犁"表示恰宜犁地春耕的合适雨量。我们现在对于雨量的表述是"几毫米"，古人没有这么科学的表述法，他们用"一蓑""一犁"之类，比较模糊，却也形象，这一点值得注意。

"吟啸"意谓吟着诗词，吹着口哨，"徐行"就是慢慢地走，这就跟小序中"皆狼狈"的同行之人形成了对照，似乎苏轼有意要体会淋雨前行的感受。这看起来不是年近五十的人该做的事，但"一蓑烟雨任平生"的"平生"二字把这一行为的意义拓宽了，它表明了一种象征性地看待"雨"的态度：平生经惯风雨，任其自然，有何可怕？这样一来，"雨"的意指不局限于自然现象了，后面的雨过天晴当然也是如此。

文学作品中的"雨"在自然现象之外别有寓意，这一点都不稀见。不过既然是讲苏轼，我们还得关注一下他个人在这方面的表达习惯。他似乎比较喜欢从变化的角度去写，雨过天晴，或者初晴后雨。举两个大家可能都熟悉的例子：

> 黑云翻墨未遮山，白雨跳珠乱入船。卷地风来忽吹散，
> 望湖楼下水如天。（苏轼《六月二十七日望湖楼醉书五绝》
> 之一，《苏轼诗集》卷七）

此诗作于熙宁五年（1072），杭州。望湖楼在西湖边，是五代时吴越王钱氏所建。诗中写的是夏日江南常有的短暂暴雨，随云起而来，随风吹而散。来时势如奔马，黑云尚未遮断山际，豆大的雨点已经阵阵打向湖面。雨点之大使人望之而觉其为白色，雨点之重使之从湖面又反弹起来，但反弹起来的水珠却又如此轻盈，犹如蹦跳的明珠纷纷撒落游船之上。然后又是一阵急风卷地而来，却将暴雨吹散。雨过天晴，涨起的水面恢复了平静，倒映着一片蓝天。雨后的天无云，风过的水无澜，水天一色，清清爽爽。

这只是一场暴雨的始末，读者也可以把它理解为人生经历风雨的写照，不过诗里没有这样的提示。但下面这一例却有明确的提示，与上一例雨过天晴相反，这一例是写初晴后雨：

> 朝曦迎客艳重冈，晚雨留人入醉乡。此意自佳君不会，
> 一杯当属水仙王。

> 水光潋滟晴方好，山色空濛雨亦奇。若把西湖比西子，
> 淡妆浓抹总相宜。

> （苏轼《饮湖上初晴后雨二首》，《苏轼诗集》卷九）

这是两首七绝，亦作于杭州，时在熙宁六年（1073）。两首本来是一气呵成的，但后一首传为千古名作，前一首不大被人提起。其实我们若要完整地理解诗意，应该两首一起读的。正如题目中所说，这次写的是"初晴后雨"，苏轼想表达的就是对于这种天气变化的感受和思考。在大好的晴天，兴致勃勃跑到西湖边去饮酒赏景，却不料下起雨来。或许很多人会觉得扫兴，而苏轼却说"此意自佳"。他想告诉人们：晴天固然不错，雨天也有好处。就眼前的西湖来说，晴光照水和雨雾迷蒙各是一番胜景，犹如美女或浓妆、或淡妆，只要是美女就"总相宜"。所以，遇到变化不要惊慌，也不必感觉扫兴，因为另一种胜景正等着你去欣赏。

毫无疑问，苏轼的诗意决不停留在西湖的晴雨两景，你可以读出一个诗人对于变化的心领神会。自然的变化、社会的变化、人生遭遇的变化，如果你面对变化而懂得说"此意自佳"，那么你才是理解了这两首诗。不过苏轼也说，知音难遇，旁人大多惊慌失措，当时的他举起酒杯，只好敬给水仙王。这水仙王应该是个神像，但据《咸淳临安志》所录南宋袁韶重建水仙王庙的记文，苏轼所见的原庙早已不存，时人也早不知水仙王为何种神灵。后来有一个注释苏诗的人，为此苦恼，苦恼得夜里梦见了苏轼，去问他什么是水仙王，却也没有得到答案。当代有的学者考证那是伍子胥，我没有能力判断其对错。

以上两个例子可以说明苏轼善于从晴雨变化的角度去捕捉灵感，这应该不是很偶然地来访的灵感，这是因为他总是在反省、思考人生遭遇的变化，所以自然的晴雨变化会引动他的此类诗兴。不过，若与写于杭州的这两例相比，写于黄州的《定风波》虽也写雨过天晴，但有所不同。在杭州的两例中，下雨的时候主人公在望湖楼上或者水仙庙里，他只是观赏，而《定风波》中的主人公却是冒着雨，在雨中亲身体验，直到雨停了，还感到"微冷"，然后看夕阳洒满山头，才兴尽归去。从观赏转为体验，肯定是苏轼有意给自己创造的一个机会，否则他一个贬居的人，并无什么公务催逼，明明也可以等一下再走，何必冒雨前行？

然而体验是重要的。书写变化是苏轼许多诗词的长处，但多数还是观赏、捕捉，而亲身经历、体验，则为《定风波》所独到。正因为有了体验，才会有词末的"回首"。你没有亲身去融入世界，经历变化，怎么能叫"回首"？"萧瑟"是草木在风雨中摇曳之声，这里就指经历风雨。在归去之时，苏轼回首前尘，经历的风雨犹如梦幻，雨也罢，晴也罢，都随着时间飘然远去，于我心无所挂碍，"也无风雨也无晴"。

一曲《定风波》，这真是人间的绝唱。并不是因为熬过了风雨而骄傲，也不仅是对风雨安之若素，而是一笔勾销，并无风雨。比之当年的晴、雨两佳，这次更为明净透彻。不管外在的境遇如何变幻，都如云烟过眼，明净透彻的心灵不会被外物所困折，因为无所计较，故而所向无敌。这不是一种虚无主义，而是明白宇宙与人生的真谛后，对身世利害的断然超越。如此才可以"见义勇于敢为，而不顾其害"（苏辙《亡兄子瞻端明墓志铭》，《栾城后集》卷二十二），摆脱一切的牵绊，去实现自己的生存价值。否则任何纤芥细故都能挠乱心志，遍作计较，被环环相扣、重重无尽的世俗因果所捕获，心灵随波逐流，往而不复，必将遭受沉没，不可救药。

明白此理的东坡居士，就这样走在他的人生路上，这一天他穿过了风雨，迎来了斜阳，但在他的心中，其实无所谓风雨和斜阳，这才叫"吟啸徐行"。

第五讲

庐山访禅

　　苏轼于元丰七年（1084）四月离开贬地黄州，按宋神宗的旨意，改为汝州"安置"，是要改住到汝州去。不过黄州与汝州虽然都是"安置"，但在性质上已有不同，住在黄州是接受惩罚的一种方式，是贬居，改住汝州则是重新起用前的一种过渡，是闲居。反正是闲居，所以苏轼用不着急迫前往，他不走陆路，选择了一条迂曲漫长的水路：沿着长江乘舟东行，入大运河，转到淮河西行，再转汴河，兜一个大圈子。非但如此，在长江上他也没有一直东下，舟至江西，他又改骑骡子，岔道南行，赴筠州（今江西高安），回程上庐山，然后再沿江东行。这是因为他告别黄州，获得一个"闲"身后要做的第一件事，是到筠州去看苏辙。

　　二苏在筠州的会合，曾给筠州新昌县留下一个古迹，叫作"来苏渡"。《江西通志》卷三十四记了这个"来苏渡"，有注云："宋苏辙谪筠，因兄轼过此，同访刘平伯，唤渡此地。因作唤渡亭，手书三字。今石址犹存，秋冬水涸则见，在金沙台下。"此书卷一百三十三还抄录了明代地方官陶履中的《来苏古渡记》：

> 海内之以"来苏"名其地者，实不一处。盖以眉山兄弟频罹迁谪，凡僻瘠遐荒之乡，足迹几遍也。嗟乎！当日之忌之者，惟恐其逐之不远，而后人之慕之者，惟恐其招之不来，不大可感哉！且在他处，每得其一先生见过，即诧为不朽胜迹，独此盈盈一水之滨，能并邀其兄弟，邂逅天涯，埙倡篪和。是日也，似罄眉州之所有，移而之筠州矣。江有嘉客，蜀无居人，山灵幸之，况人群乎？及读其自黄寄筠赓答数韵，则尤喜小苏以东轩长老，坐致雪堂师兄也。九京可作，余将转而质之坡公，公能不哑然作篔筜诗酬我，且以粥饭主人属清贫太守乎？因记以俟千秋之问津者。

陶履中这个地方官，恨不与二苏同时，其情可感。而且他指出了苏氏兄弟筠州之会与禅门的一层因缘。喜欢参禅的苏辙自号"东轩长老"，而"雪堂师兄"便指苏轼。他们当然是亲兄弟，但从禅门因缘来说，苏辙嗣法于上蓝顺（1009—1093）禅师，苏轼嗣法于东林常总（1025—1091）禅师，而常总与顺禅师都是黄龙慧南（1002—1069）的弟子，所以二苏又是师兄弟。

苏辙成为顺禅师的法嗣，《五灯会元》卷十八记录了悟道的因缘，是他呈顺禅师的一首诗《景福顺老夜坐道古人搐鼻语》：

中年闻道觉前非，邂逅仍逢老顺师。搐鼻径参真面目，掉头不受别钳锤。枯藤破衲公何事，白酒青盐我是谁？惭愧东轩残月上，一杯甘露滑如饴。

此诗见《栾城集》卷十三，作于元丰七年苏轼至筠州前。他自谓参得了"真面目"，又表示不必再接受别的禅师"钳锤"，确实是自认为顺老的法嗣了。相比之下，"雪堂师兄"成为东林常总的法嗣，其实要稍晚一些，《五灯会元》卷十七也记了悟道的因缘，是苏轼的《赠东林总长老》诗（《苏轼诗集》卷二十三），写在他告别苏辙，离开筠州而上庐山访禅的时候。

那么，苏轼筠州访弟，与庐山访禅，不但在行程上是连续的，在思想上也是连续的。因为筠州访弟，他获知苏辙已经参得了"真面目"，然后庐山访禅时，他才会为自己"不识庐山真面目"（《题西林壁》，《苏轼诗集》卷二十三）而感到焦虑，最后走入东林寺常总禅师的门下，经常总点拨而悟道。

在禅宗史上，上蓝顺禅师和东林常总禅师的老师黄龙慧南，乃是临济宗黄龙派的开创者，二苏兄弟皆皈依黄龙派，对禅门来说也是一件大事。反过来，在禅思想的发展脉络中认识苏轼思想的这个侧面，也是一个重要的研究课题。在这一讲中，我们先大致了解一下苏轼与佛、道二教的关系，然后详考其庐山访禅的经过，解读有关的文本。

一、苏轼与佛、道

苏轼的思想，从结果来看，可以说贯通儒、释、道而自成一家，与宋代中国的整体思想环境获得相当高度的一致性。但这个面貌的形成有个过程，比较早的表述见于苏辙的笔下：

> 公之于文，得之于天，少与辙皆师先君。初好贾谊、陆贽书，论古今治乱，不为空言。既而读《庄子》，喟然叹息曰："吾昔有见于中，口未能言，今见《庄子》，得吾心矣。"……后读释氏书，深悟实相，参之孔、老，博辩无碍，浩然不见其涯也。(《亡兄子瞻端明墓志铭》，《栾城后集》卷二十二)

那个时代一般的读书人都以儒家经史为基础教养，苏轼也不例外；后来不免要接触佛、道，则情形各异，有的人严厉拒斥"异教"，有的人却完全看破，皈依了佛、道，有的人暗受其影响而不肯明言，也有的像苏轼那样，明确主张贯通三教。按苏辙的回忆，苏轼接触道家较早，受《庄子》影响甚深，然后再"读释氏书"，获得三教融会。

在现代人梳理的中国思想史中，道家和道教是要区别开来的，不过道家的《老子》《庄子》也确实成为道教赖以阐发教义的基础文本，所以古人有时候不加区分。按苏轼自述，"吾八岁入小学，以道士张易简为师"(《陈太初尸解》，《苏轼文集》卷七十二)，看来他接触道教确实是更早的。初入仕途后，在凤翔签判任上，他曾去终南县上清太平官，写有《读道藏》诗

（《苏轼诗集》卷四）。他的身边经常有道士陪伴，《赤壁赋》中的"客"就是道士杨世昌。对于《庄子》的思想，苏轼浸润实深，他的著作中，除《易传》《书传》等儒家经典的注释外，还有一部《广成子解》，原曾单行，现收入《苏轼文集》卷六。这是对《庄子·在宥》中黄帝问道于广成子一段的注释，虽然很简短，但反映出苏轼对道家思想的理解。当然，现存的最集中表达苏氏老庄之学的书，是苏辙的《老子解》，苏轼为之题跋云：

> 昨日子由寄《老子新解》，读之不尽卷，废卷而叹。使战国时有此书，则无商鞅、韩非；使汉初有此书，则孔老为一；晋宋间有此书，则佛、老不为二，不意老年见此奇特。（《跋子由老子解后》，《苏轼文集》卷六十六）

这段跋文非常鲜明地主张融会三教，来对付共同的敌人，即法家思想。这当然因为他们把王安石的"新法"认作申韩之术。

三苏"蜀学"在哲学方面的成就，大概主要体现在《东坡易传》。这当然是儒家经典的一部注解，但前人对此书，早有"以老庄解《易》"的评论。确实，此书所用的许多概念，如"大全""无心""静""虚"之类，多来自《庄子》。总体上，苏轼论天道，论人性，基本都倾向"自然"，与道家、道教哲学比较一致。说苏轼是一个道家、道教色彩很浓厚的思想家，大致是不错的。当然，在《赤壁赋》中我们已经看到，他也用"声""色""无尽藏"等佛教哲学的名词去跟杨道士对话。

实际上，任何一个传统读书人，一旦有了"读释氏书"的经历，都会马上意识到这是一个比儒家、道家远为丰富的哲学思想资源。不过，在他们熟悉、掌握足够多的佛学概念，有能力使用佛学概念对一些重要的思想问题表述其见解时，往往在此前已经使用儒、道的概念完成了对这些见解的表述。一般情况下他们不会再使用佛学概念重新加以完整的表述，而只是零碎地发表一些印证性的体会。苏轼的情况也大致如此，他留下的关于天道、人性等基本哲学问题的论述性文字中，很少能看到佛学的影响，使用的概念多数来自儒、道之书，但我们若按照编年的顺序去读他的诗词、散文，则不难发现佛教的影响越来越明显。

苏轼比较大量地"读释氏书"，可能比较晚，但宋代最具影响力的佛教宗派——禅宗，其实并不在指导士人研读佛经上下功夫，禅师们主要通过人际交往，包含了世俗化的谈论，乃至诗歌唱和等容易为士人所接受的日常交流的办法，去影响士人。而苏轼接触禅师，其实也并不太晚，就我目前能够掌握的资料来看，其最初结识的著名禅师可能是大觉怀琏（1009—1091）。怀琏字器之，曾受宋仁宗礼遇，住持东京净因禅院，晚年归老于明州（今浙江宁波）阿育王山广利寺，惠洪《禅林僧宝传》卷十八有其详传[1]。《苏轼诗集》卷二《次韵水官诗》引

---

[1] 惠洪《禅林僧宝传》卷十八《大觉琏禅师》，《续藏经》本。此传记怀琏卒年"八十二"，但《苏轼文集》卷十七《宸奎阁碑》记其年"八十有三"，卷七十一《跋太虚辩才庐山题名》又谓"太虚今年三十六，参寥四十二，某四十九，辩才七十四，（大觉）禅师七十六矣"，可证怀琏长苏轼二十七岁，当与苏洵同龄，生于1009年。但《苏轼文集》卷六十一《与通长老九首》之七又云："大觉正月一日迁化，必已闻之。"可见怀琏逝世的准确日期是元祐六年（1091）正月一日，可能惠洪记成了元祐五年，因为他在元祐六年的第一天就离世了。

云:"净因大觉琏师,以阎立本画水官遗编礼公。公既报之以诗,谓轼,汝亦作,轼顿首再拜次韵,仍录二诗为一卷献之。"此事应在嘉祐六年(1061),"编礼公"就是苏洵,"大觉"是怀琏的赐号。可见怀琏是苏洵的老朋友。《禅林僧宝传》的《大觉琏禅师传》说:"去游庐山圆通,又掌书记于讷禅师所。皇祐二年(1050)正月,有诏住京师十方净因禅院。"可见怀琏赴京之前,曾在庐山圆通寺担任书记(书记是住持的副手,掌管寺院与外界的文书往来)。庆历七年(1047),苏洵曾至庐山,与圆通居讷(云门宗禅僧,就是上面引文中的"讷禅师")、景福顺长老(就是苏辙后来嗣法的黄龙派顺禅师)交往,可能那时候也认识了怀琏。苏轼跟怀琏的结交,自是对苏洵的社会关系的继承。

《苏轼文集》的卷六十一,集中了苏轼写给僧人的几乎所有尺牍,是我们考察他跟僧人交游的最好资料。其中就有《与大觉禅师三首》,都是写给怀琏的。第一首写于熙宁年间苏轼任杭州通判时,主要内容是苏轼要将亡父苏洵生前珍爱的"禅月罗汉"即贯休所画罗汉像施舍给怀琏所在阿育王寺。第二、三首是元祐年间苏轼任杭州知州时所作,提到他们已经"奉别二十五年",此时怀琏在阿育王寺造了一个"宸奎阁",要苏轼写一篇《宸奎阁碑》,苏轼把刚刚撰成的初稿录示怀琏,同时向怀琏征求资料,以备修改。这个《宸奎阁碑》见《苏轼文集》卷十七,日本宫内厅书陵部今存苏轼亲书《宸奎阁碑》的宋拓本[1],署明时间是"元祐六年正月",而怀琏于该月初一已去世。

---

1 这个宋拓本原藏京都东福寺,为入宋僧圆尔辨圆携归之物,甚可靠。影印于《书道全集》第十五卷,平凡社1954年版。

看来，怀琏及见乃苏轼录示的初稿，但定稿上石已在怀琏身后。

怀琏是苏洵的同龄人、老朋友，苏轼对他敬如父执。颇为凑巧的是，怀琏的弟子径山维琳（1036—1119），正好也跟苏轼同龄，很可能由于怀琏的推荐，苏轼借担任杭州地方官之便，聘请维琳出山，到径山做住持。《苏轼文集》卷六十一有《与径山维琳二首》，应该是苏轼一生所写尺牍的最后两首，作于建中靖国元年（1101），他临终的前夕。《苏轼诗集》中全部编年诗的最后一首，卷四十五《答径山琳长老》，也是写给维琳的。习惯上，一个人去世的时候，身边要有个宗教人士陪伴，助他解脱对于死亡的恐惧。维琳就是苏轼命终之际陪伴身边的守护僧，他们的关系自然非同一般。

怀琏弟子中还有一位跟苏轼关系密切的禅僧，就是参寥子道潜（1043—？）。这一位可以说是跟"苏门四学士"或"苏门六君子"同样重要的"苏门"诗人，历代诗评家多认为他是写诗写得最好的和尚。我们在禅宗的各种灯录里找不到有关其师承法系的记载，但陈师道《后山居士文集》卷十一（上海古籍出版社1984年版）有一篇《送参寥序》，写明"妙总师参寥，大觉老之嗣"，可知参寥子与径山维琳同门，亦是怀琏的弟子。大概怀琏的门风跟苏轼非常对路。虽然道潜初见苏轼是在元丰元年（1078）秋，当时苏轼已在徐州知州任上，但两人可谓一见如故，关系骤至亲密，其中也可能有苏轼对怀琏的感情在起作用。跟杨世昌道士一样，当苏轼贬居黄州时，道潜也专程前往黄州陪伴；后来苏轼贬惠州、儋州，道潜也准备浮海前往，被苏轼以年高劝阻，道潜遂改派弟子去惠州探望。《苏轼文集》卷六十一有《与参寥二十一首》，尺牍甚多，最早的作于苏轼任徐州知州时，即道潜初访苏轼，离别之后。另外极大部分作于绍圣年间，苏轼南赴惠州及贬居惠州时期，最后一首作于建中靖国元年苏轼临终前不久。

从宗派上说，怀琏、维琳、道潜都是属于云门宗的禅师。禅宗有所谓"一花开五叶"之说，唐后期已出现沩仰宗、临济宗、曹洞宗，五代时期产生了云门宗和法眼宗。到了北宋，沩仰、法眼二宗逐渐消失，曹洞宗作风内敛，声势不大，跟士大夫交往甚多的主要是云门、临济二宗的僧人。苏轼跟禅门的接触，因为是从怀琏开始，逐渐扩大的，所以交往最多的就是云门宗僧人。这个宗派里还有一位跟他关系极为密切的，就是后来在小说中也经常出现的佛印了元（1032—1098）。这位禅师实际上比苏轼年长，在当时的宗教界享有很高的知名度，现存有关他的传记资料也颇为丰富。《禅林僧宝传》卷二十九《云居佛印元禅师传》云：

> 已而又谒圆通讷禅师，讷惊其翰墨，曰："骨格已似雪窦，后来之俊也。"时书记怀琏方应诏而西，讷以元嗣琏之职。

据此，佛印以"翰墨"即高超的写作能力享誉禅林，他年轻时曾受圆通居讷（1010—1071）之赏识，且在皇祐二年（1050）怀琏应诏进京后，继怀琏任庐山圆通寺书记，此时他还不到二十岁。由此看来，苏轼与佛印的交往，也可能始于怀琏的介绍。至少，苏洵与居讷、怀琏等僧人的友谊，使苏轼对庐山僧人感到亲切。《苏轼文集》卷六十一有《与佛印十二首》，从中可以知道他们的交往始于元丰五年（1082），当时苏轼贬居黄州，而佛印住持庐山的归宗寺，《苏轼文集》卷六十四的《怪石供》一文，也是此时为佛印而作。后来苏轼离开黄州，到庐山访禅，可能跟佛印的邀请有一定的关系。但苏轼至庐山时，佛印却又离开了，他转移到镇江的金山寺去当住持，苏轼继续东行，造访金山寺，才第一次见到他。此后，他们的友谊维持了终生。

　　相对而言，与苏轼密切交往的临济宗禅僧，似乎并不多。《苏轼文集》卷六十一有《与清隐老师二首》，这一位清隐惟湜禅师，可能值得一提。苏辙《栾城集》卷十三《题都昌清隐禅院》末云："谁道溪岩许深处，一番行草识元昆。"原注："长老惟湜，曾识子瞻于净因，有简刻石。"可见苏轼与惟湜初识，是在熙宁间京师的净因禅院。《五灯会元》卷十二列清隐惟湜为临济宗高僧浮山法远（991—1067）之法嗣，而法远的另一法嗣净因道臻（1014—1093）正是净因禅院的住持，苏氏兄弟熙宁初在京时屡访禅院，与道臻交往较多，《苏轼文集》卷十一的《净因院画记》、卷二十二的《净因净照臻老真赞》，《栾城集》卷六的《赠净因臻长老》，皆为道臻而作。惟湜想必曾至京师访问同门道臻，故得与苏轼相识。至元丰七年（1084）苏辙作《题都昌清隐禅院》诗时，惟湜已为江南东路南康军都昌县清隐禅院的住持，苏辙好像亲眼看到惟湜把苏轼写给他的书信刻到石上了。此后，绍圣元年（1094）苏轼南迁，建中靖国元年（1101）北返，都经过江西虔州，而惟湜那时候又担任虔州崇庆禅院的住持，苏轼有多篇作品与其相关，如《苏轼文集》卷十二的《虔州崇庆禅院新经藏记》等。如此看来，二人的交往亦可谓保持终身。

至于苏轼在庐山依其指点而悟道并嗣法的东林常总，则属临济宗黄龙派。虽然他们只见过这一次面，但以常总为苏轼嗣法之师，却是南宋以来禅门的定论。不仅如此，按《五灯会元》《续传灯录》等书所排列的法系，常总的师兄弟上蓝顺、黄龙祖心、建隆昭庆，分别为苏辙、黄庭坚、秦观的嗣法之师，几乎整个"苏门"都成为黄龙慧南的法孙。接下来黄庭坚门下的"江西诗派"，从人缘关系看，也差不多跟禅门的"黄龙派"相融合。因此，这不仅仅是常总与苏轼的关系问题，而不妨说是整个黄龙派禅僧与"苏门"士大夫的关系问题。

　　依诗歌与禅宗关系研究的一般思路，我们当然会把苏轼看作一个思想上深受禅宗影响的诗人，但这其实低估了他的禅悟境界，从而也低估了他在诗、禅高度融合方面所具有的象征意义。在禅门用来构建自身历史的"灯录"类书籍中，记载的除历代高僧外，也包括一部分像苏轼那样称为"居士"的士大夫，他们被排列到不同禅师的"法嗣"之中，厕身于所谓"传灯"的宗教谱系。毫无疑问，并非所有信奉禅宗或与之关系密切的士大夫都能进入这一谱系，即便是专以历代"居士"为记载对象的《居士分灯录》（《续藏经》本），按其序中所言，也只收入"妙臻圣解，默契禅宗"者，共七十二人。应该承认，编者在挑选收录对象时多少考虑了他们在俗世的成就、声望或者政治地位，但这毕竟不是首要的标准。一位士大夫作为某禅师的"法嗣"而进入"灯录"，其最直接的意味是：他已被承认为"妙臻圣解"，也就是对禅有所"悟"，其境界已与高僧相当；而且，因为禅林具有相当浓重的宗派观念，故该士大夫还应与其所嗣法禅师的其他法嗣一起，共同构成某一宗派，体现出此宗派在思想、行事上的风格特征，即所谓"宗风"。换句话说，他不是简单地受禅宗思想影响而已，还进一步以包含诗歌创作在内的诸多表达活动，参与了某一种"宗风"的构造，由此也很可能直接介入宗教事务。苏轼正属于这一类士大夫。

把苏轼列入灯录，作为临济宗黄龙派东林常总禅师的法嗣，始于南宋雷庵正受编《嘉泰普灯录》，此后的灯录也一概如此处理。我们前面已经说过，苏轼生前跟云门宗禅僧的交往更为频繁密切，而与常总只有一面之缘。但禅门确定"嗣法"关系时，主要不看交往密切与否，而关注当事人的某一次具有决定意义的恍然大"悟"之经验，如果这一次经验是由某位禅师启发而致，或者当事人的某种表达获得禅师之印可，则他便成为该禅师的"法嗣"。苏轼的这次大"悟"经验，被认为是在常总禅师的启发下，发生于庐山东林寺。所以即便身为云门宗禅僧的雷庵正受，也承认苏轼的"嗣法"之师是临济宗的东林常总。从这个角度说，苏轼的庐山之"悟"应该成为我们探寻其思想中的禅宗乃至佛学因素时最需重视的内容。

然而，思想家研究的通常模式，是搜集其遗留的文字，对这些文字明确地表达出来的思想加以总结分析，而苏轼本人对他的庐山之"悟"所悟到的内容并未留下集中的文字表述，故这一次大"悟"的经验并未引起苏轼研究者的足够重视。实际上，在与禅宗相关的研究领域，类似的情形屡见不鲜：即便在禅宗思想史一类的书籍中，被禅家视为关键的那种不可言说的瞬间"顿悟"，也经常只在叙述禅师生平的部分被提及，而对其思想的解析，则根据其他文字资料来进行。这也就是说，禅师生平中具有决定性的那一次大"悟"，只对他本人具有意义，对今天的研究者而言几乎没有意义。当然，因为资料方面的限制，很多情况下我们也确实难以了解他究竟"悟"到了什么，但苏轼的庐山之"悟"则稍有不同，只要我们加以重视，毕竟还有一些相关的资料可供探求。因为苏轼是个诗人，而且他的整个生命可以说都活在诗里，我相信他的"悟"也在诗里，利用文学研究中的文本细读之法，我们有可能透视到他所"悟"的内容。

二、元丰七年的庐山之行

关于苏轼元丰七年（1084）庐山之行的经过，目前有两份资料必须参考。一是孔凡礼先生的《苏轼年谱》，把行程都梳理出来了；二是早稻田大学内山精也教授的一篇论文《苏轼"庐山真面目"考》，是卓有成效的专项研究。[1]当然就我们这里所要考察的方面，即有关禅悟的内容来说，这两份资料也有不足之处。孔先生梳理苏轼行程之时，并不重视这一行程中涉及的禅僧，所述略有纰漏，我们对此要加以补正。内山先生的论文对我们会有很大的启发，他全面清理了苏轼在庐山的诗歌作品，加以贯穿解释，其中最重要的，就是"不识庐山真面目，只缘身在此山中"（《题西林壁》，《苏轼诗集》卷二十三）这一名句。通常，我们哲理性地阐说此句，句中的"庐山"可以被置换为

1　孔凡礼《苏轼年谱》中册第617—629页，中华书局1998年版；内山精也《苏轼"庐山真面目"考》，早稻田大学《中国诗文论丛》第15辑，1996年，中译本见氏著《传媒与真相——苏轼及其周围士大夫的文学》第293—329页，上海古籍出版社2005年版。

别的山，乃至所有事物。如此轻视"庐山"的特殊性，引起了内山先生的不满，也确实脱离了苏轼在庐山所作全部诗歌整体上显示的思想脉络。他指出庐山对于苏轼的两种意义：一是禅宗之山，一是诗人陶渊明之山。就苏轼研究来说，这一论述堪称卓见。但他显然更重视庐山作为诗人陶渊明之山的方面，对"庐山真面目"的禅宗含义相对轻视。所以我们为了探析苏轼的禅悟，需要换个角度，重新处理相关的资料。

自宋神宗元丰三年（1080）起，苏轼因"乌台诗案"而贬居黄州。同年，神宗下诏将庐山东林寺改为禅宗寺院，聘请常总禅师为开山住持。到元丰七年初，神宗亲出御批，让苏轼离开黄州，改居汝州，这才有了苏轼的庐山之行，而在此之前，即元丰六年，发生了常总禅师与神宗皇帝间的一次强烈对抗。为了将越来越发展迅猛的禅宗丛林收纳到朝廷所能控制的范围，神宗亲自策划，调整了开封大相国寺的结构，开辟出慧林、智海两个禅院，诏令禅宗高僧住持。慧林院请到了云门宗的宗本（1020—1099）禅师，智海院请的就是临济宗的常总禅师。很显然，这等于由朝廷来敕封宗教领袖，是禅宗发展史上的一件大事。原来兴盛于南方的云门宗，以宗本应诏晋京为标志，全面向北发展，以东京开封府为传播中心，盛况达至极点，宗本也成为禅宗史上"法嗣"最多的禅僧（《建中靖国续灯录》和《续传灯录》的目录，都列出慧林宗本的法嗣达二百人）。但其后果是，云门一宗几乎成为北宋政权的殉葬品，到南宋后法脉式微，乃至断绝。与此相反的是，起源于北方的临济宗，此时却大半南下，而常总禅师也选择了颇具危险性的拒诏之路，以情愿一死的态度坚却智海之聘，留居庐山东林寺。与北宋朝廷保持较远的距离，以大江南北为主要传播区域，现在看来极具先见之明，临济宗能够成为南宋最大的佛教宗派，实赖于此。当宗本在京师忙忙碌碌，为宫廷和显贵之家大做法事的时候，享有"僧中之龙"声誉的常总禅师则在庐山接待了苏轼，使这座中国的名山拥有了最具意义的一个历史时刻：当代第一诗人与"僧中之龙"的会面。我们不难看出，使会面可能的这些前因，为二人的精神契合提供了基础，而其结果则是诗人成为禅师的法嗣。世间一切皆有缘，前因后果总灿然。

按北宋的行政区划，庐山的北麓属江南东路的江州（今九江市），而南麓属江南西路的南康军（今庐山市）。据孔先生《苏轼年谱》所叙，苏轼于元丰七年四月离开黄州，沿江东下，二十四日夜宿庐山北麓的圆通寺。这就是他父亲苏洵早年来过的地方，《苏轼诗集》卷二十三有一诗，诗题很长，云《圆通禅院，先君旧游也。四月二十四日晚，至，宿焉。明日，先君忌日也。乃手写宝积献盖颂佛一偈，以赠长老仙公。仙公抚掌笑曰："昨夜梦宝盖飞下，着处辄出火，岂此祥乎！"乃作是诗。院有蜀僧宣，逮事讷长老，识先君云》。这一长题记述了当时的人事。检《建中靖国续灯录》卷十九有"庐山圆通可仙禅师"，当即苏轼所云"长老仙公"，而可仙正是东林常总的法嗣。

苏轼并未就此登览庐山，他转道南下，先去筠州探访苏辙。《苏轼年谱》引证他此时写给佛印了元禅师的尺牍，正好交代了这一行踪："见约游山，固所愿也，方迫往筠州，未即走见。还日如约。"（《与佛印十二首》之三，《苏轼文集》卷六十一）由于了元曾任庐山归宗寺住持，这里的"游山"被孔凡礼先生理解为游览庐山。这一点其实不能确定，据禅林笔记

《云卧纪谈》载："佛印禅师元丰五年九月，自庐山归宗赴金山之命。"可见了元已于两年前改任金山寺住持。上引的苏轼尺牍，在明刊《重编东坡先生外集》卷六十九也题为《与金山佛印禅师》。那么，了元约苏轼"游山"，指的应该是金山。当然指庐山的可能性也不是没有，但了元本人已不在庐山，是可以肯定的，《苏轼年谱》谓了元先向苏轼发出邀约，此后又陪同游山，是错误的。

因为"乌台诗案"的连累，苏辙贬官监筠州盐酒税，至此已过四年。《栾城集》卷十三有诗《次韵子瞻特来高安相别，先寄迟、适、远，却寄迈、迨、过、遜》，题中写到他们的七个子侄（苏遜不久夭折），首句是"老兄骑骡日百里"，可见苏轼访弟心切。他到了筠州后，有诗《端午游真如，迟、适、远从，子由在酒局》（《苏轼诗集》卷二十三），这是在五月上旬。筠州也是一个禅宗名刹集聚之地，在禅宗史上影响最大的要数洞山寺，唐代的良价禅师在这里开创了禅宗的重要宗派——曹洞宗。不过，北宋的筠州似乎已经没有曹洞宗僧人，《苏轼年谱》叙及二苏在筠州交往的禅僧中有真净克文（1025—1102）和圣寿省聪（1042—1096），后者属云门宗，是慧林宗本的法嗣，而前者与东林常总同为临济宗黄龙派创始者黄龙慧南的传人。据说，他们跟苏辙一起迎接苏轼的到来，还确认了苏轼的前世是云门宗的五祖师戒（？—1035）禅师，事载惠洪《禅林僧宝传》卷二十九《云居佛印元禅师传》：

> 东坡尝访弟子由于高安，将至之夕，子由与洞山真净文禅师、圣寿聪禅师连床夜语，三鼓矣，真净忽惊觉曰："偶

梦吾等谒五祖戒禅师。不思而梦，何祥耶？"子由撼聪公，
聪曰："吾方梦见戒禅师。"于是起，品坐笑曰："梦乃有同
者乎？"俄报东坡已至奉新，子由携两衲，候于城南建山寺。
有顷，东坡至，理梦事，问："戒公生何所？"曰："陕右。"
东坡曰："轼十余岁时，时梦身是僧，往来陕西。"又问："戒
状奚若？"曰："戒失一目。"东坡曰："先妣方娠，梦僧至门，
瘠而眇。"又问："戒终何所？"曰："高安大愚，今五十年。"
而东坡时年四十九。

　　被推定为东坡前世的这个五祖师戒，其实正好是大觉怀琏
的师祖，这些禅僧可能知道苏轼与怀琏关系密切。不过苏轼自
己好像也接受这一说法。后来，南宋初的大慧宗杲禅师自称是
东坡的后身，这样禅门把苏轼的前生后世都确认了去。在苏轼
离开筠州后不久，真净克文也离别筠州，去了江宁府（今江苏
南京）。他的江宁府之行，使晚年的王安石坚定了佛教信仰，还
把自己的住宅施舍给他，建立寺院，开堂说法。

　　从筠州返程的苏轼大约在五月中旬自南麓登上了庐山，陪
同他游山的并非佛印了元，而是另一个云门宗禅僧参寥子道潜。
我们现在可以确认，六月九日苏轼已在江州东北的湖口，写了
著名的《石钟山记》（《苏轼文集》卷十一），那么，估计他有半
个月以上的时间，尽情探访庐山的名胜。不过，他为这些名胜
题诗并不多，据其自述："余游庐山南北，得十五六奇胜，殆不
可胜纪，而懒不作诗，独择其尤佳者，作二首。"（《庐山二胜》
诗叙，《苏轼诗集》卷二十三）这二首是《开先漱玉亭》和《栖
贤三峡桥》，虽说是为了风景而作，想必也与开先寺、栖贤寺

的主僧请求有关。按苏辙《栾城集》卷二十五《闲禅师碑》有云："元丰七年，过庐山开先，见瑛禅师。"检《五灯会元》卷十七有开先行瑛禅师，乃东林常总法嗣，当即苏辙所见的"瑛禅师"。苏轼游庐山仅比苏辙略早数月，可推断其时的开先寺住持就是行瑛。这样，在见到常总本人前，苏轼已见过他的两位法嗣了（圆通可仙、开先行瑛）。苏辙元丰四年所作《庐山栖贤寺新修僧堂记》（《栾城集》卷二十三）提到了"长老智迁"，而《五灯会元》卷十六有栖贤智迁，乃云门宗天衣义怀（993—1064）之法嗣，应该就是此时的栖贤寺住持了。

在会见常总之前，苏轼还与另一位云门宗禅僧发生交涉，《苏轼诗集》卷二十三有诗题云《余过温泉，壁上有诗云：直待众生总无垢，我方清冷混常流。问人，云：长老可遵作。遵已退居圆通，亦作一绝》。检《五灯会元》卷十六有中际可遵禅师，乃雪窦重显（980—1052）之法孙，是一个略有诗名的禅僧。

综上所述，兹将苏轼筠州、庐山之行所涉云门宗禅僧的法系图示于下：

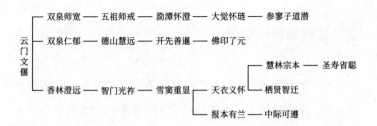

当然，可能更为重要的是苏轼与临济宗黄龙派禅师的关系，现据《五灯会元》所载，将苏辙、黄庭坚亦包括在内，与

上面涉及的该派禅僧一并图示于下：

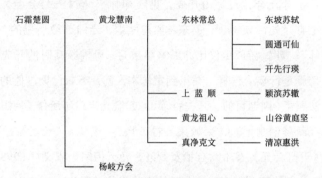

图中的黄龙慧南是黄龙派开创者，他的同门杨岐方会开创了杨岐派，乃南宋以后禅宗之主流，下文我们会谈及杨岐派对苏轼的批评。至于黄龙、杨岐的师尊石霜楚圆（986—1039），则与前辈文人杨亿（974—1020）相知，禅籍中记载杨亿与楚圆斗机锋，简直令人眼花缭乱。日本禅宗史上很有名的一休宗纯（1394—1481），因为不肯认可本国的禅僧，也自称直接嗣法于石霜楚圆，为其"东海儿孙"。

三、苏轼的庐山诗偈

对于元丰七年（1084）庐山之行所作诗歌，苏轼本人有一段自述，见于胡仔《苕溪渔隐丛话》前集卷三十九引录。这一段自述颇为重要，值得仔细解读：

> 仆初入庐山，山谷奇秀，平生所未见，殆应接不暇，遂

发意不欲作诗。已而山中僧俗，皆言"苏子瞻来矣"，不觉作一绝云："芒鞋青竹杖，自挂百钱游。可怪深山里，人人识故侯。"既自哂前言之谬，复作两绝句云："青山若无素，偃蹇不相亲。要识庐山面，他年是故人。"又云："自昔怀清赏，神游杳霭间。而今不是梦，真个在庐山。"是日有以陈令举《庐山记》见寄者，且行且读，见其中有云徐凝、李白之诗，不觉失笑。旋入开元寺，主僧求诗，因为作一绝云："帝遣银河一派垂，古来惟有谪仙词。飞流溅沫知多少，不与徐凝洗恶诗。"往来山南北十余日，以为胜绝，不可胜谈，择其尤者，莫如漱玉亭、三峡桥，故作二诗。最后与总老同游西林，又作一绝云："横看成岭侧成峰，远近高低各不同。不识庐山真面目，只缘身在此山中。"仆庐山之诗，尽于此矣。（胡仔《苕溪渔隐丛话前集》卷三十九，人民文学出版社1962年版）

为什么苏轼要作这样一段自述呢？从末句"仆庐山之诗，尽于此矣"的语气来推测，仿佛是在确认哪些诗是他的真品。在苏轼生前，已经有一些人善于模仿他的书法和诗歌风格，制作赝品，所以他有必要做出这样的声明。在他去世后，黄庭坚和苏过（轼幼子）继续担当这个辨伪的责任，两人的集子里都有一些这方面的文字。

不过，若比照《苏轼诗集》卷二十三，可知这段自述实际上也未收入苏轼在庐山的全部作品，但它可以帮助我们确认两点：第一，与常总禅师会面，被表述成苏轼此行的终点，最后的一绝就是著名的《题西林壁》；第二，最初的三首五言绝句在《苏轼诗集》卷二十三被题为《初入庐山三首》，且"青山若无素"被改置第一首，而此首恰恰提到了"要识庐山面"的问题，与最后《题西林壁》的"不识庐山真面目"宛成呼应。内山精也先生的论文正是据此指出：对"庐山面"或"庐山真面目"的思考，伴随了苏轼此行的始终。"庐山"在这里确是特指，不可被置换。可以补充的是，"真面目"一语更早地见于苏辙不久前所作的《景福顺老夜坐道古人搊鼻语》，也就是苏辙的悟道之诗。前后贯穿来看，这里确实显示了苏轼庐山访禅过程中的一个思想脉络。

如果相信苏轼的自述，"芒鞋青竹杖"乃是第一首。此首的大意是：我现在并无值得尊仰的身份，自费来游庐山，为什么山中的人都知道我？这当然显露了作者因自己的名声而自鸣得意之情，所以马上"自哂前言之谬"。接下来的两首中，"自昔怀清赏"一首表达了他对庐山的长久向往之意，好像起到了纠正"前言之谬"的作用。不过现在看来，诗人之向往名山，与名山之有待于诗人，也正好互相呼应。"真个在庐山"表明了他们的相遇。

然而，这一次相遇的情形并不令人满意，诗人与名山之间，或者具体地说苏轼与庐山之间，并非一见如故。"青山若无素，偃蹇不相亲"，苏轼觉得庐山跟他没有交情，不相亲近。"偃蹇"是倨傲不随之意，同样的词语曾出现在苏轼以前的诗句中。熙宁六年（1073）担任杭州通判的他为宝严院垂云亭题诗云：

　　　　江山虽有余，亭榭苦难稳。登临不得要，万象各偃蹇。
（《僧清顺新作垂云亭》，《苏轼诗集》卷九）

前些年，社科院的张剑先生译出了日本学者山本和义的《诗人与造物——苏轼论考》一书（中国社会科学出版社2013年版），该书对此诗有颇为精彩的分析，从而阐明苏轼在美学上的一些独到之见。上引的四句，意谓自然景象虽然丰富多彩，但若筑亭不得其处，那么登上这个亭子去看风景的人，便无法获得适当的观赏视角，各种景象便不会显示出符合审美期待的秩序，"美"就无法实现。作为诗人和画家的苏轼，显然不愿无条件地接受自然山水的任何形态，他希望对象随从自己的审美习惯。从理论上说，每个观赏者都是如此，在审美方面总有一些主观的期待，符合这个期待的，他才会认为是美的。但问题在于，自然山水不会因观赏者的期待而主动修改自己的形态，这就存在一个主客观如何逐步交融的问题。"偃蹇不相亲"之语表明，苏轼初见庐山时，对象所呈现的面貌并不符合他的心愿。这才是他初入庐山时，在审美方面的第一感。此种感受想必令他苦恼，因为庐山之"美"几乎是个不可怀疑的前提，那么，问题便在观赏者这一边，或者说，还是一个观赏视角的问题。我们在《题西林壁》诗中可以看到苏轼在获取适当的视角方面付出的努力：他横看竖看，远看近看。但是，结果显然并不理想。

　　庐山突破了苏轼所习惯的审美秩序，在他面前显出倨傲的形态，不肯随从他的期待。换句话说，苏轼看不出庐山美在哪里，这个意思被他表述成对"庐山面"或"庐山真面目"的"不识"。大概这才是他在庐山不想作诗的原因。如果你看不出对象的美，怎么为它作诗呢？当然，这也没有妨碍苏轼在庐山探胜的兴致，而且他获得了一本导游手册，就是亡友陈舜俞（字令举）的遗作《庐山记》。陈舜俞也是制科出身，我们在第二讲中曾经涉及他的"贤良进卷"，后来他也因反对"新法"而郁郁不得志，熙宁五年（1072）就去世了，所著的《庐山记》是现存第一部庐山的方志，日本东京的内阁文库还保存着此书的宋刻本。苏轼翻看着这本《庐山记》，边读边游，不知是不是就在著名的香炉峰瀑布下，苏轼回顾了此书所载唐代描写这一景观的佳句，一是李白的"飞流直下三千尺，疑是银河落九天"，一是徐凝的"千古长如白练飞，一条界破青山色"。苏轼对徐凝的写法感到不满，所以禁不住作了一首绝句，夸奖李白是"谪仙词"，而贬徐凝是"恶诗"。这可能只是一时兴到而已，但他这一番褒贬成了后世诗论家的谈资，许多人觉得，徐凝的诗还算不得"恶诗"，只不该跟李白去比。可能在苏轼的心目中，既然是写诗，那当然就应该跟李白去比。

据《苏轼年谱》所考，五月十三日，苏轼游温泉，见壁上有云门宗可遵禅师一诗："禅庭谁作石龙头，龙口汤泉沸不休。直待众生都无垢，我方清冷混常流。"这是以温泉洗净众生之污垢而冷却了自己为比喻，来表明佛教徒舍身为人的决心。苏轼对此宗教情怀深表叹赏，但同时也注意到一个问题：这种说法的前提，是把众生都看作污垢的了！所以他马上续写一绝："石龙有口口无根，自在流泉谁吐吞。若信众生本无垢，此泉何处觅寒温。"（《苏轼诗集》卷二十三）他更愿意相信，人类的本性是清净无垢的，温泉的流淌是自然过程。这当然并不是说可遵的原诗写得不好，如此唱和只是一种对话，或者也可以说就是参禅的一种方式。

接下来，苏轼又为开先寺的漱玉亭和栖贤寺的三峡桥写了两首五言长诗，题为《庐山二胜》。可见，事实上他在庐山并非真的不作诗，而且也包含为景观所题的诗，但他也声明"余游庐山南北，得十五六奇胜"（《庐山二胜》诗叙，《苏轼诗集》卷二十三），就是说他题诗的这些景观都是局部性的。也许，有一些局部的景观符合他的审美要求，而"庐山面"或"庐山真面目"乃是就庐山的整体而言。对其整体的"不识"，是一种具有象征意义的表述，除了风景外，也可以令人联想到其他方面的含义。但在字面上，首先还是指风景。怎样才能使庐山在自己眼里呈现为美的风景？苏轼设想了两条出路。

第一条诉诸时间。"要识庐山面，他年是故人"，如果以后能多次造访，那就会跟老朋友重逢一般亲切了吧。第二条诉诸空间。"不识庐山真面目，只缘身在此山中"，由于在山中横看竖看、远看近看都没有理想的效果，那自然就会归因于视界的局限性，设想跳出这一空间，从更大的视野去看。毫无疑问，人们对任何事物的认识，都不能缺乏适当的时间和空间条件，所以，联系《初入庐山》绝句来解读《题西林壁》，不但并不损害后者的象征意义，反而使这种意义丰满起来。更为重要的是，这些作品所具有的思想脉络，显示了与苏轼庐山之行始终伴随的一种思考，即对于"庐山真面目"的追问，以及由此引发的疑虑。他带着这样的疑虑，走到了此行的终点，步入了东林常总的门庭。可以期待的是，"僧中之龙"会帮助他解决疑虑。

四、东林常总禅师和"无情话"

苏轼的悟道因缘，较早的记载是在《嘉泰普灯录》卷二十三，此后《五灯会元》卷十七所载略同：

> 内翰苏轼居士，字子瞻，号东坡。宿东林日，与照觉常总禅师论无情话，有省，黎明献偈曰："溪声便是广长舌，山色岂非清净身。夜来八万四千偈，他日如何举似人。"

这里的"内翰"是用了苏轼后来的官称，即翰林学士。"照觉"是常总的号，他这年正好六十岁，却已当了五十年的和尚，自熙宁二年（1069）黄龙慧南圆寂后，他已被公认为黄龙派乃至临济宗禅僧的代表。后面的一偈在《苏轼诗集》卷二十三题为《赠东林总长老》，作为东坡的悟道之偈，其真实性从未遭受质疑，但上引的苏轼自述中却没有提到。同样未提及的，还有他对可遵禅师一绝的唱和。大概他觉得这类作品是"偈"，与一般的"诗"有所区别。

灯录已经提示了解读苏轼悟道偈的背景资料，就是他与常总禅师谈论的"无情话"。佛教将人类和动物称为"有情"，植物和无生物归入"无情"，所谓"无情话"即唐代南阳慧忠国师的"无情说法"公案。《五灯会元》卷二将慧忠编在六祖慧能的法嗣，但对这个公案记载简略，倒是洞山良价的语录中有详尽的转述：

> 师参沩山，问曰："顷闻南阳忠国师有无情说法话，某

甲未究其微。"沩曰:"阇黎莫记得么?"师曰:"记得。"沩曰:"子试举一遍看。"师遂举:僧问:"如何是古佛心?"国师曰:"墙壁瓦砾是。"僧云:"墙壁瓦砾岂不是无情?"国师曰:"是。"僧云:"还解说法否?"国师曰:"常说炽然,说无间歇。"僧云:"某甲为甚么不闻?"国师曰:"汝自不闻,不可妨他闻者也。"僧云:"未审甚么人得闻?"国师曰:"诸圣得闻。"僧云:"和尚还闻否?"国师曰:"我不闻。"僧云:"和尚既不闻,争知无情解说法。"国师曰:"赖我不闻,我若闻,即齐于诸圣,汝即不闻我说法也。"僧云:"恁么则众生无分去也。"国师曰:"我为众生说,不为诸圣说。"僧云:"众生闻后如何?"国师曰:"即非众生。"僧云:"无情说法据何典教?"国师曰:"灼然,言不该典,非君子之所谈。汝岂不见《华严经》云:刹说,众生说,三世一切说。"师举了,沩山曰:"我这里亦有,只是罕遇其人。"师曰:"某甲未明,乞师指示。"沩山竖起拂子曰:"会么?"师曰:"不会,请和尚说。"沩曰:"父母所生口,终不为子说。"(《筠州洞山悟本禅师语录》,《大正新修大藏经》本)

洞山良价是曹洞宗的创始人,早年游方时,曾向沩仰宗创始人沩山灵祐请教"无情说法话"的含义,在沩山的要求下,他完整地转述了慧忠国师与某僧的问答内容。慧忠认为,像墙壁瓦砾之类的"无情"之物,都跟古佛一样,演说着根本大法,而且从不间息,一直在说,只是一般人听不到而已。与慧忠对话的某僧以及早年的洞山并未由此得悟,但看起来沩山了解慧忠的意思,他不肯为洞山解说,只是竖起拂子,想让洞山自悟,可惜洞山的机缘并不在此。一般情况下，禅师不肯明说而以它物指代的，都是彼岸性的东西，"父母所生口"即此岸性的言语机能是绝不能承担其解说任务的。慧忠的话也清晰地区划了两个世界：听到"无情说法"的是诸圣，听不到的是众生。不过，慧忠和沩山似乎可以往来于两个世界之间。

《五灯会元》卷十七记载了东林常总的一段说法，与"无情话"意思相通：

> 上堂："乾坤大地，常演圆音；日月星辰，每谈实相。翻忆先黄龙道：'秋雨淋漓，连宵彻曙，点点无私，不落别处。'复云：'滴穿汝眼睛，浸烂汝鼻孔。'东林则不然，终归大海作波涛。"击禅床，下座。

在这里，"圆音"和"实相"指彼岸性的真理，"乾坤大地"和"日月星辰"概指一切存在物，故此语的意思无异于"无情说法"。黄龙慧南话里的"秋雨"当然也是如此"说法"的"无情"物之一，它如此辛苦地说着，却没人去倾听，只好施展毒手，"滴穿汝眼睛，浸烂汝鼻孔"，无非是要逼人去听。看来慧南把自己也当成了"秋雨"，施展毒手倒体现出他的老婆心肠。常总却不愿如此费事，"终归大海作波涛"，自己流向大海便罢。

再来看苏轼的悟道偈，"溪声""山色"自是"无情"，"广长舌"和"清净身"都是对佛的形容，指代最高真理，无疑也是"无情说法"的意思。这样，贯穿慧忠、慧南、常总和苏轼的有关言论，我们大致可以推测，这是对体现于一切存在物的最高普遍性的领悟，其哲学含义倒也并不复杂，与所谓"目击道存""一物一太极"等道家、儒家的说法相似，只是用了一种生动的说法来表述而已。不过，禅宗讲究的不是对理论的知解，而是与参禅者个体密切相关的体验，之所以要用生动的说法来暗示，或者指东道西不肯明言，就是为了避免抽象的理论话语，引导人用全身心去拥抱这样的体验，而不是仅仅在知识层面加以认识。当然，个人体验的事，被认为"如人饮水，冷暖自知"，不可言说，我们这里只能指出其哲学含义而已。

重要的是，通过对"无情话"的参悟，苏轼和常总找到了思想上的契合点。而且，苏轼领会了个人体验的重要性，他表示自己听到了"无情说法"，一夜之间，"八万四千偈"向他涌来。按慧忠的设定，听到了"无情说法"的人即"齐于诸圣"，领会了根本大义，换句话说就是"悟"了。禅宗的灯录将苏轼收入常总法嗣之中，等于认可了他的"悟"。夜宿东林以后的苏轼，看到"山色岂非清净身"，那么"庐山真面目"是什么，对他来说应该不再是疑问了。当然，如禅宗一般的立场，这个"真面目"只能自己心里有数，没有办法"举似人"，不能用理论性的话语转述给别人去听。

顺便说明一下，苏轼通过"无情话"而悟道，在此之前苏辙是通过"搔鼻语"悟道，这大概很能显示临济宗通过参究古人"公案"来获得领悟的"宗风"。不过关于"搔鼻语"指的是什么"公案"，我一直不得其解，最近请教了四川大学周裕锴老师，获其解答：

所谓"古德搔鼻因缘"，元释清茂《宗门统要续集》卷十九续南岳下十三世参政苏辙作"《楞严经》中搔鼻因缘"。

搐，抽搐。搐鼻，即缩气。今考《楞严经》有此因缘，然作"畜鼻"，"畜"当为"搐"的通假字。此因缘见《楞严经》卷三："阿难！譬如有人急畜其鼻，畜久成劳，则于鼻中闻有冷触，因触分别通塞虚实，如是乃至诸香臭气，兼鼻与劳，同是菩提。瞪发劳相，因于通塞，二种妄尘，发闻居中，吸此尘象，名嗅闻性。此闻离彼通塞二尘，毕竟无体。当知是闻，非通塞来，非于根出，不于空生。何以故？若从通来，塞自随灭，云何知塞？如因塞有，通则无闻，云何发明香臭等触？若从根生，必无通塞。如是闻体，本无自性。若从空出，是闻自当回嗅汝鼻，空自有闻，何关汝入？是故当知鼻入虚妄，本非因缘，非自然性。"这段话是讨论鼻根、鼻识与香尘的关系问题，搐鼻是对鼻根的使用，搐久成劳，因搐鼻而有冷的触感，因触感而可辨别鼻子是通是塞，乃至于辨别香臭之气，而鼻根以及由搐鼻引发的冷触、通塞感、香臭气等等，都是觉悟的菩提。搐鼻引起的通塞，是两种虚妄的尘劳。因为香臭触的发生，既跟搐鼻通塞无关，又跟鼻根本身无关，也跟空中气体无关，由此知一切皆入虚妄。在《楞严经》卷三里，世尊和阿难讨论了眼、耳、鼻、舌、身、意六根与色、声、香、味、触、法六尘之间关系，搐鼻因缘是其中一种，然而通其一根，则六根互通。而苏辙参禅，就是由"搐鼻"径直悟入。

我以为周老师此说甚确，盖《栾城三集》卷九《书传灯录后》有云：

予久习佛乘，知是出世第一妙理，然终未了所从入路。顷居淮西，观《楞严经》，见如来诸大弟子多从六根入，至返流全一、六用不行，混入性海，虽凡夫可以直造佛地。

观苏辙此段自述，与周师所说若合符契，则其"揾鼻径参真面目"是从《楞严经》获得启示，可以无疑，而他之所以关注到《楞严经》的这一段"揾鼻语"，应是得自上蓝顺禅师的指点了。有意思的是，"无情话"和"揾鼻语"从哲理上讲虽然一个指向本体论，一个指向认识论，但或许就因为禅家强调个人体验，所以二苏的表述都跟人的感知力相关。"揾鼻语"讲的是鼻子的"闻"，闻到的是"香"，而苏轼通过"无情话"所领悟的"溪声""山色"则是眼睛的"看"和耳朵的"听"，看到的是"色"，听到的是"声"。可以说，他们的禅悟之中，都包含了对于基本感知力的反省。但是细味之下，两者又似乎有所差异，苏辙主张"六用不行"，对感官采取比较否定的态度，而苏轼对于"声色"，却显示出相当程度的肯定。

确实，苏轼的悟道偈虽符合"无情话"的思路，也获得了常总禅师的印可，但偈语本身带有"声色"，这一点后来被南宋的禅僧颇加质疑，有不予认可者。此事关系到苏轼的禅悟，悟得对不对，能否得到禅门的真正许可，我们既然讲禅，自也不能无视。下面引证相关的材料，做一点分析。

五、声色与禅

禅籍中记载的南宋禅僧对于苏轼悟道偈的质疑，我目前看到两条，且先抄录于下：

> 临安府上竺圆智证悟法师……乃谒护国此庵元禅师，夜语次，师举东坡宿东林偈，且曰："也不易到此田地。"庵曰："尚未见路径，何言到耶？"曰："只如他道：'溪声便是广长舌，山色岂非清净身。'若不到此田地，如何有这个消息？"庵曰："是门外汉耳。"曰："和尚不吝，可为说破。"庵曰："却只从这里，猛著精彩觑捕看，若觑捕得他破，则亦知本命元辰落着处。"师通夕不寐，及晓钟鸣，去其秘宦，以前偈别曰："东坡居士太饶舌，声色关中欲透身。溪若是声山是色，无山无水好愁人。"特以告此庵，庵曰："向汝道是门外汉。"师礼谢。（《五灯会元》卷六）

> 程待制智道、曾侍郎天游，寓三衢最久，而与乌巨行禅师为方外友。曾尝于坐间，举东坡宿东林闻溪声呈照觉总公之偈："溪声便是广长舌，山色岂非清净身。夜来八万四千偈，他日如何举似人。"程问行曰："此老见处如何？"行曰："可惜双脚踏在烂泥里。"曾曰："师能为料理否？"行即对曰："溪声广长舌，山色清净身。八万四千偈，明明举似人。"二公相顾叹服。（释晓莹《罗湖野录》卷四，《续藏经》本）

第一条中的"上竺圆智证悟法师"，"圆智"是法名，"证悟"是号,《五灯会元》的写法是名在前、号在后的,比较特殊。他是杭州上天竺寺的天台宗僧人,偶尔参禅,所以仍叫"法师"而不称"禅师"。"此庵元禅师"则是禅宗的护国景元(1094—1146)。第二条的"程待制智道"当是"致道"之讹,即《北山集》的作者程俱,"曾侍郎天游"是曾开,著名诗人曾几之兄,而"乌巨行禅师"则是乌巨道行(1089—1151)。景元和道行都是两宋之际的临济宗杨岐派禅僧,其法系图示于下:

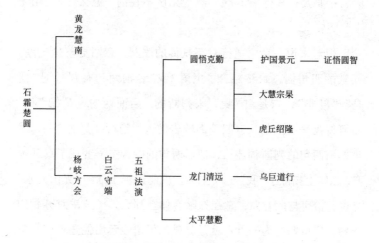

　　杨岐派与黄龙派初出同门,其始不如黄龙派兴盛,但至北宋末,五祖法演的弟子中有太平慧懃获朝廷赐号"佛鉴",龙门清远获赐号"佛眼",圆悟克勤获赐号"佛果",就是盛传一时的"五祖门下出三佛",使该派声势渐隆,尤其是克勤门下的大慧宗杲和虎丘绍隆,别开大慧派、虎丘派,先后占据南宋禅林的主流地位,故连带图示于上。南渡禅僧对苏轼悟道偈的质疑都出自杨岐派,看来并非偶然。不过该派最有影响的大慧宗杲,则自称是东坡的后身。无论如何,东坡的禅已成禅门的一个话题。

护国景元指责苏轼是"门外汉"，但未说明理由。在他的启示下，圆智法师写了一偈来斥破苏轼，似乎得到了景元的首肯。偈中说苏轼的毛病在于"声色关中欲透身"，即企图借"无情说法"的话头，欲从"溪声""山色"等此岸性的"声色"向彼岸性超越。后面两句的意思大概是：如果对真理的领悟要从"声色"出发，那么没有"声色"怎么办？这个质疑比较费解，因为只要人有耳目，"声色"总是无所不在的，怎么会"无山无水"呢？

相对来说，乌巨道行对苏轼偈的改写，意图更清楚一些。苏轼的四句偈，始终隐含了主语"我"，前两句有判断词"便是""岂非"，自是由"我"来判断的，后面两句也是指"我"如何将夜来听到的八万四千偈转告他人。道行禅师的改写，就是把前两句的判断词删去，把后两句的隐含主语变成了真理本身，总体上扫除了"我"这个主体。由此返观上面的"无山无水"之说，恰可与此对照，意在扫除客体。那么，杨岐派对苏轼的质疑，似可归结为一点：就是苏轼的偈语显示出他还停留在主客体对立的境界，而只有消除这种对立，才能"悟"到禅的根本。换句话说，只要还有主客体对立的意识在，便无法达到真正的超越，所谓"双脚踏在烂泥里"，该是此意。

我们确实应该感谢禅师的批评，目光如炬的他们以寸铁杀人的方式指明了苏轼之"悟"与他们所认为的真正禅"悟"的差异。当然，禅宗不同的派别有不同的宗风，其接人的态度也宽严不等，苏轼既被载入灯录，表明他的悟道偈也获得一部分禅师或一定程度的认可，故杨岐派禅师对其"悟"境的质疑，应理解为"悟"有不同的层次。其实苏轼本人也并非不了解禅宗的基本立场，他在熙宁年间就写过《杭州请圆照禅师疏》云："大道无为，入之必假闻见；一毫顿悟，得之乃离聪明。"（《苏轼文集》卷六十二）这里说"闻见"，与说"声色"无异，因为"声色"就是"闻见"的对象，"闻见"的根器是耳目，而"聪明"就形容这根器之佳，这些说法的前提都是主客体的对立。所以，苏轼的意思很清楚，他知道禅宗的"顿悟"是要"离聪明"，即消除主客体对立的，但他认为，"入之必假闻见"，不靠见闻声色，就没有入门的途径。这等于明确宣称禅"悟"有不同的层次。

从"声色"入门去悟禅，可不可以？禅师们对这个问题的态度，其实很微妙。在苏轼之前，禅宗史上原也不乏从"声色"而悟道的僧人，最著名的要算"香严击竹""灵云桃花"两个公案，且据《五灯会元》卷九、卷四抄录于下：

邓州香严智闲禅师，青州人也。厌俗辞亲，观方慕道。在百丈时，性识聪敏，参禅不得。洎丈迁化，遂参沩山。山问："我闻汝在百丈先师处，问一答十，问十答百。此是汝聪明灵利，意解识想，生死根本。父母未生时，试道一句看。"师被一问，直得茫然。归寮，将平日看过底文字，从头要寻一句酬对，竟不能得。乃自叹曰："画饼不可充饥。"屡乞沩山说破，山曰："我若说似汝，汝已后骂我去。我说底是我底，终不干汝事。"师遂将平昔所看文字烧却，曰："此生不学佛法也。且作个长行粥饭僧，免役心神。"乃泣辞沩山，直过南阳，睹忠国师遗迹，遂憩止焉。一日，芟除草木，偶抛瓦砾，击竹作声，忽然省悟。遽归，沐浴焚香，遥礼沩山，赞曰："和

尚大慈，恩逾父母。当时若为我说破，何有今日之事。"……沩山闻得，谓仰山曰："此子彻也。"（卷九）

福州灵云志勤禅师，本州长溪人也。初在沩山，因见桃花悟道，有偈曰："三十年来寻剑客，几回落叶又抽枝。自从一见桃花后，直至如今更不疑。"沩览偈，诘其所悟，与之符契。沩曰："从缘悟达，永无退失，善自护持。"（卷四）

香严智闲和灵云志勤分别因瓦砾击竹的"声"和桃花盛开的"色"而悟道，都得到了沩仰宗创始人沩山灵祐的印可。值得注意的是，沩山所谓"父母未生时"，正是形容主客体对立意识产生之前的境界，而这种意识一旦产生了，便成为"生死根本"，即承受轮回的主体"我"，任你如何聪明伶俐，知解佛法，也无从解脱生死。而且，此事的危险性还在于，主客体分别之下，你越是聪明伶俐，知解佛法，你的主体意识便越是强烈，"生死根本"便被培植得越为雄厚，不可自拔地沉沦业海。这确是禅的要旨，含糊不得。但是，沩山却也承认"从缘悟达"的可能性，并不否认他的弟子们从"声色"悟道。

然而，正与苏轼的情形相似，香严智闲和灵云志勤也都曾遭到质疑。据《五灯会元》记载，沩山的大弟子仰山慧寂就不肯轻易许可智闲，要"亲自勘过"，在智闲说出他击竹悟道的故事后，仰山仍然坚持："此是夙习记持而成。若有正悟，别更说看。"他怀疑智闲的"悟"只在知识层次，未达禅家的"正悟"。灵云志勤因见桃花而悟道的故事，后来被人转告玄沙师备禅师，玄沙即曰："谛当甚谛当，敢保老兄未彻在。"意思是，理论上是对的，但我敢保证你并未真正"悟"彻。看来，从"声色"悟道的都难免遭到质疑，身为禅僧的尚且如此，像苏轼那样的士大夫居士就更不用说了。

悟道有"彻"有"未彻"，表明"悟"确有不同的层次。《景德传灯录》卷十一仰山慧寂章，也记录了他与香严智闲的一段对话：

> 师问香严："师弟近日见处如何？"严曰："某甲卒说不得。"乃有偈曰："去年贫，未是贫；今年贫，始是贫。去年无卓锥之地，今年锥也无。"师曰："汝只得如来禅，未得祖师禅。"

好像仰山一直在为难香严，人家击竹悟道，他说不是"正悟"，人家"卒说不得"了，这大师兄还是不满意。从香严的偈语来看，他的"悟"境是有进展过程的，"锥"可以视为对主体能力的一种比拟，"去年无卓锥之地"谓主体能力无所施展，指的是扫除客体，而"今年锥也无"则表明主体也已扫除。如此销尽了对立，一无所有了，当然"卒说不得"，无从言语。这该是到了令仰山满意的"正悟"境界了吧，但仰山却又反过来说，你这是"如来禅"，不是"祖师禅"，意谓虽然完成了向彼岸性的真正超越，但又回不到此岸来为众生说法了。我们知道，合格的禅宗祖师是能够自由地来往于两个世界之间的。

这就是禅宗的难缠之处，你有见闻声色，他说你这是"生死根本"，你没有见闻声色了，他又说你做得了如来做不了祖师。按这个思路，祖师是超越了见闻声色以后再回到见闻声色以接待众生者，这便是禅家所谓"入泥入水"。且举出一例：

> 鄂州清平山安乐院令遵禅师，东平人也。初参翠微（无学），便问："如何是西来的的意？"微曰："待无人即向汝说。"师良久曰："无人也，请和尚说。"微下禅床，引师入竹园。师又曰："无人也，请和尚说。"微指竹曰："这竿得恁么长，那竿得恁么短。"师虽领其微言，犹未彻其玄旨。出住大通，上堂，举初见翠微机缘，谓众曰："先师入泥入水为我，自是我不识好恶。"（《五灯会元》卷五）

我们看翠微禅师的话，可能还是莫名其妙，但清平令遵后来体会到，这已经是"入泥入水"来指点他了。如此，联系上面所述杨岐派禅师对苏轼的批评，我们大致可以得出以下图式：

如来禅："卒说不得"——超越"声色"，不可言诠。

祖师禅："入泥入水"——超越"声色"而重新回到"声色"以指点众生。

士大夫禅："双脚踏在烂泥里"——被认为尚未超越"声色"。

如果这个图式大致正确，那么至少在外观上，"入泥入水"与"双脚踏在烂泥里"如何能表现出区别，就是一个大问题。也许这只好等明眼的禅师来"亲自勘过"，由他说了算。无论如何，我们可以说，祖师禅与士大夫禅的交集，恰恰就在"声色"上，士大夫去参祖师，或祖师来接引士大夫，也就可以通过"声色"以寻求契合。大概这样的契合便发生在苏轼与常总之间了。

六、庐山真面目

最后，我们回到前面探讨的"庐山真面目"的问题。内山先生的论文提供了苏轼的庐山作品表，他把《题西林壁》列在最后一首，《赠东林总长老》则稍前。我以为后者既然说了"山色岂非清净身"，就等于直接说出了什么是"庐山真面目"，那么从思想脉络上讲，更有理由把《赠东林总长老》即苏轼的悟道偈看作他庐山之行的最后作品，也就是他一路思索"庐山真面目"的结果。否则，这一路思索未免令人遗憾地没有结果了。

从字面上说，"真面目"无非"真相"之意，确实是个容易让人联想到哲理含义的词语，而且，既然"真面目"一语更早地见于苏辙的悟道诗，而苏轼刚刚告别苏辙来到庐山，就使用此词，便无法与参禅脱离干系。在"七集本"的《东坡集》卷十三，有一组七言绝句，题目也甚长，抄录于下：

> 子由在筠，作《东轩记》，或戏之为东轩长老。其婿曹焕往筠，余作一绝句送曹，以戏子由。曹过庐山，出以示圆通慎长老，慎欣然亦作一绝，送客出门，归入室，趺坐化去。子由闻之，乃作二绝，一以答予，一以答慎。明年余过圆通，始得其诗，乃追次慎韵。

> 君到高安几日回，一时抖擞旧尘埃。赠君一箆牢收取，盛取东轩长老来。（余送曹诗）

> 东轩长老未相逢，已见黄州一信通。何必扬眉资目击，

须知千里事同风。（慎老和余韵）

　　东轩只似虚空样，何处人家笼解盛？纵使盛来无处着，雪堂自有老师兄。（子由答予诗）

　　担头挑得黄州笼，行过圆通一笑开。却到山前人已寂，亦无一物可担回。（子由答慎诗）

　　大士何曾有生死，小儒底处觅穷通？偶留一映千山上，散作人间万窍风。（余和慎诗）

　　这里面包含的两首苏辙诗，也见《栾城集》卷十二，题为《东轩长老二绝》，也有一篇颇长的序，所述事由相同，但写明"圆通慎长老"名为知慎。前面提到，苏轼元丰七年（1084）至庐山圆通寺时，住持是可仙，知慎应该是前任住持，逝世不久。《建中靖国续灯录》的目录将圆通知慎列为金山怀贤（1016—1082）禅师的法嗣，为临济宗僧人。这五首绝句，贯联了苏氏兄弟与知慎禅师的一段奇妙因缘，诗句的内容仿佛都是在斗机锋，时间上则延续到苏轼筠州访弟的前夕，我们从中可以看到苏轼筠州、庐山之行，一直有个参禅的语境。

　　所以，虽然内山先生更乐意讨论"真面目"跟陶渊明笔下的"真意"的关系，但恐怕跟参禅的关系是更直接、更密切的。实际上，他也已经指出跟"真面目"相近的还有禅宗常用的"本来面目"一语，据《五灯会元》卷二载：

袁州蒙山道明禅师……往依五祖法会，极意研寻，初无解悟。及闻五祖密付衣法与卢行者，即率同志数十人，蹑迹追逐。至大庾岭，师最先见，余辈未及。卢见师奔至，即掷衣钵于盘石曰："此衣表信，可力争邪？任君将去。"师遂举之，如山不动，踟蹰悚栗，乃曰："我来求法，非为衣也。愿行者开示于我。"卢曰："不思善，不思恶，正恁么时，阿那个是明上座本来面目？"师当下大悟，遍体汗流。

　　卢行者就是禅宗的实际创始人六祖慧能，"本来面目"一语出自他的口，故能被禅家所常用。从哲理上说，这无非是"佛性""最高真理"一类的意思，但禅家不肯用正式的理论术语，而喜欢代之以切近日常生活的表达方式，与前文提及的"无情说法"的情形正相仿佛。不妨说，苏轼通过"无情话"而参悟的"庐山真面目"，与这个"本来面目"，在字面意思和理论含义上都十分接近。不过可以注意的是，所谓"不思善，不思恶"，正是取消主体对客体的价值分别，亦即主客体不分的境界，如果"正恁么时"才是"本来面目"，则与苏轼以"声色"来形容真理的态度，确实也可以勘出境界上的区别。虽然苏轼说的"广长舌""清净身"已经是指代性的词语，不同于一般的"声色"，但禅师们就从他这样的表达方式中发现了他还有主客体对立的意识在。这也是禅宗舍弃理论术语而采用日常性表达方式的原因之一，如果大家都用标准化的术语来说，可能就无法勘明这样的区别了。

　　然而，这样的勘辨毕竟是从禅宗立场出发的，苏轼虽称"居士"，也参得黄龙禅，却终究不是禅僧，我们也无法想象一个对于"声色"毫无感知的诗人。实际上，就在登览庐山之前不久，苏轼在黄州时期的名作《赤壁赋》中，就已明确表达了他对"声色"的看法，上一讲中已经提及，不妨再次引用：

> 天地之间，物各有主。苟非吾之所有，虽一毫而莫取。惟江上之清风，与山间之明月，耳得之而为声，目遇之而成色。取之无禁，用之不竭。是造物者之无尽藏也，而吾与子之所共食。(《赤壁赋》，《苏轼文集》卷一)

在他看来，"声色"乃是造物（自然）对具备感知力的人类的恩赐，像用不完的宝藏那样，源源不断地供我们无偿享用，这种享用并非现实意义上的占有，与功利无关，完全属于审美的领域。可见，他习惯于在审美表象的意义上使用"声""色"二字，这当然已经包含了一种超越性。换句话说，他确实是"声色关中欲透身"，因为享用这样的"声色"，意味着不计世间得失祸福而真诚拥抱自然的人生态度。同样在黄州时期，他在写给朋友的信中说道："江山风月，本无常主，闲者便是主人。"（《与范子丰八首》之八，《苏轼文集》卷五十）这样的"主人"无疑也是审美主体。总而言之，他所追求的乃是一种审美的超越。

我们若是在苏轼黄州时期这些思想的延长线上考察他的庐山之行，就能进一步了解，他初入庐山时因青山"偃蹇不相亲"所感的苦恼，完全是一种审美的苦恼：他准备好了"闲者"的心境，却不能马上成为庐山的"主人"！由此萌生的如何把握"庐山真面目"的问题，虽是从参禅的语境而来，但在苏轼的思考中，其性质实已转变为审美主体与审美对象的关系问题。他首先想到了时间方面的因素，"要识庐山面，他年是故人"，继而又想到空间方面的因素，"只缘身在此山中"。但是最后，在禅宗"无情话"的启发下，他获得了主体与对象完全契合的心境，圆满解决了令他苦恼的问题。确实，按苏轼的追求审美超越的思路，以类似"自然之美无所不在"的意思去理解"无情话"，也是完全可能的。这才有了他的悟道偈，表示"庐山真面目"已显现在他的眼前，而且有了浃肌彻骨的真实体会，不必时间的积累，不必空间的腾挪，一旦全身心地拥抱自然，便在顷刻之间恍然大悟。于是，在借宿东林的那个不眠之夜，无数表达着真理的自然的偈语向苏轼涌来，他已经与自然的大道完全同化了。这样看上去带一点宗教神秘感的天人合一之境，其实是诗人审美感知力的充分张扬，弥漫了天地。虽然禅宗灯录把苏轼当作常总禅师的法嗣，但有关记载其实并未明确交代常总对此偈的态度如何。后来杨岐派禅师指责此偈表现出作者尚有主客体对立之意识，固然也不错，但在我们看来，不泯灭此种对立的意识而在审美超越的意义上"悟道"，当然更适合于作为诗人的苏轼。这一点，像常总禅师那样的"僧中之龙"，也许是明白的。

第六讲
王苏关系

　　元丰七年（1084）六月从庐山下来的苏轼，继续东行，经今天的安徽而至江苏，于七月抵达江宁府（今江苏南京）。在这里，苏轼会见了罢相八年的王安石。这一对政敌的会见，也可以称得上是神秘的，宋人的笔记中对此事津津乐道，但关于两人相见的情形，与相谈的内容，却是异闻纷呈，而苏辙所撰的最权威的苏轼传记《亡兄子瞻端明墓志铭》（《栾城后集》卷二十二），却对此只字不提，令人莫测究竟。不过可以肯定的是，在苏轼于八月离开江宁府前，他们曾数次会面，相谈甚欢，其结果是两人都有了结邻而住的意愿。看来，对于从前的龃龉，二人之间已经互相获得了谅解。

　　从年龄来说，王安石（1021—1086）处在欧阳修（1007—1072）和苏轼之间，都是北宋中期集思想家、政治家和文学家于一身的文化巨匠，而且按传统的算法，三个人都活了六十六岁。相对而言，政治上以王安石的影响为最大，其变法引起的争议使北宋历史进入"新旧党争"的时代。对变法不以为然的欧阳修提前申请退休，而他最为欣赏的继承人苏轼则终生被卷在"党争"之中。苏轼与王安石在政治、思想和文学方面的对立或差异，也就成为北宋士大夫社会中最让人感觉意味深长的话题之一。当然，如果比较全面地探讨王、苏关系，其实还要考虑到苏洵、苏辙与王安石之间产生的一些矛盾，因为这些矛盾显然严重地影响到苏轼对王安石的态度，也未必不会影响到王安石对苏轼的看法。在这一讲中，我们将集中梳理"三苏"与王安石相关的一系列重要文本，它们分别产生于"三苏"开始进入京城士大夫社会的嘉祐时期、"新旧党争"激烈展开的熙宁时期、苏轼与王安石会见于江宁府的元丰七年、王安石逝世的元祐元年和苏轼逝世的建中靖国元年，以及王安石和苏轼都去世后，只剩苏辙一人闭门幽居的崇宁五年。我们按这个时间顺序，结合相关史料，来解读文本。

一、嘉祐时期

宋仁宗的最后一个年号为"嘉祐"，从嘉祐元年到仁宗驾崩的嘉祐八年，大致相当于公元的1056年至1063年。这段时间可以说是欧阳修事业的鼎盛期，他的老朋友雷简夫给他写信，称他"以文章忠义为天下师"，并说：

> 执事被圣上不次之知，遂得以笔舌进退天下士大夫。士

大夫不知刑之可惧，赏之可乐，生之可即，死之可避，而知执事之笔舌可畏……执事之官日隆于一日，昔之所以议进退天下士大夫者，今又重之以权位，故其一言之出，则九鼎不足为重。（邵博《邵氏闻见后录》卷十五引雷简夫上欧阳修书）

雷简夫认为欧公在引导舆论方面的权威性已高于"九鼎"，所以他把潦倒了大半生的苏洵推荐给欧公，并责成欧公改变苏洵的境遇。不久后，欧公确实做到了这一点，他如此描述三苏父子嘉祐初的开封之行：

当至和、嘉祐之间，（洵）与其二子轼、辙偕至京师，翰林学士欧阳修得其所著书二十二篇献诸朝。书既出，而公卿大夫争传之。其二子举进士，皆在高等，亦以文学称于世。眉山在西南数千里外，一日父子隐然名动京师，而苏氏文章遂擅天下。（欧阳修《故霸州文安县主簿苏君墓志铭》，《居士集》卷三十五）

把苏洵的著作进献朝廷，并在自己主持科举考试时录取了苏轼、苏辙，欧公对"三苏"的崛起确实起到了至关重要的作用。苏轼自己也这样回忆：

是岁登第，始见知于欧阳公，因公以识韩（琦）、富（弼），皆以国士待轼，曰："恨子不识范文正公。"（《范文正公文集叙》，《苏轼文集》卷十）

看来，通过欧阳修的影响力，"三苏"得以进入该时期士大夫社会的核心圈。

而在这个核心圈里，王安石已经存在，并声誉日隆。他在十余年前的庆历二年（1042）就已考上进士，不过他不像"三苏"那样主动去跟欧阳修、韩琦等大人物结交，相反，他有意要保持距离，不愿去做他心目中"趋炎附势"的事情。他的朋友曾巩极力要把他引荐给欧阳修，欧公对他也很器重，但他始终只答应礼节性的交往。由于北宋中期的社会风气比较特别，他越是这样自谦、自守，大家便越是认为他"有道"，希望跟他交朋友，所以名声很大。但他本人对这种名声也并不在乎，因为他的志向不在出名与否。当苏氏父子"名动京师"的时候，王安石正在一心起草他的《上仁宗皇帝言事书》（《临川先生文集》卷三十九），系统周详地阐述他的变法主张，从理论根据到实施方案，长达万言。他的志向不是在这个世界出名，而是要全面改造这个世界。

可以相信，在嘉祐初年欧公家的客厅里，王安石跟"三苏"是见过面的，但彼此似乎都没留下良好的印象。另一个声名卓著的士大夫司马光，倒已经跟"三苏"成为知交，嘉祐二年（1057）苏轼母亲程夫人去世，随后为之写作墓志铭的就是司马光（《苏主簿夫人墓志铭》，《温国文正司马公文集》卷七十六，四部丛刊本）。

王、苏的最初冲突，发生在嘉祐六年（1061）苏轼、苏辙举制科时，冲突的发起者是王安石，他拒绝为苏辙撰写任命制书。对于王、苏矛盾的这个起点，我们在第二讲叙二苏应制科的过程时，已有比较详细的考述，这里引录苏辙本人的回忆：

策入，辙自谓必见黜，然考官司马君实第以三等，范景仁难之，蔡君谟曰：“吾三司使也，司会之言，吾愧之而不敢怨。”惟胡武平以为不逊，力请黜之。上不许，曰：“以直言召人，而以直弃之，天下谓我何？”宰相不得已，置之下第，除商州军事推官。知制诰王介甫意其右宰相，专攻人主，比之谷永，不肯撰词。宰相韩魏公哂曰：“此人策语，谓宰相不足用，欲得娄师德、郝处俊而用之，尚以谷永疑之乎？”知制诰沈文通亦考官也，知其不然，故文通当制，有爱君之言。谏官杨乐道见上曰：“苏辙臣所荐也，陛下赦其狂直而收之，盛德之事也，乞宣付史馆。”上悦，从之。是时先君被命修礼书，而兄子瞻出签书凤翔判官，旁无侍子，辙乃奏乞养亲。三年，子瞻解还，辙始求为大名推官。逾年，先君捐馆舍……（苏辙《颍滨遗老传上》，《栾城后集》卷十二）

这一段交代事情的经过最为清楚，涉及的相关人物有考官司马光（字君实）、范镇（字景仁）、蔡襄（字君谟）、胡宿（字武平），知制诰王安石（字介甫）、沈遘（字文通），宰相韩琦（字稚圭，封魏国公），谏官杨畋（字乐道）等，当然还有皇帝宋仁宗。从这些相关人物就可以看出，这件事在当时闹得不算小。王安石拒绝撰制，按北宋的制度，叫“封还词头”，封还的时候是必须有个奏状的，一般叫作“缴某某人词头状”，后来做过中书舍人的苏轼，文集里面就有好几篇。虽然我们现在看不到王安石缴苏辙词头的奏状，但在当时，苏辙应该是看到过的，所谓“意其右宰相，专攻人主，比之谷永”，估计是概括了这份奏状的意思。谷永是西汉人，《汉书》载他能直言进谏，但又依附大将军王凤，把过错都推给皇帝，乃至指斥后宫。苏辙嘉祐六年的对策也数落皇帝的过错，也语涉后宫，而"三苏"跟宰相韩琦等大人物的关系又很好，所以被王安石理解为类似谷永的行径。这当然并非苏辙对策的原意，但可以看出王安石对"三苏"主动结交大人物的做法是相当反感的。他的观念里，"君子"做人不是这样做的。"君子"不屑跟权贵们交结，自己有一套主张，直接去说服"明君"，然后改造世界。有意思的是，王、苏冲突在二苏的笔下，经常反过来被表述成王安石这个权贵对自己的压制。在这个语境里，我们可以理解苏辙为什么辞官养亲，这等于在声明自己并不贪恋官职，指责时弊的目的不是讨好宰相。

对王安石的更大反击来自苏洵，就在两年以后的嘉祐八年（1063），他写出了著名的《辨奸论》，把王安石自认为"君子"的那种行为方式定性为"奸"：

事有必至，理有固然，惟天下之静者，乃能见微而知著。月晕而风，础润而雨，人人知之。人事之推移，理势之相因，其疏阔而难知，变化而不可测者，孰与天地阴阳之事，而贤者有不知其故，何也？好恶乱其中，而利害夺其外也。

昔者山巨源见王衍，曰："误天下苍生者，必此人也。"郭汾阳见卢杞，曰："此人得志，吾子孙无遗类矣。"自今而言之，其理固有可见者。以吾观之，王衍之为人，容貌言语固有以欺世而盗名者，然不忮不求，与物浮沉，使晋无惠帝，仅得中主，虽衍百千，何从而乱天下乎？卢杞之奸，固足以败国，然而不学无文，容貌不足以动人，言语不足以眩世，非德宗之鄙暗，亦何从而用之？由是言之，二公之料二子，亦容有未必然也。

今有人，口诵孔老之言，身履夷齐之行，收召好名之士、不得志之人，相与造作言语，私立名字，以为颜渊、孟轲复出，而阴贼险狠，与人异趣，是王衍、卢杞合而为一人也，其祸岂可胜言哉？夫面垢不忘洗，衣垢不忘浣，此人之至情也。今也不然，衣臣虏之衣，食犬彘之食，囚首丧面而谈《诗》《书》，此岂其情也哉？凡事之不近人情者，鲜不为大奸慝，竖刁、易牙、开方是也。以盖世之名而济其未形之患，虽有愿治之主、好贤之相，犹将举而用之，则其为天下患，必然而无疑者，非特二子之比也。

孙子曰："善用兵者，无赫赫之功。"使斯人而不用也，则吾言为过，而斯人有不遇之叹，孰知其祸之至于此哉？不然，天下将被其祸，而吾获知言之名，悲夫！

（苏洵《辨奸论》，《嘉祐集笺注》卷九，上海古籍出版社1993年版）

这《辨奸论》是一篇名文，其所刻画的"不近人情"，"囚首丧面而谈《诗》《书》"的"奸"人之肖像，在外观上确也符合宋人许多笔记对王安石言行举止的形容，但说王安石有意装出这个样子骗取名声，却只是一种攻击。

问题是苏洵对王安石的这种攻击，在后来因反对"新法"而被排斥的"旧党"看来，实在是一种"先见之明"，对"三苏"颇为有恩的张方平为苏洵撰墓表云：

嘉祐初，王安石名始盛，党友倾一时，其命相制曰："生民以来，数人而已。"造作言语，至以为几于圣人。欧阳修亦善之，劝先生与之游，而安石亦愿交于先生。先生曰："吾知其人矣，是不近人情者，鲜不为天下患。"安石之母死，士大夫皆吊之，先生独不往，作《辨奸论》一篇，其文曰……当时见者多不谓然，曰："嘻其甚矣。"先生既没三年，而安石用事，其言乃信。夫惟有国者之患，常由辨之不早，子言之，知风之自，见动之微，非天下之至精，其孰能至于此？（张方平《文安先生墓表》，《乐全集》卷三十九，文渊阁四库全书本）

张方平以知情人的姿态，揭示了《辨奸论》乃针对王安石而作，且说明写作的时间在"安石之母死"的时候。我们据曾巩《元丰类稿》卷四十五《仁寿县太君吴氏墓志铭》，可知王安石的母亲吴氏"嘉祐八年八月辛巳卒于京师"。既然是在京师，那么"士大夫皆吊之"等该是实情，《辨奸论》的写成就在此时。

这篇墓表的写法也有些特殊，"作《辨奸论》一篇，其文曰"以下，把《辨奸论》全文一字不漏地抄了一遍。这与其说是张方平把此文视为苏洵可以传给天下后世的最杰出作品，还不如说是他对王安石的敌意的过激表露。苏轼看到这篇墓表后，有一封信写给张方平：

轼顿首再拜。伏蒙再示先人《墓表》，特载《辨奸》一篇，恭览涕泗，不知所云。窃惟先人早岁汩没，晚乃有闻。虽当时学者知师尊之，然于其言语文章，犹不能尽，而况其中之不可形者乎？所谓知之尽而信其然者，举世惟公一人。虽若不幸，然知我者希，正老氏之所贵。《辨奸》之始作也，自轼与舍弟皆有"嘻其甚矣"之谏，不论他人。独明公一见，以为与我意合。公固已论之先朝，载之史册，今虽容有不知，后世决不可没。而先人之言，非公表而出之，则人未必信。信不信何足深计，然使斯人用区区小数以欺天下，天下莫觉莫知，恐后世必有秦无人之叹。此《墓表》之所以作，而轼之所以流涕再拜而谢也。黄叔度澹然无作，郭林宗一言，至今以为颜子。林宗于人材小大毕取，所贤非一人，而叔度之贤，无一见于外者，而后世犹信，徒以林宗之重也。今公之重，不减林宗，所贤惟先人，而其心迹，粗若可见，其信于后世必矣。多言何足为谢，聊发一二。（《谢张太保撰先人墓碣书》，《苏轼文集》卷四十九）

这封书信在"七集本"《东坡集》中已载入，在卷二十九。对张氏撰老苏墓表"特载《辨奸》一篇"表示了感激。所谓"斯人用区区小数，以欺天下"当然也就指王安石，这无非是延续了《辨奸论》的说法。

《辨奸论》把王、苏矛盾深深地镌刻在文化史上，也成为一个话题。后人有的不知这矛盾的起始原委，不能理解苏洵怎会如此仇视王安石，所以怀疑此文是伪作，即"新法"实施以后，那些"旧党"中人借苏洵的名义去诋毁王氏。可是，苏洵并不是传说中的世外高人，他两个儿子活在世上，且有相当的影响力，怎么会有人伪造他的文章而不被戳穿呢？我们当然不认为王安石是个"奸"人，但也不必否认王、苏之间曾经发生的这番冲突。如上所述,《辨奸论》本身,加上张方平的墓表,和苏轼的谢书,三个材料可以相互印证,无懈可击。如果说有一个人伪造了一篇《辨奸论》塞进苏洵的《嘉祐集》,这尚有可能,那么他再伪造一篇墓表,塞入张方平的《乐全集》,再伪造苏轼的谢书,塞进《东坡集》,就是件不可思议的事。因为这三个集子各有其流传的途径、翻刻的历史,一个作伪者能同时干涉三个集子的历史,这样的可能性,基本上是不能考虑的。

二、熙宁时期

宋神宗熙宁二年(1069)王安石任参知政事,设"制置三司条例司",开始策划和实施"新法"。由于这些"新法"并不仅仅是针对具体事务的局部性措施,其整体的指向是要全面改造汉唐以来的体制,回归"三代盛世",所以牵涉面甚广,在实施之初,宋神宗和王安石也不是一意孤行地发令,而是开诚布公让朝臣们讨论的。这当然也因为王安石对他自己的主张,从理论基础到推行方案,都已考虑甚久,而且一切为了国事,并无私人打算,故而颇具自信,一旦获得皇帝信任,便和盘托出,付诸公论,略无犹豫。但付诸公论的结果,却使朝臣们分裂为支持和反对的"新""旧"两党,形成"党争"局面,这样严重的负面效应,也可能是王安石始料未及的。此年,苏轼正好为苏洵服丧完毕,与弟苏辙一起回到朝廷,于是必然地卷入了"党争"。就王、苏关系来说,熙宁时期是他们在政治上明确敌对、激烈交锋的时期。

关于"新法"引起的朝臣分裂和"党争"情形，以及苏轼的态度，我们在第三讲交代"乌台诗案"的缘起时，已大致叙述。这里只补充一些涉及王、苏关系的史料记载，和苏轼本人在这方面留下的文本。

历代正史中，《宋史》是评价不高的一部，却是篇幅最大的一部。它采入的史料非常丰富，我们往往可以在传世的其他书籍中找到这些史料的来历。比如《宋史·苏轼传》说：

> 熙宁二年还朝，王安石执政，素恶其议论异己，以判官告院。

这么几句话，写在正史里，仿佛是客观叙述。但很显然，这是采录了苏辙《亡兄子瞻端明墓志铭》（《栾城后集》卷二十二）中的说法：

> 丁先君忧，服除时熙宁二年也，王介甫用事，多所建立。公与介甫议论素异，既还朝，置之官告院。

对比一下，几乎就是把"王介甫"改成"王安石"而已。对王、苏矛盾的这种表述，史书采用当事人一方的弟弟的说法，已经不够严谨，还用一个"恶"字去揣度王安石的心理，可谓偏见甚深了。实际上，苏辙本人跟兄长一起回朝，给皇帝上书（《上皇帝书》，《栾城集》卷二十一）言及财政问题，立即被神宗赏识，任命他为"制置三司条例司"的属官，参与了策划"新法"的工作。苏氏兄弟在各方面的见解都是相当一致的，既然苏轼与王安石"议论素异"，苏辙难道会不异？但此时王安石并没有因"议论异己"而拒绝苏辙进入他新设的这个核心机构。这件事，若是站在皇帝、宰相的立场，从官僚政治的一般规则看，对于联翩而来的两个亲兄弟，大抵是要放在不同的领域使用的，一个既已处以要职，则另一个暂且赋闲待用，似乎也没有多少不妥。

在苏辙上书议政的时候，苏轼并没有同时上书，初返京城的他显得沉默，所以只得了个判官告院的差遣，未进入更重要的机构，多少也因为他本人不太积极。当然这个状况也并没有维持太久，因为朝野上下议论纷纷，苏辙在"条例司"也经常与王安石、吕惠卿等意见不合，闹到无法共事的地步。这内中情形，苏轼想必是了解的。不过他对于司马光、苏辙激烈反对的那些"理财"之法，最多私下表达一点不满，并没有正式发表意见，他率先独立发表对"新法"的不同意见，是在熙宁二年（1069）五月讨论科举改革的时候，应朝廷的要求，奏上一份《议学校贡举状》。不知什么原因，在历代苏轼别集的版本中，这篇奏状的时间都被误成了熙宁四年正月：

熙宁四年正月□日，殿中丞直史馆判官告院苏轼状奏：准敕讲求学校贡举利害，令臣等各具议状奏闻者。

右：臣伏以得人之道，在于知人，知人之法，在于责实。使君相有知人之才，朝廷有责实之政，则胥史皂隶未尝无人，而况于学校贡举乎，虽因今之法，臣以为有余。使君相无知人之才，朝廷无责实之政，则公卿侍从，常患无人，况学校贡举乎，虽复古之制，臣以为不足矣。

夫时有可否，物有废兴，方其所安，虽暴君不能废。及其既厌，虽圣人不能复。故风俗之变，法制随之。譬如江河之徙移，顺其所欲行而治之，则易为功，强其所不欲行而复之，则难为力。使三代圣人复生于今，其选举养才，亦必有道矣，何必由学。且天下固尝立学矣，庆历之间，以为太平可待，至于今日，惟有空名仅存。今陛下必欲求德行道艺之士，责九年大成之业，则将变今之礼，易今之俗，又当发民力以治宫室，敛民财以食游士，百里之内，置官立师，狱讼听于是，军旅谋于是，又当以时简不率教者，屏之远方，终身不齿，则无乃徒为纷乱，以患苦天下耶？若乃无大变改，而望有益于时，则与庆历之际何异。故臣以谓今学校，特可因循旧制，使先王之旧物不废于吾世，足矣。

至于贡举之法，行之百年，治乱盛衰，初不由此。陛下视祖宗之世贡举之法，与今为孰精？言语文章，与今为孰优，所得文武长才，与今为孰多？天下之事，与今为孰办？较此四者，而长短之议决矣。

今议者所欲变改，不过数端。或曰乡举德行而略文章；或曰专取策论而罢诗赋；或欲举唐室故事，兼采誉望，而罢封弥；或欲罢经生朴学，不用贴、墨，而考大义。此数者皆知其一，不知其二者也。

臣请历言之。夫欲兴德行，在于君人者修身以格物，审好恶以表俗，孟子所谓"君仁莫不仁，君义莫不义"，君之所向，天下趋焉。若欲设科立名以取之，则是教天下相率而为伪也。上以孝取人，则勇者割股，怯者庐墓。上以廉取人，则弊车羸马，恶衣菲食，凡可以中上意，无所不至矣。德行之弊，一至于此乎！

自文章而言之，则策论为有用，诗赋为无益，自政事言之，则诗赋、策论均为无用矣，虽知其无用，然自祖宗以来莫之废者，以为设法取士，不过如此也。岂独吾祖宗，自古尧舜亦然。《书》曰："敷奏以言，明试以功。"自古尧舜以来，进人何尝不以言，试人何尝不以功乎？议者必欲以策论定贤愚、决能否，臣请有以质之。近世士大夫文章华靡者，莫如杨亿，使杨亿尚在，则忠清鲠亮之士也，岂得以华靡少之？通经学古者，莫如孙复、石介，使孙复、石介尚在，则迂阔矫诞之士也，又可施之于政事之间乎。自唐至今，以诗赋为名臣者，不可胜数，何负于天下，而必欲废之！近世士人纂类经史，缀缉时务，谓之策括，待问条目，搜抉略尽，临时剽窃，窜易首尾，以眩有司，有司莫能辨也。且其为文也，无规矩准绳，故学之易成，无声病对偶，故考之难精。以易学之文，付难考之吏，其弊有甚于诗赋者矣。

唐之通榜，故是弊法。虽有以名取人，厌伏众论之美，亦有贿赂公行，权要请托之害，至使恩去王室，权归私门，降及中叶，结为朋党之论，通榜取人，又岂足尚哉。

诸科举取人，多出三路。能文者既已变而为进士，晓义者又皆去以为明经，其余皆朴鲁不化者也，至于人才，则有定分，施之有政，能否自彰，今进士日夜治经传，附之以子史，贯穿驰骛，可谓博矣，至于临政，曷尝用其一二，顾视旧学，已为虚器，而欲使此等分别注疏，粗识大义，而望其才能增长，亦已疏矣。

臣故曰：此数者皆知其一，而不知其二也。特愿陛下留意其远者大者，必欲登俊良，黜庸回，总览众才，经略世务，则在陛下与二三大臣，下至诸路职司与良二千石耳，区区之法何预焉。

然臣窃有私忧过计者，敢不以告。昔王衍好老庄，天下皆师之，风俗陵夷，以至南渡。王缙好佛，舍人事而修异教，大历之政，至今为笑。故孔子罕言命，以为知者少也。子贡曰："夫子之文章，可得而闻也，夫子之言性与天道，不可得而闻也。"夫性命之说，自子贡不得闻，而今之学者，耻不言性命，此可信也哉！今士大夫至以佛老为圣人，鬻书于市者，非老庄之书不售也，读其文，浩然无当而不可穷，观其貌，超然无著而不可把，岂此真能然哉。盖中人之性，安于放而乐于诞耳。使天下之士，能如庄周齐死生，一毁誉，轻富贵，安贫贱，则人主之名器爵禄，所以砺世摩钝者，废矣。陛下亦安用之，而况其实不能，而窃取其言以欺世者哉。臣愿陛下明敕有司，试之以法言，取之以实学，博通经术者，虽朴不废，稍涉浮诞者虽工必黜。则风俗稍厚，学术近正，庶几得忠实之士，不至蹈衰季之风，则天下幸甚。谨录奏闻，伏候敕旨。

（苏轼《议学校贡举状》，《苏轼文集》卷二十五。部分字句参考其他版本，有所校正，并重新标点。）

这是一篇具有重要历史意义的大文字。如果说中国的科举制度以"进士科"为核心，而"进士科"又可根据其考试内容，以王安石变法为界，区分为"诗赋取士"与"经义取士"两段，则此篇奏议就是在变法之际，反对"经义取士"而为"诗赋取士"辩护的代表性文献。

我们首先要指出的是,《议学校贡举状》在当时并不是孤立的,司马光的集子中就有同时同题的奏状,首云:

> 臣准御史台牒,准敕节文:天下学校贡举之法,宜令两府、两省、待制以上、御史台、三司、三馆臣僚,各限一月,具议状闻奏者。(司马光《议学校贡举状》,《温国文正司马公文集》卷三十九,四部丛刊本)

他这一篇的头上交代了朝廷征求意见的范围,其中有"三馆"臣僚,像苏轼有"直史馆"之职,就属于"三馆"臣僚。在这个范围的官员,必须在一个月内上交奏状,表达意见。这是朝廷明确要求的,所以当时的同题奏状必然不少,只是未必都能流传至今而已。就司马光这一篇来说,他也是反对王安石变法主张的,但没有为"诗赋取士"辩护,他关心的主要是全国各地被录取的人数不够平衡的问题,对考试的内容倒不是太在意。跟苏轼一样为"诗赋取士"辩护的,可能还有刘攽,《宋史·刘攽传》记载他的意见,似与苏轼相近,但我们看不到他的奏状了。

其次,王、苏关于科举的争议,虽然具体来说是考"诗赋"还是考"经义""策论"的问题,但这一问题是被置入一个更大的语境之中,就是因袭汉唐之法,还是追复"三代"之法的问题。用考试的方式录取人才,是汉唐之法,"三代"之法是经典中记载的学校养士,所以改革的远期目标,是要废除科举,建立学校来取代其选拔人才的功能。我们明白了这一语境,才能理解苏轼的议状为什么先写了有关"因今日之法"还是"复古之制"的一段，表明经典中记载的上古学校之法，并不能完全重建，而现行的科举之法既然已能实现选拔人才的功能，就不妨延续下去。这里很可能体现了王、苏两家在学术思想上的根本差异，宋人已经关注到这一点，曾对王安石和苏轼的议论加以区别说："王荆公著书立言，必以尧舜三代为则；而东坡所言，但较量汉唐而已。"（晁说之《晁氏客语》）意思是，王安石一心致力于恢复儒家典籍中记载的圣人创设之制度，而苏轼则更乐意比较汉唐以来的制度之得失，加以汲取。恢复"三代"还是继承"汉唐"，确实是宋人发表议论的一个基本语境，我们在南宋的朱熹、陈亮之争中，也能看到这个话题的继续。

当然，王安石本人也知道，建立学校并使之具备选士的功能，不是马上就能做到，因此科举暂时还不能废除，但也要加以改革，这便是改革的近期目标，主要体现在考试内容上：取消诗赋，改考经义、策论。在苏轼接下来列举的当时出现的四点改革意见中，就包含了"专取策论而罢诗赋""不用贴墨而考大义"两点，即改考策论、经义的主张。另外两点，一是"乡举德行而略文章"，是要恢复汉代的做法；一是"兼采誉望而罢封弥"，则是恢复唐代的做法。苏轼对以上四点意见一一加以反对，指出它们都有弊端，而写得最长的，就是为"诗赋取士"辩护的一段。

最后，似乎掉开一笔，另外讲了一个坚持儒学、反对佛道的问题。看上去这个问题跟科举没有直接的关系，而且苏轼的意见不但非常传统，也与他本人贯通三教的总体态度不合。其实，这里也牵涉到一个语境，就是北宋中期所谓"性命之学"

的兴起。这跟上述"三代""汉唐"之争也相关。"汉唐"不是跟"三代"完全对立的，"汉唐"把"三代"留下的一系列文献树为经典，也加以学习，但宋人以为，这种学习是从制度、礼仪、条文着眼的学习方式，是形而下的，而真正的学习，应该先从"三代"经典中抽绎出一套形而上的思想体系，由此出发去处理实际事务，才能再造"三代"盛世。这种形而上的思想体系，就是"性命之学"，主要是从《中庸》《易传》等哲理性比较强的经典篇章中发挥出来的，但发挥过程中不免受到佛道之说的影响，因为老庄哲学和佛教哲学确实在这方面提供了优秀的资源。"性命之学"的兴起，使宋代儒学开始具备不同于汉唐儒学的面貌，后来从中发展出"宋学"的代表性学派，即程朱理学；但在此之前，更早成熟的一套"性命之学"是王安石的学说，当时被称为荆公"新学"。他这套"性命之学"也是其"新法"的理论基础，虽然我们今天要解明这种形而上的哲学体系跟具体的"新法"措施之间的逻辑联系，似乎是个相当艰巨的工作，但"新学""新法"的一体性，当时人都是认可的。这也就是苏轼在反对了有关科举改革的具体意见后，还要追加一段，否定"性命之学"的原因。他有足够的能力辨识出"性命之学"实际上得到佛道哲学的思想启示，所以使用了尊儒学、反佛道的传统话语，意图摧毁王安石的理论基础。

由于王安石的坚持，苏轼的意见并未能阻止科举改革的进行，但神宗皇帝看到这个奏状，确实马上召见了他。看来皇帝未必很重视他的具体意见，只是想鼓励他的参与热情。但自此以后，史料上就连续出现王安石在神宗面前排斥苏轼的记载了。

在有关北宋史事的考察中，李焘的《续资治通鉴长编》是比《宋史》重要得多的基本史籍，这部皇皇大著几乎逐日记录了北宋一代发生的重要事实。不过存世的此书有较多残缺，其中熙宁二年全年至三年初的部分就已阙失。清代学者从各种书籍中搜辑佚文，编成了《续资治通鉴长编拾补》，可以稍补缺憾。我们从此书引录几条相关记载：

> 上曰："欲用轼修中书条例。"安石曰："轼与臣所学及议论皆异，别试其事可也。"（《续资治通鉴长编拾补》卷四，熙宁二年五月条）

> 上阅辙状，问："辙与轼何如？观其学问颇相类。"王安石曰："臣已尝论奏，轼兄弟大抵以飞箝捭阖为事。"（《续资治通鉴长编拾补》卷五，熙宁二年八月条）

> 上数欲用轼，安石必沮毁之。……上以轼所对策示王安石，安石曰："轼材亦高，但所学不正……且如轼辈者，其才为世用甚少，为世患甚大，陛下不可不察也。"（《续资治通鉴长编拾补》卷七，熙宁三年三月条）

很显然，王安石已明确将苏轼视为一个政敌，加以排斥。作为政治家，为了顺利推进其政治改革，他要做的下一步是寻找机会驱逐这个政敌。《续资治通鉴长编》卷二百一十三引录了苏轼的同年林希写的一部笔记《野史》中的记载：

> 王安石恨怒苏轼，欲害之，未有以发。会诏近侍举谏官，

谢景温建言:"凡被举官,移台考劾,所举非其人,即坐举者。"人固疑其意有所在也。范镇荐轼,景温即劾轼,向丁父忧归蜀,往还多乘舟载物,货卖私盐等事。安石大喜,以(熙宁)三年八月五日奏上,六日事下八路案问,水行及陆行所历州县,令具所差借兵夫及柂工讯问。卖盐卒无其实,眉州兵夫乃迎候新守,因送轼至京。既无以坐轼,会轼请外,例当作州,巧抑其资,以为杭倅,卒不能害轼。士论无不薄景温云。

　　林希后来也成为苏轼的政敌,但写《野史》的时候还是替苏轼说话的,讲王安石有意要加害苏轼,想个办法驱逐他。正好朝廷要推举谏官,王安石的亲家谢景温就提个建议:"凡被举官,移台考劾,所举非其人,即坐举者。"被推荐的官员,把名单拿到御史台考核一下,如果这个人不合格,推举的人要被连坐。这建议表面看似乎有些道理,但大家都怀疑谢景温有什么目的。苏轼的同乡长辈范镇推荐苏轼担任谏官,然后谢景温马上调查苏轼,发现了问题。据说,苏洵去世的时候,苏氏兄弟运送苏洵的灵柩回家,在四川和开封之间,来回带了很多的货物,贩卖私盐。北宋的国家官员是不可以做这个生意的,你就算做得很规矩,作为官员也是品德不佳的表现。那么这个说法有没有证据呢?按北宋的制度,御史台其实不需要提供证据,这是御史的特权,叫作"风闻言事",他只要说"我听说的"就可以提出弹劾,而拒绝交代信息来源。于是王安石看到驱逐苏轼的机会来了,"大喜"。熙宁三年(1070)八月五日奏上,第二天就"事下八路案问"。宋代的"路"相当于现在的省那么大,到八个路去查问，经过的州县都去查，询问有没有带货物去贩卖。查下来的结果，没有带盐，但是坐了官家的船。正好朝廷新任命了一位苏轼家乡眉州的地方官，州府派船到外面迎接新官上任，顺便把苏轼一起送出来。这个算是苏轼利用了公家的交通资源，坐了公船。这么一件事，当然没有办法定一个很重的罪名。但是就因为这一场风波，苏轼不能再待在朝廷里面了，只好申请到外面当地方官，避开可能的迫害。按资历他可以当知州，但熙宁四年时给他的任命是杭州通判。

可与以上史籍记载相印证的，是苏轼自己的有关表述。这方面有一系列很难得的文本，就是《西楼帖》中的苏轼家书。南宋人有搜集苏轼墨迹的爱好，而墨迹当然包括了书信，乾道四年（1168）汪应辰在成都西楼将他搜集的苏轼墨迹刻成《西楼帖》三十卷，有一部分拓本传到了现在，其中不少苏轼在熙宁二、三年间写给堂兄的家书，孔凡礼先生已辑入《苏轼佚文汇编》，附在《苏轼文集》之后，下面引录几条：

> 轼二月中，授官告院，颇甚优闲，便于懒拙。却是子由在制置司，颇似重难。主上求治至切，患财利之法弊坏，故创此司。诸事措置，虽在王（安石）、陈（升之）二公，然检详官不可不协力讲求也。常晨出暮归，颇美弊局之清简。（《与子明九首》之一，《苏轼文集·苏轼佚文汇编》卷四，辑自《西楼帖》）

> 轼自到阙二年，以论事方拙，大忤权贵，近令南床捃摭弹劾，寻下诸路体量，皆虚，必且已矣。然孤危可知。……

然人生得丧皆前定，断置已久矣，终不以此屈。(《与子明九首》之三，《苏轼文集·苏轼佚文汇编》卷四，辑自《西楼帖》)

轼久怀坟墓、亲友，深欲一归，但奏状中不敢指乞去处，一任陶铸，故得此也。上批出，与知州差遣。中书不可。初除颍倅，拟入，上又批出，故改倅杭。杭倅亦知州资历，但不欲弟作郡，恐不奉行新法耳。(《与堂兄三首》之三，《苏轼文集·苏轼佚文汇编》卷四，辑自《西楼帖》)

第一条作于熙宁二年(1069)，是刚到朝廷任职的时候，自谓"懒拙"。第二条是熙宁三年被谢景温弹劾后所作，"南床"是唐宋人对"侍御史"一职的习称，他认为这次弹劾出于"权贵"的指使，当然指的就是王安石。第三条叙述了获得杭州通判差遣的经过，并认为不让他当知州，是因为当局怕他不奉行"新法"。

在熙宁年间的苏轼心目中，与王安石冲突是"大忤权贵"，而且他表示"断置已久矣，终不以此屈"，决计不肯屈服。所以，自熙宁四年离朝后，他继续在诗文中对"新法"冷嘲热讽，终于为"乌台诗案"积累起厚厚一叠"罪证"。这一经过，在第三讲中已叙，此处从略。

三、元丰七年（1084）

经过"乌台诗案"和黄州贬居、庐山访禅的苏轼，元丰七年到了江宁府，会见王安石并达成和解，这件事理所当然要成为我们考察王、苏关系的一个新节点。

两位并世的大诗人、大学者，在政治上却互相敌对，这个事实可能颇让后人感到遗憾，所以，在中国一直流传着有关王、苏二人的许多民间故事，但大都将政治冲突改编为诗歌或知识上的竞赛。比如明人冯梦龙编《警世通言》中，就有一篇《王安石三难苏学士》，把王、苏争论菊花是否落瓣的故事讲得绘声绘色：话说王安石写两句诗叹息菊花落瓣，苏轼就续写两句，说菊花都是枯死枝头的，哪里会落瓣，然后王安石把苏轼贬去黄州，苏轼到了黄州才发现，原来世上真有一种落瓣的菊花。这就是故事的基本模式：年轻的苏轼按照概括了事物普遍性的知识去指责王安石的某个错误，但其实那不是错误，而是年长的王安石在他的经验中曾经了解的某个例外情形，因此王安石把苏轼贬谪到那个例外情形存在的地方，让他去亲眼看看。——年长者的特殊经验对年轻人的普遍知识的胜利，确实是绝妙的改编，由于那个例外仅仅是例外，原本无碍大局，所以这决不损害苏轼的才名，但既然他是年少的一方，便必须向长辈折服，即便仅仅因为一个小小的例外现象。虽然年长者要靠特殊经验去制服后生，未免胜之不武，但我们中国人描写的知识竞赛，总喜欢让特殊例外去战胜普遍性，这样的倾向其实值得反思。不过此类故事本身充满了善意，倒是毫无疑问的。可惜的是，它们非但都不真实，而且几乎与王、苏二人的实际情况正好相反，就这二人的思维方式来看，毋宁说王安石更强调普遍原则，而苏轼是更重视特殊事例的。

两大政敌在江宁府的会见，其情形究竟如何？我们先来看宋人笔记中异闻纷呈的面貌：

> 东坡自黄徙汝，过金陵。荆公野服乘驴，谒于舟次。东坡不冠而迎揖曰："轼今日敢以野服见大丞相。"荆公笑曰："礼岂为我辈设哉？"东坡曰："轼亦自知相公门下用轼不着。"荆公无语，乃相招游蒋山。在方丈饮茶次，公指案上大砚曰："可集古人诗，联句赋此砚。"东坡应声曰："轼请先道一句。"因大唱曰："巧匠斫山骨。"荆公沉思良久，无以续之，乃起曰："且趁此好天色，穷览蒋山之胜。此非所急也。"田昼承君是日与一二客从后观之。承君曰："荆公寻常好以此困人，而门下士往往多辞以不能，不料东坡不可以此慑伏也。"（朱弁《曲洧旧闻》卷五）

> 东坡在黄州日，作雪诗云："冻合玉楼寒起粟，光摇银海眩生花。"人不知其使事也。后移汝海，过金陵，见王荆公，论诗及此，云："道家以两肩为玉楼，以目为银海，是使此事否？"坡笑之，退谓叶致远曰："学荆公者，岂有此博学哉！"（赵令畤《侯鲭录》卷一）

> 苏公自黄移汝，过金陵，见王荆公。公曰："好个翰林学士！某久以此奉待。"公曰："抚州出杖鼓鞳，淮南豪子以厚价购之，而抚人有之，保之已数世矣，不远千里，登门求

售。豪子击之，曰：'无声。'遂不售。抚人恨怒，至河上，投之水中，吞吐有声。熟视而叹曰：'你早作声，我不至此。'"

（陈师道《后山谈丛》卷六）

苏东坡既贬黄州，神宗殊念之，尝语宰相王珪、蔡确曰："《国史》至重，可命苏轼成之。"珪有难色。又曰："轼不可，姑用曾巩。"巩为检讨官，先进《太祖总论》，已不当神宗之意，未几罢去。东坡自黄岗移汝坟，舟过金陵，见王荆公于钟山，留连燕语。荆公曰："子瞻当重作三国书。"东坡辞曰："某老矣，愿举刘道原自代"云。（邵博《邵氏闻见后录》卷二十一）

第一则是朱弁《曲洧旧闻》所记，王安石主动到江边去迎接苏轼，然后一起游玩蒋山，两个人还暗比诗才，苏轼大获全胜。当天有人一直跟在王、苏后面，亲眼看到。

第二则是赵令畤《侯鲭录》所记，两人也在谈诗，却说王安石识破了苏轼诗中两个道教的典故，令苏轼好生佩服。

第三则是陈师道《后山谈丛》所记，王安石称赞苏轼的才华，认为他可以做个翰林学士。这"好个翰林学士"，原是南唐的李后主被俘虏到开封时，宋太祖接见他时说的话。王安石把这句话送给苏轼，苏轼的回应则是讲个笑话，意谓您这话怎么不早说。

第四则是邵博《邵氏闻见后录》所记，王安石对《三国志》不满，建议苏轼重新编一部，被苏轼推辞了。不过"愿举刘道原自代"的话有点莫名其妙，刘恕（字道原）固然是个优秀的史学家，但王、苏在江宁府会面时，刘恕已去世好多年了。

我们很难判断这些记载可信与否，但其内容大抵无关紧要，所以不妨姑妄听之。种种记载中，只有邵伯温的《邵氏闻见录》卷十二记述到两人对政治的谈论。他说，王安石与苏轼本来没有矛盾，是苏轼的同年吕惠卿嫉妒苏轼的才华，离间了王、苏关系，所以王安石在熙宁初排斥苏轼。后来王安石重用李定，苏轼却指责李定不孝，所以李定炮制"乌台诗案"陷害苏轼，使他贬谪黄州。接下来，就是王、苏在江宁府的会面情形了：

> 见介甫，甚欢。子瞻曰："某欲有言于公。"介甫色动，意子瞻辨前日事也。子瞻曰："某所言者，天下事也。"介甫色定，曰："姑言之。"子瞻曰："大兵大狱，汉唐灭亡之兆，祖宗以仁厚治天下，正欲革此。今西方用兵，连年不解，东南数起大狱，公独无一言以救之乎？"介甫举手两指，示子瞻曰："二事皆（吕）惠卿启之，某在外，安敢言？"（邵伯温《邵氏闻见录》卷十二）

这里说的"大兵大狱"，就是北宋挑起的与西夏的战争，以及包括"乌台诗案"在内的连续几件大案，确实是元丰政治的特色之一。如果说苏轼希望王安石能起到一点劝阻作用，倒也不无可能。问题是，邵伯温并未提到当时还有何人在场，也未说明他的记载有何来源，那么，像"介甫色动""色定""举手两指"这样绘声绘色、仿如目击的生动描述，就很容易令人生疑。读者不免要问："这些情形，难道你看到了吗？"当然，仅凭这一点也不能完全否认这段记载的真实性，因为中国传统的历史叙述方式，从来就是一种"全能叙述法"：记述者像个全能的神，什么都知道，包括历史人物临死前的心理活动。所以，正史的编者似乎相信邵伯温的记载，把这段谈话内容采入了《宋史》的《苏轼传》。《宋史》采入史料的"丰富"性，于此也可窥见一斑。

这样，所有记载都在疑似之间，故二人的谈话内容如何，还是莫测究竟。现在，我们依靠苏轼本人留下的相关表述，略做梳理。

"乌台诗案"的一个文本《诗谳》（《丛书集成》本），其末尾记载王安石可能为苏轼说过话："旧传元丰间朝廷以群言论公（苏轼），独神庙惜其才，不忍。大丞相王文公曰：'岂有圣世而杀才士者乎？'当时谳议以公一言而决。"这个"旧传"是否可靠，现在难以考见。但王安石的弟弟王安礼确实曾向神宗进言，营救苏轼，这在《续资治通鉴长编》的元丰二年部分和《宋史·王安礼传》中都有详细叙述，是没有疑问的。王氏兄弟的政见看来并不像苏氏兄弟那样一致，但无论如何，总是一家人，王安礼此举至少可以缓解两家之间的矛盾。到了元丰四年（1081），谪居中的苏轼收到一位"新党"官员李琮的信，告诉他王安石曾夸奖他的文章，苏轼有回复云：

> 知荆公见称《经藏》文，是未离妄语也，便蒙印可，何哉？……秦太虚维扬胜士，固知公喜之，无乃亦可令荆公一见之欤？（苏轼《答李琮书》，《苏轼文集》卷四十九）

这里讲的"《经藏》文",指苏轼于元丰三年（1080）所作的《胜相院经藏记》（《苏轼文集》卷十二），是一篇偈语式的谈佛文章。借助于谈佛，王安石通过李琮向苏轼表达了善意，苏轼随即拟委托秦观去与王安石接触，要李琮引见。虽然李琮和秦观都没能完成这个中介任务，但可见双方是早就有意和解的。从宋代士大夫的一般情形看，政敌之间的友谊其实并不太稀见，也并不难以理解：士大夫只是给皇帝出谋划策，或接受皇帝委任去办事，至于谁的意见被采用，或谁获得委任，那都是皇帝决定的事，士大夫之间本来没有什么生死怨仇。当然这里面有利益关系，如果以利益介怀，或者便产生怨仇。但到元丰七年（1084），王安石已经退休甚久，苏轼刚刚从贬地回来，一个半山居士与一个东坡居士之间不存在利益斗争，原先的政见差异与人们之间很多其他的差异一样，如果胸襟宽广，是可以不影响友谊的。

元丰七年苏轼到达江宁府之前，经过当涂的时候，还拜会了王安石的诗友郭祥正，并乘着醉兴在郭家壁上画竹石一幅，两人还互赠诗歌（《郭祥正家，醉画竹石壁上，郭作诗为谢，且遗二古铜剑》，《苏轼诗集》卷二十三）。这样，谈佛以外，写诗也可能是苏轼通过郭祥正走向王安石的途径。所以，在江宁府会面以后，苏轼自己对相谈内容的表述，就是"诵诗、说佛"两点，见其写给"旧党"密友滕元发的书信：

　　　某到此，时见荆公，甚喜，时诵诗说佛也。（苏轼《与滕达道六十八首》之三十八，《苏轼文集》卷五十一）

然而，仅仅是"诵诗""说佛"么？这好像不太能让人满意。政敌之间有相近的文化趣味，当然并不奇怪，胸襟宽广的政治家也不妨与政敌"诵诗""说佛"，但从某种意义上说，这二人见面要是不谈政治，毕竟也用不着"时见"——屡次见面的。

好在苏轼本人留下的围绕此事的文本，也不算太少。《苏轼文集》中有他此时写给王安石的两封尺牍：

> 某启。某游门下久矣，然未尝得如此行，朝夕闻所未闻，慰幸之极。已别经宿，怅仰不可言。伏惟台候康胜，不敢重上谒。伏冀顺时为国自重。不宣。（《苏轼与王荆公二首》之一，《苏轼文集》卷五十）

> 某顿首再拜特进大观文相国执事。某近者经由，屡获请见，存抚教诲，恩意甚厚。别来切计台候万福。某始欲买田金陵，庶几得陪杖屦，老于钟山之下。既已不遂，今仪真一住，又已二十日，日以求田为事，然成否未可知也。若幸而成，扁身往来，见公不难矣。向屡言高邮进士秦观太虚，公亦粗知其人，今得其诗文数十首，拜呈。词格高下，固无以逃于左右，独其行义修饬，才敏过人，有志于忠义者，某请以身任之。此外，博综史传，通晓佛书，讲习医药，明练法律，若此类，未易以一二数也。才难之叹，古今共之，如观等辈，实不易得。愿公少借齿牙，使增重于世，其他无所望也。秋气日佳，微恙颇已失去否？伏冀自重。不宣。（《苏轼与王荆公二首》之二，《苏轼文集》卷五十）

第一篇讲"朝夕闻所未闻",不知闻的是什么?但如果一味只是"诵诗""说佛",又何至于如第二篇所表述的,要在附近买田安家,相邻而住呢?当然我们可以认为,王安石毕竟地位高、年辈长,苏轼这么说只是出于礼貌,并不真心。就算如此,在写给对方的信中这么说,也须以二人乐于相见为前提吧。在此信的后半部分,苏轼明确表示他对王安石没有别的要求,只希望借助王安石的影响力,使秦观获得重视。此时的秦观,还在准备举业,要去参加元丰八年(1085)的进士省试。

由此看来,王、苏之间恐怕不是一般的和解,令人怀疑那已经不是撇开政治态度的诗酒之交,而是在政治上也已经获得某种程度的互相谅解。这一点,在苏轼当时写的诗里可能透露出更多信息:

> 骑驴渺渺入荒陂,想见先生未病时。劝我试求三亩宅,从公已觉十年迟。(苏轼《次荆公韵四绝》之三,《苏轼诗集》卷二十四)

此诗刻画出晚年王安石的一个"骑驴病叟"之剪影,颇为传神。第三句也提到买田安家的事,看来结邻而住还是王安石先表示的意愿,这当然也可以被认为只是客气而已,但最后一句"从公已觉十年迟",却极堪玩味。字面意思是:十年前我就应该追随您。

为什么说十年前呢?距此十年前,算起来,正在熙宁七、八年(1074、1075),王安石罢相与第二次入相的时候。为什么苏轼说这个时候的王安石是他愿意追随的呢?苏轼对于这段往事，后来有这样的说法：

> 天下病矣……虽安石亦自悔恨。其去而复用也，欲稍自
> 改，而（吕）惠卿之流恐法变身危，持之不肯改。（苏轼《司
> 马温公行状》，《苏轼文集》卷十六）

他说王安石第二次入相的时候，对于"新法"有"稍自改"
之意。必须注意的是，这话是写在"元祐更化"的主持人司马
光的行状中，如果不是实有所据，就显得很奇怪。因为当时正
在举世歌颂司马光的"更化"，而咒骂王安石的"新法"，王安
石的罪恶越大，司马光的功德就越高，苏轼何以要在如此重要
的文件中，采取这种仿佛为王安石辩护的说法？确实，根据现
存史料，我们很难证明王安石是否曾有此意，但要说苏轼是捏
造故事，则似乎也找不到捏造的动机和必要性。那么，如果不
是捏造，就是他们之间一度取得过这样的理解，而这一度恐怕
只能在江宁府会谈时。所以我认为，"从公已觉十年迟"的意思
当是"从公""稍自改"，也就是说，他们可以有一种建立于"稍
自改"上的合作。

"稍自改"的政治含义是什么？这个当然很难明确界定，但
有一点我们应该考虑，就是这个时候的神宗皇帝的政治动向。
不幸英年早逝的这位"神考"，在其身后成为新、旧两党都要
争取的一面旗帜，"新党"固然是以"绍述"为名，一切都说成
继承他的遗志，"旧党"也力图证明神宗晚年"追悔往事"，只
没来得及亲自"更化"而已。两种说法都只强调于己有利的一
面，但多少也都有些事实根据。一方面，在王安石二次罢相以

后，神宗依然坚持实施"新法"，长达十年，并未放弃；另一方面，他晚期对司马光、吕公著等"旧党"的人物也确实表达了重新起用的善意，而苏轼离开黄州暂时赋闲、苏辙离开筠州去任歙州绩溪县（今属安徽省）的县令，也都是这种善意的表示。所以，综合来看，神宗晚期所希望造就的政治局面，大概是在总体上仍实施"新法"的前提下，弥合新、旧两党。这其实也不难理解，既然为了施行"新法"而付出了"新旧党争"的代价，那么在他感觉"新法"已被实施多年，成为常态，那些异见人士将不再具有破坏力的时候，就致力于减小代价，消弭"党争"。作为皇帝，他有这样的愿望应该说极为自然，而皇帝的政治动向，作为当时的政治家，总是有必要把握的。

王安石的心意，我们很难揣度；但对于苏轼来说，却不难确定，在不知道神宗马上会去世的前提下，他能够设想和争取的政治前途，最好也不过如此。见过王安石后，苏轼给"旧党"的滕元发写信，除了说他与王安石"诵诗""说佛"外，接下去又云：

公莫略往一见和甫否？余非面莫能尽。（苏轼《与滕达道六十八首》之三十八，《苏轼文集》卷五十一）

"和甫"就是王安礼。苏轼刚会见乃兄，又建议滕元发去见乃弟，应该不是叫滕元发也去跟王安礼"诵诗""说佛"吧，否则何以"非面莫能尽"？当然他没有写出这个建议的目的，但如考虑到当时宋神宗已致力于消弭"新旧党争"，则两党的人物主动寻求和解或者合作，应该是顺应形势之举吧。所以，"从公""稍自改"的表述，虽然比较模糊，但其方向，是向他们所体会到的此时神宗皇帝的心意靠近，估计没有问题。

遗憾的是，随着神宗的去世，两党人物的合作局面没有在历史上出现，反而是"党争"情形继续恶化。元丰七年成为王、苏二人最靠近的一年，此后又逐渐拉开距离。

四、元祐元年（1086）

元丰八年（1085）三月宋神宗驾崩，宋哲宗继位，年仅十岁，所以神宗临终前拜托了他的母亲高氏临朝听政，这便造成哲宗朝前期由太皇太后掌控朝政的局面。她一上台，就迅即起用以司马光为首的"旧党"人物，由司马光做主，用"以母改子"的名义，废除神宗施行已久的"新法"，罢黜"新党"大臣，政局完全逆转。由于次年即改年号为"元祐"，故此番政局逆转，史称"元祐更化"。

关于神宗晚年"追悔往事"的说法，其最重要的来源之一，就是太皇太后高氏。从一般的常情来看，她的"追悔"之说，至少比后来哲宗皇帝所声称的"绍述"，更接近神宗临终前的心愿。哲宗虽是神宗的儿子，但父亲在世时，他还过于年幼；而高氏是神宗的母亲，如果不是出于对神宗愿望的了解，她一旦掌控政权，就急急忙忙去召集儿子的许多"敌人"来充满朝廷，这样一位母亲就太匪夷所思了。因此，相对于哲宗来说，应该是高氏对神宗更为了解一些的，但她了解到什么程度，神宗是不是托付她完全"更化"，这就不可知了。

当司马光在朝廷一条条废除"新法"时，王安石远在江宁府，其心情肯定是不会好的，但除了亲朋之间可能有些私下谈论外，并没有正式向朝廷表达意见。元丰八年三月哲宗登基时，他写过《贺哲宗皇帝登极表》(《临川先生文集》卷六十一，"哲宗"的称呼当是后来编集时所加)，只表祝贺，未及政见。同月，他将自己的宅第施舍为寺，曰"金陵报宁禅院"，亲写疏文，聘请真净克文为开山住持。克文禅师的这个"真净"之号，也是他此时奏闻朝廷，请求赐予的。这份奏折没有保存下来，但这大概是他生前正式向北宋朝廷提交的最后文字。元祐元年(1086)四月，王安石去世，按例应该有个"遗表"送上朝廷，但文集中不存，当时也可能由亲属代写，可以不论。据吕希哲《吕氏杂记》卷下、陆游《家世旧闻》卷下等笔记所说，《临川先生文集》卷二的《新花》一诗，是他临终前不久的绝笔之作：

老年少忻豫，况复病在床。汲水置新花，取慰此流芳。流芳只须臾，我亦岂久长。新花与故吾，已矣两可忘。

他对自己的变法事业未置可否，一任后世评说，个人只希望宁静地走向生命的终点，其皈依佛禅，应属真诚。十五年后，苏轼也是如此：生命的终点是诗和禅，在这一点上，王、苏完全一致。

司马光其实是王安石的老朋友，虽政见始终相违，但对王安石的"文章节义"仍予肯定。讣闻朝廷，他立即主张朝廷宜加厚礼，赠官太傅。这赠官太傅的制书起草人，正是时任翰林学士的苏轼。

敕。朕式观古初，灼见天意。将有非常之大事，必生希世之异人。使其名高一时，学贯千载。智足以达其道，辩足以行其言。瑰玮之文，足以藻饰万物；卓绝之行，足以风动四方。用能于期岁之间，靡然变天下之俗。具官王安石，少学孔、孟，晚师瞿、聃。网罗六艺之遗文，断以己意；糠秕百家之陈迹，作新斯人。属熙宁之有为，冠群贤而首用。信任之笃，古今所无。方需功业之成，遽起山林之兴。浮云何有，脱屣如遗。屡争席于渔樵，不乱群于麋鹿。进退之美，雍容可观。朕方临御之初，哀疚罔极。乃眷三朝之老，逖在大江之南。究观规模，想见风采。岂谓告终之问，在予谅暗之中。胡不百年，为之一涕。于戏。死生用舍之际，孰能违天；赠赗哀荣之文，岂不在我。宠以师臣之位，蔚为儒者之光。庶几有知，服我休命。可。（苏轼《王安石赠太傅制》，《苏轼文集》卷三十八）

我们在第二讲中曾提及，苏轼登制科后初入仕途的任官制书，是王安石所起草；而王安石去世后，朝廷给予的第一份褒赠制书，则是苏轼所起草。

这一份制书当然都是称赞之语，但王、苏之间有"宿憾"是当时人都有所耳闻的事，所以宋人读这篇制书，有意无意都想刺探其中的"微意"，就是貌似夸奖而暗寓讥讽之处。然而找来找去，却也找不见哪一句是可以被证实为含有恶意的。比较多地引人联想的，是"少学孔、孟，晚师瞿、聃"一句，有人以为这是在讥刺王安石背叛了儒学。其实，苏轼不久前还在江宁府跟王安石本人"诵诗说佛"，无论从苏轼一方，还是从王安石一方说，"晚师瞿、聃"都是事实，并不构成讽刺。

关于王安石的研究，最近有个重要的成果，就是刘成国先生的《王安石年谱长编》（中华书局2018年版），搜集王氏的传记、评论资料非常丰富和全面。在元祐元年的部分，他引录了苏轼的这封制书，又详细摘录宋人的各种意见，然后他加以判断，认为制书的行文基本上传达出司马光之所以要褒赠王安石的原意，其间并未包含讥刺的意思，但全文都在赞赏王安石的道德人品、学问文章，而对其变法事业几乎不著一词，可见苏轼对王安石的"相业"仍是否定的。

确实，从"属熙宁之有为，冠群贤而首用。信任之笃，古今所无"，正谓其获得神宗信任而展开"相业"，马上就跳到"方需功业之成，遽起山林之兴。浮云何有，脱屣如遗"，仿佛还没展开就扬长而去，一代经纶真的如"浮云"一般。通常情况下，对一位刚刚去世的前朝宰相加以表彰，最重要的内容应该是强调其"相业"的成功，而《王安石赠太傅制》似乎恰恰就缺乏这一项内容。这一点当然无须讳言，苏轼确实没有也不可能赞美"新法"。而且，既然是在"元祐更化"的时代里，即便王安石地下有知，也不会指望有这方面的赞美吧。

换一个角度说，把熙宁年间的施政方案，即一系列"新法"视为王安石对历史的最大贡献，可能是我们现在比较常见的看法，但这未必符合王安石本人的人生追求。我觉得"相业"这个词很具启发性，王安石虽有很强的社会责任感，有很坚定的政治追求，但他不是个君主，当然也没有要篡夺皇位的想法，他自己能够期待的最高位置就是宰相，所以怎么去做一个宰相，给历史留下一份怎样的"相业"，才是他可以思考的问题。

在唐宋以前的中国历史上，受到称道的宰相，或者说理想的"王者之佐"，大抵有两类形象：伊周型与萧曹型。以伊尹、周公为代表的一类，是导师型的；以萧何、曹参为代表的一类，是能吏型的。杜甫诗云："伯仲之间见伊吕，指挥若定失萧曹。"（《咏怀古迹五首》之五，《杜诗详注》卷十七）说的就是这两类。"伊吕"的意思同更为常见的"伊周"一样，只是因诗歌平仄律的需要而改"周"为"吕"。杜甫用这一联诗来称赞诸葛亮，他认为诸葛亮既有导师风范，又有能吏才智，是伊周型与萧曹型的统一，可以说是"宰相"的最高代表。与此相似的说法，也见于苏轼的笔下：

> 西汉之士多智谋，薄于名义；东京之士尚风节，短于权略。兼之者，三国名臣也，而孔明巍然三代王者之佐，未易以世论也。（苏轼《三国名臣》，《苏轼文集》卷六十五）

> 诸葛孔明不以文章自名，而开物成务之姿，综练名实之意，自见于言语。至《出师表》简而尽，直而不肆，大哉言乎！与《伊训》《说命》相表里，非秦汉以来以事君为悦者所能至也。（苏轼《乐全先生文集叙》，《苏轼文集》卷十）

将《出师表》与《尚书》中的《伊训》《说命》等量齐观，可见他把诸葛亮放在与伊尹、傅说等"三代"王者之师相当的地位，而同时又肯定其智谋权略，足以处理实务。当然，诸葛亮的实际情况是否如此，并不重要，宋人心目中理想的宰相，是伊周导师型与萧曹能吏型的统一，这一点可以成为我们考察宋人如何评价"相业"的一种参照。

为什么要把伊周型与萧曹型结合起来呢？从天下属于皇帝，宰相带头替皇帝办事的角度说，成为能吏足矣；但如果你还有再造"三代"盛世的社会理想，有一套"致君尧舜"的思想学说要付诸实践，那么在不取代君主的前提下，就必须成为导师，让君主接受你的思想，一起开创盛世。所以，成为导师是更重要的，而同时若具备处理实务的精明才干，则兼为能吏，便可以成就最好的"相业"。

在著名的《虔州学记》中，王安石表达了这个意思。他说上古尧舜禹的时候，国家都办学校养士，而根据学业成就的不同来分别对待：

> 举其学之成者，以为卿大夫，其次虽未成而不害其能至者，以为士，此舜所谓"庸之"者也；若夫道隆而德骏者，又不止此，虽天子，北面而问焉，而与之迭为宾主，此舜所谓"承之"者也；蔽陷畔逃，不可与有言，则挞之以诲其过，书之以识其恶，待之以岁月之久而终不化，则放弃杀戮之刑随其后，此舜所谓"威之"者也。（王安石《虔州学记》，《临川先生文集》卷八十二）

这里的"庸之""承之""威之"都出自《尚书·益稷》篇中舜对禹说的一段话，被王安石解释为"三代"的学校政策。对好学生加以提拔，叫作"庸之"，对坏学生加以惩罚，叫作"威之"，这都没有问题。但中间还有"承之"，对学有大成、道德崇高的人，天子要向他虚心请教，特别尊重。这一点是王安石独有的释义，可以说，这个受天子"北面而问"的"道隆而德骏者"，才是他的自命。如此看来，王安石对于自己的成就，恐怕会把他的思想体系即"新学"看得更重要些，他以此教导宋神宗，成为君主的导师，引导君主去再造"三代"盛世；而"新法"则是具体的措施，包括财政、军事等方面，体现他的吏能，但总体上他并不是一个沉迷于财政、军事的人。

平心而论，如果撇开上古"三代"的那些传说，历代宰相中像诸葛亮、王安石那样兼具导师和能吏两种身份，或者说将伊周型和萧曹型统于一身的，实也屈指可数。所以，对于王安石"相业"的评价，可以不执着于"新法"在北宋时期施行的具体效果、利弊，而从更大的历史视野，从"士生天地间，如何得君行道"这样一个根本的层面去看。就此而言，成败效果其实可以不予考虑，比如杜甫、苏轼推崇的诸葛亮，也并不是一个成功者。

按这样的思路，我们再回头看苏轼的《王安石赠太傅制》，所谓"名高一时，学贯千载"，"罔罗六艺之遗文，断以己意；糠粃百家之陈迹，作新斯人"，"信任之笃，古今所无"等，实际上已揭示出王安石近于伊周的导师身份；而"智足以达其道，辩足以行其言"，"用能于期岁之间，靡然变天下之俗"等句，则谓其兼具不逊于萧曹的吏能。这与他称赞诸葛亮"巍然三代王者之佐"的理由是相当一致的。所以，这些赞美不是空洞的誉辞，是给予最好的"宰相"的赞美。苏轼是不是真心认为王安石比得上诸葛亮，那是另一回事，但从这样一个层面来加以肯定，可能比称颂其施行"新法"的具体效果，更适合成为王安石的安魂曲。

五、建中靖国元年（1101）

写作《王安石赠太傅制》的时候，苏轼其实正在协助司马光废除"新法"，摧毁王安石作为能吏的遗产。对于其作为导师的遗产"新学"，也努力把它从国家指导思想的地位上拉下来，至少取缔了《三经新义》和《字说》在科举中的"标准解释"的地位，并且恢复了诗赋考试。所以，虽然他正确地概括了王安石"相业"的特点是导师和能吏的统一，也认为这样才是好的宰相，但对这位导师、能吏的具体主张，无论是思想性的还是实践性的内容，都不以为然。

不妨说，学者型政治家以导师和能吏相统一的"宰相"为人生的最高追求，是比较自然的。然而，中国文化发展到北宋时期的实际情况，是无论学术思想还是政治见解，都已形成各具特色的诸多流派，而且学术上的"新学""洛学""蜀学""元祐学术"之称，与政界的"新党""洛党""蜀党""元祐党人"等称呼具有相当程度的对应性，如果政治领袖真的既为能吏又要做导师，那无异于在政治控制的同时又加以思想控制。因此，导师和能吏的统一虽被推崇为"相业"的最高典范，但这样的"相业"是不是也会给社会文化带来负面作用，就是值得思考的问题。事实上，北宋"新旧党争"所造成的后果，不光是具体政策的轮番改变，也伴随着占据主导地位的学术思想的改换。这种改换，王安石经历得不多，他树立了"新学"的主导地位，刚刚受到冲击，他就去世了；而苏轼则在随后的十余年间，看到"新学"作为指导思想的地位失而复得，得而复失，他本人的"蜀学"则一度被定性为曲学邪说，这就会促动他对政治领袖兼为导师的这种模式本身加以反思。

　　由于政治领袖兼为导师的模式，是王安石在《虔州学记》中明确表达的，所以苏轼把他反思的结果，写成了一篇与《虔州学记》针锋相对的文章，就是《南安军学记》。写作此文时，苏轼已在其生命的最后一年，即建中靖国元年（1101）的三月四日。北宋的虔州和南安军是两个相邻的州级行政单位，现在都属于江西省赣州市。"学记"这类文章，是王安石比较擅长的，而苏轼一生只写过这一篇。

　　古之为国者四，井田也，肉刑也，封建也，学校也。今亡矣，独学校仅存耳。古之为学者四，其大者则取士论政，而其小者则弦诵也。今亡矣，直诵而已。舜之言曰："庶顽谗说，若不在时。候以明之，挞以记之。书用识哉，欲并生哉。工以纳言，时而飏之。格则承之庸之，否则威之。"格之言改也。《论语》曰："有耻且格。"承之言荐也。《春秋传》曰："奉承齐牺。"庶顽谗说不率是教者，舜皆有以待之。夫化恶莫若进善，故择其可进者，以射候之礼举之。其不率教甚者，则挞之，小则书其罪以记之，非疾之也，欲与之并生而同忧乐也。此士之有罪而未可终弃者，故使乐工采其讴谣讽议之言而飏之，以观其心。其改过者，则荐之，且用之。其不悛者，则威之、屏之、樊之、寄之类是也。此舜之学政也。

　　射之中否，何与于善恶，而曰"候以明之"，何也？曰：射所以致众而论士也。众一而后论定。孔子射于瞿相之圃，盖观者如堵，使弟子扬觯而序点者三则仅有存者。由此观之，以射致众，众集而后论士，盖所从来远矣。《诗》曰："在泮献囚。"又曰："在泮献馘。"《礼》曰："受成于学。"郑人游乡校，以议执政，或谓子产："毁乡校何如？"子产曰："不可。善者吾行之，不善者吾改之，是吾师也。"孔子闻之，谓子产仁。古之取士论政者，必于学。有学而不取士、不论政，犹无学也。学莫盛于东汉，士数万人，嘘枯吹生，自三公九卿，皆折节下之，三府辟召常出其口。其取士论政，可谓近古，然卒为党锢之祸，何也？曰：此王政也。王者不作，而士自以私意行之于下，其祸败固宜。

朝廷自庆历、熙宁、绍圣以来，三致意于学矣，虽荒服郡县必有学，况南安江西之南境，儒术之富，与闽、蜀等，而太守朝奉郎曹侯登，以治郡显闻，所至必建学，故南安之学，甲于江西。侯仁人也，而勇于义。其建是学也，以身任其责，不择剧易，期于必成。士以此感奋，不劝而力。费于官者，为钱九万三千，而助者不赀。为屋百二十间，礼殿讲堂，视大邦君之居。凡学之用，莫不严具，又以其余增置廪给食数百人。始于绍圣二年之冬，而成于四年之春。学成而侯去，今为潮州。

轼自海南还，过南安，见闻其事为详。士既德侯不已，乃具列本末，赢粮而从轼者三百余里，愿纪其实。夫学，王者事也，故首以舜之学政告之。然舜远矣，不可以庶几。有贤太守，犹可以为郑子产也。学者勉之，无愧于古人而已。建中靖国元年三月四日，朝奉郎提举成都府玉局观眉山苏轼书。

（苏轼《南安军学记》，《苏轼文集》卷十一）

这篇学记的后半部分是叙述地方官修建学校的经过，以及自己应人请求而作文的缘起，前半部分则纯为议论，而这样的议论，正是针对《虔州学记》而来。

王安石《虔州学记》作于宋英宗治平年间，写成后在当时就被视为名作，至少被视为王安石思想的具有代表性的表述。苏轼也曾对此文发表过评论：

> 王文公见东坡《醉白堂记》，云："此乃是韩白优劣论。"东坡闻之曰："不若介甫《虔州学记》，乃学校策耳。"（胡仔《苕溪渔隐丛话前集》卷三十五引《西清诗话》）

这一条材料经常被引用来说明北宋古文家打通了各种文类的写法：王安石批评苏轼把一篇"记"写成了"论"，而苏轼则反驳说，王自己也把"记"写成了"策"。值得注意的是，所谓的"策"正是苏轼最擅长的文类，他一定对这个文类的写作特点甚具体会，谓《虔州学记》乃"学校策"，正说明了他对此文的关注非同一般。

为什么说《虔州学记》是"学校策"呢？当然因为这篇"学记"不光记叙一所学校的兴办经过，还有一套关于学校与政治之关系的论述。而王安石的论述，所谓"庸之""承之""威之"之类，是以《尚书·益稷》中舜对禹说的一段话作为经典依据的。苏轼在《南安军学记》中也引录了这段话，谓之"此舜之学政也"。其实这段话的大意是讲如何对待有错误的人，称为"学政"似乎比较勉强，但确实是跟教育相关的。王安石显然也把这段话当成"学政"，认为君主对于士人，应随其学习的结果如何而分别采取"庸之""承之""威之"三种对待的办法。我们前面已提到过,把"庸之"解释为对学有所成的人加以委任,把"威之"解释为对犯了错误的人加以惩罚,这都没有问题;王安石议论的特色在于把"承之"解释为对"道隆而德骏者"要特别尊重,这一点非常关键,是对导师位置的设定。

本来,我们也可以把《虔州学记》的此种议论看作王安石自己关于教育与政治之关系所发表的主张,但既然是根据《尚书》的经文而立论,那就存在着如何正确理解经文的问题。王安石显然把"承之"理解为尊重、推崇的意思,所以苏轼作《南安军学记》,特意引录"舜之学政"的这段原文,从辨析字义开始,加以串释。按照他的理解,整段话都是讲如何对待有错误的人,跟"道隆而德骏者"毫无关系,"承之"自然不应被理解为尊崇之义,所以他释"格"为改,释"承"为荐,并提供了书证。很明显,他之所以如此细致地加以考究,就是为了说明《虔州学记》对经文的理解是错误的,摧毁其议论的经典依据。

就后出的各种《尚书》注释来看,大致以赞同苏轼的居多,如蔡沈的《书经集传》,便完全采用苏轼的解说,而清代的《御选古文渊鉴》(《四库全书》本)卷四十七选录《虔州学记》时,还特意加了一个夹注:"《书·益稷篇》'格则承之、庸之,否则威之',言庶顽谗说,如其改过则进之、用之,如其不改,然后刑以威之。"加上这个夹注的用意,显然在于"纠正"王安石的"误读"。

当然,真正的问题并不在于王安石是否"误读"经文,而在于他所表述的,对于"道隆而德骏者","虽天子,北面而问焉,而与之迭为宾主"的主张。宋徽宗时代的陈瓘曾指责《虔州学记》包含了王安石的不轨之心，其根据就是这几句话：

> 臣伏见治平中安石唱道之言曰："道隆而德骏者，虽天子，北面而问焉，而与之迭为宾主。"自安石唱此说以来，几五十年矣，国是之渊源，盖兆于此矣。臣闻天尊地卑，乾坤定矣，定则不可改也。天子南面，公侯北面，其可改乎？今安石性命之理，乃有天子北面之礼焉。夫天子北面以事其臣，则人臣何面以当其礼？（陈瓘《四明尊尧集序》，《宋忠肃陈了斋四明尊尧集》卷一，《四库存目丛书》影印清康熙刻本）

> 临川之所学，不以《春秋》为可行，谓天子有北面之仪，谓君臣有迭宾之礼。礼仪如彼，名分若何？此乃衰世侮君之非，岂是先王访道之法？赣州旧学记刊于四纪之前，辟水新雍像成于一婿之手，唱如声召，应若响随，使王氏浸至于强梁。（陈瓘《进四明尊尧集表》，《宋忠肃陈了斋四明尊尧集》卷一）

这是说，蔡卞（王安石女婿）在太学里设王安石的像，奉王氏学说为国家指导思想（所谓"国是"），原出《虔州学记》的召唤。陈瓘因为反对王氏"新学"，在北宋徽宗朝吃尽了苦头，但到南宋初却得到宋高宗的表彰，《建炎以来系年要录》绍兴二十六年七月乙卯记事云：

> 诏故赠右谏议大夫陈瓘特赐谥忠肃。先是，上谓辅臣

曰："近览瓘所著《尊尧集》，无非明君臣之大分，深有足嘉。《易》首乾坤，孔子作《系辞》亦首言天尊地卑，《春秋》之法无非尊王。王安石号通经术，而其言乃谓道隆德骏者，天子当北面而问焉，其背经悖理甚矣。瓘宜赐谥以表之。"（《建炎以来系年要录》卷一百七十三，上海古籍出版社1992年版）

尊君的原则得到君主的肯定，当然不难理解。但宋高宗指责王安石"背经悖理"，却也不然。因为"北面而问焉"及"迭为宾主"之说，自有来源。《吕氏春秋·下贤》云："尧不以帝见善绻，北面而问焉。"《孟子·万章下》云："舜尚见帝（按指尧），帝馆甥于贰室，亦飨舜，迭为宾主。是天子而友匹夫也。用下敬上，谓之贵贵；用上敬下，谓之尊贤。贵贵、尊贤，其义一也。"可见王安石所根据的，都是尧的故事，非但不曾"背经悖理"，正可谓深通经术。清代蔡上翔作《王荆公年谱考略》，也据《孟子》之义为《虔州学记》辩护（参考蔡上翔《王荆公年谱考略》卷十一，上海人民出版社1973年版）。

围绕"舜之学政"的解读所引起的问题，大致如上所述。我们因此可以相信《南安军学记》确是针对《虔州学记》而作。但通读两篇文章，也不难知道，两家的对立之处，主要还不在"承之"一词的解释上，也不在对于"北面而问焉"或"迭为宾主"之说的肯定与否。他们的对立甚至也不限于教育、政治的方面，而是其思想整体的相当深刻的对立。

北宋的政治，是一种典型的士大夫政治。所谓"士大夫"，就是以进士及第者为主的文官及其预备队（即准备应试的士子），他们受过良好的教育，通过科举而走上仕途，并成为宋代社会在政治、法律、经济决策、思想学术和文艺活动甚至军事指挥等各领域的统一主体。由科举制度所保障的这个特殊阶层作为社会中坚的存在，是中唐以后的中国社会明显不同于以往之处，而北宋时代，正是这种士大夫文化获得确立的最关键的历史阶段。北宋的"学记"之所以把教育看作学术和政治的联系环节，便跟士大夫文化发展的背景密切相关。在《虔州学记》里，"学"与"政"几乎被看作同一回事：

> 余闻之也，先王所谓道德者，性命之理而已。其度数在乎俎豆、钟鼓、管弦之间，而常患乎难知。故为之官师，为之学，以聚天下之士，期命辨说，诵歌弦舞，使之深知其意。夫士，牧民者也。牧知地之所在，则彼不知者驱之尔。然士学而不知，知而不行，行而不至，则奈何？先王于是乎有政矣。夫政非为劝沮而已也，然亦所以为劝沮。

正因为"学"和"政"的主体是同一批人，即所谓"士"，所以"学"才能成为"政"的指导，而"政"也要保障"学"的有效性，即实施其"劝沮"的功能。怎样"劝沮"呢？下文就是根据《尚书·益稷》的话，主张对于士人要随"学"的效果而分别对待，即"承之"、"庸之"或"威之"。如此，则"学"和"政"就通过教育而统一起来：

> 盖其教法，德则异之以智、仁、圣、义、忠、和，行则同之以孝友、睦姻、任恤，艺则尽之以礼、乐、射、御、书、

数。淫言诐行诡怪之术，不足以辅世，则无所容乎其时。而诸侯之所以教，一皆听于天子，天子命之矣，然后兴学。命之历数，所以时其迟速；命之权量，所以节其丰杀。命不在是，则上之人不以教而为学者不道也。士之奔走、揖让、酬酢、笑语、升降、出入乎此，则无非教者。……尧、舜、三代，从容无为，同四海于一堂之上，而流风余俗咏叹之不息，凡以此也。

这里的表述虽然较为复杂，但简单地概括起来，就是通过对"士"的教育，不但把学术与政治统为一体，也把全国统为一体，进一步说，整个社会文化是单一而纯正的——这可以被称为王氏的一元化模式——所谓"一道德而同风俗"，也就是后来蔡卞力主的"国是"。这样看来，陈瓘说蔡卞的"国是"渊源于《虔州学记》，确实不无道理。

我们稍微仔细地考察这个一元化模式，就可以看到王安石的匠心所在。它的基础都建立在"士"上面，因此而重视学校，但整个统一的体制有个围绕着的核心，这核心在现实上却不是"士"，而是"王"或"天子"。那么，这里就存在"士"与"天子"的关系问题。就此而言，被陈瓘所指责的对于"道隆而德骏者"须"北面而问焉，而与之迭为宾主"一点，恰恰最为重要。有了这个导师角色，"学""政"一体的理念才能覆盖整个一元化体系所围绕的核心即"天子"的位置，其一元化模式才能完善，也才能保证其为一种士大夫文化的模式，而避免出现暴君独裁的情形。在王安石看来，他的一元化模式将驯致尧舜三代的治世，不是秦代那样的暴政，故在《虔州学记》里他也不忘补充说明:"周道微,不幸而有秦,君臣莫知屈己以学,而乐于自用,其所建立悖矣,而恶夫非之者。"这就是缺乏导师角色的情况下,容易出现的后果。他在文中一再慨叹:"然是心非特秦也。""则是心非特秦也。"这分明是为了避免暴君独裁,才独具匠心地在核心位置上设立一个导师角色。为此,他很可能明知自己"误解"了《尚书》"承之"一语的原意而不顾。这样,我们几乎可以说,王氏的一元化模式所围绕的真正核心实际上已经不是天子,而是那个"道隆而德骏"的士大夫了。所以,这是士大夫文化的一种模式,当然未免要借助于君主集权的现有体制来建立,实际上跟我们前面所谈的有关"相业"的最高期许是一致的。粗略地看,熙宁年间的朝廷可以被视为此种模式的体现,因为不是宋神宗而是王安石,才是"新学"的创建者和"新法"的设计者。章惇、蔡卞以"国是"挟制宋哲宗的绍圣、元符之政,也与此相似。

正是熙宁年间的异议者,且在绍圣、元符之政下饱尝了苦难的苏轼,在他生命的最后一年写作了《南安军学记》,对这种一元化模式加以反思和反抗。通过对《尚书》文义的考订,他否定了王氏模式的经典依据,而他自己对于学校的社会作用的理解,则归结为四个字,曰"取士论政"。他说:"古之取士论政者,必于学。有学而不取士,不论政,犹无学也。"我们从字里行间不难看出,他所谓的"论政",更侧重在与现行政策相左的异议。这才是苏轼思想与王安石决然对立之处:他想把学校从王氏的一元化体制中解放出来,声明学校具有发表异议的功能和权力。

同样是以"士"为主体,同样是把学校看作思想学术与政治之间的桥梁，苏轼却引出了跟王安石决然相反的结论。他坚持学校的独立性，学校不但有发表异议的权力，而且还有这种责任，"不论政，犹无学也"，如果不能提供异议，就不需要什么学校。这是士大夫文化的另一种模式，相对于王氏的一元化模式而言，可以称为多元化的模式。

建中靖国元年（1101）三月四日，写作《南安军学记》的苏轼正好行至虔州（参考孔凡礼先生《苏轼年谱》卷四十）。或许，他竟亲眼见到了《虔州学记》的石刻，然后写下他与王安石相关的最后一篇文字。

六、崇宁五年（1106）

苏轼于建中靖国元年去世，稍前的元符三年（1100），苏辙从岭南贬地北归，定居颍昌府（今河南许昌），由此直到他于政和二年（1112）去世，过了十二年杜门隐居的晚年生活。此时宋徽宗任用蔡京为相，采取向"新党"一边倒的"绍述"政策，将王安石的像供到孔庙里，以其"新学"为国家指导思想，用《三经新义》和《字说》为科举、学校考试的标准答案。同时对"元祐党人"施行党禁，聚其姓名刻成"元祐党人碑"，永不录用，其子弟亦不许进入京城，下诏毁去三苏、黄庭坚、秦观的文集，逐去程颐的门徒，北宋仁宗朝以来与王安石"新学"先后产生的"蜀学"和"洛学"，遭到历时二十年的禁锢。

然而，闭门幽居的苏辙并未停止著述，并且在崇宁五年（1106）进入了一个创作的高潮。此年正月，因为彗星的出现，舆论认为这样的"天变"是迫害"元祐党人"所致，于是宋徽宗派人在夜半偷偷毁了"元祐党人碑"，二月蔡京罢相，似乎替在野的"旧党"人士出了一口恶气，带来些许希望。老天好像也帮衬，据《宋史·徽宗纪》载，之前的崇宁元、二、三年连遭蝗害，四年犹有部分地区水灾，崇宁五年却无灾害记录，是个难得的丰年。从《栾城后集》卷四和《栾城三集》卷一所录作于此年的诗歌来看，苏辙的心情较好，闲居读书，并开始修建住房。他的侄孙苏元老于三月份进士及第后，带着一位秀才陈天倪来颍昌府看望他，当然也是令他高兴的事。这位陈天倪后来写作了《颍滨语录》（已失传）。这一年的来访者中还有韩驹，经苏辙指点后，成为两宋之交最重要的诗人之一。杜门谢客的苏辙在崇宁五年似乎乐于接待客人，还为欧阳家写作了《欧阳文忠公神道碑》，这种刻石树碑的大文章，作为"罪人"一般是不敢写的。更重要的，他还有《历代论》四十五篇和《颍滨遗老传》上、下二篇，皆于此年完成。前一种可视为一部专著，后一种是超过万字的长篇自传，是对自己的生平做出了交代。此外，《栾城后集》也于这年编成，并写了《栾城后集引》。总之，自归颍以后的苏辙晚年散文，有一半是作于崇宁五年的。虽然他年老体病，却能专心创作，成就斐然。他自己似乎也感到满意，因而在一首题为《开窗》的诗中自许："活计无多子，文章自一家。"这《开窗》诗见于《栾城后集》卷四，按诗作编年排列的顺序，也可断为崇宁五年的作品。所谓"文章自一家"，就是不顺从指导思想，而自成一家的意思。

此年十一月八日凌晨四鼓，苏辙居然梦见了老政敌王安石。

古诗云："石上生菖蒲，一寸十二节。仙人劝我食，令我好颜色。"十一月八日四鼓，梦中反之作四韵，见一愚公在侧借观。示之，赧然有愧恨之色。

石上生菖蒲，一寸十二节。仙人劝我食，再三不忍折。一人得饱满，余人皆不悦。已矣勿复言，人人好颜色。

（苏辙《梦中反古菖蒲并引》，《栾城三集》卷一）

老年苏辙的诗被宋人认为是学"白体"的，确实其行文平易如话，接近白居易的风格。"石上生菖蒲"相传是汉代的古诗，本来只说食用菖蒲可以养颜，苏辙借题发挥，说"不忍折"，其实主要是想道出"一人得饱满，余人皆不悦"这一层意思。小序中说梦里有个"愚公"在侧，这位"愚公"可以肯定是王安石。苏辙的孙子苏籀著有一卷《栾城遗言》，记录苏辙晚年的言行，其中有这样一条：

崇宁丙戌十一月八日四鼓，梦中及古菖蒲诗，云"一人得饱满，余人皆不悦"之句，王介甫在侧借观，示之，赧然有愧恨之色。（苏籀《栾城遗言》，文渊阁四库全书本）

丙戌就是崇宁五年，苏辙诗序中的"愚公"在这里被明确写成"王介甫"。

在苏辙的观念里，王安石的一系列财政方面的"新法"，全然都是"聚敛"之术，就是想方设法把民间的财富转化为政府的收入。他借《梦中反古菖蒲》诗所表达的"不忍折"之意，无非是反指"新法"盘剥百姓。而所谓"一人得饱满，余人皆不悦"，当然就暗喻了荆公"新学"在现实中的一家独尊地位。自从章惇、蔡卞力主"国是"以来，其他的"邪说"都被禁止，唯荆公"新学"成为统一的指导思想，崇宁四年（1105）学士院奉命为王安石画像撰赞云：

> 孔孟云远，六经中微。斯文载兴，自公发挥。推阐道真，启迪群迷。优入圣域，百世之师。（黄以周《续资治通鉴长编拾补》卷二十五，崇宁四年五月癸亥条）

这是把王安石说成孔孟以后的又一位圣人了。不仅如此，据陈瓘《四明尊尧集序》记载，当时的朝廷大臣"蔡氏、邓氏、薛氏，皆塑安石之像，祠于家庙。朝拜安石而颂之曰'圣矣圣矣'，暮拜安石而颂之曰'圣矣圣矣'癫"（《宋忠肃陈了斋四明尊尧集》卷一），已经到了近乎狂的状态。这无疑是从王安石所追求的那种政治领袖兼为导师的"相业"，或者说一元化的文化模式所演变出来的，在徽宗朝的"绍述"政策下展现成的一出荒诞剧。苏辙与王安石的梦中较量，就发生在这样的现实背景之下。当这位六十八岁的老人自许"文章自一家"时，显然带有一份倔强与令人敬佩的清醒。但对于指导思想的铺天盖地而来，他似乎也没有更多的办法，《栾城遗言》载他曾经问人："胡为窃王介甫之说以为己说？"这当然是故作不解，他分明知道这"王介甫之说"是标准答案。

除此之外，就是在自己的梦里，苏辙似乎获得了胜利，令王安石"赧然有愧恨之色"。

第七讲

东坡居士的"家"

纵观苏轼的一生，后人很容易把元丰七年（1084）四月苏轼得以离开贬谪之地黄州，看作他时来运转的起点。但实际上，离开黄州的苏轼并没有马上便飞黄腾达，从此时起至元丰八年（1085）末他再次登上开封的政治舞台，其间尚有一年半以上的长途漂泊。他离开黄州时，作《别黄州》诗（《苏轼诗集》卷二十三）云："投老江湖终不失，来时莫遣故人非。"当时他觉得这一去是"投老江湖"，不知漂泊到哪里去，可能不久又会回到黄州来。尽管被他留在身后的这座江城将因为他而成为千古名胜，但他自己没觉得这是跟黄州的永别。确实，他后来能够重回开封的政治舞台，是以宋神宗去世造成的政局变动为前提的，在元丰七年，这应该是连想都不敢想的事。在离开黄州的时候，他可能设想的旅程，第一站是去筠州访弟，最后要按宋神宗的命令到达汝州，剩余的全是漂泊。

他这一路漂泊，正如他从前的诗里所云，可谓"身行万里半天下"（《龟山》，《苏轼诗集》卷六），历经今天的湖北、江西、安徽、江苏、山东、河南六省，一路上有亲人、故交及方外的朋友相伴，少不了宴饮和游玩，似乎比黄州的生活要热闹许多，但在苏轼的心灵深处，很多时候是更感寂寞的，因为在黄州他还有东坡雪堂，现在是连个家也没有。所以，他在这两年里要解决一件个人生平中的大事，就是找一个安家的地方。经过一番周折，终于买田置产，决定安家于常州（今属江苏）。这常州后来成为他的生命旅程终焉之地，缘起于此。

前两讲，我们沿着元丰七年的这一次漂泊旅途，因筠州访弟、庐山访禅而展开了苏轼与禅宗关系的讨论，又因江宁府会见王安石而通观了王、苏关系的总况，这一讲继续以安家常州为中心，集聚相关文本，考察苏轼对于"家"的表达。我们知道，苏轼的故乡本在眉州，现在四川省眉山市也还有三苏祠，是其故居。一般情况下，"家"首先总是指故乡的故居，苏轼也不例外；但离开故乡后，每个人的情况就不同，有的人始终念念不忘，执着地以故乡为"家"，有的另找一个地方安"家"，也有的随遇而安，四处为"家"，这里面当然也包含一些被动的因素，但总的来说，如何安"家"以及对于"家"的思考和表达，体现了人生观的一个重要侧面。

一、我家江水初发源

苏轼的故乡眉州眉山县，离成都只有二百里许，离秀丽的峨眉山更近，由于长江上游的支流岷江纵贯过这个城市，所以在苏轼的表述中，他的故乡就在长江起源的地方。宋代的眉山与青神、丹棱、彭山三县同属眉州治下，眉山是州治所在地。眉州又称武阳或通义，这是汉、隋时代的旧名了。有宋三百年间，眉州为中国贡献了不少文化名人，所谓"天下以文名者六、而眉得其三；以史名者三、而眉得其一"（清嘉庆编《眉州属志·凡例》，《中国地方志集成》本）。这里"以文名者六"指"唐宋八大家"中的宋六家，其中三苏是眉山人；"以史名者三"，指《新唐书》《新五代史》作者欧阳修、《资治通鉴》主编司马光和《续资治通鉴长编》作者李焘，其中李焘是眉州丹棱人。留存至今的宋代重要文献中，出自眉州人之手的甚多，如王称《东都事略》、彭百川《太平治迹统类》、杨仲良《续资治通鉴长编纪事本末》、杜大珪《名臣碑传琬琰集》、蒲积中《古今岁时杂咏》、杨汝明《成都文类》、李壁《王荆文公诗注》、史容《山谷外集诗注》、史季温《山谷别集诗注》、唐庚《唐子西集》、苏过《斜川集》等。这些著作，与三苏、李焘的著述加在一起，分量是十分厚重的，其中多有研治宋代文学、历史、哲学的必读之书。南宋陆游入蜀时，曾游历眉州，赞之为"郁然千载诗书城"（《眉州披风榭拜东坡先生遗像》，《剑南诗稿》卷九）。

宋代的眉州方志，有苏轼好友家安国所著的《通义记》；曾为苏辙作第一部年谱《颍滨先生年表》的孙汝听，也写过一部《眉州古志》；还有张伯虞的《江乡志》，现都不存。王象之《舆地纪胜》卷一百三十九是记眉州的，但此卷亦佚。现在只有祝穆《方舆胜览》（上海古籍出版社1991年影印宋本）卷五十三保存了宋代眉州的一些地方史料，其中引用家安国《通义志》云：

"吾邦之胜，似乎洛阳。眉之通衢平直广衍，夹以槐柳，绿荫蓊然。"又引其他史料云："其民以诗书为业，以故家文献为重，夜燃灯，诵声琅琅相闻。"我们由此可以大约地想象出宋代眉州的人文景观。

苏洵所作的《苏氏族谱》和《族谱后录》(《嘉祐集笺注》卷十四)记载了眉山苏氏的家世，说是汉代苏章的子孙始安家于赵郡(今河北赵县)，故苏氏郡望为赵郡。苏轼为他的祖父苏序作过一篇《苏廷评行状》(《苏轼文集》卷十六)，更详细地说"其先盖赵郡栾城人也"。所以，苏辙的文集名为《栾城集》，而现存的苏轼墨迹、石刻中也经常可以看到署名或印章为"赵郡苏氏"。而为苏序避讳的需要，也导致三苏所写的"序"这一类文章，都改成了"叙"字。这栾城的苏家在唐代武则天时出过一位宰相苏味道(648—705)，后贬官为眉州刺史，卒于眉山。据说苏味道的一个儿子即在此定居，从此眉山有了苏姓，三苏就是其后代。这样算起来，到苏洵这一代，苏氏在眉山已有三百年家史了。

然而，苏洵却并不打算在这样一个"郁然千载诗书城"延续苏氏的家史，他有一个迁居中原的计划，见于其诗：

> 岷山之阳土如腴，江水清滑多鲤鱼。古人居之富者众，我独厌倦思移居。平川如手山水蹙，恐我后世鄙且愚。经行天下爱嵩岳，遂欲买地居妻孥。晴原漫漫望不尽，山色照野光如濡。民生舒缓无夭札，衣冠堂堂伟丈夫。吾今隐居未有所，更后十载不可无。闻君厌蜀乐上蔡，占地百顷无边隅。草深野阔足狐兔，水种陆取身不劬。谁知李斯顾秦宠，不获

牵犬追黄狐。今君南去已足老，行看嵩少当吾庐。（苏洵《丙申岁，余在京师，乡人陈景回自南来，弃其官，得太子中允。景回旧有地在蔡，今将治园圃于其间，以自老。余尝有意于嵩山之下、洛水之上，买地筑室，以为休息之馆，而未果。今景回欲余诗，遂道此意。景回志余言，异日可以知余之非戏云尔》，《嘉祐集笺注》卷十六）

这首诗的题目很长，"丙申"是嘉祐元年（1056），也就是苏轼、苏辙进士登科的前一年。此时的苏洵未必能预计二子会在次年一举登科，他带着两个儿子到了京城，准备在今天的河南省找一个地方重新安家。他在诗中讲明了迁居的理由：一是四川盆地虽然富裕，却比较闭塞，怕子孙见闻狭隘，变得"鄙且愚"；二是河南嵩山之下风土、人物俱佳，是个适宜居住的地方。苏洵的同乡陈景回已经先他一步这样做了，他表示自己也有相似的打算，并且不是戏言，而是一定要实现的。

然而，苏洵不但没能在生前将此计划付诸实施，死后也被苏轼、苏辙将遗体运回了眉山安葬。这可能说明当时的轼、辙兄弟还颇为留恋乡土，但另一方面，我们也不难看到"外面的世界"对他们的吸引力。苏洵有两个兄长苏澹和苏涣，苏涣在天圣二年（1024）考上了进士，苏轼后来在祖父苏序的行状中如此叙述这位伯父登科的意义：

> 自五代崩乱，蜀之学者衰少，又皆怀慕亲戚乡党，不肯出仕。公始命其子涣就学，所以劝导成就者，无所不至。及涣以进士得官西归，父老纵观以为荣，教其子孙者皆法苏氏。

自是眉之学者日益，至千余人。(苏轼《苏廷评行状》,《苏轼文集》卷十六)

他认为苏涣开启了眉州乃至蜀中人士离乡出仕的风气。相似的说法也见于苏辙的《伯父墓表》(《栾城集》卷二十五)，甚至曾巩受他们之托为苏序作的墓志铭，亦照录《行状》的这个意思(《赠职方员外郎苏君墓志铭》,《元丰类稿》卷四十三)。这并不符合事实，苏涣并不是北宋第一个登科出仕的眉州人，更不是第一个蜀人。这种说法只能说明苏氏一家原本就不甚"怀慕亲戚乡党"，为了实现志向，是不惮于离乡背井的。

从苏轼、苏辙兄弟后来的做法看，他们应该知道苏洵有移居中原之打算。特别是苏辙，似乎忠实地继续着父亲的这个计划，一有条件就在颍昌府(今河南许昌)买地安家，晚年也隐居终老于此。苏轼与弟弟稍有不同，他更喜欢江南，所以在常州买田安家，但临终前也托人交代苏辙，把他安葬在河南郏县。十余年后，苏辙也随兄安葬。最后的结果是，不但苏轼、苏辙都未归葬故乡，而且苏洵也在两个儿子的葬地拥有了一个衣冠冢，这便是今天郏县的"三苏墓"了。也许可以说，苏洵的移居计划是在他去世几十年后由其子孙，主要是由苏辙实现了。历代研究"三苏"的学者中，有一些人曾经提问：为什么苏轼、苏辙都不归葬故乡？我以为最简单的回答就是，他们并未打算归葬。其理由，则早见于上面引录的苏洵诗中。

当然，这并不意味着"三苏"对故乡眉州缺乏感情。从苏轼作品对于"家"的书写中，我们可以看到他的第一个"家"毫无疑问是在眉州。如早在嘉祐末年他任职于凤翔时，就有诗云：

> 吾家蜀江上，江水清如蓝。尔来走尘土，意思殊不堪。
> 况当岐山下，风物尤可惭。有山秃如赭，有水浊如泔。（苏
> 轼《凤翔八观·东湖》，《苏轼诗集》卷三）

凤翔是他仕宦生涯的第一站，他把这个地方与"吾家"即眉山对比，说家乡山清水秀，而这里山是秃的，水是浊的，一片尘土，令人"殊不堪"。这并不是说凤翔一无可取，实际上《凤翔八观》这一组诗就是写当地古迹和景物的。认为所到之处不如自己的故乡，乃是人之常情，我们从这里可以看到苏轼对故乡的思念。

熙宁四年（1071）十一月，苏轼赴杭州通判任，途经金山寺，夜宿，作诗云：

> 我家江水初发源，宦游直送江入海。闻道潮头一丈高，
> 天寒尚有沙痕在。中泠南畔石盘陀，古来出没随涛波。试登
> 绝顶望乡国，江南江北青山多。羁愁畏晚寻归楫，山僧苦留
> 看落日。微风万顷靴文细，断霞半空鱼尾赤。是时江月初生
> 魄，二更月落天深黑。江心似有炬火明，飞焰照山栖乌惊。
> 怅然归卧心莫识，非鬼非人竟何物。江山如此不归山，江神
> 见怪惊我顽。我谢江神岂得已，有田不归如江水。（苏轼《游
> 金山寺》，《苏轼诗集》卷七）

此诗起句"我家江水初发源"，就指眉州而言。苏轼在镇

江金山寺俯瞰长江东流，想到此行的目的地在长江入海处，又禁不住回望上游的家乡。他想起当年顺流出川，如今又顺流去杭州赴任，等于是以自己的仕宦迁徙来送江入海。唐代的李白也曾拥有一段长江上的行程，有诗云："仍怜故乡水，万里送行舟。"（《渡荆门送别》，《李太白全集》卷十五，中华书局1977年版）沿江东下的李白认蜀中为故乡，所以感觉长江里的水都来自故乡，这水如此多情，不远万里一直伴送着出行的游子。苏轼稍稍改变了视角，不说故乡的水送他远行，而说自己把故乡的水送入大海。两位大诗人的情怀是一样的，表达方式则同中有异。

登高望乡的苏轼，被重重青山遮断了视线，只好转移注意力，关注眼前的景色。气氛的迷惘烘托出乡愁的深沉，而眼前暮色降下，从傍晚的落日霞色，一直看到夜间的明月、江火，听到山间被惊的乌啼。怅然归卧，即梦见被江神责怪："为什么不归去呢？"苏轼即以身不由己作答。这分明是日有所思，夜有所梦，思乡之情念念不释。

不过，任职于杭州的经历，使苏轼对于"家"的观念有了很大的改变，在他逐渐把"家"从西蜀移至江南的心理过程中，杭州经历是非常重要的一环。熙宁五年（1072）有诗云：

> 未成小隐聊中隐，可得长闲胜暂闲。我本无家更安往，故乡无此好湖山。（苏轼《六月二十七日望湖楼醉书五绝》之五，《苏轼诗集》卷七）

同样是以身处之地与故乡对比，苏轼这里的说法跟他在凤翔的时候决然相反：凤翔的秃山浊水比不上故乡，而杭州的"好湖山"却是故乡没有的。"故乡"一词，在很多场合是与"家"的意思重合的，但在这里却分离开来。"故乡"不等于"家"，苏轼明确说"我本无家"，可以在这个湖山好处安个"家"。

我们不能决然地说，苏轼从此时起已不认眉州为"家"，他后来的作品中以"家"指眉州的语例并不少；但反过来，把他这种表达完全看成宦途之中身不由己的无奈慨叹，似乎也缺少充分的理由。此时的苏轼还不是被朝廷强制"安置"的"罪人"，归乡作为一种可能性是当然存在的，没有必要言不由衷地表示"我本无家"。所以，与其说"我本无家"是因为无法归乡而自我安慰的言辞，不如说是从心理上认同一个新的家乡的努力。如果考虑到苏洵原来就有移居的计划，则也不妨认为，苏轼进入宦途不久，就在物色新的安"家"之处。这一点也可以从苏辙的行为找到旁证：他几乎跟苏轼一样，一方面仍然思念眉州故乡，另一方面也积极准备在合适的地方买田置产，经营新"家"；不同之处，只在于兄弟俩看中的地方，一在河南，一在江南。

对于苏轼来说，杭州的重要性还在于这是他两度任职之地：熙宁年间任通判，元祐年间任知州。因此自谓：

> 居杭积五岁，自意本杭人。故山归无家，欲卜西湖邻。
> （苏轼《送襄阳从事李友谅归钱塘》，《苏轼诗集》卷三十六）

他从心理上把自己认同于"杭人"，而故乡还是被表述为"无家"。这样看来，苏轼对于杭州确实是一往情深，而且他的家里也确实有一个杭州人，就是朝云，她本是杭州的歌伎，被苏轼纳为侍妾，后来成为苏轼的人生伴侣中离开最晚的一位。宋人也早就注意到苏轼对于"东南第一州"杭州的特殊感情，谓之"东坡缘在东南"：

> 东坡平生宦游多在淮浙间，其始通守余杭，后又为守。杭人乐其政，而公乐其湖山。尝过寿星院，恍然记若前身游历者。其于是邦，每有朱仲卿桐乡之念。（费衮《梁溪漫志》卷四"东坡缘在东南"条）

朱仲卿就是西汉的大司农朱邑，年轻时担任过桐乡（今安徽桐城）的地方官，深受百姓爱戴。他认为自己死后子孙奉祭，必不如桐乡的百姓，所以临终遗言埋葬于桐乡。苏轼也深受杭人敬爱，相信杭州百姓一定会接受他。这段笔记中提到的寿星院事，也值得注意，比较详细的记载见何薳《春渚纪闻》：

> 钱塘西湖寿星寺老僧则廉言，先生作郡倅日，始与参寥子同登方丈，即顾谓参寥曰："某生平未尝至此，而眼界所视，皆若素所经历者。自此上至忏堂，当有九十二级。"遣人数之，果如其言。即谓参寥子曰："某前身山中僧也，今日寺僧皆吾法属耳。"后每至寺，即解衣盘礴，久而始去。（何薳《春渚纪闻》卷六"东坡事实"）

苏轼在杭州寿星院省悟自己的前世是山中僧人，这也许只是姑妄言之，我们也只能姑妄听之。不过这种说法也意味着对

"故乡"外延的一种扩展：每个人都有确定的出生地，所谓"故乡"大抵是唯一的，但若把"前世"也考虑进来，则"故乡"就可以有多处了。于是杭州也成为苏轼的故乡，只不过是前世的故乡。在我看来，这大概是因为苏轼对于眉州和杭州究竟何处为"家"的问题，心理上有点矛盾，所以他聪明地引入了"前世"之说，用这个办法妥善地处理了矛盾。换句话说，"前世"观念是一把具有开启作用的钥匙，原本具有封闭性的"故乡"观念因此变得敞开。

二、永夜思家在何处

从结果看，苏轼并未在杭州置产安"家"，这可能因为他的经济条件不充足，但更重要的原因是他的仕宦生涯经历了贬谪，一旦贬谪，就被强制"安置"到指定地点，不能随心所欲挑选安"家"之处了。我们在黄州时期的苏轼作品中，基本上看不到他有置产于杭州的努力，这个时期的他对于"家"的表述，大抵有两种指向：一种依然指向眉州，一种则努力向黄州认同，准备长居此地。

以眉州为"家"的意识是不可能消除的，特别是有亲友从故乡来访的时候，这种意识即便已经淡化，也会被唤醒；而东坡深受乡人喜爱，贬居之中也常有乡人前来探望慰问，所以乡土意识会被反复强调。他的伯父苏涣有个孙子叫安节（其父苏不疑，字子明，就是《西楼帖》中的堂兄子明），赴京省试，落第后曾至黄州探望。苏轼跟侄子长夜对坐，对故乡的思念自应油然而生：

> 心衰面改瘦峥嵘，相见惟应识旧声。永夜思家在何处，
> 残年知汝远来情。畏人默坐成痴钝，问旧惊呼半死生。梦断
> 酒醒山雨绝，笑看饥鼠上灯檠。（苏轼《侄安节远来夜坐三
> 首》之二，《苏轼诗集》卷二十一）

按苏轼《跋所书摩利支经后》（《苏轼文集》卷六十九）云：
"侄安节于元丰庚申六月大水中，舟行下峡，常持此经，得脱
险难。明年十二月至黄州，见轼，乞写此本持归蜀。"可知安节
之来访在元丰四年（1081）的冬天，所以诗中有"残年"的说法，
正好相应。但这"残年"一词估计是双关的，既指旧年将尽，
也指自身衰老。具自身衰老之意的"残年"来自韩愈的名作《左
迁至蓝关示侄孙湘》"肯将衰朽惜残年"，除此之外，韩诗"云
横秦岭家何在""知汝远来应有意"等句也对苏轼此诗构成显
著的影响，语词上都有承接。大概贬居中的苏轼面对侄子的时
候，脑子里盘旋着同样遭贬的韩愈面对侄孙的情形。

谪居中的苏轼感叹自己已经衰老瘦弱，面容不复往昔，侄
子远来见面，可能只有靠话音来辨识叔父。所谓"旧声"，应
该包含"乡音"的意思，这一点是"故乡"在一个人身上烙下的
深刻印记，必将伴随终生，在很多场合，它比面容更为牢固地
与"故乡"联结，唐诗名句"乡音未改鬓毛衰"也是此意。说
侄子会认不出自己的面容，也许是有点夸张的，但强调"旧声"
确实能把主题聚焦到"故乡"之思，于是自然地引出下句"永
夜思家在何处"。对"家"的这种表达，很值得玩味。"家"在

故乡本来是一件自明的事，但考虑到苏轼此前已有"无家"之说，我们便能体会到这里面包含了一层犹疑之意，"不知道家在何处"，此意跟"无家"更为接近；再考虑到此语承韩愈"云横秦岭家何在"而来，则所谓"无家"也并非本来无家，而是因遭贬，被强制安置异乡而变得无家，由此也隐含了一层怨意，诗可以怨，自然有所发露。当然，侄子的远来，似乎提醒他"您至少有一个故乡的家"，令苏轼感受到来自亲情、乡情的温暖。然后，第三联呈现对置的场面：一方面，因为写诗惹祸而遭贬的苏轼，在黄州噤若寒蝉，畏人默坐，几乎成为痴呆迟钝的人；另一方面，众多亲友旧交，在故乡，已经一半去世。上联有时间停滞之感，下联却叹息时间流逝之速。上联写一个为了谋求事业而远离故乡的人，落成的目前结局，下联则写留在乡间的亲友，生死都在一隅。苏轼把这样两种情形对置出来，没有表示价值上的取舍。诗的最后引出一只"饥鼠"来打破沉闷，令人勉强一笑，但"家在何处"的思量，依然并无答案。

相对于苏轼不确定"家在何处"的表达，当时苏辙所写的和诗，意思要简单明快一些，我们不妨对读一下：

> 少年高论苦峥嵘，老学寒蝉不复声。目断家山空记路，手披禅册渐忘情。功名久已知前错，婚嫁犹须毕此生。家世读书难便废，漫留案上铁灯檠。（苏辙《次韵子瞻与安节夜坐三首》之二，《栾城集》卷十一）

苏辙也回顾了追求事业的结果，明确表示这是"错"的；他的"家山"也明显指定为眉州，只因无法归去，所以通过参禅而淡忘思乡之情。他倾向于认同家乡的亲友，平凡地度过一生，读书仅为承续家风，不为求仕。一般来说，以故乡亲人为接受对象的诗，如此表述是更为常态的，与之相比，苏轼的表达显得复杂犹疑。我们从中可以获知，这个时期的他确实不知道如何处理"家在何处"的问题。

侄子离去的时候，苏轼连作十四首短诗相送，前二首云：

索漠齐安郡，从来著放臣。如何风雪里，更送独归人。

瘦骨寒将断，衰髯摘更稀。未甘为死别，犹恐得生归。

（苏轼《伯父〈送先人下第归蜀〉诗云：人稀野店休安枕，路入灵关稳跨驴。安节将去，为诵此句，因以为韵，作小诗十四首送之》，《苏轼诗集》卷二十一）

齐安郡就是黄州，这里把黄州的自己称为"放臣"，而把走向眉州之行称为"归"，表示了对故乡的认同。尤其是"未甘为死别，犹恐得生归"之句，读之怆然。侄子的到来加重了苏轼的思乡之情，这一点还是很明显的。

不过，作为"放臣"的苏轼，在政见与比他年轻得多的皇帝对立的情形下，其实必须在黄州做长期居住的准备。这种准备不但是在心理上把"家"安置于此，也要付诸实践，他不畏开荒之苦，努力经营东坡、雪堂，就是付诸实践的表现。虽然黄州不是他主动的选择，但长居江岸，日久生情，眠食之地，自然成"家"。东坡居士这个号，本身就隐含了居家于黄州的意思。这样，到元丰七年（1084）受命离开黄州时，反而又有了失去"家"的不安感，呈现于此时所作的《满庭芳》词：

> 元丰七年四月一日，余将自黄移汝，留别雪堂邻里二三君子。会李仲览自江东来别，遂书以遗之。

> 归去来兮，吾归何处？万里家在岷峨。百年强半，来日苦无多。坐见黄州再闰，儿童尽、楚语吴歌。山中友，鸡豚社饮，相劝老东坡。
> 云何？当此去，人生底事，来往如梭。待闲看秋风、洛水清波。好在堂前细柳，应念我，莫剪柔柯。仍传语，江南父老，时与晒渔蓑。

（苏轼《满庭芳》，《东坡乐府笺》卷二）

小序中的"李仲览"名为李翔，此时苏轼的朋友杨绘知兴国军（治所在今湖北阳新），派当地人李翔到黄州，邀请苏轼在赴汝州途中，到他那里一游。因为兴国军在黄州的东面，所以序里称为"江东"。词首"归去来兮"是陶渊明《归去来兮辞》的成句，苏轼在黄州还将这篇名作隐括成一词《哨遍》（《东坡乐府笺》卷二），经常自己吟唱。但由这一名句引出的下文，却是"吾归何处"的疑问。当然首先会想到故乡，"家在岷峨"就指眉州。但一方面眉州远在万里之外，自己的人生过了大半，恐怕余年无几，经不起折腾；而另一方面，眼前的黄州已经非常熟悉，似乎更有备选的理由。自元丰三年（1080）二月到黄州后，苏轼经历了元丰三年闰九月、元丰六年闰六月，两次闰年，故称"再闰"，意谓时间漫长，家里的孩子们因此都带上了黄州的口音。何况这里的乡亲们都带着酒食，前来挽留，邀他长住在东坡，那么，为什么要离开呢？

难道就因为黄州是个贬谪之地，就一定要离开？此去汝州，与黄州何异？人生为什么要这样来往匆匆？苏轼一串自问，然后勉强自答，去汝州可以看看秋风中的洛水，会有清波荡漾的景色吧。最后两韵又回到黄州，说自己种于雪堂前的几株细柳，会一直惦记他不曾剪它枝条的情意，言外之意是自己在黄州没有做过伤害人的事，离去以后一定会被人想念的；"江南"指武昌（今湖北鄂州），与黄州隔江相望，苏轼曾去游玩，故请李翔传语，要"江南父老"时常晾晒他打鱼时穿过的蓑衣，言外之意是自己还会回来的。苏轼并不认为他将跟黄州永别。

"归去来兮，吾归何处？"实际情况恐怕真是如此：在告别黄州时，苏轼甚至不知道自己将来的去向。从当时的情况看，苏轼的心中不可能充满了政治上复起的希望，那么，他在这首离别黄州的词里所表达的困惑、迟疑和留恋之情，就没有任何做作或应酬的成分。东坡的垦殖、雪堂的营构，不是一朝一夕成就的事，现在必须换一个地方去居住，那究竟在多大的程度上值得欣喜呢？自然，向朝廷提出继续留在黄州的请求是不可思议的，而且到汝州去虽仍是"团练副使，本州安置"，毕竟是皇帝的善意表示，去是非去不可的。所以，不由自主的被动感再次光顾苏轼，"人生底事，来往如梭"，为何如此被动迁转，飘荡不息！——这便是苏轼离开黄州时的真实心境。虽然说"家在岷峨"，远处有一个曾经的"家"，但毕竟太过遥远，失去东坡雪堂的他，必须另谋一个可以安身的"家"。于是，江南重新成为可能的选择。

三、家在江南黄叶村

元丰七年（1084）解脱谪籍的苏轼，在筠州访弟后，一路漂向江南。在江宁府会见王安石的时候，似乎已多次谈到买田江南的事。虽然他此行的目的地是被指定的汝州，但因为决定在江南安"家"，故离开江宁府后，他继续顺着长江东行，转入运河。他的朋友们为了他买田的事着实帮了不少忙，最后在常州的宜兴（今属江苏）找到了机会。所以，苏轼先沿运河南下，到那里处理买田之事，准备不久归隐终老于此。十月份，又从宜兴出发，北上扬州。他在扬州写了一封上呈给皇帝的表奏，请求不去汝州，改为常州居住。但扬州的官府好像认为这不合规章，竟不肯替他上呈。苏轼只好继续北上，从运河转淮河西折，于年底到达泗州（治所在今江苏盱眙县东北）。他在泗州重写表奏，诉说了举家病重，资用罄竭，难去汝州的困境，请求折回常州居住。这次是专门派人到京城去上呈，而一家就暂留泗州过了年。

大概苏轼对于常州居住的请求获得宋神宗同意的可能性，是估计得比较高的，所以事先在常州买好了田产，但毕竟还未得到皇帝批复，所以常州这个"家"能不能成立，还没有完全的把握。他在泗州写的诗里，仍有近似"无家"的说法。时值除夕，暮雪纷纷，他在旅舍收到了同在旅途的朋友黄寔（字师是）送来的酥、酒，作诗云：

> 暮雪纷纷投碎米，春流咽咽走黄沙。旧游似梦徒能说，
> 逐客如僧岂有家。冷砚欲书先自冻，孤灯何事独生花。使君

夜半分酥酒，惊起妻孥一笑哗。（苏轼《泗州除夜雪中黄师是送酥酒二首》之一，《苏轼诗集》卷二十四）

　　泗州是淮河折入汴河的渡口，冬天水缩，汴河如不能载舟，往来之人便只好等候，诗中"春流咽咽走黄沙"，大概反映了等候水涨的心情，把暮雪形容为"碎米"，似乎也意味着这雪不含多少水量。同样在等候的还有黄寔，他是苏轼同年进士黄好谦的儿子，又与苏辙为儿女亲家（苏辙幼子苏远娶黄寔女），故关系甚好。据说他看到苏轼在对岸策杖而立，若有所待的样子，体谅老朋友羁旅之中寂寞过年的境况，便派人送去扬州带来的酒和酥。苏轼果然是寂寞过年，家人早睡了，自己有些感受，只能说不能写，因为砚水都冻住了，真是一点过年的气氛都没有。幸亏黄寔雪中送炭，带来些许热闹。可以注意的是，这个时候苏轼对自己身份的表述是"逐客"，还是跟"放臣"差不多。这样的"逐客"根本就没有什么"家"可言，与僧人一样。我们中国人有全家老小团聚过年的习俗，所以除夕之夜，应该是"家"的意识最强烈的时刻，而苏轼在这年的除夕却发出了"岂有家"的感叹！可见，在常州居住的请求获得正式批复之前，常州的田产还不能使一个"家"成立。不过，这一次苏轼的运气不错，宋神宗几乎是在生命的最后阶段，答应了他的这个请求。

　　其实，从神宗的立场看，将苏轼的安置地从黄州调到汝州，本来就含有从"贬谪"转为"赋闲"的意思，既然是"赋闲"，在哪里都一样，所以居住常州的请求一旦上呈，马上就获得批准。但这个批复传达得不那么及时，令羁旅中的苏轼还得走许多冤枉路。在泗州过了年后，他于元丰八年（1085）正月四日即沿汴河西行，大约十余日后到达北宋的南都应天府（治所在今河南商丘市南），这才知道他的请求已被批准。至此，他的身份成为：检校尚书水部员外郎、汝州团练副使、不得签书公事、常州居住。费了大半年的周折，苏轼终于彻底成了一个"闲人"。但对于"闲人"而言，安"家"是比较自由的，苏轼梦寐已久的江南之"家"，终于成立于常州。

有了一个"家"，当然是令人非常高兴的一件事，可好事多磨的苏轼马上又陷入困境：不许表现出高兴。这是因为，就在他这"闲人"逗留南都期间，元丰八年（1085）三月神宗驾崩。于是苏轼在南都跟当地官民一起举哀成服，然后才返回常州宜兴。此时的他处于内外矛盾之中：内心是为年届五十终于有"家"而高兴的，外观上却必须为伟大的皇帝不幸去世而表现出沉痛的哀悼。这位皇帝对苏轼既有欣赏，又怀恼怒，态度是矛盾的；那么，反过来苏轼对他的真实想法，估计也是矛盾的，不遇和感恩，两者都有。在这样的情形下，要以对神宗的哀悼之思抑制住有"家"的喜悦之情，是不大可能完全做到的。五月份途经扬州的时候，他就忍不住在诗里表现出喜悦之情，结果又成为政敌攻击他的把柄：

十年归梦寄西风，此去真为田舍翁。剩觅蜀冈新井水，要携乡味过江东。

此生已觉都无事，今岁仍逢大有年。山寺归来闻好语，野花啼鸟亦欣然。

（苏轼《归宜兴留题竹西寺三首》之一、三，《苏轼诗集》
卷二十五）

题中的竹西寺是扬州的名寺，苏轼从南都应天府回常州宜
兴，路经此地。"十年归梦寄西风"的说法，大概是从以前某
次到达扬州的时间算起的，熙宁七年（1074）苏轼从杭州改任
密州时，也曾路经扬州，距此正好超过了十年。"西风"意味着
他的"归梦"仍指向故乡眉山。"蜀冈"是竹西寺后的小山，据
说蜀冈上的井水与岷江相通，水味相似，故苏轼称为"乡味"。
从扬州去宜兴要渡过长江，故苏轼表述为"过江东"。把全诗
连贯起来，可以看到作者将眉山与宜兴两处的"家"互相叠合
的努力，既不忘老"家"，又建树新"家"。

苏轼在黄州就有过躬耕的生活，这回得以居住常州，认之
为"家"，则也勉强可以说归耕田园。五十岁的人，称得上"田
舍翁"了。因为离开黄州以来，整年都在漂泊，便难免有一种
获得安定的喜悦，想到从此不再飘荡无归，也许可以在新"家"
永远过上安宁的生活，所以说，此生已经没有什么大事，只要
当年的收成好，就觉得满世界都充满了欢乐。所谓"山寺归来
闻好语"，如果只从诗的本身看，这"好语"只能是关于丰收
的好消息，否则诗意就不连贯。但中国的诗歌解释学也从来就
有用诗外的其他事情来解释诗语的传统，所以关于这"好语"
是什么，后来就成了问题。

元祐党争之中，洛党的几位御史抓住这"好语"大做文章，
说元丰八年（1085）正是神宗去世的时候，苏轼因为跟神宗有仇，
竟把他的去世当作了好消息。这个说法，是比元丰的御史还要

恶毒一些的。苏轼赶紧上奏申辩，说明此诗写于五月份，而神宗去世在三月，并非写诗时才听说的事，"好语"当然不会是指此。那么指什么呢？苏轼说，他听到一些老百姓在夸奖刚刚上台的少年天子，这便是"好语"。这个说法似乎有些狡猾，因为即使他从时间上辩明"好语"不可能是指神宗去世，别人也会说，在全国人民沉痛悼念神宗皇帝的时候，你却那么高兴，也非常不妥，但苏轼解释成他为新皇帝的上台而感到高兴，则便无可非议。这大概是为了官场生存，难免要说的一些鬼话，与全诗的意脉全不相关。

本来，这件事谁也无法对证，作者自己提供的解释，信不信虽由你，但你不能把另一种恶毒解释强加给他。不料苏轼去世后，苏辙给他写《亡兄子瞻端明墓志铭》(《栾城后集》卷二十二)，可能年老忘事，却露出了马脚。墓志铭对"好语"做了解释，说当时苏轼收到常州朋友为他增置田产的信，觉得是个好消息。这虽然也跟神宗去世无关，却也与苏轼提交给朝廷的解释不同。应该说，买田置产或者丰收之类的事，跟"今岁仍逢大有年"可以衔接，是一种与诗语意脉最为吻合的解释，可能接近真相。当然，如果允许向诗外去猜想，则也有可能苏轼在此时已经听闻了朝廷将改变政策，起用"旧党"的消息。一定要说政治含义，也无非如此。说成是为神宗去世而高兴，肯定不至于此，但"野花啼鸟亦欣然"这样的喜悦程度，在神宗大祥期间表现出来，确实易成政敌攻击的把柄。

随神宗去世接踵而至的政局逆转，也就是"元祐更化"，给刚刚安"家"常州的苏轼带来了迅速复起、连续晋升的宦途佳境，他在常州未住数月，就匆匆离去，而且渐行渐远，除元祐间到杭州赴任和离任归朝时短暂路过外，并无安居田园的机会，直到临终前夕，才返回此地。但在他的心中，从此有了一个"家"，在江南的乡村里：

> 野水参差落涨痕，疏林欹倒出霜根。扁舟一棹归何处，家在江南黄叶村。（苏轼《书李世南所画秋景二首》之一，《苏轼诗集》卷二十九）

这是一首题画诗，作于元祐年间在朝任职之时。宋人已形成"诗、书、画"相结合的一种比较典型的中国艺术，而诗歌领域也拥有了题画诗这一特别的类型，当时还有人编过一本《声画集》，取"画是无声诗，诗为有声画"之意，专录题画诗，可见这一诗歌类型的发达程度。苏轼于诗、书、画皆是行家里手，其题画诗的数量也甚多，历来被视为一种典范。他的写法，经常可以分为两部分，一部分写画面，另一部分写画意。画面，即对画中景致的描写，多数以白描勾勒，但因为内行，有时候他也会谈一点技法；画意，即从画中景致生发的联想，或者议论，但多数情况下，他会把自己置入这一景致之中，仿佛身在画境，从而抒发情怀。通过这种方法，他把题画诗应该具备的对画面内容的描写，引回抒情诗的传统之中，融合成一体。这一首也是如此，前两句刻画秋景，野水涨痕、疏林霜根，必是画中之物；后两句明显是将自己代入了画境，那画里是否确有"扁舟一棹"，我们不得而知，但"家在江南黄叶村"，毫无疑问是苏轼自道心声。

清初的吴之振(1640—1717)甚爱"家在江南黄叶村"之句，

自名其所居为"黄叶村庄",他邀请好朋友吴自牧、吕留良在这
"黄叶村庄"共同编集《宋诗钞》九十余卷,是宋诗的最早结集。

四、家在牛栏西复西

元祐年间的苏轼,成为赤绂银章的翰林学士,"人在玉堂
深处",无论是黄州的东坡雪堂,还是常州的黄叶村,都已遥
不可及。从有关资料来看,可能他的长子苏迈有较长时间居住
常州宜兴,在经营这个江南的"家";而黄州那边,不知托付
何人在照管,"人在玉堂深处"之句就出自苏轼怀念东坡雪堂的
词作《如梦令》二首:

> 为向东坡传语,人在玉堂深处。别后有谁来?雪压小桥
> 无路。归去,归去,江上一犁春雨。

> 手种堂前桃李,无限绿阴青子。帘外百舌儿,惊起五更
> 春睡。居士,居士,莫忘小桥流水。

(苏轼《如梦令》二首,《东坡乐府笺》卷三)

词中的"东坡"就指黄州的居处。"玉堂"是宋代翰林学
士的官署,因宋太宗曾亲书"玉堂之署"四字匾额,故有此称,
正式的名称是"翰林学士院",也简称"学士院"。这一点是我
们阅读相关史料时需要注意的,在唐宋时代,这与所谓"翰林
院"大不相同。翰林院收罗各种文艺技术人员,如书画、棋艺、

医术等方面的人才，以应付宫廷需要，谓之"翰林供奉"或"翰林待诏"，唐代的李白就曾担任这样的职务，品级甚低。至于学士院内的翰林学士，则是起草诏令、参与议政的重要官职，唐代就有"内相"之称，距真正的宰相只有一步之遥，宋代欧阳修、王安石、苏轼、苏辙等都曾担任。大约元明清时期，始将翰林学士院与翰林院混同，这很可能是因为蒙古帝国的领导人对唐宋官制不太了解而造成的。苏轼担任翰林学士是元祐元年（1086）九月以后的事，词中从冬景写到了春景，大概是在次年的春天所作。他怀念着东坡的小桥流水，不知"别后有谁来"，估计那里不免冷清，而等着自己"归去"。在第四讲中，我们已经提到《定风波》"一蓑烟雨任平生"的"蓑"是个特别的量词，这里"江上一犁春雨"的"犁"也是如此，指正好适合于犁地春耕的雨量。

第二首起句的"堂"就指东坡雪堂，"堂前桃李"是苏轼亲手种植的，他猜想这些桃树李树应该蓊郁结子了。在前面的《满庭芳》中，我们已读到过"堂前细柳"，这里又有"桃李"，看来他在雪堂前种了不少树。"百舌儿"是一种黑身黄嘴的鸟，善鸣叫而其声多变化，故称"百舌"。"居士"当然是指自己，东坡居士。

《如梦令》这个曲调可能本来就给人追忆如梦往事的感受，玉堂深处的苏轼以此表明，他念念不忘黄州的东坡。虽然语句简短，却也足以使东坡的生活场景再次浮现眼前。他看到了那里冷落的冬天积雪，也看到春天来临后春雨洒在长江上，他的雪堂前桃李结了子，然后仿佛自己又睡在雪堂里，被清早的鸟声唤醒。如此便形成一种对比：眼下这玉堂深处的翰林学士，和那雪堂春睡的东坡居士，到底哪个才是苏轼呢？在词里，他借百舌鸟的叫声一再提醒自己：居士、居士。看来，他是更愿意认同于东坡居士的身份的。其实，知道"苏东坡"的世人、后人也远比知道"苏内翰"的多。

一般认为，在朝任职时期的苏轼，在创作上是相对歉收的，但即便如此，只要一关涉黄州，苏轼也仍能写出如上佳作。黄州本是他的贬地，把他贬过去的目的，当然是叫他去那里吃点苦头，体会一下被惩罚、被废弃的痛苦，但那结果，却令黄州变成了苏轼心中的桃源，时时会思念归去的地方。固然，苏轼再也没能重回黄州，但自从宋代以来，黄州就与苏轼的名号紧密相连，读苏轼的人无不向往黄州，到黄州的人也无不缅怀苏轼。如南宋乾道六年（1170），大诗人陆游自家乡山阴（今浙江绍兴）赴蜀中任职，沿途作日记，曰《入蜀记》，其中八月十八日、十九日两天，就记他经过黄州的事：

> 十八日……泊临皋亭，东坡先生所尝寓，《与秦少游书》所谓"门外数步即大江"是也，烟波渺然，气象疏豁。……晚移舟竹园步，盖临皋多风涛，不可夜泊也。黄州与樊口正相对，东坡所谓"武昌樊口幽绝处"也。

> 十九日早，游东坡。自州门而东，冈垄高下，至东坡，则地势平旷开豁。东起一垄颇高，有屋三间，一龟头，曰"居士亭"。亭下面南一堂，颇雄，四壁皆画雪，堂中有苏公像，乌帽紫裘，横按筇杖，是为雪堂。堂东大柳，传以为公手植。正南有桥，榜曰"小桥"，以"莫忘小桥流水"之句得名。其下初无渠涧，遇雨则有涓流耳。旧止片石布其上，近辄增

广为木桥，覆以一屋，颇败人意。东一井，曰"暗井"，取苏公诗中"走报暗井出"之句。泉寒熨齿，但不甚甘。……出城五里，至安国寺，亦苏公所尝寓，兵火之余，无复遗迹，惟绕寺茂林啼鸟，似犹有当时气象也。郡集于栖霞楼，本太守闾丘孝终公显所作，苏公乐府云"小舟横截春江，卧看翠壁红楼起"，正谓此楼也。……楼下稍东即赤壁矶，亦茅冈尔，略无草木，故韩子苍待制诗云："岂有危巢与栖鹘，亦无陈迹但飞鸥。"

（陆游《入蜀记》第四，《渭南文集》卷四十六）

从日记可见，陆游在黄州最主要的活动，就是缅怀苏轼的遗迹，同时便联想起苏轼的许多作品，其中也包括这两首《如梦令》。我们从陆游的描述中看到，东坡雪堂的四壁雪景，在南北宋之交的战火之余，仍保存完好，堂中还有了苏轼的像。《满庭芳》词中的"堂前细柳"，在陆游到来时，已长成了"堂东大柳"。《如梦令》两次写到"小桥"，而陆游看到"小桥"二字已成为此桥的榜额。他还听说，原来这小桥只是一段石梁而已，但现在变成了比较宽阔的木桥，而且桥上还盖了一间屋子。这看来像个桥亭，而"小桥"二字的榜额，大概就题在亭门上吧。不过陆游觉得"颇败人意"，还不如简单的一段石梁，更有"小桥流水"的风貌。被改变的遗迹，令陆游很不满意，因为他对"雪压小桥无路""莫忘小桥流水"的词句，记得实在太清楚了，他向往这朴素简洁的词境，也知道这才是玉堂深处的苏轼所曾深切怀念的。所以，虽然人们常说繁华犹如一梦，但其实朴素乃至简陋的贬居境况，也自如梦。

苏轼在"玉堂深处"也没能待上多久，元祐后期常到外地任职，绍圣以后则再次成为被贬谪远方的"放臣"。如果说任职时期虽然回不了"家"，仍可以怀着回"家"的希望，那么贬谪便令这种希望也濒临破灭，因为贬谪是指定处身之地的，轻者曰某地"居住"，重者曰"安置"，更严重的曰"编管"，无一不是对回"家"机会的剥夺。

更有甚者，到了贬地，找个地方居住，暂时安"家"，也会碰上问题。因为贬谪是一种惩罚，不能让你变成旅游或侨居，当地的官员或有势力的人有时会秉承朝廷的风旨，给你一点压力、磨难，使贬谪的惩罚性质体现得更充分些。北宋后期的贬谪官员，很少是行政上犯了错误所导致，多数出于"新旧党争"中胜者对败者的打击手段，如此一来，被贬的官员若是在贬地碰上了政敌在主持政务，则其处境之困蹇便可想而知。所幸的是，像苏轼被贬去的遥远南荒，无论是岭南的惠州或隔着琼州海峡的海南岛，都不是"党争"的胜利者乐意去任职的地方，其直接被当地政府欺凌的情况，似乎没有发生。他的巨大名声和善于跟人交往沟通的性格，使他基本上能获得贬地官员的善待，但这些官员也不能完全自主，他们也要听上司的命令，而北宋的信息传播速度比较快，朝廷能比较有效地把压力传达到贬谪"罪人"的地方，给苏轼增加磨难。

本来，北宋各路转运使、提点刑狱使等"监司"的官员，要巡行辖内各州，故各州都准备了他们巡来时居住的官署，谓之"行衙"。这"行衙"只是巡行官员临时的居所，他走以后就空着，按当时的习惯，"行衙"空置的时候，可以被当作一种较为高级的宾馆，供来往官员途经时暂且安顿，有时候被贬谪而来的官员也被允许借住。绍圣元年（1094）十月苏轼到达惠州之初，就得以入住惠州的"行衙"合江楼。但不知什么具体原因，十余日后就被赶出来，迁居于当地的佛寺嘉祐寺。到第二年，他的表兄程之才任广南东路提点刑狱使，巡行至此，这才让他重新住进了合江楼。当时苏轼有诗云："人言得汉吏，天遣活楚囚。"（《闻正辅表兄将至，以诗迎之》，《苏轼诗集》卷三十九）看来程氏的到来令他的境遇获得较大改善。但到程之才离去后，苏轼又不得不再次迁居嘉祐寺。

嘉祐寺的边上有个松风亭，苏轼曾作小品文《记游松风亭》云：

> 余尝寓居惠州嘉祐寺，纵步松风亭下，足力疲乏，思欲就床止息。仰望亭宇，尚在木末。意谓如何得到。良久忽曰："此间有甚么歇不得处？"由是心若挂钩之鱼，忽得解脱。若人悟此，虽两阵相接，鼓声如雷霆，进则死敌，退则死法，当恁么时，也不妨熟歇。（苏轼《记游松风亭》，《苏轼文集》卷七十一）

这是一次小小的游历，游玩的过程全无交代，只是一点心理感受：因为预先确定了游玩的目标，所以为到达不了那里而不胜其苦；一旦放弃这个目标，就如鱼脱钩，释去羁绊，轻松自在。从而，苏轼悟出人生的哲理，人们在生活中要善于摆脱自我限制，获得心灵的完全自由。进一步，生死也可置之度外，即便万分危急之时，也可以突然醒悟："此间有甚么歇不得处？"

如果联想到苏轼是被迫迁居的，则"此间有甚么歇不得处"

或许带着一点倔强的抗议：这嘉祐寺有甚么住不得！如果再想到他谪居岭南的处境，那么或许他也借此向朝廷宣告：这惠州有甚么住不得！当然，在合江楼和嘉祐寺之间往复迁居的经历，也催生了他买地筑屋，在惠州安"家"的想法：

> 吾绍圣元年十月二日，至惠州，寓居合江楼。是月十八日，迁于嘉祐寺。二年三月十九日，复迁于合江楼。三年四月二十日，复归于嘉祐寺。时方卜筑白鹤峰之上，新居成，庶几其少安乎？

> 前年家水东，回首夕阳丽。去年家水西，湿面春雨细。东西两无择，缘尽我辄逝。今年复东徙，旧馆聊一憩。已买白鹤峰，规作终老计。……
>
> （苏轼《迁居并引》，《苏轼诗集》卷四十）

这首诗的小序交代了他在惠州反复迁居的过程，诗里的"水东"指嘉祐寺，"水西"指合江楼，至"今年复东徙"于嘉祐寺，乃绍圣三年（1096），苏轼已在惠州白鹤峰下买了一块地，开始建造自己的住房，准备终老于此了。不妨注意，无论"水东""水西"，他都表述成"家"，而且，对于"家"所在的地点，无所选择，缘尽则迁。实际上，我之所在，就是"家"之所在，所以不妨随遇而安，在所到之处安个"家"。所谓"三年瘴海上，越峤真我家"（《丙子重九二首》之一，《苏轼诗集》卷四十），他决定与惠州认同，即便这是所谓的南荒瘴疠之地。在写给表兄程之才的信里，他也曾如此表述：

譬如元是惠州秀才，累举不第，有何不可。知之免忧。（苏轼《与程正辅七十一首》之十三，《苏轼文集》卷五十四）

虽然是被贬谪而来，但既然已在此地，就把自己当作惠州人，"有何不可"？这不仅仅是心理上的自我宽慰而已，苏轼是真的如此去做了，因此而有白鹤峰新居的建造。

不过，这件事想来并不容易。对于苏轼来说，在白鹤峰买地筑室，要用上他几乎全部的积蓄，而且也得考虑这惠州的"家"跟此前安于常州之"家"的关系，因为"家"不仅仅是几间屋子而已，更重要的是全家人要住在里面，在此生活。换句话说，苏轼把"家"安在哪里，就意味着他的子孙后代将会是哪里的人。从当时的情况看，苏轼似乎下了很大的决心，要把"家"从常州迁来惠州。白鹤新居在绍圣四年（1097）二月建宅完工，他不但立即从嘉祐寺迁入，而且通知原先住在常州宜兴的家人，由长子苏迈带领，南来与他团聚。这分明是做了落户惠州的打算。这一年他六十二岁，因为完成这么一件大事，而感到"老朽忧患之余，不能无欣然"（《和陶时运四首》诗引，《苏轼诗集》卷四十）。他以为自己的余年，将在惠州写作"和陶诗"中度过，连黄庭坚也形容此时的苏轼是"饱吃惠州饭，细和渊明诗"（《跋子瞻和陶诗》，《豫章黄先生文集》卷七），颇觉从容自得。但此种安"家"定居的希望，马上成为泡影，苏轼辛苦建造的白鹤峰新居，结果仍没能成为他的"家"，只是给惠州留下了一处名胜。

元祐年间主持政局的"旧党"大臣，在"新党"重新执政的绍圣、元符年间，被指为"元祐党人"，加以贬逐。大规模的贬逐有两次，一次是在元祐九年即绍圣元年（1094）"更化"政策易为"绍述"政策时，另一次则正在苏轼建成白鹤新居的绍圣四年（1097）二月。与苏轼关系亲密的"元祐党人"中，苏辙被责授化州别驾、雷州安置，张耒被贬到黄州去监酒税，秦观移送横州（今广西横县）编管，连在家服母丧的晁补之也被夺职，一同被追贬的达三十余人，但在《续资治通鉴长编拾补》卷十四所载此月发布的贬逐诏令中，却没有苏轼，只是在贬逐苏辙的诏令中提了他一下，说苏辙"始与弟轼肆为抵巇"，好像把他错记成苏辙的弟弟了。不过，到闰二月，追贬苏轼的诏令就下来了，将他责授琼州（今海南海口一带）别驾、昌化军（今海南儋州市）安置。这是将他贬往天涯海角了。

为什么要在绍圣四年再次贬逐已经倒霉的这些"元祐党人"呢？据南宋人曾季狸《艇斋诗话》所记的传闻，事情就起因于苏轼在惠州写的一首诗：

白头萧散满霜风，小阁藤床寄病容。报道先生春睡美，道人轻打五更钟。（《纵笔》，《苏轼诗集》卷四十）

诗中以白描手法、写意笔触，寥寥数语便勾画出一个饱经风霜、老病缠身，却安闲自适、淡然处之的自我形象，后两句的意思是：听到有人报告说苏轼睡得很甜美，道人就轻轻敲钟，以免惊醒他。这自然是令人莞尔的俏皮话，但据曾季狸说："章子厚见之，遂再贬儋耳。以为安稳，故再迁也。"意谓"新党"宰相章惇看到此诗，觉得苏轼居然在惠州如此"安稳"，出于忌恨，所以再予打击。照这个说法，章惇似乎有意不让苏轼安"家"了。

这当然只是因为人们喜欢苏轼这首诗，而给它制造的传闻。绍圣四年再贬"元祐党人"达三四十人，并非专对苏轼一人而来。其原因，比较可信的记载是：在绍圣三年（1096）的年底，元祐宰相吕大防的哥哥吕大忠自渭州入朝，哲宗接见他时问到了吕大防的情况，并表示了好感，说不久可以再相见。此事引起了"新党"的恐慌，就兴起再贬之议，不让"旧党"有翻身的机会。大概哲宗皇帝嘴上讲"绍述"，其实是以个人好恶来对待"元祐大臣"的。他曾说过，当时的大臣们都只向太皇太后奏事，把皇帝晾在一边，令"朕只见臀龄"（《铁围山丛谈》卷一），只有一个叫苏颂的，总会转头再向皇帝打声招呼，比较"有礼"。所以，他曾明确表示对苏颂有好感，与"只见臀龄"的那些人要区别开来（《宋史·苏颂传》）。对吕大防，可能也是这种情况。但这样以个人印象来区别对待"元祐党人"的做法，当然会遭到章惇、蔡卞等力主"国是"的"新党"大臣的反对，他们坚持党派斗争要大于皇帝的个人感情，故绍圣四年的再贬之举，乃是"国是"论者的强硬态度的胜利。这当然与章惇、苏轼的个人感情无关。不过，出于不让"旧党"翻身的目的，这次再贬也确实具有将他们置之死地的意图，比较重要的大臣都贬过了岭南，而本来已在岭南的苏轼就只好出海了。

此时的苏轼大概能够意识到当局已不以折磨他为满足，其恶意是针对他的生命而来。在写给朋友的信中，他承认自己"虑患不周"（《与王敏仲十八首》之八，《苏轼文集》卷五十六），对政敌的恶意估计不足，并自料"垂老投荒，无复生还之望"，所以"与长子迈诀,已处置后事矣"(《与王敏仲十八首》之十六,《苏轼文集》卷五十六)。我们不清楚他对"后事"究竟有些怎样的处置,事实上,他本人必须离开惠州,就意味着刚刚在惠州安下的"家"被迫作废,白鹤新居将与黄州东坡雪堂一样,一度寄身,而无法归来。于是他只好把家属暂留惠州,此后让他们重回常州去,自己则在幼子苏过的陪同下再次走上贬途。

到了海南岛,情况与初至惠州时也相似,起先受地方官照顾,得以安置于官舍,但次年元符元年(1098),朝廷派人按察岭外,将他逐出了官舍。差不多同时,苏辙也因在雷州被地方官礼遇,而被移至循州(今广东惠州东)安置。有些史料记载,朝廷还专门下诏,处罚了一批对二苏受到善遇的情况失于觉察的官员。苏轼有诗云:"旧居无一席,逐客犹遭屏。"说的就是从前所安的"家"无奈一一作废,如今又被逐出官舍的遭遇。不过,此诗题为《新居》(《苏轼诗集》卷四十二),表明他在这个天涯海角又要建屋安"家"。其营造居室之念,称得上顽强。

当时的海南,生活艰苦,苏轼的"新居",其实不过是儋州城南一片桃榔林下的几间土房,帮助他造屋的,是当地的一些黎族学生。这些黎族人因为苏轼的到来而开始出现在中国的诗歌史中,他们给了诗人淳朴真诚的友谊,也有一些跟着苏轼读起了书。苏轼自己则时不时地戴上黎族的藤帽,著上花缦,赤着双脚渡水穿林,觉得自己本来就是一个黎民。我们在此时的苏轼诗中,至少可以看到他有黎子云、黎威、黎徽、黎先觉四个黎族朋友,有一次,他乘着酒兴,一下子遍访这"四黎"之家:

半醒半醉问诸黎，竹刺藤梢步步迷。但寻牛矢觅归路，家在牛栏西复西。(苏轼《被酒独行，遍至子云、威、徽、先觉四黎之舍，三首》之一，《苏轼诗集》卷四十二)

此诗作于元符二年(1099)，即东坡到海南的第三年。随遇而安的人生态度，使他与"诸黎"早已打成一片，一家一家地随便走访。而且，他完全地融入了这种乡村的生活，访友归来，循着地上的牛粪去找到牛栏，因为记得自己的"家"是在牛栏的西面。我们欣慰地看到，苏轼又有了一个"家"！

"随遇而安"是个常用的成语，但真正能做到的人并不多。对于宋代士人来说，宦游也好，贬谪也好，总要不断迁徙，在一个地方长住的可能性并不大，所以，贬谪中的士人也经常是赁屋而居，随时准备离开的。但苏轼则不同，在黄州、在惠州、在儋州，他都要造房子，都准备终老于此。他的经济生活并不太好，有时候要靠苏辙接济，他也并非不怀着北归的希望，但每到一个地方总是竭尽财力造房安"家"，做着长住的打算，这在宋代士人中显得比较特别。他是一个真正四海为家，随遇而安的人。我们已经看到他在诗词中表述的"家"不断变易，"万里家在岷峨"，是他出生的眉山老家；"家在江南黄叶村"，是他买田置产的常州宜兴之家；而这"家在牛栏西复西"，则是他在天涯海角的安身之家。他走到哪里，就把"家"带到哪里，于是山河大地处处有家，实现了他自己关于水的一种比喻："如水之在地中，无所往而不在也。"(《潮州韩文公庙碑》，《苏轼文集》卷十七)

苏轼本人似乎也意识到他的"家"不断在变易，他对这个问题有一点自觉的思考，如下面这首诗：

> 不用长愁挂月村，槟榔生子竹生孙。新巢语燕还窥砚，旧雨来人不到门。春水芦根看鹤立，夕阳枫叶见鸦翻。此生念念随泡影，莫认家山作本元。（苏轼《庚辰岁人日作，时闻黄河已复北流，老臣旧数论此，今斯言乃验，二首》之二，《苏轼诗集》卷四十三）

从题目看，写作此诗的起因与政见相关，但诗里不涉政治，只说对于"家"的认识。"莫认家山作本元"的意思，就是不要只把眉州故乡当作"家"。"槟榔生子竹生孙"写得很有妙趣，这些植物种下来就会繁衍子孙，人类也可以向它们学习，不必为偏处谪地而愁对明月，到处都可以安"家"，繁衍子孙。

元符三年（1100）宋哲宗去世，政局又一度逆转，苏轼得以渡海北返。在即将告别海南岛的时候，他又跟一位黎人谈到这个话题：

> 我本海南民，寄生西蜀州。忽然跨海去，譬如事远游。平生生死梦，三者无劣优。知君不再见，欲去且少留。（《别海南黎民表》，《苏轼诗集》卷四十三）

他说自己本来就是海南人，眉州故乡只是"寄生"之地，而这次渡海北去，就当作"远游"看待。这是因为，对"生""死""梦"三者都已不加区别，所以没有必要执着于出生地才是"家"的观念。到处是"家"的意思，虽未明说，却显然可见。比较明确地表达此意的，则是著名的《和陶归去来兮辞》小序：

> 子瞻谪居昌化，追和渊明《归去来辞》，盖以无何有之乡为家，虽在海外，未尝不归云尔。（《和陶归去来兮辞并引》，《苏轼诗集》卷四十七）

所谓"以无何有之乡为家"，表达得稍显抽象。《和陶归去来兮辞》的文本，最初出于苏辙编订作序的《和陶诗》专集，很可能这段小序的文字出自苏辙之手，所以称"子瞻"云云。那么，这就是苏辙为兄长总结出对于"家"的最后想法。屡见于东坡笔下的"无家"之说，与到处迁易、随处认同的"家"，在这里被统一起来，"以无何有之乡为家"，就是既无固定之"家"，又处处是"家"。

五、但愿人长久

上面考察了苏轼一生随处安"家"的大致情形，最后须谈到与"家"的意识密切相关的人生观问题。"家"是归属的寄托，诗词里提起"家"，经常会与"归"字连用。"家"之所在，便是应该"归"去的地方。但一个士大夫，无论是被朝廷派去某地任职，还是被贬去某地安置，大抵要面对新的地方，这就不符合"归"字的字义。走向新的未知之处，自然是不能叫作"归"的。其实，这也不仅仅局限于宋代的士大夫，所有时代离乡工作的人，大抵都要面对这个问题。可以说，这是人生的一个基本的困境，解脱这一困境是人生思考的基本课题之一。

客观事实不能改变，解脱的办法唯有我们自己改变想法。在这方面，我们能从苏轼那里得到一些提示。在我看来，上面的考察中已有所涉及的，他的两种说法，可以注意。一种与时间相关，就是"前世"之说。由于人生的第一个"家"总被固定在"故乡"，就使"归"具有了确定的方向和目的地，不能改变；但引入前世的观念后，生命的时间被扩展，"故乡"也就有了多处，"归"的含义就开放。

另一种说法与空间相关，是苏轼的"地脉"之说。他在扬州的竹西寺惊喜地发现那里的一座山冈名为"蜀冈"，写了"剩觅蜀冈新井水，要携乡味过江东"的诗句，把"蜀冈"的水味叫作"乡味"。我们在《嘉庆重修扬州府志》卷八、《道光重修仪征县志》卷四（皆收入《中国地方志集成》）所记山川中，都能看到这"蜀冈"命名的缘由："相传地脉通蜀，故名。"这"地脉"之说相传甚早，苏轼著《东坡书传》，卷五通释《禹贡》山川，在"道岍及岐至于荆山"句下，就大谈"地脉"之说：

孔子叙《禹贡》曰："禹别九州，随山浚川。"盖言此书，一篇而三致意也。既毕九州之事矣，则所谓随山与浚川者，复中言之。随山者，随其地脉而究其终始也。何谓地脉？曰地之有山，犹人之有脉也。有近而不相连者，有远而相属者，虽江河不能绝也。自秦蒙恬始言地脉，而班固、马融、王肃治《尚书》，皆有三条之说，郑玄则以为四列，古之达者已知此矣。北条山道起岍、岐而逾于河，以至太岳，东尽碣石，以入于海，是河不能绝也；南条之山自嶓冢、岷山至于衡山，过九江至于敷浅原，是江不能绝也。皆禹之言，卓然见于经者，非地脉而何？

我们不妨依照字面，把"地脉"理解为大地的脉络，按苏轼的梳理，西蜀岷山与江南的一些丘陵连成了"南条"，就是"地脉"相属，绵延一体。其品水"蜀冈"，置家江南，看来都与"地脉"跟故乡联结的认识有关。如此，则"故乡"在地理空间上被放大，对故乡的眷恋可以扩展为对所有"地脉"相属之处的认同。进一步，"地脉"还可以把中华大地联成一体。苏轼在海南的时候，因为琼州的一个文士姜唐佐跟从他学习，遂有赠诗两句："沧海何曾断地脉，白袍端合破天荒。"[1]这个意思，就是琼州海峡并不能割断海南岛与大陆相连的"地脉"，所以希望姜唐佐成为海南岛第一位"破天荒"的进士及第者。这一联诗句可谓构思雄奇，意味深远，"地脉"在这里除了把中华大地联成一体外，更被赋予一层文化一体性的意蕴。大概苏轼不断地在体会和发掘"地脉"之说的妙用，他临终自择河南郏县的"小峨眉山"为葬地，估计也跟他对"地脉"的认识有关。

以"前世"之说扩展时间，以"地脉"之说扩展空间，结果会是什么呢？一个在中华大地上生生世世循环不息的灵魂。所以苏轼去世的时候，其学生李廌的祭文有云："皇天后土，鉴

1　见苏辙《补子瞻赠姜唐佐秀才》诗"引"，《栾城后集》卷三。苏轼只写了这一联，没有写完全诗，后来苏轼去世，姜唐佐见到苏辙，请苏辙补完了全诗。

平生忠义之心；名山大川，还千古英灵之气。"(《曲洧旧闻》卷五引）这正是对东坡之"归"的最好写照。

不过除此之外，关于东坡之"归"，还有一个重要的话题，就是他可以"归"去天上，因为他本来就是一位"谪仙"。

中国传统关于"谪仙"的说法，是很有意思的。仙人本来在天上（或在海中仙山），不知因为什么缘故，而被谪居人间。这样的人当然与凡人有所不同，如果是女性，应该特别美貌，是男性的话就才华横溢，而无论是男是女，气质上都超尘脱俗，多少留着些仙人的气息。这当然是令人向往的，但是另一方面，他们既是"谪仙"，那就多少具有跟世俗不合的倾向，在这个世界显得另类，可能被向往而不易被认同，所以大抵不可能生活得幸福安宁。唐代李白有诗云："世人不识东方朔，大隐金门是谪仙。"(《玉壶吟》，王琦注《李太白全集》第377页，中华书局1998年版）这东方朔在汉代就是以"滑稽"闻名的，比较另类，所谓"世人不识"，就是不容易获得认同。当然最有名的"谪仙"是李白本人，他一到长安，就被贺知章呼为"谪仙人也"。那是指他的天才，绝非凡人所能有。从此，这个称号几乎就专归了李白，直到苏轼出世，人们才意识到：又一个"谪仙"来了。我们的祖先就是以这样特有的方式，来表达他们对天才的尊重。

至于苏轼自己，肯定也接受这样的说法，他在不少作品中暗示或明说自己是"谪仙"，我们且看比较晚期的一首诗。绍圣四年（1097）刚登上海南岛的苏轼，便在琼州（今海南海口一带）至儋州的路上遇见一阵"清风急雨"，于是作诗云：

四州环一岛，百洞蟠其中。我行西北隅，如度月半弓。登高望中原，但见积水空。此生当安归，四顾真途穷。眇观大瀛海，坐咏谈天翁。茫茫太仓中，一米谁雌雄。幽怀忽破散，永啸来天风。千山动鳞甲，万谷酣笙钟。安知非群仙，钧天宴未终。喜我归有期，举酒属青童。急雨岂无意，催诗走群龙。梦云忽变色，笑电亦改容。应怪东坡老，颜衰语徒工。久矣此妙声，不闻蓬莱宫。（苏轼《行琼、儋间，肩舆坐睡。梦中得句云：千山动鳞甲，万谷酣笙钟。觉而遇清风急雨，戏作此数句》，《苏轼诗集》卷四十一）

诗的前半部分写苏轼飘落海外的境遇和感受。依北宋的政区划分，海南岛上有琼州、崖州、儋州和万安州四州，围绕着岛中央洞穴盘结的五指山。苏轼自琼州登岛，先向西，再折向南，奔赴儋州，正好经过了岛屿的西北部，走了一条弧线。因为隔着大海望不到中原，四顾途穷，恐怕回归无望，所以只好用战国时的"谈天翁"邹衍关于"大九州""大瀛海"的说法来排遣心情。按邹衍之说，中国虽由九州组成，但大地上像中国这样大的地方还有八个，合称"大九州"，每一州都有一小海环绕，与别的州隔绝，而在这"大九州"之外，还有"大瀛海"环绕，那才是天地相接之处。如此说来，中国（中原）也只是海水环绕的陆地之一，也就是面积较大的岛屿而已，跟海南岛的情形没有根本的区别。虽然有大小之分，但对于整个宇宙来说，都只像太仓中的一粒米而已，谁还去管这些米的大小呢？后半部分，从"幽怀忽破散"以下，转入描绘与想象。一阵天风吹来，山上的草木如鳞甲一般翻动起伏，山谷里回声顿起，像笙钟在酣畅地演奏。于是场面迅速改观，变得雄浑浩荡，而且一切都似乎活了起来，令诗人开始驰骋其丰富奇特的想象。他说，这是神仙们在天上饮酒，想起了昔日的同伴苏轼，谪落人间已久，算起来快到回归的日期了。所以他们派遣群龙前来，飞舞着兴风行雨，来催苏轼作诗。天上的云彩变化莫测，如梦一般，神仙们发出的笑声变成了闪电。苏轼于是洋洋自得，说神仙们看了诗后怕要觉得奇怪，我这衰弱的老头怎么还能写出如此精妙的诗句，自从"谪仙"下凡以来，仙宫里应该好久都没有听到这样好的诗句了。

海上的风涛奇幻怪谲，东坡的神思更是天马行空。所谓"喜我归有期"，"久矣此妙声，不闻蓬莱宫"，都是以"谪仙"自认的明证，而"归"字所指的方向，当然是天上仙宫。

然而，这位"谪仙"对如此"归"去的意义，却也曾发出质疑，书写在著名的《水调歌头》词中：

> 明月几时有，把酒问青天。不知天上宫阙，今夕是何年。我欲乘风归去，又恐琼楼玉宇，高处不胜寒。起舞弄清影，何似在人间。
>
> 转朱阁，低绮户，照无眠。不应有恨，何事长向别时圆。人有悲欢离合，月有阴晴圆缺，此事古难全。但愿人长久，千里共婵娟。
>
> （苏轼《水调歌头·丙辰中秋，欢饮达旦，大醉，作此篇，兼怀子由》，龙榆生《东坡乐府笺》卷一）

这是熙宁九年（1076）中秋节，喝醉酒以后，想念弟弟苏辙而作。一开头就以"谪仙"的口吻，向他原来的居所"青天"提问，想知道如今的天上是什么岁月，仿佛一个离家的游子询问家乡的消息。"我欲乘风归去"，这"归"之一字就非"谪仙"不能道，而"乘风归去"的飘然洒脱，也符合人们对于"谪仙"的一般想法：他总有一天会厌离人间，回到天上去。因为他在人间是另类，遭遇不会很如意，他的宿命是"归去"，这不单是一种绝妙的解脱，也是对使他不如意者的轻蔑和嘲弄：就让你们枉自折腾去吧，他那里飘然归去，你们伤害不到。

一个富有才华的人应该得到的尊重，如果在人间失去，那就一定会由老天来补偿。所以，苏轼越是颠沛流离，人们便越相信他是"谪仙"。他被贬谪黄州，世间便产生了他白日仙去的传闻，这传闻令神宗皇帝也深深为之叹息（见《续资治通鉴长编》卷三百四十二，元丰七年正月辛酉条）。毕竟，他知道苏轼是天才，这样的天才世间不常有，而居然出现在自己领导的时代，无论如何应该珍惜。类似的传闻在苏轼身后也被多次"证实"，宋徽宗把苏轼列入"元祐奸党"，禁毁苏轼的作品，但被他迷信的一位道士，却自称神游天宫，看到奎宿在跟上帝说话，而这位奎宿就是"本朝之臣苏轼也"（陈岩肖《庚溪诗话》卷上，《文渊阁四库全书》本）。这道士不会不知道宋徽宗的政策，但他更明白，自己装神弄鬼要博得别人相信，最好搬出苏轼来，因为大家早就知道苏轼"乘风归去"，一定是在天上做神仙。

可是，苏轼的词意却从这里开始转折，即对"归去"的意义发生质疑。天上虽有琼楼玉宇，似乎令人向往，但毫无人间烟火，那也就是一片凄清寒冷，若"归去"那里，恐怕也只成个顾影自怜的寂寞仙子。所以他得出的结论是：还不如留在人间。对于这一点，宋人也有传说云，神宗皇帝读到了这一句，大为放心道："苏轼终是爱君。"（龙榆生《东坡乐府笺》卷一，该词笺注引《坡仙集外纪》）他把不愿"乘风归去"、愿意留在人间的苏轼，理解为留恋君主。

这当然也不完全是自作多情，因为类似的表达法，在诗歌史上也蔚为传统，如谢灵运诗云："本自江海人，忠义感君子。"（谢灵运《诗》，逯钦立辑《先秦汉魏晋南北朝诗·宋诗》卷三，中华书局1983年版）杜甫诗云："非无江海志，潇洒送日月。生逢尧舜君，不忍便永诀。"（杜甫《自京赴奉先县咏怀五百字》，《杜诗详注》卷四，中华书局1979年版）意谓自己本来可以潇洒江海、逍遥世外，只因为留恋君主，才决心投入政治，做个忠义的人。苏轼自己在另一首词中，也对天女"问何事人间，久戏风波"，表示"老去君恩未报，空回首，弹铗悲歌"[苏轼《满庭芳》（归去来兮），《东坡乐府笺》卷二]，说"谪仙"因为要报"君恩"而暂不归去，"爱君"的意思还是很明显的。清代的评论家刘熙载就专门把这几句跟"我欲乘风归去"等句对比，说不如后者写得含蓄（刘熙载《艺概》卷四《词曲概》，《刘熙载集》第144页，华东师范大学出版社1993年版）。看来，他对《水调歌头》词意的理解，与传说中的宋神宗的看法相近。

不过在《水调歌头》词中，苏轼说的明明是"人间"，这"人间"当然不是只有君主一人的。他用"人间"跟"天上"对比，说明"人间"的范围很大。词是因想念苏辙而作的，关于"天上""人间"的这番思量和讨论，首先是用来安慰苏辙：这人间的生活虽然不尽如人意，但天上也并非完美，而且可能情况更糟，相比之下，不如留在人间。所以，"人间"的含义首先应就具体的人生境遇而言，就眼前兄弟相离、互相思念而不能见面的生活情状而言，如果可以由此联想到君臣关系，那么也可以进一步推广到所有人世生活。

下阕写月光的移转，写象征团圆的月亮照着无眠的离人，还是发挥题中"兼怀子由"之意，也接续着"人间"的话题。留在人间就会有分离，这就是不如意、不完美之一证，但是苏轼的词意到这里又发生一转："人有悲欢离合，月有阴晴圆缺，此事古难全。"人世生活的本来状态就是不如意、不完美的，从来如此，也会永远如此。不但不该厌弃，正当细细品尝这人生原本的滋味。所以，"但愿人长久，千里共婵娟"。他决心不去做那寂寞的神仙，情愿永远留在世间，跟弟弟共看明月，即便是在分离的两地一起看相同的明月。

这是一位不肯"归去"的"谪仙"，他愿意永留人间，陪伴他的兄弟，陪伴君主，陪伴所有的世人。我们从这里听见了"谪仙"的心声，他是如此留恋人世，尽管有许多不平，尽管人世间有许多人给予他的只是打击和伤害，他依然深爱这个人间，而为人世的生活唱出衷心的赞歌。东坡居士的"家"，就在人间。

第八讲

元祐党争

　　苏轼在常州置产安"家"，准备宁静地度过后半生，但此时北宋的朝廷却一片混乱。还不到四十岁的宋神宗，在元丰八年（1085）三月英年早逝。他的儿子，年方十岁的赵煦嗣位，就是宋哲宗。虽然神宗留下了几个"新党"的大臣蔡确、韩缜、章惇等辅佐新君，但由于这新君实在太小，所以他临终前又拜托母亲高氏临朝听政。这高氏对于哲宗来说就是祖母，称为"太皇太后"。我们无法确定神宗是否向高氏交代过改变政策的事，但她一上台，就跟蔡确等人发生了冲突。也不知蔡确等有何根据，居然担心高氏不疼孙子而宠爱别的儿子（即神宗的兄弟），会威胁到哲宗的皇位。他们的这种担心令高氏大为反感，朝廷上便显出一番微妙的气象。在后来根据"旧党"立场书写的史书中，"新党"大臣并非真心为哲宗着想而怀疑太皇太后，他们故意制造这样的舆论，让大家以为哲宗是多亏了他们的保护才登上皇位的，如此他们便有了"定策之功"。为了这"定策之功"，他们不惜牺牲太皇太后，要给她塑造出宠儿子不疼孙子的形象。后来太皇太后只好把儿子打发出宫，尽量不见面，并反复声辩：哲宗的继位原本顺理成章，那些大臣哪里来的"定策之功"？

追求"定策之功"，当然是为了巩固权位，保持原先政策的延续，但这种图谋很可能迫使太皇太后向长期"在野"的"旧党"求助。于是，在追悼神宗皇帝的活动中，首都发生了一次群众运动：一直闲居洛阳的司马光突然出现在开封，被京城的百姓们遮道拦马，追随聚观，要求他留在京城当宰相，不要回洛阳去了。由于现存的史料大都出自"旧党"人物之手，故这次群众运动在历史上呈现着"自发"的面貌，但无法解释其中的矛盾：朝中并非没有宰相，平民百姓怎么敢另外去请出一位宰相来？无论如何，结果是近在洛阳的司马光被太皇太后起用，迅速掌握了局面，令远在江宁府的王安石只好眼睁睁地看着他的"新法"被废除，"新学"被否定。随着司马光的出山，"旧党"的人物连茹而起，苏轼、苏辙兄弟同时出现在司马光给太皇太后提供的起用名单中。

虽然此时的苏轼还走在从南都到常州的回"家"路上，但他确实已经时来运转了。五月份刚刚回到常州，六月就接到登州（今山东蓬莱）知州的任命，这等于恢复了他在"乌台诗案"以前的官位。此年十月，苏轼到达登州任上，才过五天，便接到奉调进京的命令，十二月到京，又升为起居舍人（皇帝侍从官）。次年即元祐元年（1086）三月，未经通常的考试程序，他就被委任为中书舍人，成了撰拟"外制"（政府命令、文告）的机要官员,九月升为翰林学士,掌管"内制"(皇帝的诏命),成了参与决策的政府要员和朝廷的喉舌。其升迁如此之速的原因,据太皇太后的说法,是神宗皇帝的遗意,但这也可能是一种抚慰的策略,目的是让苏轼不要因"乌台诗案"而怀恨先帝。在"新党"的章惇看来,真正的原因是:"元祐初,司马光作相,用苏轼掌制,所以能鼓动四方。"(《宋史·林希传》引章惇语)这话有些道理,在先皇帝尸骨未寒的时候全盘否定他的政策,清洗他的大臣,于朝廷文告之中难免要下一番语言上的功夫,司马光确实需要仰仗苏轼的大手笔。同时,"贤良方正能直言极谏科"出身的苏辙也得到了合适的职务:右司谏。元祐元年(1086)二月到京就任,成了颇有权势的言事官。这样,苏辙以平均三四天一篇的频率向朝廷交上各种请求、论列、弹劾的奏议,经太皇太后和司马光审议决定后,再由苏轼起草文件去宣布执行。如此,他们所反对的"新法"一项项被废除,所厌恶的"新党"臣僚一个个被罢免,北宋政治局面被彻底改观,史称"元祐更化"。

喜爱苏轼的人难免为他的升迁而欢欣鼓舞,在他的周围,立即形成一个诗酒风流的文人团体,所谓"苏门四学士"(黄庭坚、秦观、晁补之、张耒)或"苏门六君子"(以上四人加陈师道、李廌)皆先后至京,他们使"元祐"成为文学史上一个光荣的年号。随着王安石的"新学"失去意识形态的权威地位,苏轼的"蜀学"也渐渐在思想舆论方面发挥出重大的影响。在元祐三年(1088)他还获得了知贡举,即主持科举考试的机会,恢复了诗赋取士的制度。不过,憎恨苏轼的人也不少,不要说"新党",在"旧党"中也一直有许多人与他为敌。其实,与具有明确政治主张（即实行"新法"）的"新党"相比，"旧党"几乎就是乌合之众，起初只是因反对"新法"而相互认同，一旦"新法"被废，他们之间的差异将变得更为显著。所以，元祐年间的所谓"旧党"内部党争，其局面比"新旧党争"显得更为错综复杂，难以梳理，并非传统的"洛蜀党争"一语可以概括。"新旧党争"有个确定的争议话题，就是"新法"，依对待"新法"的态度不同而分别党派；元祐党争却几乎找不到政见上的分党标准，A 可能在某件事上支持 B 攻击 C，但换一件事，他就可能支持 C 攻击 B，党派分别的整体图景远没有"新旧党争"那么清晰。所谓"蜀党""洛党"是就官员的出生地而言，其名称本身就带有一种攻击性，意谓这些人都在结党营私，实际上被指为"洛党"首领的程颐并没有多少政治权力，而被指为"蜀党"首领的苏轼，其门下的"四学士""六君子"没有一个是蜀人。因此，我们基本上可以在"新旧党争"的框架中讨论苏轼一生的政治经历，但专就元祐年间来说，若放在"洛蜀党争"的框架中讨论，却不太有效。下面我们将换一种视角，从苏轼留下的奏议出发，通过梳理奏议文本来考察他在元祐党争中的态度。

一、苏轼的奏议

苏轼著作的"七集本"，原来有个专门的《奏议集》，共十五卷，现在都编入《苏轼文集》卷二十五至三十七。由于《文集》是按文类编排的，而奏议是一个确定的文类，所以除了分卷差异外,内容上基本保持了《奏议集》的原貌。从写作时间来说,这些奏议可以被分为两组:一组是宋神宗在位期间,即从熙宁二年(1069)至元丰七年(1084)所作,大抵持"旧党"政见,反对"新法",不过数量很少,只有七篇。另一组就是元丰八年底进京后,至绍圣元年被贬惠州前所作,主要在元祐年间,作为"元祐大臣"发表政见,数量超过一百五十篇。这一百五十几篇奏议是我们此处的考察对象,其中当然有许多只谈到具体的行政事务,不必一一细究,但对朝廷施政的大节目提出意见,或对自己的基本政见有所申明的,也不下数十封。由此可见这个阶段的苏轼,确是政坛上的活跃人物,朝廷的每一重大决策,他几乎都参与提供意见。

现在我们将这些奏议大致梳理一下,考察其中所涉及的论题,大约有下列几个方面比较重要:首先是对"新法"或"元祐更化"的态度;其次是对"新党"人物的态度;第三是有关边备外交、科举取士、冗官冗费与黄河的治理等朝廷大事的;第四是为百姓向朝廷请命的,如要求放免积欠、赈济灾伤或地方上兴利除害之事宜等;第五,确实也有不少奏议牵涉苏轼与"旧党"其他官员的矛盾,但经常与前几个方面交织在一起。下面稍作分疏。

第一,对"新法"或"更化"的态度。论及这方面的奏议,以《辩试馆职策问劄子二首》最为集中明确,我们将在后文专门解读,此处暂且略过。与此相关的,还有《论给田募役状》、《乞不给散青苗钱斛状》、《大雪论差役不便劄子》、《乞郡劄子》、《论役法差雇利害起请画一状》、《应诏论四事状》及《朝辞赴定州论事状》等。除了总体上肯定"元祐更化"外,特点最为显著，也经常被后人谈论的是苏轼对"新法"中的"免役法"主张保留的政见。

苏轼在熙宁初也曾反对过"免役法"，尤其对收取"免役钱""免役宽剩钱""助役钱"深致不满。但做过几任地方官，亲自实践后，他的看法有所改变，认为此法比从前的"差役法"也有优长之处，加以修正可以保留。故元丰八年（1085）刚回到京师，他就跟司马光提出，其余"新法"都可以废除，唯"免役法"要从长计议。司马光本来不以为然，不过他其实比较缺乏担任地方长官的经历，所以对苏轼的实践经验还比较重视，委任他参与"同定役法"。然而，这大概就成为苏轼与"旧党"中另一些官员争议、分裂的起因。司马光于元祐元年（1086）九月去世，"旧党"许多臣僚打起了继承司马光遗志的旗号，把跟司马光稍有异议的人都视同仇敌，苏轼被迫申请退出"同定役法"，但对恢复"差役"一直持保留的意见。后来，他不止一次向太皇太后申辩，自己屡遭他人攻击的原因，追本溯源就在于"役法"问题上跟司马光的异议，而攻击者都"希合光意"，乃至"结党横身，以排异议，有言不便，约共攻之"（《乞郡劄子》，元祐三年十月奏上）。为了避免矛盾，他决定"乞郡"离朝，并获朝廷同意，于元祐四年（1089）外任杭州知州。由此可见，在苏轼本人看来，迫使他离朝外任的元祐前期之党争，焦点就在于"免役法"的存废。

不过，维护"免役法"并不等于反对"元祐更化"。苏轼对"新法"的态度，当然没有一概赞同，在元祐元年八月所上《乞不给散青苗钱斛状》中就以激烈的言辞攻击"青苗法"："臣伏见熙宁以来，行青苗、免役二法，至今二十余年，法日益弊，民日益贫，刑日益烦，盗日益炽，田日益贱，谷帛日益轻，细数其害，有不可胜言者。"此状为了贬斥"青苗法"，还拿了"免役法"陪绑。元祐五年在杭州作《应诏论四事状》，对熙丰"新法"将"民间生财自养之道一切收之公上"仍持否定态度，对"更化"政策中放免积欠市易钱、积欠盐钱、酒钱和买绢钱等，则不但肯定，且要求认真落实。直到元祐八年（1093）九月呈哲宗的《朝辞赴定州论事状》，还努力想挽回哲宗的改用"新党"之意图，认为"今天下虽未大治，实无大病"，不需要更易法制。这等于肯定"元祐更化"的成效还不错，目的在于维护元祐之政了。

第二，对待"新党"的人物，苏轼的态度是很鲜明的，他是贬斥"新党"人物的许多"责词"的作者，尤以贬吕惠卿的"责词"最为著名，完全是深恶痛绝的口吻（《吕惠卿责授建宁军节度副使本州安置不得签书公事制》，《苏轼文集》卷三十九）。在奏议中，如《缴进吴荀词头状》、《缴进沈起词头状》、《缴进李定词头状》及《参定叶祖洽廷试策状二首》等，都是针对"新党"：或反对朝廷任以重要职务，或以为处治太轻，或欲根究其罪责。这方面最突出的，莫过于元祐三年（1088）十二月所奏《论周穜擅议配享自劾劄子二首》。这周穜本是苏轼自己向朝廷推荐的人，后来他却上书请求以王安石配享神宗庙廷。按说，神宗庙廷的配臣当然应以王安石最为合适，周穜的请求原甚正当，但苏轼他们却用神宗并不重用的富弼配享，硬说此举乃"天下翕然以为至当"，认为周穜是在"尝试朝廷，渐进邪说，阴唱群小"，为了自己曾推荐此人，他还自劾待罪。苏轼之所以对这事如此重视，是因为怕渐开"新党"进用之门：

臣观二圣嗣位以来，斥逐小人，如吕惠卿、李定、蔡确、张诚一、吴居厚……之流，或首开边隙，使兵连祸结，或渔财权利，为国敛怨，或倡起大狱，以倾陷善良，其为奸恶，未易悉数，而王安石实为之首。今其人死亡之外，虽已退处闲散，而其腹心羽翼，布在中外，怀其私恩，冀其复用，为之经营游说者甚众，皆矫情匿迹，有同鬼蜮，其党甚坚，其心甚一。……朝廷日近稍宽此等，如李宪乞于近地居住，王安礼抗拒恩诏，蔡确乞放还其弟，皆即听许。崔台符、王孝先之流，不旋踵进用。杨汲亦渐牵复，吕惠卿窥见此意，故敢乞居苏州。此等皆民之大贼，国之巨蠹……今既稍宽之后，必渐用之。如此不已，则惠卿、蔡确之流，必有时而用，青苗、市易等法，必有时而复……今周穜草芥之微，而敢建此议，盖有以启之矣。（苏轼《论周穜擅议配享自劾劄子二首》之二，《苏轼文集》卷二十九）

这里说得很清楚，苏轼郑重其事地自劾，是为了防微杜渐，不让"新党"有机可乘。

与苏轼一样，苏辙也持坚决排斥"新党"的立场，他从谏官做到御史中丞，一直是弹劾"新党"的主力。由于他们兄弟俩都对"新党"人物持严厉打击的态度，所以后来遭到重新执政的"新党"极度的报复。

第三，有关边备外交、科举取士、冗官冗费及黄河的治理等朝廷大事。

论及边备外交的奏议约有三组。一组是元祐二年（1087）八月至十月的《论擒获鬼章称贺太速劄子》《因擒鬼章论西羌夏人事宜劄子》《乞诏边吏无进取及论鬼章事宜劄子》《乞约鬼章讨阿里骨劄子》四篇，而以第二篇最为重要，其内容是讲对付西夏与西羌的策略。大致"新党"当政时，宋朝的态度比较强硬，王安石用王韶之议，攻占熙河路，胁迫西羌臣服，目的在图西夏，而神宗亦两次兴兵进攻西夏。开熙河的战果不错，但那里的许多部落时服时叛，很难安静；进攻西夏更以失败告终。到了元祐"旧党"执政时，司马光等务欲边境安静，甚至不惜放弃攻占的地盘以求和。苏轼认为这是失策，他主张采取传统的羁縻政策，既不放弃地盘，也不在其地设立郡县。在这个问题上，他与司马光那一派也有所异议。另一组是元祐四年（1089）的《论高丽进奉状》《论高丽进奉第二状》《乞令高丽僧从泉州归国状》，元祐五年（1090）的《乞禁商旅过外国状》和元祐八年（1093）的《论高丽买书利害劄子三首》，内容都是对待高丽的外交方针。宋神宗曾想联络高丽对付契丹（辽），所以对高丽持招徕的态度。苏轼认为这是不现实的，故主张冷却此种国事来往，不过，对于一般的文化交流，也不反对。还有一组是他在定州任上写的《乞降度牒修定州禁军营房状》《乞增修弓箭社条约状二首》等，内容是讲如何增强宋辽边境的军事防备力量，态度比较积极。综合来看，苏轼关于边备外交的政见，基本上是倾向于神宗的积极态度的，但也比较现实，不像"新党"那样喜开边衅。

涉及科举取士的奏议，有元祐三年（1088）初的《大雪乞省试展限兼乞御试不分初覆考劄子》，此年主持贡举时作的《贡院劄子四首》《省试放榜后劄子三首》《御试劄子二首》，不久后作的《转对条上三事状》，元祐四年（1089）的《乞诗赋经义各以分数取人将来只许诗赋兼经状》与元祐八年（1093）的《奏乞增广贡举出题劄子》等。其中所论，大致有三点：一是支持朝廷恢复以诗赋取士，主张诗赋、经义并行，随考生所习而录其优长者；二是在贡举事宜中，力主尊重考生的人格，禁止管理人员侮辱考生；三是在录取方面主张严格选汰，通过省试的考生在殿试时应有所淘汰，对累试不中者予以照顾录用的"特奏名"应该裁减，而正式贡举之外的其他杂科也可取消，以保证科举制度的纯正与尊严，又可省却不少冗官。

冗官冗费，或者说财政匮乏，实际上是罢废"新法"后必然出现的问题。施行"新法"本来就包含了解决财政匮乏的目的，一旦废除，匮乏局面便重新出现，但元祐大臣不拟设法增加收入，而主张节省开支，所以奏议中谈的是冗官冗费问题。苏轼与此有关的奏议，主要是元祐元年（1086）十月的《论冗官劄子》和元祐三年（1088）五月的《转对条上三事状》。他认为"自本朝以来，官冗之弊未有如今日者也"，意谓冗官之弊已达历史最高点，故主张在取士时严格把关，裁减人数，在吏治上则依法处置，不加姑息，还要削减"任子"之恩，即以父祖官荫入仕的子孙，须用考试的办法来选择淘汰。

治理黄河的问题，是贯穿北宋一朝的大事。几乎没有哪一年的河水涨期不造成灾难，而水官们也始终没能把河水控制在稳固的河堤内，甚至当年的河水会顺着哪条道走，也没有把握。在仁宗时，几次决口使黄河下游有了两条道：一为北流，从澶州商胡埽（今濮阳东昌湖集）决出，经今滏阳河与南运河之间，下合南运河、大清河，在今天津市区入海；一为东流，在魏县（今河北大名东）决出，东北经今马颊河入海。大致来说，北

310

流危害当时的河北路，水势较顺；东流害及当时的京东路，随着泥沙堆积，变成由低向高走，水势越趋不顺。但时人也忧虑北流可能会流入辽的辖区，则辽人可以在自己的境内渡过黄河，对宋形成威胁，所以，从宋神宗当政后，司马光、王安石等皆主张导河东流，逐渐闭塞北流。朝廷在导河东流上花了大量的人力物力，却依然没有阻止河水决口北流。到元祐初，北流已较成常态，但文彦博、安焘、吕大防等力主兴役，强制河水东流。同时，也可能由于导河东流原是司马光的主张，故赞同此议的人较多。但在这件事上，苏轼又是反对派，另外还有范纯仁、苏辙、范百禄等，他们主张让河水顺着地势进入北流。苏轼的有关奏议，主要是元祐三年（1088）的《述灾沴论赏罚及修河事缴进欧阳修议状劄子》，论证了强河东流"功必无成"，因为"故道高仰，势若登屋"，违反了水的"就下"之性，主张马上"罢役"，让河北流。但此说未被采纳，虽经苏辙反复与吕大防等争执，强河东流的工程仍在进行，并且过早地将北流闭塞。元符三年（1100），贬谪在海南岛的苏轼听到黄河终于再次决口，重复北流的消息，感慨万分，写下了《庚辰岁人日作，时闻黄河已复北流，老臣旧数论此，今斯言乃验，二首》（《苏轼诗集》卷四十三）。

第四，为民请命的方面。苏轼这方面的奏议数量不少，尤其是在元祐四年离朝担任地方官后，由于贴近民众，了解民情，故讲求民瘼的奏议特别丰富。撮其要点，有放免积欠、赈济灾伤与各地兴利除害之工程等。

要求放免积欠的奏议，主要是元祐五年的《应诏论四事状》《乞检会应诏所论四事行下状》，元祐七年的《论积欠六事并乞检会应诏所论四事一处行下状》《再论积欠六事四事劄子》等。所谓"积欠",就是农民对政府常年欠债,可算当时最大的社会问题之一。王安石的经济政策为朝廷增加了收入,此种收入主要以"取息"的方式得自农民,如青苗法先以借贷,半年后增二分利息收回。这当然属于经济手段,但农业生产对天时气候依赖甚大,贷本未必生息,万一罹灾,则连本付水,于是农民便对政府负下一大笔债,经年累月还不出来,成为"积欠"。自然,即便不行"新法",仅两税正赋也会造成"积欠",但"新法"行施十几年,几乎每一法都产生"积欠",成为农民的极大负担,荒年流离自不必说,幸遇丰年,官府即来催逼偿还,令农民惧丰年倒甚于荒年,再无积极性投入生产。早在元祐元年(1086)二月,刚回朝任右司谏的苏辙,便奏请放免民间"积欠"(《久旱乞放民间积欠状》,《栾城集》卷三十六),这是他任职后所上谏疏的第二封,可见此事关系至重,要首加论列。但元祐政府既无法解决财政困难,便不肯放弃这笔潜在的收入。苏轼反复开陈:这笔收入的"潜在"性实际上并不成立,如不放免,便无法鼓励生产,将连赋税也收不到;而且,熙丰间所贷出的钱物,大致已带利收回,剩下未收的"积欠"部分原本就可按理放免。

请求赈济灾伤的奏议,主要作于苏轼担任杭州知州的前后。元祐四、五、六年,浙西地区连年水旱相继,灾情惨重。四年十一月,刚到杭州的苏轼就奏上《乞赈济浙西七州状》,次年初,为了争取较多的赈济数额,他又上《乞降度牒召人入中斛斗出粜济饥等状》,还与转运使叶温叟争执,上《论叶温叟分擘度牒不公状》,又上《奏户部拘收度牒状》,指责户部赈济不力。可见他为此不惜得罪一些同僚。元祐五年（1090）浙西又遭"淫雨风涛""民之穷苦实倍去岁"，苏轼赶紧于七月上《奏浙西灾伤第一状》《第二状》，八月上《申明户部符节略赈济状》，此后又连续奏上《相度准备赈济第一状》《第二状》《第三状》《第四状》。元祐六年春，苏轼将奉调回京，仍因亲见"积水占压""春晚并未下种"，上《再乞发运司应副浙西米状》。回京后，他依然关心浙西灾情，写了《乞将上供封桩斛斗应副浙西诸郡接续籴米劄子》，希望赈济之事不至于半途而废。不料他这样的做法，却受到"洛党"贾易的怀疑，认为他虚报灾情，眩惑朝廷，要求加以考验处治。因此，苏轼不得不在《乞外补回避贾易劄子》《辨贾易弹奏待罪劄子》中一再申明灾情属实，乃是自己亲见。然后，外任颍州、扬州知州时，他又有《奏淮南闭籴状二首》《乞赐度牒籴斛斗准备赈济淮浙流民状》等。直到哲宗亲政后，苏轼在定州任上，还写了《乞减价籴常平米赈济状》《乞将损弱米贷与上户令赈济佃客状》。

此外，苏轼也努力争取朝廷的支援，以开展地方上兴利除害的工程建设或其他事宜，并亲自主持之。这也可以他在杭州任上为开西湖所上的《杭州乞度牒开西湖状》《申三省起请开湖六条状》为代表。为此类利民事宜所上的奏议还有不少，但他也并非每到一地都务求生事兴工，如在颍州就连续上《申省论八丈沟利害状二首》《奏论八丈沟不可开状》，反对兴"无益于事"之役。

第五，牵涉"旧党"内部党争的奏议。除了在具体事务上与别的官员争辩是非外，值得注意的是苏轼有几篇奏议，自己谈到"党派"的话题。如元祐三年（1088）十月《乞郡劄子》云：

刑部侍郎范百禄与门下侍郎韩维争议刑名，欲守祖宗故事，不敢以疑法杀人，而谏官吕陶又论维专权用事。臣本蜀人，与此两人实是知旧。因此，韩氏之党一例疾臣，指为川党。（苏轼《乞郡劄子》，《苏轼文集》卷二十九）

此篇所谓"川党"，也就是通常说的"蜀党"了，范百禄、吕陶都是蜀人，不过这二人都比苏轼年纪大、资历深，应该说不上是苏轼的党羽。清代学者钱大昕专门写过一篇《洛蜀党争》（《潜研堂集·文集》卷二，上海古籍出版社1989年版），认为"树党以攻苏者，程氏门人为之，蜀党之名，亦贾易辈加之也"。这贾易是程颐（1033—1107）的门人，元祐二年担任谏官，与同为谏官的吕陶互相攻击，乃至先后罢职。贾易攻击吕陶的奏折，《续资治通鉴长编》所录已有节略，不得其详，但苏辙《乞外任劄子》（《栾城集》卷四十一）有云："臣窃闻右司谏贾易言文彦博、吕陶党助臣及臣兄轼。"由此可以猜测贾易曾指责对方为党。反过来，吕陶攻击贾易的奏折中，则明斥对方为"韩维之上客，程颐之死党"（《续资治通鉴长编》卷四百零三，元祐二年七月乙丑条）。看来，双方互相指责为党。在此之前，程颐另一门人朱光庭曾弹劾苏轼，而吕陶亦曾为苏轼辩护，双方形成对立已久。若仅就这个范围来看，称为"洛蜀党争"倒也无妨，但苏轼和吕陶明明都已指出对方的核心人物是韩维，在他们看来，程颐及其门人并无与苏氏兄弟对抗的资历和势力，只是被另一种更大的势力支配着的工具。韩维是当时的执政之一，其兄弟韩绛、韩缜都是"新党"的宰相，权倾朝野。苏辙于元祐元年（1086）上任谏官以来，曾连续八章弹罢韩缜，而苏轼在"同定役法"期间也与韩维意见不合，吕陶更是攻击韩维的主力，范百禄则与韩维在刑法方面产生争议，并导致韩维于元祐二年七月罢去执政。另一方面，程颐则与韩家关系密切，在程颢去世时，程颐请求韩维为其兄作墓志，谓"家兄素出门下，受知最深"（程颐《上韩持国资政书》，《二程文集》卷八）；程颐得以赴朝廷当官，推荐人中有韩绛。那么所谓"洛党"，此时确是依附着韩维的，故苏轼称之为"韩氏之党"，不叫作"洛党"。

然而，再仔细审察苏轼作于元祐三年的一些论及党争的奏状，如《大雪论差役不便劄子》、《乞罢学士除闲慢差遣劄子》及上引《乞郡劄子》等，又可发现苏轼的对立面还不仅仅是一个"韩氏之党"。被苏轼所指责为党的，还有所谓"台谏"，而他与台谏官傅尧俞、王岩叟、孙升等人的矛盾，则起于"役法"问题上的异议。朱光庭、贾易恰好也在"台谏"，可能因为苏轼对程颐不太礼貌，他们会借机替程颐出口气，但苏轼本人不认为这是重点，他自己一直认为重点在于争议"役法"。奏议中明确攻击到程颐的，只有一处，是元祐六年（1091）所上《杭州召还乞郡状》（《苏轼文集》卷三十二），自谓"素疾程颐之奸，未尝假以色词，故颐之党人，无不侧目"。但相比之下，苏轼毕竟比职位低微、政治经历不足的程颐更了解党争的实情，因此，有关奏议的指责对象主要是"台谏"，他与"台谏"的矛盾才是真正的政见冲突。苏轼主张修正和保留"免役法"，有范纯仁等支持；"台谏"则反对，主张司马光的差役法，支持他们的是被司马光托付国事的吕公著，以及因吕公著力荐而被提升为执政官的刘挚。由于后者打着司马光的旗号，所以苏轼的有关奏状几乎每一次都要追溯到他与司马光在"役法"问题上的异议。

至于元祐后期，即苏轼自杭州回朝以后所面临的党争，看上去是复任谏官的贾易无休无止地纠缠着他，似乎仍是"洛蜀党争"的延续，但已经担任了执政官的苏辙，则感受到真正的威胁来自宰相刘挚，在他自叙生平的《颍滨遗老传》中，并无一言涉及所谓"洛蜀党争"，对于元祐六年以后的政局如此描述：

> 时吕微仲与刘莘老为左右相。微仲直而暗，莘老曲意事之，事皆决于微仲，惟进退士大夫，莘老阴窃其柄，微仲不悟也。辙居其间，迹危甚。莘老昔为中司，台中旧僚多为之用，前后非意见攻。宣仁后觉之，莘老既以罪去，微仲知辙无他，有相安之意，然其为人则如故，天下事卒不能大有所正，至今愧之。（苏辙《颍滨遗老传下》，《栾城后集》卷十三）

"微仲"为吕大防，"莘老"即刘挚，"昔为中司"指刘挚入相前曾任御史中丞，故"（御史）台中旧僚多为之用"，贾易等几个"洛党"就是刘挚召回来置于言路的，"前后非意见攻"即指刘挚利用贾易等攻击苏氏兄弟。但此时所谓"朋党"，真正的核心人物无疑是吕大防与刘挚。吕、刘的矛盾，在刘党（即所谓"朔党"）刘安世为刘挚文集所作的序言中，亦有交代：

> 吕丞相专权狠愎……自此忌公益甚，阴谋去之，遂引杨畏在言路……士大夫趋利者，汹汹交讧其事，于是朋党之论起矣……明年公继为丞相，不满岁，前日汹汹者在言路诋公，

竟去位，朋党之论遂不可破。其本末如此。（刘挚《忠肃集》卷首刘安世《原序》,《丛书集成》本）

观其所述，措辞的倾向性与苏辙不同，但事情的"本末"完全一致。刘安世笔下的"汹汹者"，可能指"蜀党"，因为苏辙也当过御史中丞，言路上也有他的人，吕大防恰好利用"蜀党"排去刘挚。被利用的人里有一个杨畏，始依附苏辙，后来却为"绍述"开路，人称"杨三变"，据他后来自述："畏前日度势力之轻重，遂因吕大防、苏辙以逐刘挚、梁焘。"（《宋史·杨畏传》）说得再明白不过。刘安世文中又谓刘挚用人"先器识而后才艺"，故"才名之士或多怨公"，大概也指"蜀党"。贾易在此时十分起劲地弹劾苏轼、秦观等，实为刘挚效命，没有什么资料可以证明为程颐所指使。早在元祐二年（1087）八月，程颐就被赶回洛阳去闲居了。而且，贾易弹劾的话柄，又不与重要政策相关，而是重拾李定的故技，从苏轼诗文中挑毛病，谓其讥讽朝廷。

面对贾易的纠缠，了解内情的苏轼显然没有争斗的兴趣，从杭州回朝后，连续上《杭州召还乞郡状》《再乞郡劄子》《乞补外回避贾易劄子》《辨贾易弹奏待罪劄子》《辨诗题劄子》《奏诗题状》等，除了辩明自己的诗文并无讥刺朝廷之意外，一再坚求外任，离开朝堂是非交讧之地，并获得允准。他对于这种"党争"的厌倦，很自然地流露于言语间，如《杭州召还乞郡状》云："臣平生冒涉患难危险如此，今余年无几，不免有远祸全身之意。"《再乞郡劄子》云："臣多难早衰，无心进取，岂复有意记忆小怨？"相比于熙宁党争中主动投入，积极作战的情形，元祐党争中的苏轼大抵被动受攻，经常缺乏作战的热情。对于他来说，走出京城去当地方官是更有吸引力的，这一方面可以避开党争，另一方面也可以在地方上自己做主办成一些事。加上苏辙的官越做越大，兄弟同朝虽然意气飞扬，也不免遭人闲话，反为不便，所以从元祐四年（1089）以后，苏轼一直愿意在地方上任职。

苏轼在元祐年间有关党争的最后一封奏议，是作于元祐八年（1093）五月的《辨黄庆基弹劾劄子》，此时王安石的表弟黄庆基担任了御史，欲为"新党"复起开路，故弹击苏轼所作文字诽谤先朝，苏轼以此状自辩。其中说：

> 自熙宁、元丰间，为李定、舒亶辈所谗，及元祐以来，朱光庭、赵挺之、贾易之流，皆以诽谤之罪诬臣。前后相传，专用此术……今者又闻台官黄庆基复祖述李定、朱光庭、贾易等旧说，亦以此诬臣。（苏轼《辨黄庆基弹劾劄子》，《苏轼文集》卷三十六）

这是他对从政以来所受攻击的总结，对方无一例外地采用了文字狱的手段。在他作此总结的时候，元祐之政已奏尾声了。

以上从《苏轼文集》中现存的奏议文本出发，简要梳理其涉及的论题，及苏轼在这些论题上的意见。由于"旧党"并不像"新党"那样有实施"新法"这一基本统一的政见，故在"新法"罢废后，可谓异见纷繁，苏轼提出的意见先后都与其他官员有所分歧，这本来也是正常现象，但从现实上说，元祐"旧党"如此分歧互攻，缺乏凝聚力，确实使他们在总体上不敌"新党"。北宋的"新旧党争"，是以"新党"占优势的时间为多的，至于"洛蜀党争"，只是个很表面化的说法。

二、《辩试馆职策问劄子》

元祐元年（1086）十二月，朝廷举行一次选拔馆阁人才的考试，担任翰林学士的苏轼、邓温伯被委托起草考题，他们于十一月二十九日撰成三篇考题，由苏轼亲书奏上，太皇太后过目后，点定一篇使用。这一篇恰好就是苏轼所起草的策问：

> 问。《传》曰："秦失之强，周失之弱。"昔周公治鲁，亲亲而尊尊，至其后世，有寖微之忧。太公治齐，举贤而上功，而其末流，亦有争夺之祸。夫亲亲而尊尊，举贤而上功，三代之所共也。而齐鲁行之，皆不免于衰乱，其故何哉？国家承平百年，六圣相授，为治不同，同归于仁。今朝廷欲师仁祖之忠厚，而患百官有司不举其职，或至于媮。欲法神考之励精，而恐监司守令不识其意，流入于刻。夫使忠厚而不媮，励精而不刻，亦必有道矣。昔汉文宽仁长者，至于朝廷之间，耻言人过，而不闻其有怠废不举之病。宣帝综核名实，至于文学理法之士，咸精其能，而不闻其有督责过甚之失。何修何营可以及此？愿深明所以然之故，而条具所当行之事，悉著于篇，以备采择。（苏轼《试馆职策问三首》之一《师仁祖之忠厚法神考之励精》，《苏轼文集》卷七）

与诗赋的考题不一样，"策问"这种考题确实具有明显的政治导向性。虽然表面上呈现为提问的形式，但实际上撰题者的意见已经呼之欲出。题中包含了三组比较：齐、鲁之政的比较，"仁祖"和"神考"即宋仁宗、宋神宗之政的比较，以及汉文帝、汉宣帝之政的比较。前后两组提示应试者根据经典，联系史书来论述问题，而主要针对的应是中间一组，因为这实际上就是"旧法"与"新法"之比，与"元祐更化"的现实课题相关。从行文上说，似乎有把仁宗之政归纳为"媮"，把神宗之政总结为"刻"的嫌疑，所以后来招致台谏的攻击，但其本意，当然在于综合前朝治术，探索"忠厚而不媮，励精而不刻"的施政方法。应当说，这个策题既是"新旧党争"的产物，也具有超越"新旧党争"的意图。鉴于神宗的"励精"之道就是"新法"，而"更化"的宗旨不过是废弃"新法"、恢复仁宗时的状态，则此策题也就意味着并不以"更化"为满足，也意味着对"新法"仍可适当吸取。

这一次"试馆职"，在十二月七日就出了结果，获得第一名的是今存《西台集》的毕仲游，另外获选的有张耒、晁补之、刘安世、赵挺之等人。应该说，这个结果还是令人满意的。但苏轼的策题却遭到台谏官的攻击，挑头的是程颐的门人朱光庭。

朱光庭（1037—1094）字公掞，河南偃师人，他与苏轼、程颢一起在嘉祐二年科举登第，谊属"同年"。程颐应该也参加了该年省试，但落第了。出现在二程语录中的朱光庭是门人弟子的身份，不过这二程语录里，除王安石、邵雍是一贯落败的辩论对手外，其他同事、朋友都像弟子一般向二程请教，包括司马光、范纯仁、韩维这样的大人物，也都接受训导。这一点其实很有问题，中国传统的思想家语录，编出来多是这样的面貌，上溯到唐代的文中子《中说》，乃至先秦的《论语》等，也是如此，我们这里暂不深究。二程语录里有两卷是朱光庭记录的，可能他真心服膺二程的道学，那么算作门人也无妨。程颐是没有进士出身的，因司马光等人力荐，才破格入朝当官。据说苏轼因为喜欢开玩笑，而程颐偏是个一本正经，开不起玩笑的人，苏、程遂失和。于是，担任谏官的朱光庭抓住苏轼上述策题的表达问题，加以弹劾，给程颐出一口气。但这事闹得很大，因为御史中丞傅尧俞、侍御史王岩叟等人都起来支持朱光庭，认为苏轼策题措辞不当。苏轼于十二月十八日及次年正月十七日，两次上章自辩，即《辩试馆职策问劄子二首》。第一篇比较简短，只辩明策题中的"媮"与"刻"说的是"百官有司""监司守令"，不是说"仁祖"和"神考"本人，而且这一道策题被使用，是太皇太后亲自点定的。第二篇写得很长，不但申明所出策题的含义，还详细交代了自己入仕以来的政治经历与政治态度，明确地表达了对当前"更化"政局所持的意见，所以这一篇自辩状，可以成为我们了解苏轼元祐时期基本政见的重要文本。因为篇幅过大，我们只能从中节录几个部分阅读。

元祐二年正月十七日，翰林学士朝奉郎知制诰苏轼劄子奏。臣近以《试馆职策问》为台谏所言，臣初不敢深辩，盖以自辩而求去，是不欲去也。今者窃闻明诏已察其实，而臣四上章，四不允，臣子之义，身非己有，词穷理尽，不敢求去，是以区区复一自言。

臣所撰《策问》，首引周公、太公之治齐、鲁，后世皆不免衰乱者，以明子孙不能奉行，则虽大圣大贤之法，不免于有弊也；后引文帝、宣帝仁厚而事不废，核实而政不苛者，以明臣子若奉行得其理，无观望希合之心，则虽文帝、宣帝，足以无弊也。中间又言六圣相受，为治不同，同归于仁，其所谓"媮"与"刻"者，专谓今之百官有司及监司守令，不识朝廷所以师法先帝之本意，或至于此也。文理甚明，粲若黑白，何尝有毫发疑似，议及先朝，非独朝廷知臣无罪可放，臣亦自知无罪可谢也。

（苏轼《辩试馆职策问劄子二首》之二，《苏轼文集》卷二十七）

这一段再次辩白策题所说的"媮"与"刻"不指仁宗、神宗本人，无讥刺先朝之意，表明自己无罪。《续资治通鉴长编》在注文中引录了当事人王岩叟所著的《朝论》，几乎逐日讲述了事件的过程：

（元祐元年）十二月三日，朱光庭上封事，密论翰林学士撰试馆职策题不当讥讽祖宗。十四日进呈，有旨放罪，光庭章过门下矣。光庭以谓此罪不当放，遂再论之，语益峻。自此章方明攻苏轼，又有一贴黄，引轼骂司马光、程颐事，其意欲以见轼之轻耳。然闻轼有文字自辩云："学士院共进三题，轼所撰一题最在后，不谓偶合圣意，出于点中也。"既而闻有旨抽入放罪指挥，又谓谏官言之非是，且有意逐谏官。臣愚与尧俞皆以命令反复，是非颠倒，不可不辩。又恐逐逐谏官，所损大矣，不若以未逐以前，早救其事，乃上疏不疑。愚二十七日上，尧俞次日亦入。然愚二人皆不斥其有意讥讽，但云不当置祖宗于议论之间耳。（《续资治通鉴长编》卷三百九十三，元祐元年十二月壬寅条注文引王岩叟《朝论》）

在考试结果还没出来的十二月三日，朱光庭就"密论"策题有讥讽之意。太皇太后于十二月十四日"有旨放罪"，意谓苏轼有罪，但免于追究。然后，一方面朱光庭认为不该免于追究，另一方面有吕陶上章为苏轼辩护，而苏轼也于十八日呈上第一篇自辩，太皇太后于是改变了主意，收回"放罪"的命令，认为是谏官不对，而苏轼无罪。这便是苏轼第二篇自辩状中"朝廷知臣无罪可放，臣亦自知无罪可谢"二句的来由。可是照王岩叟的说法，正因为苏轼的自辩，和太皇太后收回"放罪"命令，才引起了他和御史中丞傅尧俞的担忧，他们怕太皇太后偏袒苏轼，驱逐谏官，于是决定救助朱光庭，一起弹劾苏轼。当然，王岩叟也声明了他们的看法跟朱光庭有所区别，不认为苏轼"有意讥讽"，只是措辞"不当"。苏轼这里把对方合称"台谏"，也表明他已经知道不止朱光庭一个人在弹劾他。

然臣所撰《策问》，以实亦有罪，若不尽言，是欺陛下也。臣闻圣人之治天下也，宽猛相资，君臣之间，可否相济。若上之所可，不问其是非，下亦可之，上之所否，不问其曲直，下亦否之，则是晏子所谓"以水济水，谁能食之"，孔子所谓"惟予言而莫予违足以丧邦"者也。臣昔于仁宗朝举制科，所进策论及所答圣问，大抵皆劝仁宗励精庶政，督察百官，果断而力行也。及事神宗，蒙召对访问，退而上书数万言，大抵皆劝神宗忠恕仁厚，含垢纳污，屈己以裕人也。臣之区区，不自量度，常欲希慕古贤，可否相济，盖如此也。伏观二圣临御已来，圣政日新，一出忠厚，大率多行仁宗故事，天下翕然，衔戴恩德，固无可议者。然臣私忧过计，常恐百官有司矫枉过直，或至于谕，而神宗励精核实之政，渐致惰坏，深虑数年之后，驭吏之法渐宽，理财之政渐疏，备边之计渐弛，则意外之忧，有不可胜言者。虽陛下广开言路，无所讳忌，而台谏所击不过先朝之人，所非不过先朝之法，正是"以水济水"，臣窃忧之。故辄用此意，撰上件《策问》，实以讥讽今之朝廷及宰相、台谏之流，欲陛下览之，有以感动圣意，庶几兼行二帝忠厚励精之政也。台谏若以此言臣，朝廷若以此罪臣，则斧钺之诛，其甘如荠。今乃以为讥讽先朝，则亦疏而不近矣。（苏轼《辩试馆职策问割子二首》之二，《苏轼文集》卷二十七）

这一段承上"无罪可谢"之说，自退一步，谓"以实亦有罪"，但不是"讥讽先朝"之罪，而是图谋君臣之间"可否相济"之"罪"。苏轼在这里回顾自己在仁宗、神宗两朝的政治经历，强调了异议的正当性，说明提出异议是他一贯的政治态度。鉴于当前"元祐更化"的政局是"大率多行仁宗故事"，而台谏也正站在"更化"的立场上攻击他，所以，其自辩便更多地强调继承神宗"励精"的方面，他承认了熙丰新政在"驭吏之法"、"理财之政"和"备边之计"即吏治、财政、边备诸方面的成就，认为必须继承，这也就等于肯定了"新法"的某些收效。同时，他对"台谏所击不过先朝之人，所非不过先朝之法"表示了不满，而为自己在策题中表明的综合仁宗、神宗两朝之政的意见，进一步加以申辩。

> 且非独此《策问》而已，今者不避烦渎，尽陈本末。臣前岁自登州召还，始见故相司马光，光即与臣论当今要务，条其所欲行者。臣即答言："公所欲行者诸事，皆上顺天心，下合人望，无可疑者。惟役法一事，未可轻议。何则？差役、免役，各有利害。免役之害，掊敛民财，十室九空，钱聚于上，而下有钱荒之患；差役之害，民常在官，不得专力于农，而贪吏猾胥，得缘为奸。此二害轻重，盖略相等，今以彼易此，民未必乐。"光闻之愕然，曰："若如君言，计将安出？"臣即答言："法相因则事易成，事有渐则民不惊。昔三代之法，兵农为一，至秦始分为二，及唐中叶，尽变府兵为长征之卒，自尔以来，民不知兵，兵不知农，农出谷帛以养兵，兵出性命以卫农，天下便之，虽圣人复起，不能易也。今免役之法，实大类此。公欲骤罢免役而行差役，正如罢长征而复民兵，盖未易也。……"光闻臣言，大以为不然。（苏轼《辩试馆职策问劄子二首》之二，《苏轼文集》卷二十七）

此段追述了苏轼与司马光在"免役法"问题上产生的异议，因为司马光已经去世，所以称"故相"。大概在苏轼看来，"台谏"只为了坚持司马光的"差役法"，所以与他为敌。此后苏轼多次提到他与别的元祐大臣之间产生矛盾，根本原因在此。这当然是为了把人事纠纷澄清为政见冲突，而维护"免役法"

确实是苏轼在元祐年间的基本政见之一。但从另一方面看，有关资料也呈现出一点疑问，比如程颐学生谢良佐有记录云：

> 温公欲变法，伊川使人语之曰："切未可动著役法，动著即三五年不能得定叠去。"未几变之，果纷纷不能定。(《程氏外书》卷十二引《上蔡语录》)

伊川就是程颐，照此说法，仿佛程颐也反对司马光恢复"差役"，而维护"免役法"。果然如此，则其政见在这方面并不与苏轼冲突。但奇怪的是，程颐另一门生尹焞又有记云：

> 王介甫与曾子固巩善，役法之变，皆曾参酌之，晚年亦相睽。伊川常言："今日之祸，亦是元祐做成。以子瞻定役法，凡曰元丰者皆用意更改。当时若使子固定，必无损益者。"(《程氏外书》卷十二引《和靖语录》)

这一段太令人诧异，好像恢复"差役"的责任倒在苏轼头上！难道苏、程之间到了并不了解对方政见，纯以意气相争的地步？但即便如此，还是无法释疑。按《续资治通鉴长编》所载，苏轼维护"免役法"，司马光力主恢复"差役"，台谏官朱光庭、王岩叟等都支持司马光而攻击苏轼，事实很是彰著。苏轼曾提出一个"免役法"的修正案，叫"给田募役法"，被朱光庭等攻罢，认为"差役法"应天顺人，不必多事。这些奏疏都被《长编》引录，无可怀疑。估计"差役法"实行的效果并不好，所以在元祐之政成为历史后，有些"旧党"人物要与恢复"差役"

一事脱离干系，但这多少有事后自作聪明的嫌疑。而且，说"免役法"本来是曾巩助王安石"参酌"而定的，也是史不曾载的异闻，到元祐初，曾巩已死了好几年，哪里再去唤一个子固来定役法？元祐的役法也根本不是由苏轼所决定。这一段包含了许多诬曲不通之处，有点骇人听闻，连整理程氏著作的朱熹，也在此条下用小字注出："此段可疑。"但以前冯友兰先生著《中国哲学史新编》，却辩其无疑，并据以讨论程氏的政见，实在很不可靠。现在看来，如果程颐没有瞒哄弟子，那就是尹焞误记师说。实际上对"免役法"起过"参酌"作用的，不是曾巩，而是其弟曾布，也许程颐话里的"子固"当作"子宣"才对，被尹焞误记了。至于将恢复"差役"的责任归在苏轼头上，则不知何故。

　　及去年二月六日敕下，始行光言，复差役法。时臣弟辙为谏官，上疏具论，乞将见在宽剩役钱雇募役人，以一年为期，令中外详议，然后立法。又言衙前一役，可即用旧人，仍一依旧数，支月给重难钱，以坊场河渡钱总计，诸路通融支给。皆不蒙施行。及蒙差臣详定役法，臣因得伸弟辙前议，先与本局官吏孙永、傅尧俞之流论难反复，次于西府及政事堂中与执政商议，皆不见从，遂上疏极言衙前可雇不可差，先帝此法可守不可变之意，因乞罢详定役法。当此之时，台谏相视，皆无一言决其是非，今者差役利害，未易一二遽言，而弓手不许雇人，天下之所同患也，朝廷知之，已变法许雇，天下皆以为便，而台谏犹累疏力争，由此观之，是其意专欲变熙宁之法，不复校量利害，参用所长也。（苏轼《辩试馆

327

职策问剳子二首》之二,《苏轼文集》卷二十七)

这一段继续追述有关"免役法"之争议的全过程。元祐元年司马光决计恢复"差役法"时,苏辙曾建议"雇募役人"也就是"免役"之法暂时再延续一年,以便仔细筹划,未获同意。但朝廷确实成立了一个"详议役法局",苏轼也在其中,跟本局官吏"论难反复",并于政事堂跟执政公开争论,又在"上疏极言"后申请退出该局。由此可见苏轼确曾参与讨论,但元祐役法并不是由他所定。他指责"台谏"对当初的争议没有什么贡献,而到目前"差役"之法实践不下去,不得不部分地许可雇役,却仍遭"台谏"反对,"累疏力争"。苏轼由此得出总结:"是其意专欲变熙宁之法,不复校量利害,参用所长也。"虽然是对于"台谏"的指责之语,但这"校量利害,参用所长"八字,却是苏轼有关"新法"的言论中具有最高认同度的部分,也符合其撰拟策题的本意,可以视为他在元祐年间的基本政治态度。

苏轼这篇自辩的奏议上呈于元祐二年正月十七日,事情并没有结束。据王岩叟所记:

十八日同对于延和殿,才读尧俞剳子了,即云:"此事小,何故言?"尧俞对云:"正谓不小,所以言。"又云:"此朱光庭有私,卿等党光庭。光庭未言时,何不言?"尧俞与愚皆对曰:"有一人论之,且观朝廷行不行,或中间有差失,方当继言。昨光庭初言,朝廷有放罪之旨,则是朝廷行得正,自不消言。后见反汗,又是非倒置,臣等方合论。"又宣谕曰:

"苏轼非是讥讽。"对曰："若是讥讽，罪当诛，臣等不止如
此论。今止为不当议论祖宗，所以乞略行责耳。"愚怀策题一
本，就帘前指其文而解，未终，厉声曰："更不看文字也。"
又进读愚劄子，竟不然之。尧俞曰："如此是太皇太后主张
苏轼。"乃厉声曰："太皇太后主张苏轼何甚？又不是太皇太
后亲戚也。"（《续资治通鉴长编》卷三百九十三，元祐元年
十二月壬寅条注文引王岩叟《朝论》）

　　这里记下了正月十八日傅尧俞、王岩叟与太皇太后的当面
冲突。也许因为策题本来就是太皇太后亲自点定使用的，所以
她一则说"此事小"，再则说"朱光庭有私"，三则说"非是讥
讽"，认定了苏轼没有问题。然后王岩叟拿出策题文本，还是
想说这里面有问题，令太皇太后很不耐烦了，厉声说我不要看。
这两位御史的胆子也大，竟面斥"太皇太后主张苏轼"，引得
老人家再次厉声呵斥，似乎发脾气了。

　　也许我们可以把太皇太后的态度看作苏轼《辩试馆职策问
劄子》说理明晰、文字感人的效果。但为什么这些"台谏"官
不惜跟太皇太后激烈冲突，执意要挑苏轼的毛病呢？按太皇太
后的理解，朱光庭无非是想为程颐出一口气而已，另外几位则
"党光庭"；照苏轼的分辩，矛盾的焦点在于"役法"问题上的
异议。现在我们浏览《续资治通鉴长编》的纪事，还能看出一
个可能的原因。实际上，首先攻击苏轼的并非朱光庭，早在元
祐元年九月，监察御史孙升就上奏，说苏轼只配当到翰林学士
为止，若要用他"辅佐经纶，则愿陛下以王安石为戒"（《续资
治通鉴长编》卷三百八十八，元祐元年九月癸未条）。此时宰相

司马光刚去世，执政张璪被逐，辅臣缺人，孙升突发此议，并非无的放矢。他见到苏轼受太皇太后信任重用，恐其入相，所以预先提出警告。到十一月，宰相吕公著就推荐刘挚担任了执政。刘挚是嘉祐四年（1059）进士，比苏轼晚两年，升任执政前为御史中丞，也比苏轼所任翰林学士要低一些，但御史台的王岩叟等官员原为他所荐用，如果当时朝廷曾考虑苏轼和刘挚哪个可以升为执政，则台谏攻击苏轼就可能带有援助刘挚的意图。

朱光庭挑起关于策题的争议后，有关官员的态度宛成两派。谏官吕陶为苏轼辩护，执政范纯仁也说苏轼无诽谤之意，指责台谏多事，但孙升却说苏轼的自辩是文过饰非。等到太皇太后发了脾气，声言要将双方都逐出朝廷时，此事竟在吕公著主持下平息了（《续资治通鉴长编》卷三百九十四，元祐二年正月乙亥、丙子条）。此后，苏轼建议"给田募役法"，被王岩叟、孙升、朱光庭等攻罢。到了五月，台谏又与老臣文彦博发生了矛盾，结果傅尧俞、王岩叟、孙升、朱光庭等都被解职外任；而新任谏官的贾易则与吕陶互攻，指斥文彦博、范纯仁、吕陶与苏氏兄弟为党，又引得太皇太后大怒，欲贬责贾易，却被吕公著力阻，曰："不先逐臣，易责命亦不可行。"招得了刘挚的称叹，说是"仁者之勇"（《续资治通鉴长编》卷四百零四，元祐二年八月辛巳条）。吕陶攻击对方为"韩维之上客，程颐之死党"，但韩维被攻罢时，吕公著又一再为韩维说话。大致与此同时，孔文仲弹劾程颐，将程赶回洛阳，吕公著却认为孔文仲是被"苏轼所诱胁，论事皆用轼意"[1]。孔文仲又欲阻止朱光庭升迁，被吕公著、刘挚所驳（《续资治通鉴长编》卷四百零七，元祐二年十一月乙卯条）。刘挚又力主召回傅尧俞、王岩叟、贾易等，并云曾同吕公著商议，意见一致[2]。在他们的主持下，这些人也就陆续回朝了。苏轼则出知杭州，不久后范纯仁亦被罢相。

看起来，要说"党争"的话，两党的最高首领分别是范纯仁和吕公著，也就是仁宗朝庆历党争双方的领袖范仲淹和吕夷简的儿子。王安石强大的时候，他们都做"旧党"，王安石不存在了，他们便延续父辈的矛盾。

三、立朝大节

元祐时期的"旧党"，内部党争不断，而且纷繁交错，没有一个明确的标准可以作为分别党派的依据。史料上有"蜀党""洛党""朔党"的名目，显示出官员出身的地缘关系是结党的一种纽带，但与此相应也有"蜀学""洛学""关学"等学术流派的名目，可见学术方面的认同也是结党的纽带，此外还有科举"同年"关系、子女亲家关系、曾经担任上下级职务的袍泽关系，以及个人性格、爱好、才能上的投合与否，等等，

1　李心传《道命录》卷一录《孔文仲劾伊川先生疏》，注文中引《哲宗旧录》附《孔文仲传》载吕公著此语。

2　刘挚《上哲宗乞召用傅尧俞等以销奸党疏》，《忠肃集·拾遗》，《丛书集成》本。此文有附注："元祐元年十一月上。"显然是错误的，参考《续资治通鉴长编》纪事，当在元祐二年。所谓"奸党"，虽未斥名，大概是指苏轼等"蜀党"。

多种因素的交织，使元祐党争呈现复杂的面貌。然而，北宋中期以来，最大的政治课题无疑还是"新法"，对"新法"的不同态度，支持、反对，或"校量利害，参用所长"，才是一位士大夫的基本政见。而在现实上，"新法"的复行，"新党"的卷土重来，也给了歧见纷出的"旧党"人士共同的晚年遭遇：贬谪。遭贬以后，若再回顾元祐时的党争，看法上多少会有一些改变。

元祐大臣中最长寿的刘安世，一直活到宣和七年（1125）。活得越晚，被"新党"折磨的时间越长，就越有可能在心理上淡化"旧党"内部的矛盾，而对"旧党"中曾经敌对的人物做出比较公允的评论。在刘安世的晚年，有弟子给他记了一个语录，叫作《元城语录》。这本语录中有一段对于苏轼的很高评价：

> 先生因言及东坡。先生曰：士大夫只看立朝大节如何，若大节一亏，则虽有细行，不足赎也。东坡立朝大节极可观，才意高广，惟己之是信。在元丰则不容于元丰，人欲杀之；在元祐则虽与老先生议论，亦有不合处，非随时上下人也。（马永卿《元城语录》卷上，《丛书集成》本）

刘安世是司马光的学生，所以此书称刘安世为"先生"，而称司马光为"老先生"。在元祐年间担任谏官时，刘安世也曾属支持刘挚的一派，与苏轼、苏辙兄弟为敌。但晚年持论，则主张只看"立朝大节"，认为苏轼能坚持自己的见解，先后与元丰时的"新党"、元祐时的司马光异议，是"大节"不亏的表现。在上面阅读的《辩试馆职策问劄子》中，我们已看到苏轼的"可否相济"之说，即对异议之正当性的主张。所以刘安世这段评价应该符合苏轼在政治人格上的自我期许。

实际上，主张异议的正当性，也出于苏轼对王安石思想和政策的一种反思。在元丰末、元祐初，刚回京城的苏轼就给苏辙弟子张耒写过一封信，谈到这个问题。

> 轼顿首文潜县丞张君足下。久别思仰。到京公私纷然，未暇奉书，忽辱手教，且审起居佳胜，至慰！至慰！惠示文编，三复感叹，甚矣，君之似子由也。子由之文实胜仆，而世俗不知，乃以为不如。其为人深不愿人知之，其文如其为人，故汪洋淡泊，有一唱三叹之声，而其秀杰之气，终不可没。作《黄楼赋》，乃稍自振厉，若欲以警发愤懑者。而或者便谓仆代作，此尤可笑。是殆见吾善者机也。
>
> 文字之衰未有如今日者也。其源实出于王氏。王氏之文，未必不善也，而惠在于好使人同己。自孔子不能使人同，颜渊之仁，子路之勇，不能以相移。而王氏欲以其学同天下！地之美者，同于生物，不同于所生。惟荒瘠斥卤之地，弥望皆黄茅白苇，此则王氏之同也。近见章子厚言，先帝晚年甚患文字之陋，欲稍变取士法，特未暇耳。议者欲稍复诗赋，立《春秋》学官，甚美。仆老矣，使后生犹得见古人之大全者，正赖黄鲁直、秦少游、晁无咎、陈履常与君等数人耳。如闻君作太学博士，愿益勉之。"德輶如毛，民鲜克举之，我仪图之，爱莫助之。"此外千万善爱。偶饮卯酒，醉。来人求书，不能复觏缕。

（苏轼《答张文潜县丞书》，《苏轼文集》卷四十九）

苏轼于元丰八年（1085）十二月至京，此时张耒任咸平县丞，他把自己的文集寄给苏轼求教，故有这封回信。后文提到张耒将要被任命为"太学博士"，事实是元祐元年（1086）夏初张耒调任为太学录，苏轼的回信当在此前。除了对张耒的勉励外，信中表达了对苏辙和王安石的看法，都很重要。

说苏辙的文章超过自己，即便不是矫情之论，现在看来也有点言过其实。可能因为张耒是苏辙的弟子，所以苏轼如此说。后来，秦观也引述此说来为苏辙辩护（《答傅彬老简》，《淮海集》卷三十），但那只是为了辩护而已，实际上他最崇拜的还是苏轼。这一点倒无须多论。然而所谓"汪洋淡泊"与"秀杰之气，终不可没"这两方面，却准确地道出了苏辙的特点，至今仍是苏辙文章的定评。

更重要的是对王安石的意见。信中的"王氏"就指王安石，苏轼并不否定王安石本人的文章，而认为王氏追求的"同"造成了"文字之衰"。观点也好，风格也好，多元化才是文学繁荣的保证，用统一的"经义"来规范天下，非此不可，即便其本身多么优秀，也只能起到扼杀文学的作用。肥沃的土地都能生长植物，但所生长的植物种类并不相同，贫瘠的土地上才会满眼黄茅白苇。此自是千古卓见，而"黄茅白苇"也成了文化专制下千篇一律的作品的代名词。

对于王安石是这个态度，对于司马光，苏轼也是同样的态度，在他元祐初写给朋友杨绘的信中就明说了这一点：

> 昔之君子，惟荆是师。今之君子，惟温是随。所随不同，其为随一也。老弟与温相知至深，始终无间，然多不随耳。

（苏轼《与杨元素十七首》之十七，《苏轼文集》卷五十五）

　　"荆"和"温"分指荆公王安石和温公司马光，苏轼表示不肯完全随同，虽然他跟司马光关系很密切。

　　可见，无论在文学上还是政治上，苏轼都坚持独立主张，因此强调异议的正当性。我们曾在第六讲中分析了他作于建中靖国元年（1101）的《南安军学记》，仍可看到相似的议论。然而，独立发表异议的人，肯定会招致许多"敌人"。无论在"新党"，在"旧党"，都有人与他为敌，令他的仕宦生涯几乎一直处在是非纠缠之中。下面我们通观苏轼的一些主要"敌人"，考察苏轼如何处理自己跟他们的关系。

四、苏轼与他的"敌人"

　　从道理上说，苏轼既然主张异议的正当性，则在自己不惜与别人异议的同时，也应当允许别人跟自己异议；从现实上说，如果不善与持有异议的"敌人"相处，则几乎无法在"党争"起伏、是非纠缠的仕途中收获亲情、友情等人生宝贵的情感。苏轼如何与"敌人"相处，应该是值得考察的课题。在政治上，他的最大政敌毫无疑问是王安石，我们在第六讲已经专门梳理了王、苏关系，这里罗列其他的"敌人"如下。

1. 苏轼和程之才

苏轼最早结下的冤家叫作程之才。苏轼的母亲姓程，他是苏轼舅舅的儿子，娶了苏轼的姐姐苏八娘，故既是表兄也是姐夫。民间传说中苏轼有个妹妹曰苏小妹，嫁了秦观，这当然是子虚乌有的事，而苏八娘看来也不能算苏小妹的原型。这苏八娘嫁到程家以后，日子非常难过，跟程家的人产生了尖锐的矛盾。其间的是非，现在完全无法考究，但按照苏洵的说法，她是受到程家的迫害，很早就去世了。当时苏洵写了一首《自尤》诗（《嘉祐集笺注》附"佚诗"部分），就是责备自己，而且和程家绝交。从此，苏、程两家绝交几十年。后来苏轼贬去惠州的时候，"新党"宰相章惇早年和苏轼是朋友，了解此事，于是故意派程之才到广东做提点刑狱使，方便他给苏轼吃点苦头。没有想到，两个人见面后大释前嫌，重续亲情，一起游玩写诗，度过了快乐的时光。苏轼和程之才之间的通信，有几十封传了下来，是现存苏轼写给别人的尺牍中数量最多的。

2. 苏轼和胡宿

苏轼进入仕途，最先碰到的"敌人"是胡宿，他是欧阳修那一辈人，对苏轼来说是长辈。苏轼和胡宿没有太具体的政治对立，矛盾发生在嘉祐六年（1061）苏氏兄弟参加"贤良方正能直言极谏科"考试的时候，苏辙在对策中激烈地攻击宋仁宗，说他花在后宫的时间太多，当时司马光认为这篇文章写得太好了，应该录取，但是胡宿坚决反对，认为"不逊"。此事我们在第二讲中已有叙述。对于胡宿，苏轼兄弟并未记仇，到了元祐年间，他们和胡宿的侄子胡宗愈结成了政治上的同盟，关系很好。胡家世居常州，苏轼也在常州置产安家，几乎算成了同乡。苏辙有个外孙女，是画家文同的孙女，苏轼称呼她为"小二娘"，把她嫁到了胡家。胡宿有个孙女叫胡淑修（字文柔），是苏轼门下李之仪的妻子，跟苏轼的侍妾朝云是好朋友，她经常通过朝云与苏轼讨论佛学问题，认苏轼为知音。据李之仪《姑溪居士妻胡氏文柔墓志铭》（《姑溪居士文集》卷五十，《丛书集成》本），这胡淑修还有一个擅长的领域，是数学，据说她的数学水平跟沈括不相上下。

3. 苏轼和沈括

苏轼遭受"乌台诗案"，其最初的起因和沈括有关。苏轼的后辈王铚在《元祐补录》里面讲道：

（沈）括素与苏轼同在馆阁，轼论事与时异，补外。括察访两浙，陛辞，神宗语括曰："苏轼通判杭州，卿其善遇之。"括至杭，与轼论旧，求手录近诗一通，归则签贴以进，云："词皆讪怼。"轼闻之，复寄诗刘恕，戏曰："不忧进了也。"其后李定、舒亶论轼诗置狱，实本于括云。元祐中，轼知杭州，括闲废在润，往来迎谒恭甚。（《续资治通鉴长编》卷三百零一，元丰二年十二月庚申条引《元祐补录》）

沈括的年龄跟苏轼相差不大，曾经"同在馆阁"，在史馆做过同事。但"轼论事与时异",对于政治的见解和王安石不一样,"补外",到杭州当地方官;沈括则支持"新法",受到重用。

熙宁六年(1073)六月,宋神宗派沈括到浙江去考察"新法"执行情况,临行嘱咐,苏轼在杭州,你去了那里要对他好一点。没想到,沈括到了杭州,"与轼论旧,求手录近诗一通",把苏轼写的诗抄了一通,回去发现了问题,"归则签贴以进",把诗里面的有些话贴出来,注明意思,进献给神宗皇帝,说"词皆讪怼",这里面都是讽刺的话。沈括的这个做法,与后来李定等人炮制"乌台诗案"的做法是一致的。

不过,在熙宁六年,有关"新法"的争论所引起的动荡刚刚过去,朝廷好不容易获得一点平静,神宗皇帝也不愿意马上再生事端,所以没有追究。苏轼听说了这件事,"复寄诗刘恕",给他的朋友刘恕写诗的时候,开玩笑说:"不忧进了也。"这回我不担心别人进给皇帝了,因为刘恕不会告发他的。沈括是第一个指出苏轼诗歌包含讽刺朝政之意,试图从政治上加以打击的人。从他的立场来说,这样告发苏轼也不是全无道理,因为苏轼确实在反对他所支持的政策,要说"罪证",那是白纸黑字,非常明确的。而且,当时杭州出版了苏轼的诗集,后来李定等人就用出版的诗集作为罪证的。从前持不同政见的人非议朝政,只在私下的场合进行表达,传播不会很广,但现在有了印刷出版,这文字一出版,影响就大了,对当时政策的执行就会造成障碍。沈括是个科学家,对出版技术的发展很关心,我国历史上对"活字印刷"的最早记载,就出自他的笔下。显然,沈括意识到了这个问题的严重性,所以告发。

但是据王铚的记载，后来"元祐中，轼知杭州，括闲废在润，往来迎谒恭甚"，他们的关系看来改善了。

4. 苏轼和李定

对苏轼伤害最大的"敌人"是李定。李定字资深，在王安石变法那一年担任御史。当时很多御史都反对变法，王安石不得不清洗御史台，再找支持"新法"的人当御史，就提拔李定。但这李定的家里有点问题，他的生母与父亲离异了。对于他父亲来说，"休妻"当然不算什么问题，但对李定而言就有个认不认母亲的问题，尤其是这位母亲去世时，要不要遵守孝道，辞官回家服丧三年，成了大问题。也许李定不愿打断官场资历的积累，或者认为被父亲休了的妻子就不算自己的母亲，所以没有服丧，这件事被"旧党"视为不孝，王安石却觉得无妨。后来他为王安石做了很大的贡献，不断弹劾反对"新法"的人。元丰二年（1079），王安石已经下台了，当时御史台的长官蔡确升任执政官，李定继任御史台的长官，然后马上弹劾苏轼。此后他主持了"乌台诗案"的审讯工作，详情已见第三讲。

在苏轼与王安石和解以后，元丰八年（1085）到登州做知州，做了五天，马上进京，经过青州碰到了李定。此时苏轼给他旧党的朋友滕元发写了一封信说：

> 青州资深，相见极欢。今日赴其盛会也。（苏轼《与滕达道六十八首》之五十二，《苏轼文集》卷五十一）

李定在青州任职，苏轼经过的时候，他设宴招待。"相见极欢"，可见他们也和解了。不过元祐年间司马光当政，勒令李定回家给母亲补守了三年孝。

顺便提到"乌台诗案"发生时的执政官蔡确。神宗去世时，蔡确是宰相，为了要"定策之功"，跟太皇太后关系紧张，不久罢相，到安州做地方官。当时他心情不好，去安州一个叫车盖亭的地方游玩，写了几首诗。诗里面贬低唐朝的武则天，被人告发，说这是在讽刺垂帘听政的太皇太后。史称此事为"车盖亭诗案"，发生在元祐四年（1089），苏轼正好要离开朝廷去杭州，临行前给太皇太后写了一封《论行遣蔡确劄子》（《苏轼文集》卷二十九），明确反对文字狱。他说蔡确可能有讽刺之意，但朝廷以诗语定罪，贬逐大臣，于理不合。他提出的建议是：由皇帝下令追究，太皇太后再下令免予追究。这样表示皇帝对于讽刺太皇太后是重视的，而太皇太后又是宽容的。这个办法看来还不错，但是太皇太后没有接受，她恨死了蔡确，在接见宰相、执政时说："蔡确事都无人管，使司马光在，必不至此。"搞得宰执们"皆惭惧，不知所对"（《续资治通鉴长编》卷四百二十六，元祐四年五月辛未条）。结果蔡确被整得很惨，贬到岭南，一直没有放回来，死在那里。后来"新党"复起，为蔡确报仇，把元祐大臣也都贬去岭南，还准备替宋英宗追废皇后，即废掉这位太皇太后的名分。宋哲宗觉得废掉祖母会愧对祖父的在天之灵，表示算了。

5. 苏轼和司马光

应该说，苏轼与司马光并不是政敌，但也产生过矛盾。在元祐之前，二人关系非常好，"乌台诗案"中司马光受过苏轼的连累，而他一旦执政，便立即起用苏轼。但在元祐元年，因为对"免役法"的意见不同，所以争执起来。按苏辙的回忆，当时"君实始怒，有逐公意矣，会其病卒，乃已"（《亡兄子瞻端明墓志铭》，《栾城后集》卷二十二），说司马光生气了，想把苏轼赶出朝廷，但因司马光随即去世，苏轼才留下来。苏辙的这个表述，后来令"旧党"子弟们很不满，他们不相信司马光是这样的人。

不管怎么样，苏轼和司马光的关系还是比他和王安石的关系要好得多，司马光去世的时候，朝廷特意任命苏轼写《司马温公行状》（《苏轼文集》卷十六），这个行状写得很长。苏轼之后的"敌人"是司马光的那些学生。司马光本人活着的时候，有一些事情可以和他争论沟通，他未必不能改变的；但是死了以后就麻烦了，那些继承他遗志的弟子完全照搬司马光的主张，一切东西都成了凝固不变的。这个时候苏轼不肯放弃自己的主张，就只好和司马光的继承者不断地争论。

我们已在前文提及了孙升、朱光庭、傅尧俞、王岩叟、贾易、刘挚、刘安世、黄庆基等曾在元祐年间与苏轼为"敌"的人，其中有一些后来跟苏轼再无交集，或者缺少这方面的资料，难以考察其间的关系，但也有个别人，后来与苏轼和好的，如司马光最忠实的弟子刘安世（1048—1125）。

6. 苏轼和刘安世

刘安世在元祐年间给苏轼带来不少麻烦，他曾担任谏官，是刘挚的支持者之一。当时跟苏轼的政见非常一致，也被指责为二苏之同党的，是常州人胡宗愈，朝廷要提拔胡宗愈当执政官，刘安世便使劲反对。他有一个集子传下来，叫作《尽言集》，里面载录了反对胡宗愈出任执政官的奏章，达二十多篇。只要太皇太后不批准，他这奏章就连续不断地上，而其理由，则谓胡宗愈是二苏的党羽。

不过苏轼最后成功沟通的人，也是刘安世。在宋哲宗绍圣、元符时期，"新党"主政，刘安世也被贬到岭南，而且不断地给他换地方，一会儿叫他到英州，一会儿到梅州，一会儿到化州，移来移去，想把他移死。这当然是因为他那执拗不屈的性格，不光会得罪苏轼，更多更甚地得罪了"新党"。但刘安世是个硬汉子，虽然日子非常难过，他却顽强地活着，一直活到宋徽宗的时候，从南方把他放回来。正好苏轼也从海南岛回来，在江西碰到了。北宋禅僧惠洪写的《冷斋夜话》有一段记载：

> 东坡自海南至虔上，以水涸，不可舟，逗留月余……尝要刘器之（刘安世）同参玉版和尚。器之每倦山行，闻见玉版，欣然从之。至廉泉寺，烧笋而食。器之觉笋味胜，问此笋何名，东坡曰："即玉版也。此老师善说法，要能令人得禅悦之味。"于是器之乃悟其戏，为大笑。东坡亦悦。（惠洪《冷斋夜话》卷七，"东坡戏作偈语"条，《禅海》本）

因为刘安世喜欢参禅，苏轼就跟他开了这么个玩笑。他们以前的矛盾通过这个玩笑一笔勾销了，这是最成功的一次沟通。

7. 苏轼和章惇

章惇是"新党"中继王安石以后最具实权的人物。苏轼的最大政敌当然是王安石，但王是他的长辈，章惇才是同辈，而且一起考上了嘉祐二年（1057）的进士 [1]，所以两人亦友亦敌，可以说纠缠了一生，最后也和解了。

章惇在宋哲宗时期执掌朝政，把苏轼贬到了海南岛。南宋的陆游曾说，他发现章惇贬逐元祐大臣，有个规律，苏子瞻贬到儋州，苏子由贬到雷州，刘莘老（刘挚）贬到新州，"皆戏取其字之偏旁也。时相之忍忮如此"（陆游《老学庵笔记》卷四，中华书局1979年版）。这大概确是章惇的恶作剧。陆游是"新党"陆佃的后代，他这样说应该不算偏见。

宋徽宗上台后，章惇因为起初反对宋徽宗当皇帝，所以宋徽宗把他贬到苏辙贬过的那个地方（雷州），而当时苏轼从海南岛北归了。南宋笔记《云麓漫钞》有记载：

> 东坡先生既得自便，以建中靖国元年六月还次京口，时章子厚丞相有海康之行，其子援，尚留京口，以书抵先生……先生得书大喜，顾谓其子叔党曰："斯文，司马子长

---

1 因为嘉祐二年的状元章衡在辈分上算章惇的侄子，章惇耻于处在侄子的榜下，就主动放弃了这次应试的结果，过了两年重新应试，再次考上进士。

之流也。"命从者伸楮和墨,书以答之:"某顿首致平学士:某自仪真得暑毒,困卧如昏醉中,到京口,自太守以下皆不能见,茫然不知致平在此。辱书,乃渐醒悟。伏读来教,感叹不已。某与丞相定交四十余年,虽中间出处稍异,交情固无增损也。闻其高年,寄迹海隅,此怀可知。但以往者,更说何益,惟论其未然者而已……"(赵彦卫《云麓漫钞》卷九,中华书局1996年版)

这里的"丞相"就是章惇,他的儿子叫章援,苏轼给章援回信,表达了对章惇的关心。

以上,像程之才、沈括、李定、刘安世、章惇,包括王安石等,最后苏轼跟他们都和解,可见他这个人沟通能力还是比较强的。我们从这里可以看到他的处世态度,虽然"敌人"很多,但他不断地努力,把"敌人"变为朋友。

8. 苏轼和贾易

苏轼胸襟宽阔,善于表达,又多戏谑,所以能跟人较好地沟通。但戏谑的沟通办法,有时候也未必成功。范纯仁的曾孙范公偁把闻自其父的祖先事迹记成一册《过庭录》,内有一条讲到苏轼与贾易在一次饭局上的相遇:

晁端彦美叔一日会贾易及东坡。贾时台谏,盖尝劾坡于朝,晁亦忘其事,遂同会。酒酣,坡言曰:"某昨日造朝,有一人乘酒卧东衢,略不相避。某颇怒之,因命左右曰:'擒

而绷之。'酒者曰：'尔又不是台谏，只有胡绷乱绷。'"易应
声曰："谁教尔辩？"坡公终席不乐。美叔终身自悔拙于会客。
（范公偁《过庭录》，中华书局2002年版）

这里的晁端彦（字美叔）是苏轼的同年进士，"苏门四学士"
中的晁补之就是他的侄子。他好像忘了贾易弹劾苏轼的事，同
席招待二人。苏轼乘酒酣之际讲个笑话，试图热闹气氛，或者
也想与贾易有所沟通，不料贾易一点都不领情，弄得不欢而散。

"谁教尔辩"，很可能代表了元祐年间的一批台谏官，如孙
升、朱光庭、傅尧俞、王岩叟等人对苏轼的看法。这些人以立
身刚正自期，不喜欢开玩笑，他们有的认为苏轼行文带有讥讽，
有的认为只是不太妥当，但总之有问题，必须承认，如果苏轼
认个错，或者也就罢了。令他们讨厌的是，苏轼不但不肯认错，
还要"辩"，而且又那么善辩，于是他们坚守是非不可颠倒的
立场，决定对立下去。大概他们不善于体谅人情，苏轼是个遭
受过"乌台诗案"的人，对于从文字里挑他毛病的做法是很敏
感，也极度反感的，那会令他回想起在御史台被审问的日子，
所以碰到这类弹劾，他会感觉"诗案"又来了，这下无论如何
一定要"辩"。再坚强、再豁达的人，也不能在同一个部位遭
受反复的打击，就此而言，我们若更多地同情于苏轼的做法，
应该不算偏袒。

9. 苏轼和吕惠卿

苏轼从来没有试图与之沟通的，大概只有吕惠卿。这吕惠

卿是嘉祐二年的同年进士，却是苏轼兄弟最憎恨的一个人。司马光当了宰相以后要废除"新法"，这种内政上的巨大改变自然需要以外交方面的稳定为前提。吕惠卿此时在延安，他知道司马光有此意图，就擅自攻击西夏，想挑起战争，让大家忙于外患，就无法改变内政。西夏方面当然不会客气，令司马光陷入困境。当时司马光对吕惠卿十分恼火，情愿对外割地赔款，也要贬斥吕惠卿。但这样一来，历史上会记载，你司马光"元祐更化"是以屈辱外交为前提的！像司马光那样一个追求名声完美的人，被吕惠卿这么设计一下，心里当然是恨透了。毫无疑问，支持司马光改变政策的人，也都恨吕惠卿。当时要起草贬谪吕惠卿的制书，那天苏轼不上班，但是苏轼听说后放出口风，说做了这么多年的刽子手，今天才有机会杀一个人。于是那天值班的人称病回家，把起草制书的机会让给苏轼。苏轼来顶班，马上起草贬谪吕惠卿的制书：

> 具官吕惠卿，以斗筲之才，挟穿窬之智。诖事宰辅，同升庙堂。乐祸而贪功，好兵而喜杀。以聚敛为仁义，以法律为诗书。首建青苗，次行助役。均输之政，自同商贾；手实之祸，下及鸡豚。苟可蠹国以害民，率皆攘臂而称首。……
> （苏轼《吕惠卿责授建宁军节度副使本州安置不得签书公事制》，《苏轼文集》卷三十九）

这是苏轼一生骂人最厉害的一篇文字，当然也就成为对"新法"极不认同的文字。

吕惠卿也并不受"新党"中章惇、蔡卞这些人的欢迎，他们执政的时候，也千方百计把吕惠卿派去地方上工作，不让他回朝。同时他们心里也清楚，吕惠卿可以去其他地方当官，但不能去广东，因为苏轼、苏辙被贬在那里，吕一去，二苏就没有活路了，可能要闹出人命。大概吕惠卿是苏轼兄弟认定的一个真正敌人，而且同时代的人也都了解这一点。我们在众多记载中没有发现他们之间有和解的迹象，不过也看不到这种敌意与哪一件私事相关，其敌对之情都围绕政见而生。按理说，吕惠卿起初不过是王安石的助手，但二苏似乎倾向于认为，王安石是被吕惠卿教坏的，然后吕又背叛了王。

五、对床夜雨

苏轼通过积极沟通，把许多"敌人"变成了朋友，在艰难起伏的生涯中依然收获亲情、友情。当然他一生最珍贵的，是与苏辙的手足之情。无论在"新旧党争"还是在"元祐党争"中，苏辙都是他最坚定的一个支持者和依靠者，《宋史·苏辙传》有史官论赞云："辙与兄进退出处，无不相同，患难之中，友爱弥笃，无少怨尤，近古罕见。"而宋人也早就注意到，二苏诗中屡次出现一个"对床夜雨"之约，表现其兄弟之爱。

二苏笔下对此比较详尽的说明，是苏辙作于熙宁十年（1077）的《逍遥堂会宿二首》的小序：

> 辙幼从子瞻读书，未尝一日相舍。既壮，将游宦四方，读韦苏州诗，至"安知风雨夜，复此对床眠"，恻然感之，

乃相约早退，为闲居之乐。故子瞻始为凤翔幕府，留诗为别曰："夜雨何时听萧瑟。"其后子瞻通守余杭，复移守胶西，而辙滞留于淮阳、济南，不见者七年。熙宁十年二月，始复会于澶、濮之间，相从来徐，留百余日。时宿于逍遥堂，追感前约，为二小诗记之。(苏辙《逍遥堂会宿二首并引》,《栾城集》卷七)

唐代韦应物的《示全真元常》诗，现存的文本作"宁知风雪夜，复此对床眠"，可能北宋的时候苏轼、苏辙读到的文本是"安知风雨夜"，反正他们早就珍惜兄弟对床而眠、同听夜雨的时光，所以相约尽早退休，闲居相从。但出仕后"游宦四方"，当然很难在一起。熙宁十年苏轼改任徐州知州，苏辙也将去南都就职，他先跟着兄长到了徐州，流连"百余日"，然后别去。兄弟会宿徐州的逍遥堂，各写了两首七绝，其中苏辙一首云：

逍遥堂后千寻木，长送中宵风雨声。误喜对床寻旧约，不知漂泊在彭城。(苏辙《逍遥堂会宿二首》之一,《栾城集》卷七)

起句引出一棵高大的树，是为了落实此晚确能听见"雨声"。这样仿佛"对床夜雨"之约已经实现，但其实并未做到"早退""闲居"，而是一起漂泊在异乡宦途之中。

苏辙小序中提到的苏轼"夜雨何时听萧瑟"之句，则更早地出现在嘉祐六年(1061)苏轼赴凤翔签判之任时留别弟弟的诗中：

> 不饮胡为醉兀兀，此心已逐归鞍发。归人犹自念庭闱，
> 今我何以慰寂寞。登高回首坡垄隔，但见乌帽出复没。苦寒
> 念尔衣裘薄，独骑瘦马踏残月。路人行歌居人乐，僮仆怪我
> 苦凄恻。亦知人生要有别，但恐岁月去飘忽。寒灯相对记畴
> 昔，夜雨何时听萧瑟。君知此意不可忘，慎勿苦爱高官职。
> （苏轼《辛丑十一月十九日，既与子由别于郑州西门之外，
> 马上赋诗一篇寄之》，《苏轼诗集》卷三）

王水照先生的《苏轼选集》（上海古籍出版社1984年版），
选的第一个作品就是此诗。题中的"辛丑"即嘉祐六年，"郑州
西门"，按王先生注有两种说法，一是郑州的西门，二是东京
西城的郑门。苏轼赴凤翔任，苏辙留在京城侍父，他把兄长送
到了郑州（或者郑门之外），然后踏上归路。这应该是兄弟俩
第一次宦途别离。苏轼本是被送的人，但从诗里看，他在野外
伫立良久，反过来目送弟弟"归鞍"上的背影。当这背影被一
路山坡阻隔到望不见时，他还要登高寻觅，却也只见高个子的
苏辙头上戴的乌帽，在山坡间忽现忽没。十一月十九日，已时
近岁末，一方面寒夜风冷，另一方面许多人都在赶着回家团聚，
而他们兄弟却要分别。所以苏轼接下来提起了他们的约定，"夜
雨"句有自注云："尝有夜雨对床之言，故云尔。"为了实现这
个约定，就不能留恋官场。这是苏轼第一次在诗中写到此约，
此后兄弟二人反复在诗中互相提醒，王水照先生的注文有不少
引录，可以参看。

元丰二年（1079）"乌台诗案"，苏轼在狱中，想到自己如果被处死，就不能践"对床夜雨"之约，于是写下与弟诀别的诗云：

> 圣主如天万物春，小臣愚暗自亡身。百年未满先偿债，十口无归更累人。是处青山可埋骨，他年夜雨独伤神。与君世世为兄弟，又结来生未了因。（苏轼《予以事系御史台狱，狱吏稍见侵，自度不能堪，死狱中，不得一别子由，故作二诗授狱卒梁成，以遗子由，二首》之一，《苏轼诗集》卷十九）

这大概是写到"夜雨"的诗里最感人至深的一首，传说神宗皇帝也读到了此诗，被唤起同情之心，于是饶他不死。这种传说也许反映出人们的良好愿望：以诗获"罪"的苏轼，终于也以诗自救。不过对于苏轼来说，无论以诗获"罪"还是以诗自救，应该都是一件荒诞的事。因为一个官员再怎么诗语"不逊"，或者政见分歧，究竟都是在为朝廷谋策，就算是尖刻酸冷的讥讽，也是出于对赵家皇朝的一腔热情，动机是没有丝毫恶毒的，如果竟因热情得过头了而被杀，那当事人将会有何种心态呢？一个习惯于一元化的文化模式，价值观比较单一的人，不是深刻检讨自己的错误，洗心革面，便是指责"小人"蒙蔽了君主，怨愤难解。但苏轼的情况与此不同，他具有多元化的价值观，主张异论的正当性，因此不会认错；又足以明白他的君主并未被"小人"蒙蔽，造成困境的真实原因是君主的政见与对方一致，而自己与他们不同。所以，遭此绝境的苏轼，会有一种相当现代的"荒诞"感，此诗的开头，便是中国古诗中极其少见的一片荒诞景象：在圣主治世，力行改革，万物都欣欣向荣的伟大时代，只有一个草芥小臣，因为愚暗而自投死路。充满了万丈光芒的背景下一个微不足道的即将被光明所吞噬的黑暗主体：面临死亡的苏轼如此形容自己的生命，这是对荒诞的深刻体认。

次联以后事相托，家口相累，宛然一篇遗嘱。通常有人生百年之说，而此时苏轼才四十四岁，还不到一半，那么这个短暂的生命留下来什么呢？首先是所负的债务，要由苏辙去偿还；其次是无家可归的妻子儿女，更要拖累苏辙。以"偿债"为遗嘱的首要内容，仍带着荒诞色彩。接着说，死者埋骨，从此已矣，生者却还要承受长久的悲伤，独听夜雨。这固然是一片凄苦，但我们应该关注的是，情感没有被死亡所切断，它越过了死亡的界线而继续延伸。如此一来，万丈光芒便不能完全消灭这愚暗的主体，在夜雨萧瑟的时候，这短暂的生命曾经订下的誓约将一次次再现，将冲破荒诞，叩击人性。最后，苏轼把我们带上了表达手足之爱的巅峰："与君世世为兄弟，又结来生未了因。"朴实无华的语句，直现了主体的情感力度，已足以穿越时空的浩劫。这震撼人性的声音，使万丈光芒黯然失色。时空的浩劫终将使伟大时代的一切所有都荡然无存，而兄弟之情则在死死生生的轮回中永恒地延续。佛说轮回是苦，但在这里，轮回是生命意志的顽强证明，突破一时无比强势的压力，在粉身碎骨之余，将手足之爱带往另一个时空。所以，此诗以荒诞感起篇，但没有荒诞到底，情感力度在不断增强，最后取胜的还是人类的一种极普通的情感：兄弟之情。

元祐年间同朝为臣，可以说是二苏同处机会较多的阶段，但一直被党争所纠缠，使他们只好一个在朝，一个外任，以避攻击，元祐四年之后基本上形成这样的局面。因此，苏轼回朝述职时，可以见到兄弟，赴外任时则要别离，数次聚散循环，见于其诗：

　　　　庭下梧桐树，三年三见汝。前年适汝阴，见汝鸣秋雨。去年秋雨时，我自广陵归。今年中山去，白首归无期。客去莫叹息，主人亦是客。对床定悠悠，夜雨空萧瑟。起折梧桐枝，赠汝千里行。重来知健否？莫忘此时情。（苏轼《东府雨中别子由》，《苏轼诗集》卷三十七）

　　北宋的皇宫前有东、西二府，为中书门下和枢密院大臣的官署，苏辙任执政，居东府。故苏轼来东府与弟相别，时在元祐八年（1093）九月，太皇太后驾崩，宋哲宗亲政，苏轼将远赴定州上任。他已经预感到朝政将要大变，所以心情并不好。"前年"指元祐六年，他自杭州归京，不久出任颍州（即"汝阴"）知州，苏辙在秋雨中作诗送行；"去年"是元祐七年，他从扬州（即"广陵"）知州任上被召回京城；"今年"所去的"中山"即定州。如此回顾三年以来，三进京城、三出京城，恰巧都碰上秋雨淋漓，想到此番远行，不知何时再能归来，不免又兴漂泊无止的人生悲凉之感。他是做了白首不归的打算，并预见到苏辙也将不久于此，现在的客人和主人其实都是这皇城的客人而已，但双双归隐，"对床夜雨"的约言，看来也无法实现，因为无论是出仕还是归隐，都无法自主。"对床"之事遥不可期，只有那"夜雨"空自萧瑟而已吧。最后虽然强打精神，说"重来"如何，但实际上正如苏轼自云："白首归无期。"此番出京之后，苏轼再也没有回到京城了。

苏氏兄弟最后一次同处，是在绍圣四年（1097）丁丑岁，苏轼在《和陶止酒》（《苏轼诗集》卷四十一）诗的小序中自叙此事云：

> 丁丑岁，予谪海南，子由亦贬雷州。五月十一日，相遇于藤，同行至雷。六月十一日，相别，渡海。余时病痔呻吟，子由亦终夕不寐。因诵渊明诗，劝余止酒。乃和原韵，因以赠别，庶几真止矣。

这次相聚有一个月时间，两人的年龄都已在六十岁上下，且是贬谪途中，天涯沦落，更兼病痛，但他们似乎仍寻"对床"旧约，过了"一月同卧起"的生活，见于其诗：

> 时来与物逝，路穷非我止。与子各意行，同落百蛮里。萧然两别驾，各携一稚子。子室有孟光，我室惟法喜。相逢山谷间，一月同卧起。茫茫海南北，粗亦足生理。劝我师渊明，力薄且为己。微疴坐杯酌，止酒则瘳矣。望道虽未济，隐约见津涘。从今东坡室，不立杜康祀。（《和陶止酒》，《苏轼诗集》卷四十一）

此时苏轼、苏辙分别被贬为琼州别驾和化州别驾，故称"两别驾"，各自带着最小的儿子苏过和苏远，奔赴贬所。"孟光"

是汉代梁鸿的妻子，对丈夫举案齐眉，为自古贤妻的典范，此指苏辙的妻子史氏；而苏轼夫人、侍妾俱殁，只能依佛家之说，以"法喜"（闻佛法而生欢喜心）为妻。苏轼病痔，苏辙认为是喝酒引起的，故劝兄长戒酒，苏轼表示听从。"杜康"是传说中周代的酿酒创始人，家里从此不再祭祀杜康，就是戒酒的意思。

这是一首和陶诗。苏轼在扬州知州任上时，开始作和陶诗，至惠州后，打算把陶渊明集中的诗都和一遍。不过，还没来得及等他遍和陶诗，就碰上了绍圣四年朝廷再贬"元祐党人"，于是这和陶的活动就被他从惠州带到了儋州，而且一路上也没停下，雷州告别苏辙时就作了这首《和陶止酒》。陶诗朴实无华，苏轼认为其"外枯而中膏"，貌似枯淡，而内涵甚为丰富深厚，故和陶之诗也模仿这种风格，写得语淡情深。一向善于驾驭典故、熔铸伟词、发挥想象、纵横开阖的苏轼，如今虚心静气作起朴实之语，正所谓"绚烂之极，归于平淡"。其实，这平淡也并不是随意，而是经过艰苦锤炼的结果。比如开篇的两句，"时来与物逝，路穷非我止"，十个字看上去全是平淡无奇，却包含了复杂的意思：首先是"时来而逝，路穷而止"，就是有时机的时候就发展，没路了便停下；其次是"与物"，随着事物本身的变化而发展，随着路的穷尽而停下；再次是"非我"，并非我主观上强求发展或强要停下，从反面强调了"与物"的意思。苏轼巧妙地利用了对偶句"互文相足"之法，将复杂的哲理和人生体验浓缩于看来并不深奥，但实际上非常精要的十字之中。细细品味，真可谓"外枯而中膏"，甚至可以说是一个语言的奇迹。作者仿佛玩魔方一般，把这十个极普通的字拼在一起，就将如此复杂的含义巧妙地呈现出来，若非精思入神，加以语言技巧的娴熟，决不能有这样出神入化的诗句。

诗中没有提到"夜雨"，但兄弟二人肯定曾在琼州海峡的北岸"对床"而眠，有苏辙的和诗为证："谁言瘴雾中，乃有相逢喜。连床闻动息，一夜再三起。"（《次韵子瞻和陶公止酒》，《栾城后集》卷二）

第九讲

唱和《千秋岁》

宋哲宗赵煦生于熙宁九年（1076），元丰八年（1085）登基为帝，年方十岁。在太皇太后高氏执政期间，对这位小皇帝的教育不可谓不重视，"旧党"中具有学问方面声望的如苏轼、范祖禹、程颐等，都做过他的老师。但历史上几乎没有比这更为失败的教育了，元祐八年（1093）九月太皇太后一死，在"旧党"的包围影响下成长的宋哲宗才获亲执政柄，便致力于更换元祐大臣，召回"新党"人物，恢复神宗"新法"。当然，他这样做有个天经地义般的理由，就是"子承父业"，继承神宗的政策。与此相应，"新党"也抓住机会，兴起所谓"绍述"之议，意思还是继承神宗政策。

但哲宗对他的父亲能有多少了解呢？父亲去世的时候他才十岁，按常理，应该说不上有多少了解。然后，他的周围便都是"旧党"的大臣了，像章惇、蔡卞、李清臣这些"新党"人物，在被他召回之前，可能都不曾跟他有过交谈。所以他这个弃旧谋新的做法，还是有点奇怪。在"新党"看来，这是哲宗皇帝天生圣明的表现，不接受"旧党"的教育，默默等待祖母去世，然后马上拨乱反正。"旧党"方面，则似乎并未认真反思他们为什么会失去哲宗的好感，最多埋怨程颐授课的时候态度过于刻板而已。现在看来，哲宗虽称继述父志，其实跟神宗有很大的差异。神宗施行"新法"，固然引起了"新旧党争"，为了推进他所认同的政策，也未免惩罚一些"旧党"官员，但他并不是真正与那些官员为敌，所以事情过去以后，仍可获得谅解。哲宗却不然，他对"旧党"有明显的敌意。这方面，《续资治通鉴长编拾补》所载太皇太后临终前的一段话，很值得注意。当时她病重在床，吕大防、范纯仁、苏辙等宰执入宫问候：

> 太皇太后曰："老身受神宗顾托，同官家御殿听断。公等试言，九年间曾施私恩与高氏否？"大防对曰："陛下以至公御天下，何尝以私恩及外家。"太皇太后曰："固然，只为至公，一儿一女病且死，皆不得见。"言讫泣下。大防曰："近闻圣体向安，乞稍宽圣虑服药。"太皇太后曰："不然，正欲对官家说破。老身殁后，必多有调戏官家者，宜勿听之。公等亦宜早求退，令官家别用一番人。"乃呼左右，问曾赐出社饭否。因谓大防曰："公等各去吃一匙社饭。明年社饭时，思量老身也。"（《续资治通鉴长编拾补》卷八，元祐八年八月丁卯条）

这一段对话包含了非常丰富的信息。第一，当年蔡确等人为了谋求"定策之功"，怀疑太皇太后会对哲宗不利，此事给她带来很大的困扰，"一儿一女病且死，皆不得见"，无非就为避嫌；第二，太皇太后已经预见哲宗亲政后会"别用一番人"，那么祖孙之间应该早就形成了政治上的对立；第三，除了政治上的对立外，祖孙之间的私人关系也并不亲切，甚至可以说非常紧张，"必多有调戏官家者"，大概主要不是指"新党"，因为此时的"新党"基本上不在朝，显然是宫廷内部有一种与太皇太后疏离的势力，不断地对哲宗皇帝施与影响。如此看来，哲宗之所以决意"绍述"，有一个重要的原因，是对祖母以及祖母所信任大臣的反感。

史籍记载中的哲宗皇帝，其形象也比较特别，他寡言少语，看上去熟思良久才加以表达，但好不容易冒出来的，却经常是一句任性的话。这个不满二十五岁就去世的皇帝，表现出许多早熟的特征（这就是"新党"所谓的天生圣明了），但看来并没有真正心智成熟。也许"旧党"真的很不幸，遭遇到他的逆反心理最强烈的年龄段，所有的循循善诱都收获了相反的效果。对于从小教导过他的那些老师，哲宗的心里始终充满怨恨，朝臣们甚至听到他愤愤地念着苏轼的名字。"新党"利用了他这种难以理喻的对老师的仇恨心理，用"绍述"之议巧妙挟制，将"元祐党人"一半贬死在南疆瘴疠之地，另一半则在哲宗去世以后才获北归。哲宗的统治使岭海之间充满了逐臣，创造了中国历史上最高水平的"贬谪文化"。而当时贬谪士人的极限，就是苏轼所到达的海南岛。

一、"丑正欺愚"之令

兴起"绍述"之议，当然首先需要对元祐之政加以否定。史书上对元祐之政的评价是很不错的，但实际上我们在前面一讲中已经叙述，这段时期充满了"旧党"内部的党争，延续不断、混乱不堪，所以，不仅是元祐八、九年（1093、1094）卷土重来的"新党"对此曾有尖锐的指责，就是自称对两党都不依附的张商英，后来也概括出"揭簿差徭，雕虫考试，回河东注，割地西还"四点（《续资治通鉴长编拾补》卷十七，建中靖国元年二月甲寅条引张商英《随州谢表》），以此批评元祐政策。这四点就是恢复"差役法"和诗赋取士，强制黄河东流，向西夏割地求和。如果元祐"弊政"主要是这些，那么除了诗赋取士为苏轼、苏辙所主张外，其余三件其实并不被他们所赞成，但他们不仅必须跟所有元祐大臣一起承担责任，而且首先受到打击。

首倡"绍述"者，是元祐九年（1094，四月改元绍圣）二月新任中书侍郎（执政官之一）的"新党"大臣李清臣，他为此年三月份的进士殿试撰作了策题，以明确的否定语调列举元祐年间的一系列政策，希望考生们继续攻击。这自然是要为政策的变化制造舆论，兴起"绍述"之议。但当时的两个宰相，吕大防做了安葬太皇太后的山陵使，范纯仁刚刚从外地入朝，所以企图加以阻止的，首先就是门下侍郎（第一副宰相）苏辙。他连续奏上两篇《论御试策题劄子》（《栾城后集》卷十六），苦劝哲宗不要改变元祐之政。其结果是，早已打定了主意的宋哲宗非但毫不动心，反而从苏辙的文字中找到了把柄，说他引汉武帝穷兵黩武的历史来比拟神宗之政，是对神宗的侮辱。苏辙就以这样的罪名被罢去执政，出知汝州（今属河南）。随即，四月份改元"绍圣"，起用章惇为相，苏轼再次遭到御史们的弹劾，内容则一如既往，谓其起草文书之中，充满讥斥神宗之语。于是苏轼马上得到落两职（取消端明殿学士、翰林侍读学士的称号）、追一官（罢定州知州任）、以左朝奉郎（正六品上散官）责知英州（治所在今广东英德）的严惩。这便是后来张商英在《随州谢表》（《续资治通鉴长编拾补》卷十七，建中靖国元年二月甲寅条引）中所说的"一麾汝海，坐穷兵黩武之讥；万里英州，下丑正欺愚之令"，哲宗皇帝以惩罚苏氏兄弟，揭开了打击"元祐党人"的序幕。

"丑正欺愚"是贬责苏轼制书中的话，表明了恢复权力的"新党"对苏轼的"评价"。这封制书现存于《宋大诏令集》卷二百零六，题为《苏轼落职降官知英州制》，题下注："绍圣元年四月壬子。"全文如下：

> 讪上之恶，众慝厥怨；造言之诛，法谨于近。矧弹章之荐至，孰公议之敢私。爰正常刑，以警列位。端明殿学士兼翰林侍读学士左朝奉郎知定州苏轼，行污而丑正，学辟而欺愚。顷在先朝，稍跻青贵，不惟喻德之义，屡贡怀谖之言。察其回邪，靡见听用，遂形怨诽，自取斥疏。肆予纂服之初，开以自新之路，召从方郡，服在近班。弗诡尔心，覆出为恶，辄于书命之职，公肆诬实之辞，凡兹立法造令之大经，皆曰蠹国害民之弊政。虽托言于外，以责大臣；而用意之私，实害前烈。顾威灵之如在，岂情理之可容。深惟积辜，宜窜远

服，只夺近职，尚临一邦。是为宽恩，无重来悔。可特落端
明殿学士兼翰林侍读学士，依前左朝奉郎知英州。

《续资治通鉴长编拾补》卷九绍圣元年四月壬子条，节引
了这篇制书，并云："制词，中书舍人蔡卞所撰也。"蔡卞（1048—
1117）是王安石的女婿，以王安石思想的继承者，即"新学"
的权威自居，跟苏轼之间不光有政治上的敌意，还自觉保持了
学术思想上的对立。同时，由于"元祐更化"的领袖司马光已
经去世，故"更化"期间大量诏令文书的起草人苏轼就成为"新
党"首先要惩罚的人。制书的全文，都在指责苏轼所写的文书，
一则说他"讪上"，即诽谤君主，二则说他"诬实"，即诋毁"新
法"。其中"凡兹立法造令之大经，皆曰蠹国害民之弊政"二句，
显然指苏轼从前起草的贬谪吕惠卿制书，有"苟可蠹国以害民，
率皆攘臂而称首"（《吕惠卿责授建宁军节度副使本州安置不得
签书公事制》，《苏轼文集》卷三十九）之说，蔡卞大概怀有替
吕惠卿报复之意。但张商英却特别关注"行污而丑正，学辟而
欺愚"两句，所以他把这篇制书称为"丑正欺愚之令"。这两
句的大意，是说苏轼自己行为不端，却能丑化正人，自己学术
乖僻，却能欺骗愚人。仔细揣摩，这个说法其实凸显了苏轼语
言文字的影响力，只因立场敌对，所以都使用贬义词，但我们
若是不理会其中的价值判断因素，只就其表述的事实来看，则
等于承认苏轼的文书能起到作用，效果显著。大概在蔡卞的眼
里，这是个特别能文善辩、广受愚众欢迎的"敌人"，因此可恨。

贬谪的命运再次降临苏轼头上。绍圣元年四月以左朝奉郎
责知英州的诏命刚下，迅即再降为"充左承议郎"（正六品下散

官）仍知英州，闰四月复又下诏"合叙复日未得与叙复"，所谓
"三改谪命"。但接下来还有更厉害的，六月份苏轼经过当涂
（今属安徽）时，又接到命令，被贬为建昌军（今江西南城）司
马、惠州（治所在今广东惠阳东）安置。苏轼只好把家小安顿
在宜兴，独与侍妾朝云、幼子苏过南下。当途经庐陵（今江西
吉安）时，又改贬为宁远军（今湖南宁远）节度副使，仍惠州
安置。这样，实已五改谪命。

贬谪惠州的制书，即《苏轼散官惠州安置制》，也存于《宋
大诏令集》卷二百零六，出自苏轼的同年进士林希之手。此前
蔡卞的制书虽也谩骂，大体犹是数落其罪过，林希则变本加厉，
谓苏轼"忘国大恩，敢以怨报。若讥朕过失，何所不容；仍代
予言，诬诋圣考。乖父子之恩，害君臣之义。在于行路，犹不
戴天；顾视士民，复何面目"，这样代君主立言，却全是对付
仇敌的口吻。接着说："宥尔万死，窜之遐服。虽轼辩足惑众，
文足饰非，自绝君亲，又将奚怼？"意谓你苏轼再有才华、能
文善辩，跟君主作对，也是自取灭亡。制书的最后，甚至说出
"保尔余息，毋重后悔"的话，就是：好好去苟延你的残喘，
不要招致我更重的惩罚，让你更加后悔。据说，苏轼看过制书
后，说了句"林大亦能作文章耶"。在他的时代，原也有过许多
会做文章的人，不过那些人的文章多已灰飞烟灭了。

此年的六、七月间，朝廷第一次大规模贬窜"元祐党人"。
死去了的司马光、吕公著被追夺赠官、谥号，磨毁墓碑；活着
的均被流放远州。苏辙在连续遭贬后，结果又到他元丰时的
谪居地筠州居住。"苏门四学士"也不能幸免，这一批富有才
华的文学家，从此进入了他们困顿坎坷的后半生，尤其是黄庭

坚、秦观二人，被谪至黔州（今四川彭水）、处州（今浙江丽水），境遇甚恶。苏轼对于自己的不幸颇能处之不惊，但对于这些门生因受他连累而遭遇平生大故，则甚怀不安。然而，若不是张耒派去两个兵丁一路护送，他也难以顺利到达惠州。

被皇帝视为不共戴天的苏轼，在八月初渡过鄱阳湖，九月翻过大庾岭，走向南荒之地，十月二日到达惠州。朝廷方面，次年即绍圣二年二月，蔡卞担任执政，与宰相章惇合谋，在"绍述"的基础上，又兴起"国是"之论。"国是"就是国之所是，以国家的名义，将"新法"和"新学"确定为唯一正确的政策方针和指导思想，它不单是被某一个皇帝所肯定，而且世世代代必须遵守，其权威性比皇帝还要高。这也许是"新党"吸取了神宗的政策及身而止的教训，因此想以这个"国是"来对皇帝加以挟制。与此相应的是，王安石的遗像被供到孔庙里，与颜渊、孟子一起陪侍孔子，连皇帝见了也必须行礼。这个像后来给"旧党"提供了口实，斥之为"逆像"。但蔡卞的目的，大概不是让王安石受皇帝的敬礼，他是想借助于意识形态的力量，使当前的政策能够延续下去。在此情况下，苏轼就不单是个得罪了皇帝的罪犯，而且是个违背"真理"的异端了，因为既有"国是"可依，苏轼的学说就被明确宣布为"邪说"。现在他即使什么都不做，也是这个国家最危险的敌人了。其处境之凶险，当然不言而喻。

到绍圣四年（1097），朝廷又一次大规模贬窜"元祐党人"，苏轼被贬往海南岛。我们已在第七讲中大致叙述了这次再贬的情由，此处从略。宋代有不杀士大夫的祖训，为人臣者只要不贪赃，得"罪"再大，也不过远贬，而到了海南岛，则远无可远，无以复加，成为贬谪士大夫的极限之地。所以，苏轼海南诗中，有"年来万事足，所欠惟一死"之句（《赠郑清叟秀才》，《苏轼诗集》卷四十二），一般认为，就指其所受的处分，仅次死罪一等。

二、飞红万点愁如海

绍圣四年（1097）朝廷再贬"元祐党人"之时，除苏轼、苏辙外，"苏门四学士"也一同遭受横祸。其中处境最恶的，是被认为与苏轼关系最为亲密的秦观（1049—1100），从郴州（今属湖南）再贬横州（今广西横县）。在途经衡州（今湖南衡阳）时，秦观将他的一首《千秋岁》词抄赠当时担任衡州知州的朋友孔平仲：

> 水边沙外，城郭春寒退。花影乱，莺声碎。飘零疏酒盏，离别宽衣带。人不见，碧云暮合空相对。
> 忆昔西池会，鹓鹭同飞盖。携手处，今谁在？日边清梦断，镜里朱颜改。春去也，飞红万点愁如海。
> （秦观《千秋岁》，《全宋词》第460页，中华书局1965年版）

此词为秦观的名作，表达了对于元祐时期诗文盛会的追忆，以及时变世改、旧日友人风流云散、自己身遭贬谪的凄怆，语调之间带有一种浓烈得惊人的悲哀，尤其是结尾的"飞红万点愁如海"之句，甚至被看作秦观将不久于人世的预兆。这首词引起了朋友们深切的情感共鸣，孔平仲随即次韵写作了一首，此后苏轼、黄庭坚、李之仪、释惠洪等都有次韵之作，形成一组同题同韵的作品群。多年前，王水照先生著有一篇精彩的论文，《元祐党人贬谪心态的缩影——论秦观〈千秋岁〉及苏轼等和韵词》（收入《王水照自选集》，上海教育出版社2000年版），专门处理这一作品群。其标题"元祐党人贬谪心态的缩影"则是王先生对其意义的概括，我们通过这个作品群，可以了解作者们遭受贬谪后的不同精神状态。

根据王先生的研究，《千秋岁》本是秦观的一首旧作，绍圣四年再贬途中，经过衡阳的时候，将它重新写赠给孔平仲。孔平仲读了以后，很为秦观的精神状态感到担忧，当即唱和一首：

> 春风湖外，红杏花初退。孤馆静，愁肠碎。泪余痕在枕，别久香销带。新睡起，小园戏蝶飞成对。
>
> 惆怅谁人会，随处聊倾盖。情暂遣，心何在。锦书消息断，玉漏花阴改。迟日暮，仙山杳杳空云海。

（孔平仲《千秋岁》，《全宋词》第368页）

孔平仲也是著名文人，现存的诗歌不少，但词却仅此一阕。他的写作目的，当然是想排解秦观的悲伤情绪，但自己的用词也不免低调，只叫秦观看得开些而已。"随处聊倾盖"，就是说还有这么多朋友在，相见时可尽一时之欢，离别后也可以写信问候，如此静送岁月，不要总是想不开。

不过孔平仲对劝慰的效果似乎不太自信，有记载云：

> 秦少游谪古藤，意忽忽不乐。过衡阳，孔毅甫为守，与之厚，延留待遇有加。一日饮于郡斋，少游作《千秋岁》词，毅甫览至"镜里朱颜改"之句，遽惊曰："少游盛年，何为言语悲怆如此？"遂赓其韵以解之。居数日，别去，毅甫送之于郊，复相语终日。归谓所亲曰："秦少游气貌大不类平时，殆不久于世矣。"未几果卒。（曾敏行《独醒杂志》卷五，清刊知不足斋丛书本）

秦观之卒是在三年之后，说"未几果卒"当然有些夸张，但故事的真实一面在于，秦观是一个感情真挚，即所谓"钟情"的人，受到沉重的打击后，容易沉浸在悲哀之中，难以自拔，而他又擅长作词，故其生命力急剧地从身体上流失，倾注到作品之中。这固然为后世留下了千古名作，但他当时的朋友们则未免为他的身体担心。

此后，随着秦词的传播，苏轼、黄庭坚、李之仪、惠洪等纷纷唱和，确实成为贬谪中的"元祐党人"及其同情者的一次心灵交流。苏轼大约是在元符二年（1099）收到侄孙寄来的秦、孔二词，和作于海南岛，我们暂且按下不表。黄庭坚的和词写得更晚些，是在宋徽宗崇宁三年（1104），也是贬谪途中路经衡阳，见到了秦观留下的手迹，方才追和：

> 少游得谪，尝梦中作词云："醉卧古藤阴下，了不知南北。"竟以元符庚辰，死于藤州光华亭上。崇宁甲申，庭坚窜

宜州，道过衡阳，览其遗墨，始追和其《千秋岁》词。

　　苑边花外，记得同朝退。飞骑轧，鸣珂碎。齐歌云绕扇，赵舞风回带。严鼓断，杯盘狼藉犹相对。

　　洒泪谁能会，醉卧藤阴盖。人已去，词空在。兔园高宴悄，虎观英游改。重感慨，波涛万顷珠沉海。

　　（黄庭坚《千秋岁》，《全宋词》第412页）

　　此时秦观已经去世，黄庭坚"览其遗墨"，追怀故友，自然悲伤难抑。他回顾了昔日"同朝退"后歌舞欢饮的场面，感叹如今"人已去"而"词空在"。末句"波涛万顷珠沉海"，即谓秦观已像明珠一样沉没在万顷波涛的大海之中。

　　同为苏门文人的李之仪，我们不知道他是什么时候写的和词，但其词句似乎与孔平仲的那首有较多关联：

　　深秋庭院，残暑全消退。天幕迥，云容碎。地偏人罕到，风惨寒微带。初睡起，翩翩戏蝶飞成对。

　　叹息谁能会，犹记逢倾盖。情暂遣，心常在。沉沉音信断，冉冉光阴改。红日晚，仙山路隔空云海。

　　（李之仪《千秋岁·用秦少游韵》，《全宋词》第341页）

　　对比之下，李词所用的词语与孔词有较多相同，只是将春景改作秋景而已。末句"仙山路隔空云海"，如果不只是踏袭孔词，而与秦观有所联系的话，那可能指秦观已经去世。

　　至于禅僧惠洪，我们不知他是否与秦观相识，他的《千秋岁》一词虽也用秦观词韵，内容却是为一幅美女的肖像题词：

> 半身屏外，睡觉唇红退。春思乱，芳心碎。空余簪髻玉，不见流苏带。试与问，今人秀整谁宜对。
>
> 湘浦曾同会，手擎轻罗盖。疑是梦，今犹在。十分春易尽，一点情难改。多少事，却随恨远连云海。
>
> （惠洪《千秋岁》，《全宋词》第712页）

惠洪去世于南宋初年，此词大概作于北宋末年，跟秦观的原作其实并未构成对话，之所以次秦词的韵，大概只因为秦词影响巨大，令惠洪意图跟秦词发生某种联系。

惠洪的加入，实际上使次韵《千秋岁》的作品群逐渐脱离"元祐党人贬谪心态的缩影"这一意义，转为后人对前辈名作的一种致敬的方式。从有关资料来看，他并不是最后的次韵者，南宋的王之道也有如下和作：

> 山前湖外，初日浮云退。荷气馥，槐阴碎。葵花红障锦，萱草青垂带。谁得似，黄鹂求友新成对。
>
> 忆昔东门会，千古同倾盖。人已远，歌如在。银钩虽可漫，琬琰终难改。愁浩荡，临风令我思淮海。
>
> （王之道《千秋岁·追和秦少游》，《全宋词》第1154页）

王之道（1093—1169）曾任湖南转运判官，到过衡州，"银钩虽可漫"之句，应指墨迹漫漶，似乎他也看到了秦观留下的手稿，所以次韵唱和，末句"临风令我思淮海"表达了对秦观的追思。但从"千古同倾盖"之句看来，他掌握的不光有秦词，还有孔平仲或李之仪的和作，只不过孔、李跟秦观是同时代的朋友，可以相逢"倾盖"，而王之道跟他们时代暌隔，只能勉强说"千古同倾盖"。

从南宋到清代，还有一些作者次韵该词而填《千秋岁》，这里没必要——提及了。总体上说，秦词的深情和悲哀为次韵的作品群定下了一个基调，对后来者的影响很大。然而，我们回头看苏轼的和作，却展现了完全不同的精神景观。

三、"贬谪文化"的最强音

大约在元符二年，海南岛上的苏轼读到秦、孔二词，也作《千秋岁·次韵少游》一首。此词不见于各种版本的《东坡乐府》，《全宋词》是从南宋笔记《能改斋漫录》辑得：

> 岛边天外，未老身先退。珠泪溅，丹衷碎。声摇苍玉佩，色重黄金带。一万里，斜阳正与长安对。
>
> 道远谁云会，罪大天能盖。君命重，臣节在。新恩犹可觊，旧学终难改。吾已矣，乘桴且恁浮于海。
>
> （苏轼《千秋岁·次韵少游》,《全宋词》第332页）

对于秦观、孔平仲悲哀、低调的情绪，历经更大磨难的苏轼却断然超越之。他曾多少次在诗词中说自己"老"了，但这一次却明确地说"未老身先退"，不是因为老而退，而是政见不同而被退。远贬海外当然不免伤感，但溅起的珠泪、破碎的丹衷，都是那么的具有质感，透出一份凝重。青色的玉佩、金色的腰带，依然是大臣的端严仪表，不因漂泊流离而变得苟且随便。对于政治局势也依然密切关注，万里之外的斜阳里远远凝望着首都的所在。虽然可能没有再会之期，虽然被认为罪大难容，虽然君主的惩罚如此严重，但一个大臣的气概节操仍值得坚守。即使赦免的君恩犹可期待，自己一贯的见解也决不会改变。如果政见不被采纳，就乘着小船如此漂浮于大海之上，只有超越，绝无屈服。《论语·公冶长》载孔子语曰："道不行，乘桴浮于海。"以孔子自比的苏轼，既没有被贬谪的打击所摧垮，也不回避严酷的政治环境，他直面惨淡的现实，而坚持自己的独立见解，肯定自我的操守，顽强地追求生命价值的实现。

这是苏轼平生所作的最后一首词，一首豪放词。也可以说，这是对沉溺于悲哀的门下弟子的教诲，是自己一生的政治气节和人生态度的自白，是"贬谪文化"中的最强音。

对于被谪"元祐党人"的不同精神状态，宋人也已有所关注，如惠洪就曾指出：

> 少游谪雷，凄怆有诗曰："南土四时都热，愁人日夜俱长。安得此身如石，一时忘了家乡。"鲁直谪宜，殊坦夷，作诗云："老色日上面，欢情日去心。今既不如昔，后当不如今。""轻纱一幅巾，短簟六尺床。无客白日静，有风终夕凉。"少游钟情，故其诗酸楚；鲁直学道休歇，故其诗闲暇。至于东坡，南中诗曰："平生万事足，所欠惟一死。"则英特迈往之气，不受梦幻折困，可畏而仰哉！（惠洪《冷斋夜话》卷

三，"少游鲁直被谪作诗"条）

这里也涉及秦观、黄庭坚、苏轼三人，一个沉浸在悲哀中，一个通过学禅求得心灵的解脱，一个英伟不屈。《千秋岁》作品群所反映出来的情况，至少就秦观、苏轼二人而言，与惠洪所说是一致的。

现在我们换一个角度，对这一作品群再做一点考察。我们知道，中国一向就有诗词唱和的传统，但这个作品群的形成，比传统的"唱和"行为有了进一步的发展。通常情况下，"唱和"可以被理解为两个作者在固定的场合下相互邀约的同题写作活动，但这一次《千秋岁》的唱和既突破了固定场合，又涉及了更多的作者。除了孔平仲的写作可以算传统的"唱和"行为外，其他人都是在通过各种传播途径看到秦观的作品后，主动参与同题的写作，并没有人发起邀约，没有人联络组织。从秦观本人开始，就没有"首唱"意识，他起初只是抒发个人的情怀。只因他的怀旧之情与浓烈得惊人的悲伤，深深打动了境遇相似的朋友们，所以他们不能自已，主动唱和。然而，各自的唱和情形都有差异。孔平仲词的哀婉基调，其实承秦观的悲伤而来，只是出于宽慰朋友的目的，有意写得冲淡，不至于太过浓烈而已。苏轼在海南岛次韵的时候，秦观尚在世，苏词豪迈而坚定，高度概括了自己的人生态度，同时也含有对秦观和孔平仲的教诲和鼓励。黄庭坚的和词是为了悼念秦观而作，用原本怀旧的题目进行唱和，恰能追怀情谊，抒发幽思。这些词都是对秦观原作较密切的回应，诚如王水照先生所言，这是"贬谪心态的缩影"，作为"元祐党人"或者说"苏门"文人，他们首先参与唱和，其杰出的文学感悟力和真诚的互相关切之情，促成了远距离的认同。然而不仅如此，同样是"苏门"文人的李之仪，他的作品与秦观原作的关系并不密切，看起来是模拟孔平仲词而成，只将孔词中的春景换成秋景，写得比较随意。接下去，毫不相关的作者也参与进来，而且离题甚远，如惠洪的和词，描写的是一幅美女的肖像画，其采用唱和的方式，大概是为了分享秦观词的艺术效果和影响力。到南宋时期，两种唱和方式都获得了继承：王之道以次韵《千秋岁》来怀念秦观，用语上对秦、孔词也多有借鉴；但其他作者大多仅仅是次韵而已，内容上与秦观的原作并不相关。

因此，这个唱和或者说同题写作事例，有着非常重要的历史意义。它反映出众多作者之间的一种联结，一种相互认同，起初当然是基于相同的政治党派立场和朋友之情，但随后便越来越向纯粹文学性的认同转化。继和《千秋岁》仿佛成为一个公共性的写作行为，后起的作者跟秦观素不相识，也未必具有相同的党派意识或文学主张，但他们肯定明白：采用这样的写作方式，将有助于自己的作品快速进入公共领域，而被公众所认可，甚至被文学史所记忆。换句话说，与当代名家名作进行同题写作，将成为作者与整个"文坛"对话的一种方式。可想而知，这种现象的形成，需要一个时代条件，即信息传播速度的显著发展。分处异地的作者们能借助这一时代条件，达成比较及时的交流，从而也养成了互相关注的习惯，乃至联结为一个整体。从这一视点出发，当我们试图寻找与《千秋岁》作品群相似的事例时，就能发现此类异地唱和，或者说各种形式的"同题写作"现象的存在相当丰富，竟是北宋"文坛"相别于前代的一个重要特征。

四、从个人唱和到集体表达

　　同题写作的现象，自古存在，但是，如果排除题目本身具有公共性的情形（以客观存在的风景名胜为题、以前人名作为范本的拟作、乐府曲名，公共话题如"封建论"之类，等等），以及某些偶然的巧合，专就两位以上的作者有意识地进行的同题写作而言，那应该起始于所谓"唱和"，亦即相互邀约的同题写作。最简单的"唱和"发生在两位作者之间，完全可能是一种私密性的交流，但若参加"唱和"的人数较多，则题旨就会显得相对开放，反映出更广泛的人际认同。随后，将会出现不受邀约者也主动参与同题写作的情形。

　　从历史上看，多位作者的同题写作现象，首先表现为集会模式，即在一定时间内，聚集于一定地点，并进行文学创作。中国作者很早就有集会创作的传统，建安时期的邺下宴集、永和九年的兰亭之会，都是著名的集会创作。唐宋时期，文人集会尤其盛行，由此也产生了大量的集会作品。当代学者贾晋华著有《唐代集会总集与诗人群体研究》（北京大学出版社2001年版），熊海英著有《北宋文人集会与诗歌》（中华书局2008年版），分别进行了考察。在这些集会作品中，有数量丰富的多人同题之作，例如北宋元祐年间张耒、晁补之、李公麟等在馆阁中多次进行唱和，后来结集为《同文馆唱和诗》，几乎全是多人同题之作。士大夫社会中有不少活动可以产生此类同题作品，比如朝臣们陪同皇帝举行某个仪式，朋友们一起迎接某位官员或为他送行，等等。

进一步，就有了与集会模式相异的另一种多人同题写作模式，即三位或更多的同时代作者围绕同一主题的多个作品并非完成于一地，却又相互关联。可想而知，这种"非集会"模式的实现，首先有赖于信息交通、作品传播的发达，所以它必然是在一定的历史时期才能产生的。据《新唐书·艺文志》的记载，唐代已有不少异地唱和形成的诗集，其中多是两人的诗筒往来，但也有作者多于两人的，如白居易、元稹、崔玄亮三人分别在杭、越、湖州任职时，曾借助邮驿系统，多次相互酬唱，后来编成《三州唱和集》。不过，这个集子现已不存，崔玄亮诗也全部佚失，从元、白诗集中的唱和情况来看，他们的诗歌往来担当了朋友之间交流情感、切磋技艺、促进创作的任务。韩愈《韦侍讲盛山十二诗序》（马其昶《韩昌黎文集校注》第440页，上海古籍出版社1986年版）则记载了元和年间多位诗人对韦处厚《盛山十二诗》继和的盛况。这次唱和最初有十位诗人参与，韩愈《序》中所提到的六位当时都任职于巴东各地，可以推测，开始是任职于巴东范围内的诗人们纷纷对韦处厚的诗进行唱和，后来由于作者们齐聚京城，将各自的作品"联为大卷"，于是在京城引起了继作的高潮，成为一次有名的同题创作。可惜的是，现存的《盛山十二诗》也只有韦处厚的原诗与张籍的和诗，都是描写盛山十二处景致的五言绝句。所以，要详细探讨唐代的非集会多人同题写作现象，颇有资料不足之嫌。相比之下，北宋时期则保留了更多的资料，且从这些资料来看，北宋的异地多人唱和在数量和内容上都比唐代有了很大的发展。

出于统一帝国的需要，唐朝在全国范围内建成了发达的邮驿传递系统，并制定了严格的制度，保证该系统的正常运作，这使唐代作者们的同题写作可以突破集会模式，借诗筒往来而进行异地唱和。白居易《醉封诗筒寄微之》中的"为向两州邮吏道，莫辞来去递诗筒"即是诗证。[1]不过，这跟集会模式的性质其实相似，可以说是集会模式的延伸。到了宋代，驿传制度更臻完善，信息的传递更有保障，并且当时已明文允许官员通过邮驿系统传递私书，[2]这使得宋代的士大夫在异地诗文往还方面更加得心应手。由此产生的异地唱和作品，数量应该不少，这里先分析最著名的一例。

1.《明妃曲》

王安石有两首《明妃曲》，写成不久便得到梅尧臣、欧阳修、刘敞、司马光、曾巩的唱和，形成了一组同题诗。[3]关于这组同题诗及其创作情形，日本学者内山精也已有详细的讨论。[4]

1　白居易《醉封诗筒寄微之》，顾学颉点校《白居易集》第505页，中华书局1979年版。关于唐代的驿传与文学唱和，可参考李德辉《唐代交通与文学》（湖南人民出版社2003年版）、吴淑玲《唐代驿传与唐诗发展之关系》（《文学遗产》2008年第6期）等。

2　曹家齐《宋代交通管理制度研究》第144页，河南大学出版社2002年。

3　相关作品见《临川先生文集》卷四，《王安石全集》第五册第195页，复旦大学出版社2016年版；朱东润校注《梅尧臣集编年校注》第1143页，上海古籍出版社2006年版；洪本健校笺《欧阳修诗文集校笺》第231、234页，上海古籍出版社2009年版；《温国文正司马公集》卷三，四部丛刊本；陈杏珍、晁继周点校《曾巩集》第58页，中华书局1984年版。

4　内山精也《王安石〈明妃曲〉考——围绕北宋中期士大夫的意识形态》，收入氏著根据他的研究，王安石应当是在嘉祐五年（1060）春送契丹使者归国的途中写作了《明妃曲》，不久他回到东京开封府，将这一期间所作诗文送示友人。这一年，梅尧臣、欧阳修、刘敞、司马光四人都身在京城，使这次同题写作看起来很接近集会模式，但实际上，北宋士大夫即便同处一地，也习惯派人传递书简和作品，由此进行交流，而且另一个唱和者曾巩至本年末才从太平州回到东京，他很可能是利用邮件参与唱和的。

从题目的性质来说，"明妃曲"具备相当程度的公共性，这样的题目谁都可以说上几句。但重要的是，这一组同题诗在内容上有相互影响的痕迹，而且其作者无一例外地受到当代社会的关注仰慕，是士林的核心人物，他们的作品在当代就引起广泛的讨论，至今仍可推为名作。王安石的原作以所谓"翻案法"著称，对昭君出塞的旧题目发表了新的意见，其中最引人关注的是"人生失意无南北""汉恩自浅胡自深，人生乐在相知心"等"翻案句"，历来批评者对它是否符合儒家伦理进行了反复的讨论。王安石原本就有特立独行的作风，当嘉祐四年（1059）他上呈给宋仁宗的"万言书"石沉大海之后，他是怀着政治上的失落之情，在此诗中探讨一个士大夫应有的立身之道。在他看来，一个士大夫内心所秉持的是高于君主的"道"，他需要做的只是对此"道"负责，如果君主不能够认同他的思想、推行他的主张，那么他也并不需要保持忠诚。应该说，这里探讨的是"出处"问题，或者说君臣关系问题，在当时的环境下显然不必过于考虑昭君题材容易涉及的"夷夏"问题（那

《传媒与真相——苏轼及其周围士大夫的文学》，上海古籍出版社2005年版。

要到南宋才变得敏感起来），故王安石可以不顾嫌疑地强调他对于士人独立价值和精神自由的肯定。处于同一时代、有着相似背景的士大夫们，对于这一要旨肯定是心领神会的，五位唱和者没有一个怀疑王安石要背叛本朝，其中曾巩和司马光还对王安石所思考的"出处"问题有明确的回应，刘敞的诗虽然表面上只写汉帝错失昭君，但按中国诗歌以男女喻君臣的传统，也可以被理解为对王安石提示的君臣关系问题的回应。不过，欧阳修、梅尧臣二人则并未回应这一主题。

应该说明的是，两位年长者的跑题，并不是由于他们看不懂王安石的诗意，或者对于这个作品的轻视，至少欧阳修决不如此。据说，欧阳修对自己的两首《明妃曲》非常满意，认为"吾诗《庐山高》，今人莫能为，惟李白能之；《明妃曲》后篇，太白不能为，惟杜子美能之；至于前篇，则子美亦不能为，惟吾能之也"（何文焕编《历代诗话》第424页，中华书局2004年版）。毋宁说，他把两首《明妃曲》看作了自己创作生涯的巅峰。这令人联想到，嘉祐年间的欧阳修无论在政治上还是文章学术上，都正处巅峰时期，与当时尚属"新锐"的王安石、司马光、刘敞以及刚刚考上进士不久的曾巩，人生处境完全不同，所以他不理会王安石提出的"出处"问题，而试图另立它意，并在写作艺术上与李白、杜甫一较高下。言下之意，他并不以首唱者王安石那种出奇制胜的"翻案法"为然，尽管事实将证明更负盛名的乃是后者。欧阳修的诗当然也涉及政治，但他更愿意直接而正面地批判汉朝的"和亲"政策，这符合他朝廷重臣的身份。他的态度显然影响了梅尧臣，虽然梅的仕途地位与欧阳修相去甚远，但毕竟跟老朋友欧阳修更有共同话语，其和诗的第一句"明妃命薄汉计拙",便与欧阳修的"汉计诚已拙""红颜胜人多薄命"非常相似。由此看来,两位年长者与另四位同代人构成了"代沟"。不过,刘敞的诗题作《同永叔和介甫昭君曲》,则无疑也受到欧阳修的影响,若仔细阅读曾巩的作品,也仿佛试图糅合王安石与欧阳修两家,同时对他们做出回应。那么总体上说,《明妃曲》的六人唱和是在一个互有来往的朋友圈中形成的,不但是王安石与朋友之间两两酬和的集合,也是继和者之间相互影响的结果。

前面说过,昭君的题目具有相当程度的公共性,此后也经常被人写作。但自从上述这组作品问世,后人面对这个题目时,就常会主动地对王安石或欧阳修的诗意做出回应。从北京大学出版社1991年版的《全宋诗》里,我们可以找到南宋李纲(第17609页)、吕本中(第18047页)、徐得之(第26837页)、王炎(第29688页)、王阮(第31108页)等人的同题作品。

王安石所参与过的多人同题写作活动,还有下述规模更大的一次。

2. 静照堂诗

宋神宗熙宁元年(1068),僧人本莹在所住的秀州招提院新建了一座"静照堂",并来到京城遍访名公,为此新堂求诗。他在京城至少盘桓了半年多,收获颇丰,司马光后来在《悼静照堂僧》中说他"金门乞得诗千首",而根据现有的材料,这些诗尚存三十七篇,一时名公,多参与其事,呈现为一次大规模的同题写作。[1]

从题材来说，这次同题写作与某处风景名胜得到多人题咏的情形相似，只不过那不是众人实际游历所至，而是出于僧人本莹的上门征求。本莹为静照堂求诗时，设定的征求对象似乎只是京城的名公，所以他求得的诗中有"满箧朝贤句"（周孟阳诗）、"公卿诗满壁"（祖无择诗）一类的句子，看来，他在拜访新作者的时候，也向他们夸耀了自己已有的收获。这样一来，作者们虽未集会，但本莹的跑动串联却担负了与集会相似的功能，使这一次同题写作也可以被理解为集会模式的变形。当然，由于参与者过多，分析作品之间的关系比较困难，但可以肯定的是，较晚写成的作品中有对较早作品的借鉴。例如，从内容上来看，李常诗当作于熙宁元年岁末，顾临、苏辙、王安石的三诗则完成于次年春天。后成的三首诗不但用词上多有一致之处，而且都与李诗一样，讽劝本莹及早归去，不要因追逐名望而滞留京师繁华之地，违背了"静照"的意旨。这显然都是对李常诗有所借鉴。

毋庸讳言的是，尽管也有许多名家参与，这一组作品在质量上与前面的《明妃曲》一组相去甚远。有的作者虽是"朝贤"却并不以写作见长，另有一些擅长写作的（包括苏轼），看来

---

[1] 司马光诗及其他人的作品收入元代至元二十五年（1288）所编的《至元嘉禾志》，见《宋元方志丛刊》第五册，第4176页，中华书局1990年版。作者分别为：张揆、阎询、周孟阳、范镇、王异、闻人安道、闻人安寿、祖无择、李大临、陆经、张刍、王益柔、韩维、王珪、宋敏求、吴申、冯浩、吴充、王安石、郑獬、钱藻、刘攽、王存、李常、顾临、俞希旦、丁讽、苏轼、苏辙、张贲、陆伸、任恬、牟景先、林亿、秦玠、吴振。另有一篇作者失考。其中的作品与今可见之别集文本相较，或稍有字词差异。

也只是应付而已。更何况，这么多"公卿"们对政治、人生和文学的态度并不一致，实际上"新旧党争"正在此时逐渐展开，故从这组作品中反映出来的认同感并不强。然而，同样是为刚刚竣工的建筑物征求作品，下面的"颜乐亭"事例却具有非凡的意义。

3. 颜乐亭

熙宁末、元丰初，孔周翰在密州太守任上时，于曲阜建"颜乐亭"。根据《孔氏祖庭广记》（金代孔元措编，清光绪琳琅秘室丛书本）卷九的记载，"士大夫闻之，如司马温公、二苏辈二十余人，或以诗、或以文、或以歌颂，皆揭以牌"。现在我们可以找到的有：苏轼《颜乐亭诗》（《苏轼诗集》卷十五）、苏辙《寄题孔氏颜乐亭》（《栾城集》卷十三）、程颢《颜乐亭铭》（《二程集》第472页，中华书局2004年版）和司马光《颜乐亭颂》（《温国文正司马公集》卷六十八）。苏轼、程颢、司马光之作应当完成于颜乐亭建成后不久，约在熙宁十年，当时苏轼在徐州，司马光闲居洛阳，而程颢应当是在扶沟县令的任上；苏辙的诗写得比较晚，据孔凡礼先生所著《苏辙年谱》，此诗作于元丰七年（1084），当时他从贬地筠州北上，经过洪州，而孔周翰正在洪州当官，应是受邀而作。

作为颜乐亭的建造者和作品的征求者，孔周翰起到的作用与上例中的本莹相似，所以这一次同题写作也可以被视为集会模式的延伸。但是，除了时间上延续更久，以及作者们分散各地，明显需要借助邮传系统达成交流外，更引人注意的是，从现存作品来看，孔氏邀请的对象具有共同的政治身份，他们都是反对王安石"新法"的"旧党"，至少是"新法"政策下不得志的官员，而社会声望则甚高。在今人看来，苏轼、司马光、程颢乃是北宋文、史、哲三个领域的顶尖高手，他们三人的同题作品仅此而已。从司马光《颜乐亭颂》的小序可以看出其间的关联，他对另二人的《颜乐亭诗》和《颜乐亭铭》做了概括，并对苏轼所讨论的问题发表了自己的意见。他们表达的心情总体上相似，借《论语》中颜子穷居陋巷而箪瓢自乐的形象，来阐述超越政治的人生意义，显然是失意而又不肯屈服者之间的相互认同。

与一般"唱和"相区别的是，有关颜乐亭的这些作品虽然同题，却采用了不同的文体，显示出同题写作在形态上的发展，而这很可能出于孔氏的有意组织。相比于前两个事例，《明妃曲》虽由王安石首唱，但他并未组织别人写作；本莹起到了组织者的作用，但他的征求对象只是"朝贤"，缺乏更深刻的共同性；孔周翰却成功地促成了失意的"旧党"士大夫代表人物的一次集体表达，意义较大。当然，这一组作品的文学性并不很强，这与孔氏本人并不擅长文学有关。

不过令人欣喜的是，作为北宋最大的文学家，苏轼也曾亲自组织类似的同题写作活动。

4. 超然台

熙宁八年（1075），苏轼在密州修葺了一座高台，苏辙为之命名"超然台"，并作《超然台赋》一篇（《栾城集》卷十七）。

苏轼随后写了一篇《超然台记》(《苏轼文集》卷十一)，并邀请多位作者以此为题进行写作，张耒所作《超然台赋》就有小序云：

> 苏子瞻守密，作台于圃，名以"超然"，命诸公赋之。予在东海，子瞻令贡父来命。(《张耒集》第15页，中华书局1990年版)

可见苏轼转托刘攽邀请张耒同作。我们现在可以找到的《超然台赋》还有文同、李清臣、鲜于侁所写的三篇[1]，这样共有五篇《超然台赋》了。司马光写了《超然台诗寄子瞻学士》(《温国文正司马公集》卷三)，文彦博也写有《寄题密州超然台》诗(《全宋诗》第3473页)，苏轼还有一首回赠文彦博的《和潞公超然台次韵》诗(《苏轼诗集》卷十四)。从时间上来看，苏辙赋写得最早，另四篇赋与文彦博诗应当都写于熙宁九年春天，而司马光的诗则是熙宁十年所作(据孔凡礼《苏轼年谱》第354页)。从空间上来看，除李清臣为路过密州与苏轼同地酬和外，其余六人均未亲至超然台：苏辙之赋作于齐州，张耒时居海州，文同在洋州，鲜于侁在利州，司马光居洛阳，而文彦博判大名府。可以说，苏轼借助跨越半个北宋版图的书信通讯网络主持了这次同题写作活动。

---

[1] 文同赋见《全宋文》第1098卷，鲜于侁赋见第1116卷，李清臣赋见第1709卷，上海辞书出版社、安徽教育出版社2006年版。

5. 黄楼

元丰元年（1078）九月，苏轼又于徐州建成一座"黄楼"，并同样主持了诗文唱酬。其中最著名的同题之作是苏辙的《黄楼赋》（《栾城集》卷十七）、秦观的《黄楼赋》（《淮海集笺注》第7页，上海古籍出版社2000年版）及陈师道的《黄楼铭》（《后山居士文集》卷十七，上海古籍出版社1984年版），南宋吴子良《荆溪林下偶谈》称："同时三文，而皆卓伟，可以传不朽。"（见王水照主编《历代文话》第564页，复旦大学出版社2007年版）其时苏辙在南都应天府任职，秦观在家乡高邮，而陈师道与苏轼同在徐州。

据文同《丹渊集·跋》（《四部丛刊初编》本），黄庭坚《上苏子瞻书》（《黄庭坚全集》第458页，四川大学出版社2001年版），苏轼还曾邀请文同和黄庭坚作《黄楼赋》。文同当年从洋州转任湖州，黄庭坚则任北京大名府国子监教授。今二人集中均不存，是否作成也已不可知。此外，苏轼《送顿起》诗（《苏轼诗集》卷十七）有句云："惟有黄楼诗，千古配《淇澳》。"自注："顿有诗，记黄楼本末。"这位顿起当时就在徐州，其诗虽已佚，但当时却获得苏轼的很高评价，认为可以追配《诗经》中的作品。苏轼自己也有诗《九日黄楼作》（《苏轼诗集》卷十七）。

与孔周翰的情况一样，苏轼的组织和邀请使分散各地的作者们实现了远距离唱和，这当然是对元白"诗筒往来"唱和形式的继承与扩大。更重要的是，居中联络的组织者的存在，增进了作者们之间的相互关注，当苏轼发出写作《黄楼赋》的邀请时，黄庭坚就对参与这次活动表示了谨慎，他希望首先获得其他人的作品。因此，除了个别邀请外，主持人还应该将已有的作品在作者们之间传递，扩大他们相互认同的机会，从而使个别诗人间的唱和行为发展为一种具有群体性的表达。

所谓认同，当然首先要有一个范围，苏轼不是像本莹那样贪多务得地追逐"朝贤"，他组织的这两次同题写作，与颜乐亭事例一样，有邀请范围上的某种限定，就是政治上的"旧党"或其同情者（只有李清臣是"新党"，但此时他的"新党"身份还不太明确）。说颜子之"乐"也好，说"超然"也好，在当时"新党"坐稳朝廷、"旧党"被长期外放的政治形势下，虽不能说此类表达专属"旧党"，其更易引起"旧党"诸人的共鸣，却是毫无疑问的。或者甚至可以说，他们是有意借着新建筑落成的机会，组织一次群体性的表达来增进相互间的认同。这样的群体表达反复多次，就交织重叠在一起，使他们共同的情感和思想在一个更大的范围内被凸显出来。如果这样的活动经常能够被成功地组织起来，则我们不难想象，包括邮驿系统在内的与作品传播相关的公共设施的发展，已经达到了主持人的要求。

然而不仅如此，苏轼所邀请的作者还有一个特点，就是大抵擅长文艺：文同是著名的艺术家，李清臣在当时也文名甚高，苏辙不必说了，张耒、秦观、黄庭坚、陈师道都属于后来所谓"苏门六君子"，当时算得文学上的后起之秀。这几乎是个文学艺术家的联盟，他们共同完成了真正文学性的同题写作。考虑到四位后起之秀在当时还声名未盛，苏轼的邀请对他们来说犹如接受老师布置的作业，或者就像现代的文学青年参加由名家主持的征文竞赛。而事实上，苏轼确实起到了对后辈作品加以评荐的作用，他热情地称赏顿起的黄楼诗，使这位今天看来并不著名的作者为我们所知，当然他最为欣赏的，可能还是秦观的《黄楼赋》，有诗为证：

> 我在黄楼上，欲作黄楼诗。忽得故人书，中有黄楼词。黄楼高十丈，下建五丈旗。楚山以为城，泗水以为池。我诗无杰句，万景骄莫随。夫子独何妙，雨霅散雷椎。雄辞杂今古，中有屈、宋姿。南山多磐石，清滑如流脂。朱蜡为摹刻，细妙分毫厘。佳处未易识，当有来者知。（苏轼《太虚以〈黄楼赋〉见寄，作诗为谢》，《苏轼诗集》卷十七）

他认为秦观的赋达到了自己也难以企及的水平，故募工刻石，积极扩大这个佳作的影响。可以说，苏轼通过组织"征文"活动在全国范围内发现和提携了具有文学天赋的后辈，由于他的眼光被文学史所认同，故他组织的活动具有文学史意义。

这样看来，苏轼确实是一个对当代的创作动向、创作模式有着敏锐自觉的真正文学家、文学批评家和文学活动家，他善于利用时代赋予他的条件去推动新兴模式的发展。我们搜集到的北宋非集会同题写作事例，多数涉及苏轼，而有关"超然台"和"黄楼"的这两个事例，更是由他本人精心组织。还有一点值得注意的是，苏轼邀请的同题写作，在作品体裁上固然多种多样，但也明显地突出了赋体，特别是对于后辈，他几乎一概邀其作赋，而苏辙也似乎理解兄长的心意，带头写作了宋赋的两个名篇。他们的这个做法应该别有深意：在"新党"主政期间，王安石的科举新制被付诸实施，经义和策论取代了传统的诗赋成为考试项目，这当然会削弱知识阶层对诗赋创作的兴趣，而且相比之下，具有强大交际功能的诗所受影响较小，失去科举支持的赋却真正面临了衰亡的危险。终生致力于反对科举新制的苏轼，显然企图以主持唱和的方式来拯救赋体。这不妨被理解为"旧党"政治态度在文学领域的延伸。可以顺便提及的是，虽然赋在宋代已不是文学创作的核心体裁，已经通过科举考试的士大夫也不再需要作赋，但苏氏兄弟的赋体创作却维持终生。

以苏轼为中心被组织起来的文学性群体，到"旧党"执政的元祐年间，曾短暂地齐聚京城，此时当然少不了集会或接近集会模式的同题写作活动，但不久之后，随着"新党"的重新执政，他们再次流落各地，其相互关注的视线被迫拉长。然而这被迫拉长的视线，却能吸引更多的视线与之交织，乃至使他们颠沛流离的身影收获同时代的普遍关注。他们之间相当艰难地维持着的同题写作活动，将吸引许多人主动参与，从而使这种活动进一步走向公共化。

五、公共性"文坛"

从作者的角度说，与政见一样，文学作品首先也是他个人的一种表达。这种个人表达被传递至公共领域，而获得某种价值，被人记忆，就是古人所谓的"立言"了。如果以此为目的而进行表达活动，那么表达者的心中一定有了对于公共领域的意识（即便可能是"名山""后世"那样与当下有着相当距离的时空），为了有利于进入公共领域，他必须努力使自己的表达拥有公共性。然而，与政见那样直接以公共性话题为谈论对象的表达不同，文学表达的相当一部分源自极其特殊乃至私密的个人情境。文学的表达之所以被认为也具备获取公共性的可能，是出于对"人同此心"即人类在情感和审美意识上的共通性的信任。在此共通性的基础上确认一种公共性的文学价值，以此价值为维度确认一个公共领域，我们可以称之为"文坛"。就此而言，纯粹精神性的"文坛"不妨说是自古存在的，但在其现实性和共时性上，一个公共领域的存在须依托于一系列公共设施，如现代的人们就把各种文学类的报刊杂志和作家协会等视为"文坛"。那么，在这些公共设施出现之前，"文坛"又依托于什么呢？人们对此公共领域之存在的意识又如何形成？要考察这些问题，对历代文学作品传播方式和作者团体的研究就是至为必要的，而实际上，作品的传播和作者间的结合，也正是现代"文坛"的公共设施（文学类杂志和作家协会）所担负的功能。然而，究竟传播的发达与作者间的结合达到了何种程度，方可称为现实意义上的"文坛"存在，毕竟难以判断。因此，我们这里谈到的北宋"非集会"的多人同题写作现象，就可以成为一个特殊的视角，来切入这个问题。

同题写作从集会模式发展为非集会模式，说明身处异地的作者们保持着交流和认同的愿望，当这样的愿望因为传播条件的具备而不难实现时，同时代的作者们就有可能超越空间的阻隔而在意识上结合为一个整体，那么，我们对非集会同题写作现象的考察，就将有助于说明公共"文坛"观念的形成。如果散处各地的多位作者能够在不太长的时期内自发地进行同题写作，那就意味着作品传播的发达、作者之间的结合程度，以及每个作者对于文学作为一种公共领域的意识，都足以支撑起"文坛"的存在了。

在上面举出的一些同题写作事例中，《明妃曲》之所以拥有众多唱和，在很大程度上借助了这个题目本身的公共性，"静照堂"题咏的作品虽多，却缺乏作者们之间的相互认同。为"颜乐亭"写作的几位作者，互相认同的程度较高，而"超然台""黄楼"之例更出于苏轼的精心组织，同时都有一个建筑物为依托。相比之下，对秦观《千秋岁》的唱和所形成的作品群，就完全没有其他的依托，纯然因为分处异地的作者们有相互认同、交流的愿望，而自发进行同题写作，依靠作品本身的艺术魅力而获得了公共性，所以意义甚大。

下面我们继续举出类似的同题写作事例。

1.《青玉案》

贺铸《青玉案·凌波不过横塘路》一词（1965年版《全宋词》第513页，词牌作"横塘路"，乃"青玉案"之别名），为传世名作，写作时间应在建中靖国元年（1101）之前。[1] 黄庭坚被谪宜州时，其兄黄大临前去探望，崇宁四年（1105）二月，他将结束探望，离开宜州，临行时次韵此词赠给黄庭坚（《全宋词》第384页），不久后又次韵了一首（《全宋词》第385页），寄给黄庭坚。黄

1　叶梦得《建康集》卷八《贺铸传》云："建中靖国（1101）间，黄庭坚鲁直自黔中还，得其'江南梅子'之句，以为似谢元晖。"则贺铸词应作于此年之前。

庭坚对第一首进行了次韵酬和（《全宋词》第412页）。应当在是年稍后的初夏，惠洪也次韵黄庭坚兄弟而作《青玉案》一首（《全宋词》第712页）。[1]李之仪也曾有次韵贺铸之作，题为《青玉案·用贺方回韵，有所祷而作》（《全宋词》第347页）。后来次韵此词者众多，《全宋词》中标明"和贺方回韵"的还有蔡伸（第1010页）之作，张元乾的《青玉案》则有小序云：

> 贺方回所作，世间和韵者多矣。余经行松江，何啻百回，念欲下一转语，了无好怀。此来偶有得，当与吾宗椿老子载酒浩歌西湖南山间，写我滞思，二公不可不入社也。（《全宋词》第1089页）

从小序所述来看，"世间和韵者多矣"，我们今天能够把

1　关于黄氏兄弟和惠洪次韵《青玉案》的时间，异说较多。这里主要参考了周裕锴先生《宋僧惠洪行履著述编年总案》（第104—105页，高等教育出版社2010年版）的考证。《全宋词》中现存两首黄大临的《青玉案》，用韵全同贺铸词。一首（行人欲上来时候）无题，一首（千峰百嶂宜州路）题为"和贺方回韵，送山谷弟贬宜州"。从内容上看，二词关联紧密，写作时间应较接近，且所谓"行人"指的应是黄大临自己。前者是他清晨即将离开宜州时所作，当是面呈黄庭坚；后者则似出发后在途中又作，应是《宜州乙酉家乘》（《黄庭坚全集·黄文节公全集补遗》卷十一）所载崇宁四年二月二十六日，也就是黄大临离开后二十天，黄庭坚收到黄大临寄来的那首《青玉案》。而黄庭坚词在内容上与大临词第一首关系尤为密切，其酬和的应是第一首。吴曾《能改斋漫录》卷十六将黄大临第二首词作为首唱，且云："及谪宜州，山谷兄元明和以送之。"故《黄庭坚年谱新编》（社会科学文献出版社1997年版）据此将黄大临第二首词系于崇宁二年，又据黄庭坚《青玉案》题为"至宜州，次韵上酬七兄"，将黄庭坚词系于他初至宜州的崇宁三年，但这首词既云"极目送、幽人去"，则不应是黄庭坚只身到达宜州时所作，而是送黄大临的离别之作。因此，认为黄氏兄弟的三词俱作于崇宁四年，应是比较合理的看法。

握的肯定只是其中一部分而已。至于张元乾本人，他似乎也把追和贺铸《青玉案》当作了自己的一项写作任务，早晚必须完成，或者还要约请亲友一起完成。另外，《全宋词》中没有标明是次韵贺铸，但实际上用韵完全相同的，还有王之道的《青玉案·送无为守张文伯还朝》《青玉案·有怀轩东山旧隐》(《全宋词》第1140页)，以及韩淲《青玉案·西湖路》(《全宋词》第2243页)等作品。

贺铸没有明确的党派身份，但跟"苏门"文人多有交情。《青玉案》的唱和，主要出于众人对原作的欣赏。据说黄庭坚非常喜欢贺铸的这首词，黄大临当然也很了解兄弟的心情，故二人离别唱酬，都用了次韵贺词的方式。其实，他们所写的内容与贺词的爱情题材不同，内容上并不呼应原作，只是用次韵的方式将自己与原作联系在一起。李之仪等人的唱和也都是如此。而且，随着次韵之作的累积，贺铸原词也越来越受人关注，对它进行的次韵唱和也越来越多，形成了一系列的作品。总的来说，这也是从交游圈开始而逐渐走向公共化的一个事例，原作的艺术感召力起到了关键作用。

比秦观、贺铸的感召力更巨大的苏轼，则在其生命之途即将走到尽头的时候，又以一篇《和陶归去来兮辞》(《苏轼诗集》卷四十七)引起了一次更大规模的同题写作。

2.《和陶归去来兮辞》

元符元年(1098)，苏轼在贬谪地海南首先和陶渊明《归去来兮辞》，表达自己精神上超越现实苦难、远离政治的决心。

他将这篇和词寄给苏辙、秦观，邀请他们同作。秦观在元符三年（1100）获赦北归时和作了此辞（《淮海集笺注》第30页），而苏辙至建中靖国元年（1101）十月方才写作《和子瞻归去来词》（《栾城后集》卷五），此时苏轼已经去世，苏辙闲居于颍昌府，他以苏轼和自己的和词邀请张耒、晁补之、李之仪、李廌等一起写作。据李之仪事后所记：

> 予在颍昌，一日从容，黄门公遂出东坡所和……又曰："家兄近寄此作，令约诸君同赋，而南方已与鲁直、少游相期矣，二君之作未到也。"居数日，黄门公出其所赋，而辄与牵强。后又得少游者，而鲁直作与不作未可知，竟未见也。张文潜、晁无咎、李方叔亦相继而作，三人者虽未及见，其赋之则久矣，异日当尽见之。（李之仪《跋东坡诸公追和渊明〈归去来〉引后》，《姑溪居士文集》卷十五）

现在，我们可以在《张耒集》（第62页）、晁补之《鸡肋集》（卷三）、李之仪《姑溪居士文集·后集》（卷十五）中找到和作，同样受邀的还有黄庭坚和李廌，但作品今不可见。黄庭坚估计没写，李廌应该是写了的，但他的别集今天所存的不是全本，大概是失传了。

此事在当时影响甚大，晁说之曾给人写信说：

> 足下爱渊明所赋《归去来辞》，遂同东坡先生和之，是则仆之所未喻也。建中靖国间，东坡《和归去来》至京师，其门下宾客又从而和之者数人，皆自谓得意也，陶渊明纷然

一日满人目前矣。参寥忽以所和篇视予，率同赋。予谢之曰：

"造之者富，随之者贫，童子无居位，先生无并行，与吾师
共推东坡一人于渊明间可也。"（晁说之《答李持国先辈书》，
《全宋文》卷二八○二）

所谓"陶渊明纷然一日满人目前矣"，形容出当时的盛况。
虽然晁说之本人表示不赶这个热闹，但他答书的这位"李持国
先辈"，显然已经参与和作。据晁氏所云，禅僧参寥子也有和
篇，今不存。按理说，禅僧是不必谈论"归去"话题的，但影
响所及，遂成风尚，另一位禅僧惠洪就留下了两篇和词（《全
宋文》卷3015）。此后，从北宋末至南宋，不断有新的和词出现，
经过漫长的历史对文献的淘汰，我们从今人编辑的《全宋文》
中，还能寻获二十余篇，如陈瓘（卷2782）、胡铨（卷4299）、
王质（卷5805）等都曾撰有和词。王质的《和陶渊明归去来辞》
还有小序云：

元祐诸公多追和柴桑之辞，自苏子瞻发端，子由继之，
张文潜、秦少游、晁无咎、李端叔又继之，崇宁崔德符、建
炎韩子苍又继之。居闲无以自娱，随意属辞，姑陶写而已，
非自附诸公也。（《全宋文》卷五八○五）

他提到的崔偃、韩驹之作，今亦不存。可见失传的也不在
少数。南宋之后，唱和行为仍然经久不衰。

《归去来兮辞》是古人的名作，以此为唱和对象，当然从
一开始就增强了这一次同题写作活动的公共性。不过从后来的

和作也不难看出，这个作品群在名义上虽是和陶，实际上都是和苏，比如苏辙的题目就叫《和子瞻归去来词》，其他作者也或多或少都受到苏轼和词的影响。所以，我们也不妨把苏轼视为首唱者，而且最初唱和的秦观、苏辙也是由他主动邀请写作的，与当年"超然台""黄楼"的事例一样，苏轼在起初担负了组织者的功能。他去世后，苏辙继续向朋友发出邀请，等于继任为组织者。他们的邀请有一定的范围，显然包含了政治党派的立场，这在苏辙那里表现得尤其明显。苏轼在海南作此辞，引佛道思想来摆脱贬谪所带来的种种困扰，是试图以精神上的超越消除现实政治所带来的忧患，并表示自己不但身离魏阙，心灵也真正地与政治疏离了。他邀请苏辙和秦观一起写作，希望自己的这种思想得到认可。不过苏轼"以无何有之乡为家"的思路在秦观那里是行不通的，秦观盼望的是实实在在的回归；苏轼远离政治的决心也没有获得苏辙的衷心赞成，他的作品中蕴含着对现行政治强烈的冷眼旁观态度。因此苏辙对张耒等发出追和苏轼的邀请，其中也含有共同对时政表示抗议的愿望。在严峻的政治形势下，他们集体对"归去来兮"的吟唱，对内省自修的强调，仿佛是一个时代的"旧党"文人渴望摆脱政治压迫的集体呼声。这样的声音超越时间与空间的界限，在当时以及后来的众多士大夫心中唤起了共鸣，因此，苏辙的组织作用马上失控，唱和行为被公共化趋势席卷而去。从北宋到南宋，乃至南宋以下，新的和词不断涌现。继和者由于各自的契机，在不同的时间、不同的场合通过写作对前人进行回应，以期形成精神上的认同。例如，苏轼、苏辙、秦观等人的贬谪经历使贬谪成为一个继和的重要契机，后来陈瓘、胡铨、李纲、汪大猷等都有因贬谪而写作的和词，其作品中可以发现对于苏轼、秦观和词的追溯。

苏轼的文学成就、政治影响和人格上的巨大感召力，以及组织文学活动的自觉意识，使同时代的作者们可以围绕他而形成普遍的文学关联。众多川流朝宗大海，无数星辰拱卫北斗，在他之前，没有哪个时代的作者们能如此紧密地联结成一个整体，在他之后，已经形成的整体感便不容易消失，互相关注成为一种习惯，下一个关注焦点将是黄庭坚。

3. 中兴碑

唐肃宗上元元年（761），元结作《大唐中兴颂》（孙望校《元次山集》第106页，中华书局1960年版），后经颜真卿手书并刻于浯溪之侧的崖石，成为当地的一大景观，文人墨客多有赋咏。其中最负盛名的是黄庭坚作于宋徽宗崇宁三年（1104）三月的《书磨崖碑后》诗（《豫章黄先生文集》卷八），诗中认为元结之《颂》实际上含有讽刺，是对于唐肃宗在灵武继位、夺取父亲政权的批判。自此之后，黄诗的这一解读成为一个重要的命题，吸引了众多后来者参与讨论[1]，两宋时期如潘大临、李清照[2]、张孝祥、范成大、吕本中、王炎、僧人惠洪、道士白玉

---

[1]   值得一提的是，黄庭坚游浯溪时还见到了张耒的《读中兴碑》一诗，它由秦观书写，并被刻石。张诗的主要内容是对郭子仪中兴之功的颂扬，并抒发历史兴废的感慨，它后来也受到较多的关注和继和，并且往往与黄诗一起被接受。

[2]   李清照二诗见收于《清波杂志》，今人整理本也都收录。它们是次韵张耒《读中兴碑》诗而作。此二诗的写作年代一直存在争议，黄墨谷辑校的《重辑李清照集》（中华

蟾等二十多人现在都有作品留存下来。[1]尤其是到南宋之后，经历了靖康之乱的士大夫往往将唐朝的中兴与北宋、南宋的交替进行类比，或是从被拘束于南内的唐玄宗联系到被金人囚禁的徽、钦二帝，由是出现了大量与中兴碑有关的作品。

由黄庭坚《书磨崖碑后》引发的讨论在后来的广泛展开，部分地缘于中兴碑的物质存在，从作品内容和作者生平资料来看，有的作者是恰好路过浯溪，并参观了石刻上的诸诗，如王炎、惠洪等。但同时，也有作者并未亲至浯溪，只是由前人的作品引发感慨，从而继作，如潘大临等。总体来说，这次同题写作中少有交际酬和的因素，也并非仅是游览引起的泛泛之作，而是由话题本身的吸引力带来了广泛的关注和众多的讨论。黄庭坚将"中兴碑"定为一桩历史"罪案"的物证，后来的写作者多对此进行辨析，或同意，或反对。同意者都在黄诗的思路上进行申发；反对者或是认为元结之文并无讽刺，或是为唐肃宗的行为辩护。而南宋的作者们往往都将中兴碑与两宋之交的那段历史联系在一起，讨论尤其多，如张孝祥诗借唐代中兴之事表达对宋高宗议和的不满；王炎之诗更加强调李、郭的平定之功，希望南宋能够有强大的兵力收复失地；而吕本中的《浯

书局2009年版）认为是崇宁元年（1102），而黄盛璋《赵明诚李清照夫妇年谱》（《李清照集》附录，中华书局1962年版）认为是元符三年（1100），或许是因为该年李清照之父李格非曾与张耒见面。但从内容上来看，李诗第二首显然受了黄庭坚诗的影响，则至少第二首诗的写作年代不应早于黄诗写作的崇宁三年（1104）三月。

1　相关作品见《重辑李清照集》第79页；彭国忠校点《张孝祥诗文集》第10页，黄山书社2001年版；富寿荪标校《范石湖集》第171页，上海古籍出版社2006年版。《全宋诗》第13437页（潘大临），第15056页（惠洪），第18154页（吕本中），第29685页（王炎），第37557页（白玉蟾）。

溪》则表达了对奸臣当国的愤怒。总之，黄庭坚的《书磨崖碑后》得到了众多普通读者在多个方面的主动唱和。这一次没有任何组织者，大家完全出于自发，参与者亦无界限，体现了最明确的公共性。

原本属于个人的情感抒发或观点表达，在传播条件允许的时代环境下，有可能成为一个公共的话题和模本，人们不断地对它进行写作，使它的内涵越来越丰富，公共性也越来越强。与此同时，写作主体对这种公共性的自觉意识也会随之发生，尤其是在出版业的发展使传播变得迅速而广泛之后，公众读者群的存在便能被作者意识到，著名的文人在进行写作活动时，可能预见一个庞大而不确定的读者群将在当下对此做出反应，这当然会反过来对其写作产生影响。宋代的作者们往往能够切身体会到，传播并非只带来名气，有时也会制造麻烦，当政治局势对己方不利时，对传播的顾虑便会体现在作品文本之中。就拿黄庭坚《书磨崖碑后》来说，王明清《挥麈录》就记载了他对文本的一种处理：

> 太史赋诗，书姓名于诗左，外祖急止之云："公诗文一出，即日传播。某方为流人，岂可出邪？公又远徙，蔡元长当轴，岂可不过为之防邪？"太史从之，但诗中云"亦有文士相追随"，盖为外祖而设。（《挥麈录·后录》卷七）

此处的"外祖"是王明清之外祖父曾纡，黄庭坚写诗时，他本来也在场，但恳求黄庭坚不要把他的名字写进去，怕的是"蔡元长"即蔡京会来找麻烦。这段记载告诉我们，著名文人的作品会快速传播的环境，已成为作者和读者们的共识，并且对写成的文本也产生了影响。

当快速传播成为事实，并被作者深刻地意识到时，对于作品的类似于今天所谓"发表"的观念便会自然形成。同时，就非集会的多人同题写作活动而言，居中联络的组织者的存在也就不是必要条件，换句话说，作者们完全可以在无人组织邀约的情况下自发地进行唱和。我们在以上举出的诸多事例中可以看出，同题写作从朋友圈子开始，通过政治立场、文学趋尚等方面的互相认同或者别的途径，而走向公共化。从有意的邀约、组织，而走向众人的自发唱和；从偶然的情感共鸣，而走向多角度、多主题的探讨。可以说，到北宋中后期，整个社会的文学创作者已经普遍地认识到自己所处文学环境的整体性和开放性，或者说是公共性，换句话说，也就是公共性"文坛"在现实意义上的存在。

自然，从我们对以上事例的梳理中也不难发现，除了传播条件的具备和作者们互相联结的愿望外，促成公共性"文坛"形成的还有一个不可缺少的因素，就是一个真正被公众所推崇的核心人物的出现。就此而言，在中国各时代的一流作家中，苏轼颇具特殊性。比如盛唐大诗人李白、杜甫，生前并未成为这样的核心人物，中唐的韩愈、白居易有一定的领袖作用，接下来北宋的杨亿、晏殊、欧阳修、王安石，领袖作用愈益显著，但如上所述，自觉地组织文学活动，促使同时代士大夫在文学方面普遍地互相关注，乃是苏轼所完成的历史作用。他的弟子李廌曾记下这样一段话：

东坡尝言：文章之任，亦在名世之士相与主盟，则其道不坠。方今太平之盛，文士辈出，要使一时之文有所宗主。昔欧阳文忠常以是任付与某，故不敢不勉。异时文章盟主，责在诸君，亦如文忠之付授也。（李廌《师友谈记》第44页，中华书局2002年版）

由此可见，他本人就有文学"盟主"的自觉意识，并认为自己这个"盟主"之责是从欧阳修那里"付授"而得，希望找到杰出的弟子继续接力。多年前，王水照先生写过一篇论文，曰《北宋的文学结盟与尚"统"的社会思潮》，他指出，北宋文人的文学结盟意识"已演成与文人们价值取向稳固相联的普遍的社会心理"（《王水照自选集》第108页）。这是一个很重要的历史现象。本来，北宋的士大夫在政治上已形成显著的群体意识，由此才会产生"新党""旧党""蜀党""洛党"等大大小小的党派名称，由于这些士大夫同时也是文学创作的主体，因此他们在政治上的相互关注也被投射到文学的领域，从而对整个士大夫群体的写作进行关注。这使他们对当代的"文坛"有一个整体的概念，以及置身其中的认同感。他们以相当严肃认真的态度关注整个士大夫社会的文学创作，并希望通过推举盟主而引导其发展的走向。这样的关注使士大夫在群体上形成了广泛的文学上的相互关联，或者可以说，形成了一个遍布士大夫社会的文学性的公共网络。这个网络往往围绕着一个核心人物，即所谓"盟主"，而在苏轼生存于世时，他是当之无愧的"盟主"，无论他是在朝廷议政，还是在海南岛谪居，政治地位起落甚大，而文学"盟主"的身份不变。

或者，在蔡卞看来，这就是苏轼的特别可恨之处，"行污而丑正，学辟而欺愚"。你自以为是一个正人，但只要苏轼说你坏，大家便都认为你是个坏人；世上竟有那么多愚蠢的人，总喜欢被苏轼所骗，真是没有办法。

第十讲

个体诗史

　　章惇、蔡卞主持的绍圣、元符之政，以力主"国是"，严厉打击"元祐党人"为特征。这并不只为报复私憾，也为了政策的延续，使之不因皇帝的更换而改变。他们意识到宫廷的势力不可以忽视，所以，一度想利用哲宗皇帝仇视长辈的心理，废掉太皇太后高氏的名分，此虽未实现，但高氏做主给哲宗娶的孟皇后（1073—1131）却被废去。这位孟皇后就因为被废，得以在三十年后躲过了满宫嫔妃都被金兵俘虏北去的灾难，成为赵宋皇室留在南方的唯一长辈，来册命宋高宗登基，缔造了南宋政权。她的婆母向太后，则在元符三年（1100）正月哲宗皇帝暴崩之际，突破企图控制局势的章惇的阻挠，在"新党"中比较温和的一派首领曾布的支持下，确定了哲宗弟弟赵佶的皇位继承权，开启长达二十五年的宋徽宗时代。总体上看，宋朝并未出现过于跋扈的后妃，但关键时刻经常会出现决策能力很强的太后。

宋徽宗一旦登基，首先便要打击章惇及其所领导的政治力量。于是，被章惇迫害的"元祐党人"渐获起用，使政局又一次发生逆转，朝野上下逐渐涌动起再次"更化"的声浪。而在这个时候，如果真要再次"更化"，则具有当年司马光的地位和影响，适合主持其事的人，不是苏轼，就是苏辙。当时黄庭坚便有诗云：

> 死者已死黄雾中，三事不数两苏公。岂为高才难驾御，空归万里白头翁。（黄庭坚《病起荆江即事十首》之六，《豫章黄先生文集》卷七）

《诗经·雨无正》以"三事大夫"称三公，黄庭坚的意思是，朝廷既已从岭南放回了两位苏公，为什么还不任其为相，主持朝政呢？

不过，就此时的苏轼本人来说，他将要面对的是一个更大的人生课题：如何平静无憾地走向人生的终点。

一、人生的终点——诗和禅

元符三年（1100）六月，苏轼将告别谪居三年的海南岛，再渡琼州海峡，返回大陆。登舟前夕，苏轼在今海南省西北部澄迈县的驿站作诗云：

余生欲老海南村，帝遣巫阳招我魂。杳杳天低鹘没处，青山一发是中原。（苏轼《澄迈驿通潮阁二首》之二，《苏轼诗集》卷四十三）

他说，本已打算在海南终老，但蒙朝廷放回，所以目光再度向北，远远地眺望中原。眼前是荒僻无物的海岛和茫茫大海，可以放目四极，视线一无阻碍，但苏轼的目光捕捉到的只有矫健的鹰隼，飞向细如发丝的山脉延绵之处——那便是中原。此时此刻，遍布岭海之间的"元祐党人"都像他一样，仿佛听到来自京城的"招魂"之声，都期待着被召唤回去重理朝政，而先他一步北去的苏辙，正如诗中矫健的鹰隼一般，挟着海上风涛之势，凌厉无比地扑向中原。虽然能否成功尚未可知，但于公于私，满头白发的东坡老人都应该归心似箭吧。可是从他的行程来看，却又不然。

确实，苏辙的行动非常迅速，元符三年二月朝廷有旨放回，他并不等苏轼前来会合，一起北归，而是立即动身，单独北上，四月份到达江西的虔州。十一月朝廷允他任便居住，他在年底之前就回到了河南的颍昌府。他在颍昌府置有田产，足资生活，而此地离东京开封府只有一步之遥，可以寻机归朝。看来苏辙的做法，有似于就位待命，随时准备像当年的司马光那样入京"更化"。

然而苏轼的做法却不同。此年二月，诏移廉州（今广西合浦）安置，四月份又移永州（今属湖南）居住，他还在海南岛盘旋，到六月才离开，二十日夜里渡过琼州海峡，有《六月二十日夜渡海》诗（《苏轼诗集》卷四十三）。登陆后到达雷州，与贬谪此地的秦观相会，然后，他又在北部湾进行了一次颇具冒险性的航海旅行，到达广西，作小品文《书合浦舟行》(《苏轼文集》卷七十一)，时在七月。约九、十月间，他从广西回到广东。十一月，朝廷授他"朝奉郎、提举成都府玉局观，外州军任便居住"，他接到命令时尚在广东境内的英州(今广东英德)，直到此年的年底，还没有越过南岭。这一路上，他会见友人、游览山川、写作诗文，活动非常丰富，并不像苏辙那样一心赶路，急急北上。次年正月翻过南岭，五月才到达江宁府(今江苏南京)，在江西走了差不多四个月，行旅还是非常缓慢。

一般情况下，新皇帝继位的第二年才会改年号，徽宗也不例外，而这一次所改的年号与政策倾向密切相关，曰"建中靖国"，意思是要在新、旧二党之间取一条中间路线，以图结束党争，安定国家局面。这是在章惇被徽宗排斥的情况下，曾布乘机掌握了相权的结果。曾布是古文家曾巩的弟弟，早年跟随王安石搞"新法"，但在"新党"内部长期与章惇不和，为了收买人心，巩固权位，此时便力主中间路线，而得到徽宗的信任。跟他的态度比较一致的，是陆佃，就是南宋大诗人陆游的祖父，原是王安石的弟子，此时也被提拔为执政，与曾布共主"建中靖国"之政。为了保证这条中间路线的实施，他们决定：在新、旧两党人物被兼收并蓄的同时，两党中的"极端"人物也需要压制，"新党"立场鲜明的蔡京、蔡卞兄弟被放离京城，而苏轼、苏辙兄弟便被认作"旧党"立场最为鲜明的"极端"人物，并不在收用之列。因此，徽宗、曾布、陆佃取得一个共识："左不可用轼、辙，右不可用京、卞。"也就是说，"建中靖国"的局面是以蔡氏兄弟与苏氏兄弟同时出局为代价的。这就使迅速北归的苏辙只能停留在距京城一步之遥的地方，不能再继续前进，而苏轼在江西的行旅缓慢，大概也跟他对这一政策内涵的逐渐了解有关。

就在这建中靖国元年（1101），苏轼翻越大庾岭，经江西境内的虔州（今赣州）、庐陵（今吉安），从赣水过鄱阳湖入长江，再东行至当涂、江宁府、仪真（今仪征）、金山等地，直至他终焉之地的常州。据说，他"初复中原日，人争拜马蹄"（释道潜《东坡先生挽词》，《参寥子诗集》卷十一），引起人们极大的关注。当他舟行至常州时，"病暑，着小冠，披半臂，坐船中。夹运河岸，千万人随观之。东坡顾坐客曰：'莫看杀轼否？'其为人爱慕如此"（邵博《邵氏闻见后录》卷二十）。仿佛颇有一点当年司马光回京的声势。当时章惇的儿子章援给他写信，也认为苏轼马上将要"奉尺一，还朝廷，登廊庙"（《云麓漫钞》卷九），跟章惇来个戏剧性的角色对换。不过苏轼本人，却越来越清楚"建中"之政的内在含义，知道朝廷并不需要和欢迎他上京去"更化"。所以，越往北走，他的步伐就越变得滞重。他逐渐确定此行的终点在颍昌府，以便与苏辙会聚。

但时局的变化说明定居颍昌府还是奢望。在"建中"路线下被重新起用的"旧党"人物有着强烈的"邪正"观念，在他们看来，"新党"的人物都是"小人"，不可共事的。他们一旦被起用，所表达的愿望就不仅仅是"建中"而已。这不但违背了曾布、陆佃的意愿，也引起徽宗皇帝的反感，因为他虽然讨厌章惇，但以庶子入嗣大统的他决不能落下任何不尊敬神宗的口实。于是"新党"臣僚再次酝酿起"绍述"之议，以迎合徽宗，使政局再度转向不利于"旧党"的方向。在此期间，据说蔡京对徽宗宠信的宦官童贯做了有效的工作，这可能也是局面转向"绍述"的原因之一。当苏轼获取了这些信息后，便只好放弃定居颍昌府的打算，因为那里离京城太近，容易招惹麻烦。

同时，苏轼的身体状况也不允许他再投入严酷的政治斗争了。六十六岁的年龄，在当时已算高寿；又从瘴疠之地的岭南返回，已身染瘴毒。一年来行走道途，以舟楫为家，生活极不安定。时值盛暑，河道熏污，秽气侵人——他终于病倒了。

自建中靖国元年六月一日在长江上饮冷过度，中夜暴下（痢疾）起，他就处于与病魔搏斗的状态。他懂得医术，能自己用药，吃了黄蓍粥，觉得稍为平复。但几天后到仪真，"瘴毒大作"，腹泻不止。从此又胃部闷胀，不思饮食，也不能平卧，只能端坐喂蚊子，病情增重。以后病况时增时减，到六月十五日舟赴常州，赁居于孙氏馆（即今常州市内延陵西路的"藤花旧馆"遗址），便向朝廷上表要求"致仕"（即退休），做了退出政界的最后打算。转眼至七月，天虽大旱，但苏轼的病势却在立秋日（十二日）和十三日递减，实非吉象，而是回光返照。果然至十五日病势转重，一夜之间发起高烧，齿间出血无数，到天亮才停止。他认为这是热毒，当以清凉药医治，于是用人参、茯苓、麦门冬三味煮浓汁饮下。但药物无效，气浸上逆，无法平卧。晋陵县令陆元光送来"懒版"，类似于今日的躺椅。七月二十八日，一代文宗就在这"懒版"上溘然长逝。

据清代林昌彝《射鹰楼诗话》卷七的说法，苏轼自病自诊，用药有误。他认为苏轼原本中有热毒，却因饮冷过度而受病，乃是"阳气为阴所包"，应以服"大顺散"为主，"而公乃服黄蓍粥，致邪气内郁，岂不误哉？……后乃牙龈出血，系前失调达之剂，暑邪内干胃腑，法宜甘露饮、犀角地黄汤主之，乃又服麦门冬饮子，及人参、茯苓、麦冬三味，药不对病，以致伤生，窃为坡公惜之"。其说可备参考。也许，苏轼用药有误是加速死亡之一因吧。

不过，苏轼给自己开出药方的同时，也是做好了走向生命终点之准备的，在此时与友人往来的许多书简中，我们可以不止一次地看到他清醒地直面着生死大事。到弥留之际，除了因不能与苏辙面辞而感到痛苦外，其他一无牵挂。后来苏辙在《亡兄子瞻端明墓志铭》里记述其临终情状云："未终旬日，独以诸子侍侧，曰：'吾生无恶，死必不坠，慎无哭泣以怛化。'问以后事，不答，湛然而逝。"面对死亡，他平静地回顾自己的一生，光明磊落，无怨无悔，自信死亡也不会令他坠落黑暗之中，所以告诫家人不必哭泣，以免生命化去之际徒受惊扰。他只愿以最平淡安详的方式无牵无挂地告别人世。当时黄庭坚听常州来人相告后也说："东坡病亟时，索沐浴，改朝衣，谈笑而化，其胸中固无憾矣。"（《与王庠周彦书》，《豫章黄先生文集》卷十九）他对生命意义的透辟理解，他对人类自身终极关怀的深刻领悟，消融了濒死的痛苦和对死亡的恐惧。"湛然而逝""谈笑而化"，他的确毫无遗憾地走向自己人生旅途的终点。他有个最好的完成。

苏轼面对死亡的这种心态，我们从他留下的最后作品，即其绝笔诗《答径山琳长老》中也可看到。"琳长老"是云门宗禅僧径山维琳，苏洵故友大觉怀琏的法嗣，苏轼在杭州的时候聘他做了径山大明寺的住持，此时听说苏轼在常州病危，便于七月二十三日赶来相访。夜凉时分，二人对榻倾谈。维琳已经了解东坡的病情，他是专程为东坡居士的生死大事而来的。二十五日，苏轼手书一纸给维琳云：

> 某岭海万里不死，而归宿田里，遂有不起之忧，岂非命也夫！然死生亦细故尔，无足道者，惟为佛为法为众生自重。
> （苏轼《与径山维琳二首》之二，《苏轼文集》卷六十一）

他把赁居常州表述为"归宿田里"，虽已自觉大限将至，但视死生为"细故"，心态甚为平和。二十六日，维琳以偈语问疾，东坡也次韵作答，就是《答径山琳长老》：

> 与君皆丙子，各已三万日。一日一千偈，电往那容诘。大患缘有身，无身则无疾。平生笑罗什，神咒真浪出。（苏轼《答径山琳长老》，《苏轼诗集》卷四十五）

苏轼清楚地记得维琳与他同龄，都是丙子年（宋仁宗景祐三年）所生。他先粗略地计算了一下他们生命的长度，三万日不为不多，如果每天诵读一千首偈语，则积累的佛学修养已经甚深，但此时回顾，则如闪电一般，迅疾而去了。对此无奈之事，东坡表现得甚为平静。五、六两句才是正式回答"问疾"的。疾病就是人身的机体出了问题，所以要追查这人身的来历。人身本来就是自然的一部分，由自然的各种元素构成，其本质与自然无异，原不该与自然产生各种矛盾，当然也无所谓疾病。但这些元素一旦汇合为一个人身，这个人身却产生了意志、欲望，把自己从自然中分离出去，通过种种方式来破坏和占有自然物，并且幻想长久拥有这身体，从而，不但与自然产生矛盾，与同类也产生矛盾，患得患失，而不可避免地遭受疾病。故关键在于"有身"，即因此身存在的自我意识而引起的种种满足自身的欲望。只有消去人身上这些与自然不符合的东西，才能根本地解脱疾病，而回归生命与自然的本来和谐。就如《老子》所言："吾所以有大患者，为吾有身。及吾无身，吾有何患？"

结尾"平生笑罗什"两句，维琳看了后觉得难以理解，苏轼索笔一挥而就："昔鸠摩罗什病亟，出西域神咒，三番令弟子诵以免难，不及事而终。"（傅藻《东坡纪年录》）这鸠摩罗什是印度僧人，后秦时来到中国，传播大乘佛教，临终时令弟子们朗诵神咒，想以此延续生命，但没有成功。苏轼的意思是，那位高僧真不该做此无益之举！这表示他认为用不自然的方法勉强延续生命是无益的。

据宋代傅藻的《东坡纪年录》、周煇的《清波杂志》等书记载，东坡七月二十八日去世之际，是"闻根先离"，即听觉先失去的。当时，维琳对着他的耳朵大声喊："端明宜勿忘西方！"大概维琳这位禅僧已经颇混同于净土宗的观念，故要在苏轼临死时提醒他及时想念西方极乐世界，以便他能够往生。不过东坡似乎更理解禅宗"无念"的本旨，喃喃回应道："西方不无，但个里着力不得。"在旁的钱氏朋友说："固先生平时践履至此，更须着力！"东坡又答道："着力即差。"语毕而逝。既然像鸠摩罗什那样以不自然的方法来延续生命是徒劳的，那么致力于往生的想念，不自然的"着力"也是徒劳的，东坡更愿意以了无挂碍的心态乘风化去。

苏轼去世以后，所谓"建中"之政也在当年结束，次年改元"崇宁",即尊崇熙宁之政,"新党"大获全胜,蔡京入朝,将"元祐党人"的名单刻石颁布,曰"元祐奸党碑",苏轼列名于显要的位置,其文集、著作皆遭禁毁。而此时的苏轼,已安眠于汝州郏城县小峨眉山,这是苏辙遵其兄长生前的遗嘱主持安葬的。十余年夜雨萧瑟之后,苏辙亦安葬此地,兄弟终于团聚。在北宋末期遭受禁毁的苏轼著作,到南宋成了最畅销的书籍,经历代学人的整理,今存约有二千七百余首诗、三百六十多首词、四千八百多篇文章。下面我们对其诗词略做通观。

二、《东坡乐府》的词题词序

《全宋词》收入苏轼词三百六十余首,有人统计过其中出现的第一人称"我",共有66次,如"多情应笑我""我欲乘风归去"等,通读文本不难判断,这些"我"无一例外都指苏轼本人。这说明,他是把词当作一种抒情诗来写的。相比之下,《全宋词》按作者生年排在苏轼之前的千余首词中,也出现了88次第一人称"我",但阅读文本可知,那些"我"多数是女性的口吻,也就是说,作者是替女性歌唱者"代言"的。我们在第四讲中已经提到,词的抒情主体从被代言的女性,转变为士大夫作者本人,是北宋词"士大夫化"的关键内容。这方面,苏轼的表现是很彻底的。

替歌唱者代言,并非不能产生佳作。实际上,就表演效果来说,从女性歌唱者嘴里唱出的词,其第一人称"我"为女性的抒情主体,不妨说是更为自然动人的。但这里有个很大的问题，就是词作者本为男性，他从事"代言"式写作的时候，一方面将自己隐去，使这个作品失去"作者"，或者说作者的情况跟作品无关；另一方面，他"代"的也往往只是"女性"，而不是某一位女子，换言之，这女子的个人性不会受到"代言"者的关注，她通常是一位思妇、怨妇，或者被男性怜爱的对象，被爱情冲昏头脑的少女，等等，诸如此类，是个相当程度上显得类型化的形象，至于纯属其个人的具体情况，大致是被抹杀的。这样一来，缺乏个人性的抒情主体，所抒之情往往也是类型化的。其实不光早期的词，早期的诗歌也是如此，像著名的《古诗十九首》那样，每一首并无确定的诗题、确定的作者，抒情内容也大都是类型化的情感，恋人或夫妻间的爱情、丧失亲人的悲情、对于背叛者的愤恨、长久离别的痛苦，等等，并未具体指实哪一个人在哪一个时刻因哪一件事而发生的感想，读者不妨据相似的体验而将自己代入其中，基本上不必对"作者"加以关心。这个情形就好像今天听一首流行歌曲，如果歌词抒发了失恋的情怀，那并不意味着歌手或词作者正在经受失恋的痛苦。这也并不影响作品的艺术质量，实际上类型化情感的抒发往往感人至深。不过在历史上，这样的作品总是产生于早期，随着诗歌史的发展进程，抒情内容一步步走向具体化，"作者"的问题便愈益凸现出来，比如杜甫的许多诗歌，就与他个人的身世密切交融，读者将不容易把自己代入其中，而必须对杜甫有相当的了解，才能读懂这些作品。这一点跟我们后面要讲的"诗史"问题相关，暂时搁置。在唐宋之际，诗歌当然已经走向了个性化的成熟期，但新兴的词却还处在相当于《古诗十九首》的阶段，也就是类型化的抒情内容与不必考究"作者"的阶段。当然，在词的发展史上，我们也将看到与诗一样的情形：抒情内容从类型化到具体化、个人化，"作者"从无到有。作为诗人、词人而又"以诗为词"的苏轼，正好承担了历史的使命，在这方面跨出了决定性的一步。当他把第一人称"我"都收归自身，使抒情主体与"作者"合一时，其作品的抒情内容就与"作者"的具体经历相交融，然后苏词便犹如杜诗。与此相应的是，苏轼词在文本上也显示了新的特征，就是有意识地制作词题或词序，来限定抒情的具体场合。

读词的时候，在文本的最前头，我们看到的是诸如"定风波""江城子""水调歌头"之类的曲调名，表示该词是按此曲调去演唱的，也叫"词牌"，它不是词的题目。像苏轼《江城子·密州出猎》，这"密州出猎"才是题目。可是并不是所有的词都有题目，唐五代以来，乃至宋初，流传下来的词大抵没有题目，词牌后面直接就是词的正文了。这表明填词的人只想为流行的曲调填一首新的歌词，没有要为这新歌词制作题目的意识。在很大程度上，这也表明他并不把所填的词视为自己的"作品"，他当场写了，付歌姬去唱，唱过就算了，不必保留，与对待诗文的态度很不相同。比如欧阳修曾填写很多新词，但他编辑自己的文集《居士集》时，就只收诗文，不收词。后来别人搜集他的词作，编成词集，那也只是按照曲调（词牌）来排列作品，而基本上都没有题目。即便是几乎没留下什么诗文，又自称"奉旨填词"的柳永，对自己的词作应该比较重视了，但现存他的《乐章集》，也只按曲调编排，没有词题。在这个方面，苏轼是颇具历史意义的，他是第一个有意识地制作词题的人。这个现象也不难理解，因为他既然从观念上把词当作一种文学体裁，一种士大夫自我表达的形式，则为自己的作品制作题目，就是顺理成章的事。题目的有无不只是一个形式问题，它牵连到作品的内容。实际上在诗歌领域，诗题早已是必不可少之物，乃至于晚唐的李商隐还给某些不愿明确表示其创作原委的诗歌标上"无题"二字以为诗题，看上去"无题"，实际上是有题的，与《古诗十九首》的真正无题状态，天差地别。

苏轼词的别集叫作《东坡乐府》，现存元代的刻本；还有南宋人的注释本，叫《注坡词》。考察其文本形态，在词牌与正文之间，大都有一段说明性的文字。有的比较短，如"密州出猎""赤壁怀古"之类，我们就把它当作题目，谓之词题；但有的比较长，如前面几讲中已读过的：

> 《定风波》：三月七日，沙湖道中遇雨，雨具先去，同行皆狼狈，余独不觉。已而遂晴，故作此。
>
> 《满庭芳》：元丰七年四月一日，余将自黄移汝，留别雪堂邻里二三君子。会李仲览自江东来别，遂书以遗之。

这样长的，不宜称为词题，我们就把它当作序文，谓之词序。苏轼的词序有的长达数百字。当然也有一些不长不短的，如《水调歌头》下"丙辰中秋，欢饮达旦，大醉，作此篇，兼怀子由"数句，看作词题或词序，似乎都可以。不过，无论词题也好，词序也罢，所起的作用是一样的，就是交代作词的原委，从而使抒情内容具体化、个人化。就拿《定风波》来说，哪一个人在哪一个时刻因为哪一件事而发生的感想，在词序中交代得极为清楚：贬居黄州的苏轼，在（元丰五年）三月七日，因为到城外冒雨行走，直到天晴，而有所感想。这等于明确地为作品打上了作者的烙印，不容别人"冒领"了。毫无疑问，苏轼已经跟他的老师欧阳修不同，他把词看作了自己的"作品"，他有意识地在书写词的历史。

个人化、具体化的抒情内容，属于某个人的具体人生，而具体人生的交错、叠加才是人类的历史。类型化的情感，自古到今都相似，是没有历史可言的。词从"无历史"到"有历史"的转变，是苏轼通过文本上的创新来实现的，那么反过来，作为后世的读者，解读他的文本时，就要注意这种"有历史"的性质与面对"无历史"的文本不同。举一个例子，《江城子·乙卯正月二十日夜记梦》：

> 十年生死两茫茫。不思量，自难忘。千里孤坟，无处话凄凉。纵使相逢应不识，尘满面，鬓如霜。
>
> 夜来幽梦忽还乡。小轩窗，正梳妆。相顾无言，惟有泪千行。料得年年肠断处，明月夜，短松冈。
>
> （苏轼《江城子·乙卯正月二十日夜记梦》，《东坡乐府笺》卷一）

词题交代了具体事由，乙卯为熙宁八年（1075），苏轼刚到达密州任上不久，正月二十日夜里做了个梦，因此而作词。词中悼念去世十年的女子，其孤坟在千里之外的家乡，毫无疑问是指苏轼的前妻王弗，她于治平二年（1065）去世，与次年去世的苏洵一起，被送归眉山安葬。词中也记述了梦的内容，是苏轼梦见自己回乡，与王弗相见。我们没有丝毫困难地把此词解读为一首苏轼悼念其亡妻的词，因为词题的"乙卯"与词中的"十年"联合起来，指定了悼念的对象是王弗，而"记梦"也与词中"夜来幽梦"相应。如果没有这个词题，要落实这一点就很困难。有了这个词题，一种类型化的情感"对死者的追悼之情"，就被确认为"苏轼对亡妻王弗的追思"。

进一步，这一追思如何展开？如果我们还像面对"无历史"的文本那样，将整首词解读为"对死者的追悼之情"这种类型化情感，那么，情感的主体只有一位丈夫，亡妻只是这位丈夫眼里见到的形象：小窗梳妆的剪影、脸上的眼泪，其余所有话语都是他自抒怀念之情。最后，"料得年年肠断处，明月夜，短松冈"，这位深情的丈夫做出表白：每年都会回乡去，为亡妻扫墓，为她肠断。可是，如果落实到苏轼和王弗这一对具体的夫妻身上，上述表白将显得十分苍白，言不由衷。为官在外的苏轼每年回乡扫墓，分明是一件不可能做到的事，实际上自熙宁元年（1068）出蜀以来，他一次都没有回乡，此后也再未回乡。为什么苏轼要对亡妻做出这样虚假的许诺？

那么，理解为苏轼因感情冲动而说了几句言不由衷的话吗？看上去也似可以，但这不符合苏轼的作词态度。作为一种"有历史"的文本，我们在解读时，务必考虑苏轼不能每年回乡扫墓这一事实。所以，最后几句的含义，应该换一种理解。这里其实包含了用典，典出唐人孟启的《本事诗》：

> 开元中，有幽州衙将姓张者，妻孔氏，生五子，不幸去世。复娶妻李氏，悍妒狠戾，虐遇五子，日鞭棰之。五子不堪其苦，哭于其墓。母忽于冢中出，抚其子，悲恸久之，因

以白布巾题诗赠张曰："不忿成故人，掩涕每盈巾。死生今有隔，相见永无因。匣里残妆粉，留将与后人。黄泉无用处，恨作冢中尘。有意怀男女，无情亦任君。欲知肠断处，明月照孤坟。"（《本事诗·征异第五》）

一个已亡的妇女，因为她的儿子被继母虐待，忍不住从墓中出来，赠其夫一诗，最后有"欲知肠断处，明月照孤坟"之句。诗中的"肠断""明月""孤坟"都见于苏词，另外"死生今有隔，相见永无因"与"十年生死两茫茫"也语意相近。显然苏轼使用了这个典故。我们可以对照此诗来解读苏词：诗中说"肠断"的，是死后孤处坟中的妇女，不是她的丈夫"肠断"；那么，苏词中"千里孤坟，无处话凄凉"和"年年肠断处，明月夜，短松冈"等句，也应该是说王弗在孤坟中感到"凄凉"，在明月夜感到"肠断"，这"凄凉"和"肠断"的主语并不是苏轼。实际上，以王弗为主语的词句还有"纵使相逢应不识"，因为下面"尘满面，鬓如霜"的是苏轼，那么"不识"当指王弗认不出苏轼了。活着的苏轼变老了，王弗因为已经去世，所以不会变老。最后一韵，"料得"的主语是苏轼，他所"料得"的不是自己的情形，而是王弗的情形。

如此，全词的意脉可以重新疏通如下：上阕从苏轼的难忘，说到王弗独处墓中，凄凉无诉；然后假设相逢，从王弗"应不识"，说到苏轼的状貌处境。下阕从苏轼做梦回乡，说到王弗在窗下梳妆；然后达到全词的高潮，即二人相会，无言流泪；最后又从苏轼梦醒思量，料得王弗在明月下肠断。这个笔势，是一来一往的：自己、对方；聚、散；生、死。作者对这个笔势的操纵力量，令人惊异，一来一往使场景不断变换跳跃，但是又萦回不断。最重要的是，死者并非单纯被动的怀念对象，而是与生者一样具有情感的主体，她会因为跟苏轼远离而感到凄凉，会为他肠断，她不是别人，是王弗。

不满足于"无历史"的类型化情感，而落实为"有历史"的、个别人生在确定场合的具体情感，从这样的写作态度出发，我们可以谈及宋人的一个重要观念，即"诗史"观念了。

三、"诗史"观念

"诗史"之说，来自对杜诗的解读。首发此说的，也是孟启《本事诗》：

> 杜逢禄山之难，流离陇蜀，毕陈于诗，推见至隐，殆无遗事，故当时号为"诗史"。（《本事诗·高逸第三》）

北宋以后，将杜诗称为"诗史"几成常谈，《新唐书·杜甫传》便正式写入史官论赞："甫善陈时事，律切精深，至千言不少衰，世号'诗史'。"大致的意思，是说杜甫善于用诗陈述时事，所以既是诗歌，亦具"史"的性质。或者说，是用诗写"史"。

也有人反对这个说法，如南宋大诗人陆游有诗云：

> 千载诗亡不复删，少陵谈笑即追还。常憎晚辈言"诗史"，《清庙》《生民》伯仲间。（陆游《读杜诗》，《剑南诗

稿》卷三十四）

他推崇杜诗，认为其地位完全可以跟"经"相并列，说成"史"就贬低了，所以憎恨那些说"诗史"的人。不过，《清庙》为《诗经·周颂》之始，《生民》则属《诗经·大雅》，现在看来都可以算周的史诗，内容上其实还是跟"史"有关。陆游的意思大概是说，经典当中本来就有一部《诗经》，这说明诗写得好，本身就可以成为"经"，不需要借助"史"来确认其价值。或者说，虽然杜诗写了"史"的内容，可以被看作诗写的"史"，但杜甫写得太好，其水准已不只是"史"，而到达了"经"。

陆游的意见也值得倾听。如果以"经"为最高典范，那么诗和史各自都有一本"经"，就是《诗经》和《春秋》。古人云，"《诗》亡然后《春秋》作"，他们心目中，《诗》的位置要更高一些。既然把杜诗推崇到《诗经》的高度，则说"诗史"似乎就有点贬低了。当然，诗和史在我们看来没有什么高低可言，陆游的意见对我们的启示是："诗史"不宜被看作诗写的史，杜诗首先是诗，然后才是史。

必须注意的是，把杜诗看作"诗史"，并非仅指其叙事诗，或者提及重要历史事件的诗，而是包括抒情诗在内的全部杜诗，总体上兼有"史"的品质。伴随着"诗史"之说而兴起的，是宋人对杜集的编年整理、注释和刊刻活动，所以在很大程度上，它也意味着对于杜诗的一种解读方式，即通过对非常确定的写作场合的还原，来寻绎文本的含义。这就是抒情诗为什么也是"诗史"的原因，与我们上面所说的抒情内容的发展相关。早期抒情诗所写的类型化情感，古今相通，无历史可言，而演变为具体化、个人化的情感后，就有了历史性：何时何地，何人因何事而有这样的所思所感。

从这个思路出发去看杜诗文本，尤其是一些鸿篇巨制，如《北征》，确实有意识地强调了抒情内容的具体化、个人化，其开篇四句便是：

> 皇帝二载秋，闰八月初吉。杜子将北征，苍茫问家室。
>
> （杜甫《北征》，《杜诗详注》卷五，中华书局1979年版）

这是说，在唐肃宗登基的第二年即至德二载（757）的八月初一日，杜甫将北上去探望他的家人。这确实是"史"的笔法，它使这个伟大的作品一开头就显得苍凉浑厚，气象宏大。就抒情内容而言，这也等于明确指定了哪一个人在哪一个时刻因哪一件事，而发生了以下许多的感想。类似的写法在后来的韩愈、白居易笔下都曾出现，如白居易《贺雨》诗（《白居易集》卷一，中华书局1979年版）开篇云："皇帝嗣宝历，元和三年冬。自冬及春暮，不雨旱爞爞。"这是讲唐宪宗元和三年（808）至四年的旱情。韩愈《月蚀诗效玉川子作》（《韩昌黎诗系年集释》卷七，上海古籍出版社1984年版）开篇云："元和庚寅斗插子，月十四日三更中。"就是说元和五年（810）的十一月十四日半夜三更时分。这样的写法，明显是对杜甫的继承。

清人仇兆鳌《杜诗详注》的附录里，有一篇北宋胡宗愈的《成都新刻草堂先生诗碑序》，对"诗史"有这样的理解：

> 先生以诗鸣于唐，凡出处去就、动息、劳佚、悲欢、忧

乐、忠愤、感激、好贤、恶恶,一见于诗,读之可以知其世。学士大夫,谓之"诗史"。

胡宗愈是苏轼的朋友,他这段话,在《诗人玉屑》卷十四、《诗林广记》前集卷二,被摘出来记作孙仅"序"中之语。孙仅的时代更早一些,不过孙仅的《读杜工部诗集序》也见于《杜诗详注》的附录,没有这一段。这些相关资料在历代杜集的刊本中多少都有附载,从全文来看,归属胡宗愈更为可信一些。按他的理解,杜诗正因为详尽地陈述其个体的经历,抒写其具体场合的具体情感,所以读者可以从中读到"史"。

当代研究者中,刘宁关注到胡宗愈的这个意思,从而解说杜甫"诗史"的含义云:

> 杜甫之被奉为"诗史"的典范,一方面是因为他的一部分作品,的确体现了"善写时事"和"实录"的特点,但就其整体的艺术格局而言,则更与胡宗愈的诗史观相接近。杜诗在详陈个体人生出处的基础上,展现了社会时代的广阔画卷,表达了诗人感时忧世之情怀,深入地开拓了以"一人之诗"表现"一代之史"的艺术可能。(刘宁《杜甫五古的艺术格局与杜诗"诗史"品质》,《文学遗产》2009年第3期)

她讲"一人之诗"表现"一代之史",此语可称精辟。首先是诗,因为这诗的内容是个人化、具体化的"一人之诗",所以也是史,因为具体人生的交织、叠加才是人类的历史。

在"诗史"观念下,整理诗歌文本是强调编年的,这样可以使一本诗集与一个诗人的人生呈现同步展开的景观，体现出"一人之诗"的最好面貌。清人邵长蘅《施注苏诗·例言》云：

> 诗家编年始于少陵，当时号为"诗史"。少陵以后，惟东坡之诗，于编年为宜。常迹公生平，自嘉祐登朝，历熙宁、元丰、元祐、绍圣，三十余年。其间"新法"之废兴，时政之得失，贤奸之屡起屡仆，按其作诗之岁月而考之，往往概见事实。而于出处大节，兄弟朋友过从离合之踪迹，为尤详。更千百年犹可想见，故编年宜也。（《施注苏诗》卷首，《景印文渊阁四库全书》第1110册第53页，台湾商务印书馆1986年版）

按他的意思，把苏轼的诗歌编年整理出来，也是一部"诗史"。实际上，杜诗的编年，包含了许多宋人主观处理的结果，而苏诗的编年，大部分有比较原始的根据。除了《东坡集》《东坡后集》本身带有编年顺序外，苏轼经常有意识地在诗题或诗序中写明时间和缘起，与他制作词题、词序的情况相似。下面我们对诗题稍做考察。

四、苏轼的诗题

早期的苏诗中，也曾出现《北征》那样的写法，比如他在凤翔所作的《石鼓歌》，开头两句就是："冬十二月岁辛丑，我初从政见鲁叟。"（《凤翔八观·石鼓歌》，《苏轼诗集》卷三）

意谓嘉祐六年（1061）的十二月，苏轼到凤翔府签判之任，正式开始从政生涯，为此而到孔庙去拜谒圣人。不过这种写法，大概只适合于长篇古诗，如一般律诗、绝句，全诗只有八句、四句，就不宜分出篇幅去交代时间、事由。所以，苏轼采用得更多的办法，是在题目中交代时间和事由，如果事由复杂，他就会在该诗的正文前写一段序言。与他的词题、词序一样，诗题、诗序也反映出他对于诗歌创作的基本观念。我们平常背诵唐诗名篇时，对题目是不太重视的，但苏轼诗歌的大部分题目，都参与了全诗意境的创造、含义的表达，是作品的有机组成部分。

孔凡礼先生编订校点的《苏轼诗集》，基本上是编年排列的，诗题中记下准确的时日，始于卷三的《辛丑十一月十九日，既与子由别于郑州西门之外，马上赋诗一篇寄之》，也作于嘉祐六年。这一年苏轼初入仕途，第一次跟苏辙分离。很显然他记下的这个具体日期，在他的人生中有着特别的意义，我们在解读诗歌时也不能忽略这一层意义。换句话说，诗题中的这个日子具有"纪念日"的性质，此类情况在《苏轼诗集》中并不少见。比如以下三题：

《正月二十日，往岐亭，郡人潘、古、郭三人，送余于女王城东禅庄院》（《苏轼诗集》卷二十一，元丰四年作）

《正月二十日，与潘、郭二生出郊寻春，忽记去年是日同至女王城作诗，乃和前韵》（《苏轼诗集》卷二十一，元丰五年作）

《六年正月二十日，复出东门，仍用前韵》（《苏轼诗集》

卷二十二，元丰六年作）

苏轼在黄州，连续三年的正月二十日，重复同样的行为，因此作诗，且用原韵。看来是他有意将这个日子打造成个人生活中的"纪念日"。另如：

> 《十二月二十八日，蒙恩责授检校水部员外郎、黄州团练副使，复用前韵二首》(《苏轼诗集》卷十九，元丰二年作）
>
> 《十月二日初到惠州》(《苏轼诗集》卷三十八，绍圣元年作）
>
> 《六月二十日夜渡海》(《苏轼诗集》卷四十三，元符三年作）

这三个题目记下的日子，更具有标志生命某一阶段开始的里程碑式的意义。一是"乌台诗案"的结局，一是岭南贬谪生活的开始，而"（元符三年）六月二十日"对于苏轼来说也显然是又一次新生的标志，他在这一天夜里渡过琼州海峡，重归大陆。虽然他并不厌恶海南岛，但离开这个"贬谪"的极限之地，毕竟意味着政治上的平反，意味着自己的生存意义得到了肯定。当然，有一些日子没这么重要，如《八月七日，初入赣，过惶恐滩》(《苏轼诗集》卷三十八，绍圣元年作)、《四月十一日初食荔支》(《苏轼诗集》卷三十九，绍圣二年作）之类，但也是他有意要记下准确时间，以为纪念的。

不过，若将《苏轼诗集》的诗题都翻检一遍，则不难发现，他记下的日子并不都具"纪念日"性质。有时候，如同日记一般，记下自己的活动，如：

> 《壬寅二月，有诏令郡吏分往属县减决囚禁。自十三日
> 受命出府，至宝鸡、虢、郿、盩厔四县。既毕事，因朝谒太
> 平宫，而宿于南溪溪堂，遂并南山而西，至楼观、大秦寺、
> 延生观、仙游潭。十九日乃归，作诗五百言，以记凡所经历
> 者寄子由》（《苏轼诗集》卷三，嘉祐七年作）
>
> 《七月二十四日，以久不雨，出祷磻溪。是日宿虢县。
> 二十五日晚，自虢县渡渭，宿于僧舍曾阁。阁故曾氏所建也。
> 夜久不寐，见壁有前县令赵荐留名，有怀其人》（《苏轼诗集》
> 卷四，嘉祐八年作）
>
> 《二十六日五更起行，至磻溪，天未明》（《苏轼诗集》
> 卷四，嘉祐八年作）
>
> 《是日自磻溪，将往阳平，憩于麻田青峰寺之下院翠麓
> 亭》（《苏轼诗集》卷四，嘉祐八年作）
>
> 《二十七日，自阳平至斜谷，宿于南山中蟠龙寺》（《苏
> 轼诗集》卷四，嘉祐八年作）
>
> 《是日至下马碛，憩于北山僧舍，有阁曰怀贤，南直斜
> 谷，西临五丈原，诸葛孔明所从出师也》（《苏轼诗集》卷四，
> 嘉祐八年作）
>
> 《十二月十四日，夜，微雪，明日早，往南溪小酌，至晚》
> （《苏轼诗集》卷四，嘉祐八年作）

以上这些诗都作于凤翔签判任上，诗题记下自己的活动内
容、具体行程，表明作诗的缘起。与此相似的还有：

《八月十七日，复登望海楼，自和前篇。是日榜出，余与试官两人复留，五首》（《苏轼诗集》卷八，熙宁五年作）

《正月二十一日病后，述古邀往城外寻春》（《苏轼诗集》卷九，熙宁六年作）

《八月十七日，天竺山送桂花，分赠元素》（《苏轼诗集》卷十二，熙宁七年作）

《己未十月十五日，狱中恭闻太皇太后不豫，有赦，作诗》（《苏轼诗集》卷十九，元丰二年作）

《十月二十日，恭闻太皇太后升遐，以轼罪人，不许成服，欲哭则不敢，欲泣则不可，故作挽词二章》（《苏轼诗集》卷十九，元丰二年作）

《今年正月十四日，与子由别于陈州。五月，子由复至齐安，以诗迎之》（《苏轼诗集》卷二十，元丰三年作）

《去岁九月二十七日，在黄州，生子遯，小名干儿，颀然颖异。至今年七月二十八日，病亡于金陵，作二诗哭之》（《苏轼诗集》卷二十三，元丰七年作）

《次韵子由五月一日同转对》（《苏轼诗集》卷三十，元祐三年作）

《予去杭十六年而复来，留二年而去。平生自觉出处老少，粗似乐天，虽才名相远，而安分寡求，亦庶几焉。三月六日，来别南北山诸道人，而下天竺惠净师以丑石赠行，作三绝句》（《苏轼诗集》卷三十三，元祐六年作）

《元祐六年六月，自杭州召还，汶公馆我于东堂，阅旧诗卷，次诸公韵三首》（《苏轼诗集》卷三十三，元祐六年作）

《七年九月，自广陵召还，复馆于浴室东堂。八年六月，

乞会稽，将去，汶公乞诗，乃复用前韵三首》(《苏轼诗集》卷三十六，元祐七年作)

考试放榜、病后出游、太皇太后不豫、幼子夭折、兄弟同转对，等等，在某个日期发生了大大小小的事情，苏轼用诗题把这些事情记下来，为诗歌的正文提供了产生的场合。

还有一大类，可以算作"岁时节气"类的诗：

《壬寅重九，不预会，独游普门寺僧阁，有怀子由》(《苏轼诗集》卷四，嘉祐七年作)

《岁晚，相与馈问，为馈岁；酒食相邀呼，为别岁；至除夜，达旦不眠，为守岁。蜀之风俗如是。余官于岐下，岁暮思归而不可得，故为此三诗以寄子由》(《苏轼诗集》卷四，嘉祐八年作)

《冬至日独游吉祥寺》(《苏轼诗集》卷八，熙宁五年作)

《元日次韵张先子野见和七夕寄莘老之作》(《苏轼诗集》卷九，熙宁六年作)

《癸丑春分后雪》(《苏轼诗集》卷九，熙宁六年作)

《立秋日祷雨，宿灵隐寺，同周、徐二令》(《苏轼诗集》卷十，熙宁六年作)

《八月十五日看潮五绝》(《苏轼诗集》卷十，熙宁六年作)

《除夜野宿常州城外二首》(《苏轼诗集》卷十一，熙宁六年作)

《元日过丹阳，明日立春，寄鲁元翰》(《苏轼诗集》卷

十一，熙宁七年作）

《除夜病中赠段屯田》（《苏轼诗集》卷十二，熙宁七年作）

《除夜大雪，留潍州，元日早晴，遂行，中途雪复作》（《苏轼诗集》卷十五，熙宁十年作）

《中秋月寄子由三首》（《苏轼诗集》卷十七，元丰元年作）

《九日黄楼作》（《苏轼诗集》卷十七，元丰元年作）

《寒食雨二首》（《苏轼诗集》卷二十一，元丰五年作）

《生日，王郎以诗见庆，次其韵，并寄茶二十一片》（《苏轼诗集》卷二十二，元丰六年作）

《端午游真如，迟、适、远从，子由在酒局》（《苏轼诗集》卷二十三，元丰七年作）

《泗州除夜雪中黄师是送酥酒二首》（《苏轼诗集》卷二十四，元丰七年作）

《和子由除夜元日省宿致斋三首》（《苏轼诗集》卷三十，元祐三年作）

《上元夜》（《苏轼诗集》卷三十九，绍圣二年作）

《丙子重九二首》（《苏轼诗集》卷四十，绍圣三年作）

《三月二十九日二首》（《苏轼诗集》卷四十，绍圣四年作，诗有"酒醒梦回春尽日"之句，此日"春尽"）

《上元夜过赴儋守召，独坐有感》（《苏轼诗集》卷四十二，元符元年作）

《用过韵，冬至与诸生饮酒》（《苏轼诗集》卷四十二，元符二年作）

《寒食与器之游寒塔寺寂照堂》(《苏轼诗集》卷四十五，建中靖国元年作)

这些诗题所记的日子，都是特别的节日，像元日、上元、寒食、端午、重九、除夕之类，还有苏轼自己的生日。一般情况下，这些日子里会有相应的活动，但有时候作者也未必参与什么活动，只因为是节日，所以生发了诗兴。

但是，还有一部分诗题，也记下了具体的日子，这些日子既不是节日，似乎也没有值得纪念的活动，或者重要事情的发生，它们只是苏轼的诗兴发生的日子：

《九月二十日微雪，怀子由弟二首》(《苏轼诗集》卷四，嘉祐七年作)

《十月二日将至涡口五里所遇风留宿》(《苏轼诗集》卷六，熙宁四年作)

《十月十六日记所见》(《苏轼诗集》卷六，熙宁四年作)

《六月二十七日望湖楼醉书五绝》(《苏轼诗集》卷七，熙宁五年作)

《七月一日出城舟中苦热》(《苏轼诗集》卷七，熙宁五年作)

《八月十日夜看月有怀子由并崔度贤良》(《苏轼诗集》卷八，熙宁五年作)

《七月五日二首》(《苏轼诗集》卷十四，熙宁九年作)

《元祐元年二月八日，朝退，独在起居院读〈汉书·儒林传〉，感申公故事，作小诗一绝》(《苏轼诗集》卷二十七，

元祐元年作）

《十一月二十六日，松风亭下，梅花盛开》（《苏轼诗集》卷三十八，绍圣元年作）

《十二月十七日夜坐达晓，寄子由》（《苏轼诗集》卷四十一，绍圣四年作）

某一天下雪了，因此思念兄弟；喝醉了，写下五首绝句；天气太热、月色甚好、读书有感、梅花盛开、夜里失眠，诸如此类，仅是个人生活中的一些细节，但苏轼的诗兴由此引起，他便把这个日子记下来。其有意识地制作诗题，以存"诗史"的情形，一望而知。

我们通过以上这么多记明日期、事由的诗题，几乎可以串联起一部简明的苏轼个人生活史，如果再把诗序和一部分作品附带的"自注"考虑进来，则苏诗"副文本"所提供的信息就更为丰富，其对于诗歌意义指向的限定作用就更为明显。由此可见，苏轼确实继承了杜诗评论中产生的"诗史"观念，应用于自己的写作，但他进一步形成了一种更为合理的处置方式，就是用"副文本"来承担"史"的内容，而使大部分诗歌正文仍保持抒情传统。相比于杜诗，苏轼的"诗史"是更为个体化的。

五、晚年苏辙的诗世界

个体化的"诗史"，在苏轼之后，以更为成熟、完整的形态呈现在苏辙的诗集里。我们最后考察一下晚年苏辙的诗歌面貌，它可以被视为苏轼"个体诗史"的继续。

苏辙的《栾城集》《后集》《三集》都是他亲手编定的，其诗歌的部分除四言、六言另归一类外，通常的五、七言诗都依年编排，容易确定写作的岁月。今以元符三年（1100）遇赦北归起为苏辙的晚年（次年苏轼即去世），从《后集》卷二作于北归途中的《赋丰城剑》算起，至《三集》卷四之末，共有五、七言诗368首，加上《三集》卷五的四、六言诗6首，不计集外的佚诗，已可得苏辙晚年诗374首。在此374首中，自宋徽宗登基，"旧党"纷纷北归的元符三年，历"新旧党争"相持不下的建中靖国元年（1101），到"新党"大胜，蔡京入相，定"绍述"政策，造"元祐党籍"的崇宁元年（1102），大概由于政治形势的复杂变化使苏辙不能专心创作，三年间仅存诗20余首，且有一半是挽词。崇宁二年（1103），苏辙因故离家[1]，独居蔡州，此年作诗36首，可算恢复了正常的创作量。崇宁三年（1104），他得以归居安顿在颍昌府的家中，从此杜门谢客，却饱看了徽宗皇帝铸九鼎、造八玺、建明堂、作大晟乐、修礼书、兴辟雍、倡八行、崇道教等层出不穷的"盛世大典"，直至政和二年（1112）去世，皆在废弃闲居之中，且处政治高压之下，但每年作诗少则20余首，多则40余首，保持着稳定的创作量。此时北宋诗坛的巨匠秦观、苏轼、陈师道、黄庭坚相继凋落，后起的名家吕本中、陈与义等则还处在起步的阶段，故就徽宗朝的诗坛而言，苏辙可以说是首屈一指的大家了。

---

1 关于苏辙这次离家的原因，请参考拙作《唐宋"古文运动"与士大夫文学》第五章第二节"迁居汝南问题"，复旦大学出版社2013年版。

宋人孙汝听撰有《苏颍滨年表》，于政和二年（苏辙卒年）条下云："辙居颍昌十三年。颍昌当往来之冲，辙杜门深居，著书以为乐，谢却宾客，绝口不谈时事，意有所感，一寓于诗，人莫能窥其际。"写诗成为其晚年生活的重要内容，或者竟可说就是其生活的本身，所谓"意有所感，一寓于诗"，一个生命都活在诗里。因此，从苏辙晚年诗的整体上看，它的特点异常鲜明，就是诗的世界的展开过程与生命延续过程的高度一致性。这种过程，当然伴随着自然的时间流逝，而对时间的标志，无非是年月日，及各种节气，但如果说生命的延续才是真正的"时间"，那么对此"时间"的标志就是年龄，而最能令人意识到年龄的就是每一年的首尾和本人的生日。观苏辙晚年诗的题目，自崇宁二年（1103）的《癸未生日》（《栾城后集》卷三）起，崇宁三年有《岁暮口号二绝》（《后集》卷四），四年有《岁暮二首》和《除夜》（《后集》卷四），五年也有《守岁》（《栾城三集》卷一），大观元年（1107）有《丁亥生日》（《三集》卷一），二年有《戊子正旦》和《生日》（《三集》卷一），及《除日》（《三集》卷二），三年有《己丑除日二首》（《三集》卷二），四年有《除夜二首》（《三集》卷三），政和元年（1111）有《七十三岁作》和《除日》（《三集》卷三），最后的政和二年，也作有《壬辰生日，儿侄诸孙有诗，所言皆过，记胸中所怀，亦自作》（《三集》卷三），这样每年都能找到标志着生命流逝的诗题。比较来看，写岁末的最多，生日的其次，而写元旦的只有大观二年一首，这一年苏辙似乎特别兴奋，作诗共达48首，是其晚年作诗最多的一年。

与苏轼一样，苏辙晚年诗的诗题也经常标明日期或各种节气，今仅以《栾城后集》卷三为例，其标明时间的诗题就有：

崇宁元年所作《十一月十三日雪》；二年所作《癸未生日》，《寒食二首》，《春尽三月二十三日立夏》（小字为题下自注，下同），《梦中咏醉人四月十日梦得篇首四句，起而足之》，《立秋偶作六月二十三日》，《九日三首》，《立冬闻雷九月二十九日》，《将归二首十月初三日作》，《次迟韵对雪十一月二十七日》；三年所作《还颍川甲申正月五日》，《上巳日久病不出示儿侄二首》，《葺东斋三月十八日》，《记梦七月二十六日》。

此卷存诗70首，而以上标明时间的近20首，其他卷中也大致如此。可见这是苏辙有意识这样做的。作为一个著有《春秋集解》十二卷的《春秋》学专家，他这样做并不仅仅是为了记录写作日期吧。还有一点值得注意的是，所有晚年诗中，皆以甲子书年，并不用当时的年号。按沈约《宋书·陶潜传》云："自以曾祖晋世宰辅，耻复屈身后代，自高祖（刘裕）王业渐隆，不复肯仕。所著文章，皆题其年月，义熙以前则书晋氏年号，自永初以来，唯云甲子而已。"这是宋人议论较多的一个话题，与陶渊明的情况虽不完全符合，但这样一种表达方式的意义则被确认下来。当然苏辙的情况与陶渊明不同，若说他不承认宋徽宗的政权，那似乎不可想象，但书甲子而不书年号，多少意味着某种疏离感或否定态度。

除上面所引诗题中的"寒食""立夏""立秋""九日""立冬""上元"之外，其余节候，如"正旦""七夕""中秋""冬至""除日"，直至"朔""望""腊""闰"等标示时节的名称，都曾出现在苏辙晚年诗的诗题中。与此相关的是，风、雷、雨、霜、雪、冰、久旱、溽暑及夜晚有月无月等天候的变化也经常成为他的诗题。另外，由于苏辙晚年花了很长时间建造他的"遗老斋""待月轩""藏书室"等居宅，又花了较多的时间修饰他的庭园，故有关居室和庭中的松、柏、竹、花的诗，也占了其晚年诗的相当比重。当然读书和坐禅的诗也有不少。这是只要稍翻《栾城后集》和《三集》的诗歌部分，就很容易获得的总体印象。

我们知道，诗材的日常生活化本是宋诗的总体倾向，但这个倾向在晚年苏辙的笔下则发展到某种值得深思的境地。日常生活在诗里不是随意地被写到，而是相当完整的、具有立体感的呈现。如果说对每一年的首尾和生日的关注是生命存在的自觉，详细而确定的年月日表达了作"史"的意识，那么几乎全部的节令和各种气候变化，就体现着对自然的默察，而与自然这个人类生存的大环境相比，居室与庭园则是个体生命存在的小环境。从自然、历史到个体生命，在明确的时间标记下展开于诗中，这一定是有意营造的一个世界，而为作者寓身其中。

这是一个带有鲜明的宋学特征的诗世界。没有热烈奔放的欲望、旖旎羞涩的情怀或呼天抢地的哀号，甚至也没有建功立业的雄心壮志，即便偶尔露出一点端倪，也出之以经过反思的自嘲。反思是一把理性的利刃，割弃了感性欲望，而切入生存的终极意义；反思也是过滤的网，遗落杂滓，弃华取实，去粗存精。那么，作为一个个体生命的存在，观天观地，看月看星，听风听雨，读书读人，其终极的追求究竟是什么？也就是说，寓于这个诗世界中的苏辙本人，是何种形象？先看下面的诗句：

卜宅先邻晏，携瓢欲饮颜。(《次前韵示杨明二首》之一，《栾城后集》卷三，建中靖国元年作）

小园花草秽，陌巷犬羊俱。(《索居三首》之一，《栾城后集》卷三，崇宁二年作)

晏家不愿诸侯赐，颜氏终成陌巷风。(《初得南园》,《栾城后集》卷三，崇宁三年作)

颜曾本吾师，终身美藜藿。(《和迟田舍杂诗九首》之三，《栾城后集》卷四，崇宁四年作)

何以待君子，箪瓢容一升。(《次迟韵示陈天倪秀才、侄孙元老主簿》,《栾城后集》卷四，崇宁五年作)

陌巷何妨似颜子，势家应未夺萧何。(《初葺遗老斋二首》之二，《栾城三集》卷一，大观元年作)

名园不放寻芳客，陌巷希闻载酒车。(《同迟赋千叶牡丹》,《栾城三集》卷一，大观二年作)

摇落南山见，凄凉陌巷偏。(《落叶满长安分题》,《栾城三集》卷二，大观三年作)

佳节萧条陌巷中，雪穿窗户有颜风。出迎过客知非病，归对先师喜屡空。(《冬至雪二首》之二，《栾城三集》卷三，政和元年作)

陋巷正与颜生同，势家笑唾傥见容。(《新作南门》,《栾城三集》卷三，政和二年作)

　　像这样，几乎每年都要吟到箪瓢陋巷的先师颜子，这就是苏辙寓于他营造的诗世界中的自我形象。其孙苏籀记录祖父晚年言论的《栾城遗言》中，也记道："公曰：颜子箪瓢陋巷，我是谓矣。"他是把自己比为颜子的。

　　实际上，历史上的颜子也只是一个居于陋巷，一箪食、一瓢饮而不改其乐的形象，具体的事迹或思想都不详，但长期以来，他被当作"亚圣""先师"来景仰。在北宋，学者们构筑"内圣外王"之学时，便把颜子当作"内圣"的典范，认为他之所以能在艰苦的条件下不改其乐，就是做到了"内圣"的缘故。然而，这颜子的"内圣"之学究竟如何，却是经典并无明文，要学者自己去探索的。苏辙就此发表的意见，见于著名的《东轩记》：

　　　　余昔少年读书，窃尝怪颜子以箪食瓢饮，居于陋巷，人不堪其忧，颜子不改其乐。私以为虽不欲仕，然抱关击柝，尚可自养而不害于学，何至困辱贫窭，自苦如此。及来筠州，勤劳盐米之间，无一日之休，虽欲弃尘垢，解羁絷，自放于道德之场，而事每劫而留之，然后知颜子之所以甘心贫贱，不肯求斗升之禄以自给者，良以其害于学故也。嗟夫，士方其未闻大道，沉酣势利，以玉帛子女自厚，自以为乐矣；及其循理以求道，落其华而收其实，从容自得，不知夫天地之为大，与生死之为变，而况其下者乎？故其乐也足以易穷饿

而不怨，虽南面之王不能加之。（苏辙《东轩记》，《栾城集》卷二十四）

此文撰于元丰年间，受苏轼"乌台诗案"连累而贬官筠州时。依文中的说法，是自少年时代即开始思考颜子人生态度的问题，在筠州初有所悟。筠州之于苏辙，正相当于黄州之于苏轼，人生思想在苦难中得到提升。他把颜子之乐解释为参透天地造化之理，超越生死的终极境界，此乐"虽南面之王不能加之"。相比于传统的"内圣外王"之学，这里有一个飞跃，就是"内圣"并不是"外王"的准备阶段，而是其本身就是人生终极价值的实现。学而优并不为仕，为的是个体生命的内在超越，用舍穷达与人生价值的实现无关。晚年的苏辙就体认着这样的人生境界，而营造了他的诗世界。

与竹杖芒鞋，吟啸徐行于风雨大地的东坡先生相比，孤坐遗老斋记录着雷雨霜雪的苏辙似乎少了一点生动的乐趣。然而，东坡是天上的谪仙，在人间留下一串潇洒的足印后，乘风归去，承受了十二年"夜雨独伤神"的是苏辙。他们兄弟都常有"归耕"之想，但东坡自海南才获赦归就去世了，相比之下，苏辙确实多了一段"归耕"的晚年生活，他如此热切地关注天候节气，关注自然的变化，是直接与农事相关的。所以，有时为雨而喜，作《喜雨》诗，有时又为雨而忧，作《久雨》诗。此外《收蜜蜂》《杀麦》《藏菜》《蚕麦》《秋稼》《林笋》等有关农事之诗，亦屡见不鲜。他似乎真的成了一个老农。

但是，"闲中未断生灵念"（《小雪》，《栾城三集》卷三），忧天本是忧农，而忧农也不仅为自家的田园，标明日期的诗中，如《十一月十三日雪》云：

> 南方霜露多，虽寒雪不作。北归亦何喜，三年雪三落。我田在城西，禾麦敢嫌薄。今年陈宋灾，水旱更为虐。闭籴斯不仁，逐熟自难却。饥寒虽吾患，尚可省盐酪。飞蝗昨过野，遗种遍陂泺。春阳百日至，闹若蚕生箔。得雪流土中，及泉尽鱼跃。美哉丰年祥，不待炎火灼。呼儿具樽酒，对妇同一酌。误认屋瓦鸣，更愿闻雪脚。（苏辙《十一月十三日雪》，《栾城后集》卷三）

此诗作于崇宁元年（1102），正是"新党"战胜了"旧党"，而蔡京又战胜了曾布，身任右仆射，仿熙宁"制置三司条例司"而置"讲议司"，复"新法"，造党籍，建辟雍之时。《宋史·徽宗纪》载："是岁京畿、京东、河北、淮南蝗，江、浙、熙、河、漳、泉、潭、衡、郴州、兴化军旱。辰、沅州猺入寇，出宫女七十六人。"可见苏辙所述灾情属实，朝廷的应付办法是"出宫女"，地方官的办法则是苏辙所指责的"闭籴"，就是将自己辖区内的多余粮食收购起来，以免灾区的流民到自己的辖区来"逐熟"，同时也可囤积居奇，抬高粮价，以增加收入。此年十月，有河南府的一个草民裴筠，上书请"上感虫蝗水旱"，对熙宁以来的各种经济政策提出批判，被责为"语言狂悖，事理诞妄"，"特送五百里外州军编管，所有讲议司许陈言利害文字指挥勿行"（《续资治通鉴长编拾补》卷二十，崇宁元年十月戊寅条）。不但将裴筠本人流放，而且再不许人"陈言利害"。因为正值确定"绍述"路线的重要时际，而路线斗争显然被认为远比救灾重要，所以摆明了对灾情坚决不睬的态度。政府既如此不仁，能让苏辙感动的便只有老天的仁心了，当蝗虫的遗种像蚕苗那样到处孵育时，一场大雪将之打入土中，又随着雪水的融化流到河里，被鱼吃掉。苏辙认为这一场大雪可以免去来年的蝗灾，令"丰年"有望，所以高兴得喝起了酒。

然而，他的愿望落了空，在次年所作的《次迟韵对雪十一月二十七日》（《栾城后集》卷三）中，我们又能看到"今年恶蝗旱，流民鬻妻子"的句子，于是他又只好指望老天下雪来消灭蝗种："号呼人谁闻，悯恻天自迩。繁阴忽连夕，飞霰堕千里。"雪是下了，诗也写了，可他的心情并没有像去年那么高兴。果然，崇宁三年（1104）仍受蝗害，《宋史·徽宗纪》载："是岁诸路蝗，出官女六十二人。"此年冬天，苏辙没有留下关于下雪的诗。但崇宁四年的《喜雨三月二十三日》（《栾城后集》卷四）诗中，却回忆道："经冬雪屡下，根须连地脉。"认为去冬下雪令麦子的收成有望，雪后虽有百日久旱，而三月二十三日忽得时雨，如果再下几天，"继来不违愿，饱食真可必。民生亦何幸，天意每相恤"。他能够指望的也只有"天意"了，所谓"时人浅陋终无益，径就天公借一丰"（《冬至雪二首》之一，《栾城三集》卷三），语句虽淡泊，心情却是沉痛而冷峻的。

接下来，崇宁四年（1105）的冬天却令苏辙有些兴奋。此年，宋徽宗完成了定九鼎、造大晟乐的"伟业"，觉得天下太平，礼乐崇兴，可以表示宽仁了，于九月下诏大赦天下，对党禁也有所放松，允许流人内徙；同时，由于蔡卞不愿附和兄长蔡京与宦官童贯勾结，而离开了朝廷，赵挺之又与蔡京不和，使蔡京及其主持的政策有所动摇。到冬至之日，预示丰年的瑞雪降下，苏辙于是又作《冬至雪》一首：

> 旱久魃不死，连阴未成雪。微阳九地来，颠风三日发。父老窃相语，号令风为节。讲武罢冬夫，畿甸休保甲。累囚出死地，冗官去烦杂。手诏可人心，吾君信明哲。风频雪犹客，来岁恐无麦。天公听一言，惟幸早诛魃。（苏辙《冬至雪》，《栾城后集》卷四）

徽宗喜欢以不经三省签署的"御笔手诏"来下命令，表示他凌驾于政府之上的权威。这种违反"祖制"的权威本是蔡京利用来压服政敌的手段，但它一旦摆脱蔡京的控制，便也给反对蔡京的人带来期待。苏辙看到手诏停罢了他所反对的保甲法，觉得很"可人心"，无异于冬至的瑞雪。但是要保证来年的麦子有收，眼前的一点雪还不够，因为长期以来肆虐的旱魃还未受诛。在这里，旱魃、雪、天公，构成了一个政治隐喻。此后不久，又作《春后望雪》，看来雪还是不多。次年春作《甲子日雨》（《栾城后集》卷四）云："一冬无雪麦方病，细雨迎春岁有望。"雪虽不足，雨却来得及时。他认为这时雨的到来就是"诛旱魃"所致，其《喜雨》诗云：

> 历时书不雨，此法存《春秋》。我请诛旱魃，天公信闻不？魃去未出门，油云裹嵩丘。濛濛三日雨，入土如膏流。二麦返生意，百草萌芽抽。农夫但相贺，漫不知其由。魃来有巢穴，遗卵遍九州。一扫不能尽，余孽未遽休。安得风雨师，速遣雷霆搜。众魃诚已去，秋成傥无忧。（苏辙《喜雨》，

《栾城后集》卷四）

由首句可知，苏辙晚年诗中以月日记载雷雨霜雪，乃是模拟《春秋》之法。崇宁五年（1106）正月，毁"元祐党人碑"，二月蔡京首次罢相。与此诗对照，诗中的"旱魃"非蔡京莫属。然而，他觉得蔡京的同党余孽尚多，并未扫清，故又盼望着"雷霆"震除"众魃"。这无疑也是政治隐喻。

"雷"作为某种隐喻，在大观二年（1108）所作的《春无雷》（《栾城三集》卷一）中，也很容易体会到："天公爱人何所吝，一春雨作雷不震。雷声一起百妖除，病人起舞不须扶。"这年元旦，宋徽宗于大庆殿举行了盛大的"受八宝"仪式，就是接受八个玉玺，以此证明自己是有史以来最伟大的君主。同时当然要大赦天下，许多"旧党"人士（包括苏辙弟子张耒）得以"出籍"，就是不把他们算作"元祐党籍"中人了。苏辙也于此年意外地得到优待，连续两次获得"复官"，虽无职务，而级别得到升迁。这些大概就是诗中"雨"的喻义，可是苏辙真正盼望的是"雷"，除去"百妖"的"雷"。不久后写《仲夏始雷》云：

> 阳气溟蒙九地来，经春涉夏始闻雷。麦禾此去或可望，桃李向来谁使开？号令迟遟人共怪，阴阳颠倒物应猜。一声震荡虽惊耳，遍地妖氛未易回。（苏辙《仲夏始雷》，《栾城三集》卷一）

天上的雷响了，麦禾有望收成，可朝廷却未有"雷"，故仍觉"遍地妖氛"。苏辙所向往的"雷"，是指向他所谓的"旱魃"

即蔡京集团的吧。

当然，目前难以指实苏辙晚年诗中的雷雨霜雪等天气变化一一皆有隐喻，但其中不少是政治隐喻，却可以断言。所以，他的那么多标明时间之诗，已经不属于中国古典诗歌中占着一大类目的"岁时节气"诗，其表层含义是忧农，其深层含义是喻政，这是苏辙创造的《春秋》诗法，可以说是"诗史"的升级版。

确实，箪瓢自乐的人生态度并不意味着对政治的漠然，否则又何必《春秋》诗法？《礼记·儒行》云："虽危起居，竟信其志，犹将不忘百姓之病也。其忧思有如此者。"这样一种儒者的"忧思"，与不改其乐的"乐"是不是矛盾呢？我们来看大观元年（1107）所作的《苦雨七月朔》一诗：

> 蚕妇丝出盎，田夫麦入仓。斯人薄福德，二事未易当。忽作连日雨，坐使秋田荒。出门陷涂潦，入室崩垣墙。覆压先老稚，漂沦及牛羊。余粮讵能久，岁晚忧糟糠。天灾非妄行，人事密有偿。嗟哉竟未悟，自谓予不戕。造祸未有害，无辜辄先伤。箪瓢吾何忧，作诗热中肠。（苏辙《苦雨》,《栾城三集》卷一）

按《宋史·徽宗纪》载："是岁秦凤旱，京东水，河溢，遣官振济，贷被水户租。庐州雨豆，汀、怀二州庆云见，乾宁军、同州黄河清。"史书把灾情与祥瑞并列在一起，令人哑然失笑，不知道京东路溃决的黄河流出的是清水还是浊水？看来不但是京东遭水，苏辙所在的京西路也苦于雨情严重，毁坏的墙垣压了老人和小孩，大水漂走了牛羊，存粮不多，田地无收，到冬天怕要饿肚子，如果灾民们知道庐州的天上会掉下豆子来，该如何感想？苏辙禁不住直言斥责："嗟哉竟未悟，自谓予不戕。造祸未有害，无辜辄先伤。"最后他说，自己箪瓢自乐，本可无忧，可是提笔作诗，不禁中肠发热。杜甫曾有诗云："穷年忧黎元，叹息肠内热。"（《自京赴奉先县咏怀五百字》，《杜诗详注》卷四）这是一种无法克制的愤懑，它突破了苏辙的隐喻之法，于是出现直接批判政治的作品。最重要的便是《栾城三集》卷一的第一首诗《丙戌十月二十三日大雪》，直接批判蔡京经济政策的支柱——大钱法：

> 秋成粟满仓，冬藏雪盈尺。天意愍无辜，岁事了不逆。谁言丰年中，遭此大泉厄！肉好虽甚精，十百非其实。田家有余粮，靳靳未肯出。闾阎但坐视，愍愍不得食。朝饥愿充肠，三五本自足。饱食就茗饮，竟亦安用十。奸豪得巧便，轻重窃相易。邻邦谷如土，胡越两不及。闲民本无赖，翩然去井邑。土著坐受穷，忍饥待捐瘠。彼哉陶钧手，用此狂且愎。天且无奈何，我亦长太息。（苏辙《丙戌十月二十三日大雪》，《栾城三集》卷一）

丙戌是崇宁五年（1106）。依《宋史·徽宗纪》所载，之前的崇宁元、二、三年连受蝗害，四年江浙一带水灾，之后的大观元年（1107）北方水灾，唯崇宁五年没有灾情记录，可称丰年。但苏辙却道："谁言丰年中，遭此大泉（钱）厄！"

所谓大钱，是对北宋的基本通货小平钱而言的，始于神宗熙宁年间的当二钱，蔡京于崇宁元年主政后，变本加厉，陆续推出当五、当十钱，崇宁三、四年间，几乎一力铸造当十钱。由于大钱的面值虽是小平钱的二倍、五倍、十倍，实际的重量、大小、成分却没有相当比例的优越性，所以往往得不到普通百姓的信任，且因面值和实值的差距，使私自熔毁小平钱改铸大钱有利可图，故所谓"盗铸"问题日益严重。这样一来，大钱在民间市场必然贬值。但从某种角度说，这贬值也符合发行大钱的目的，因为民间虽贬值，而大量铸钱的政府一方在第一次使用时仍可借其威力保证面值所规定的购买力，所以这大钱就像海绵一般，把民间的财富吸收到朝廷，令连年灾害之下的政府收入仍大幅增加。反过来，种粮换钱的农民必然大受损失，几年下来，他们既不敢相信大钱，又因为朝廷推行大钱及"盗铸"的影响，令市面缺乏他们相信的小平钱，所以只好不卖粮；如此便引起城市的饥荒，本来三五个小平钱能够买到的东西，拿着当十钱没办法买，于是远走他乡，闲民成为流民，而土著（有产业在当地者）不忍离去，只好挨饥。崇宁五年蔡京已罢相，赵挺之力图停止这一货币政策，但大钱带来的问题犹如此严重。苏辙谓"彼哉陶钧手，用此狂且愎"，可谓深恶痛绝。然而对于此时的朝廷来说，大钱却是不可缺少的。徽宗朝虽复"新法"，但王安石那些增加政府收入的老办法并不能满足徽宗、蔡京制礼作乐、造就"丰亨豫大"的盛世气象的财政需要，除了大钱政策，先后代替蔡京的赵挺之、张商英都没有更好的办法来满足徽宗，所以终徽宗一朝，蔡京屡罢屡起，徽宗想抛开他，却又离不开他。就在苏辙写此诗后不久，大观元年（1107）正月，蔡京复相。正合了苏辙所谓"天且无奈何，我亦长太息"。

确实，除了愤激外，苏辙更多的时候是感到无奈，所谓"老人无力年年懒，世事如花种种新"（《次迟韵千叶牡丹二首》之二，《栾城后集》卷三）、"此心点检终如一，时事无端日日新"（《岁莫口号二绝》之二，《栾城后集》卷四），虽然仍带着讽刺的意味，但无奈的感觉毕竟更强，甚至觉得自己仿佛已不属于这个世界。政和元年（1111）的除夕，是苏辙在世的最后一个除夕，有诗云：

> 屠苏末后不辞饮，七十四人今自稀。筋力明年应更减，诚心忧世久知非。脾寒服药近方验，风痹经冬势渐微。得罪明时归已晚，此生此病任人讥。（苏辙《除日二首》之一，《栾城三集》卷三）

他说自己曾经"诚心忧世"，但现在年纪大了，精力不济，只好在家养病。不过末句却道出这个处境的真实原因，不是年纪大了，而是政见与朝廷不合，"得罪明时"，这才是真正的"病"！他的语气仍带点倔强，不过也不难看出，他毕竟已抱了放弃的打算。与一个不属于自己的世界告别，也算得一种解脱吧。

综合来看，苏辙晚年记明日期的诗，呈现了个体生命、日常生活的展开过程，也有一部分隐喻着当时的政局，还有的作品直接批判了有关政策。在他的主观上，是继承《春秋》的笔削之法来进行诗体的书写，现在看来，也可以视为苏轼"个体诗史"的一种发展形态。苏辙一生都敬慕和追随兄长，在苏轼去世后，他非常孤独地坚持着苏轼的写作方式。这样的坚持长达十二年之久，使他拥有了一段非常特别的晚年生涯。他经历了苏轼未尝梦想的严酷而又荒唐的时代，目睹了苏轼不曾看到的无数政治闹剧，体会着远远超过兄长的巨大的外在压力和漫长的内心孤独。这荒唐时代里孤独的理智，直面着日新月异的"盛世"闹剧，在连绵不断的"党禁"压力之下曲折隐微而又深刻沉着的表达，为"主理"的宋诗开辟了又一种别具深长意味的境界。

外一篇

从桃源流出的江湖

——苏诗的"江湖"书写

　　在诗里，苏辙经常自比颜子，这颜子很安静地住在他的陋巷里[1]；苏轼则喜欢把自己比为鸿雁[2]，年年岁岁，往返飞翔。如果说陋巷是颜子所处的世界，那么鸿雁来去的世界又被苏轼以何种诗语加以指称呢？作为诗歌意象的鸿，当然经常是飞在空中的，甚至飞去望不见的天际，所谓"渺渺没孤鸿"[3]，但苏轼似乎也会注意到鸿雁停落或栖宿之处，如"应似飞鸿踏雪泥"[4]，"拣尽寒枝不肯栖，寂寞沙洲冷"[5]，诸如此类。需要说明的是，

1　朱刚：《苏轼苏辙研究》，上海：复旦大学出版社，2019年，第317—318页。

2　参见《苏轼苏辙研究》第一篇《何处不归鸿——苏轼的人生与诗》。

3　苏轼：《水调歌头·黄州快哉亭赠张偓佺》，《东坡乐府笺》卷二，上海：上海古籍出版社，2009年，第207页。

4　苏轼：《和子由渑池怀旧》，《苏轼诗集合注》卷三，上海：上海古籍出版社，2001年，第90页。

5　苏轼：《卜算子·黄州定慧院寓居作》，《东坡乐府笺》卷二，第202页。

鸿在某一处雪地或沙洲，都不过是短暂驻留，毕竟它还拥有天空，所以它的世界流动不居，在《武昌西山》诗中，苏轼写出了这个流动不居的世界：

> 山人帐空猿鹤怨，江湖水生鸿雁来。[1]

往复飞翔的鸿雁的世界被称作"江湖"，与猿鹤长居的北山，一静一动。猿鹤自是隐士的比喻，而鸿雁就指苏轼这样既不隐居山林又不稳居庙堂的人。庙堂之外的世界不光有山林，还有安静的陋巷和更为广阔的江湖。鸿在江湖的比喻，也曾出现在苏辙的诗里：

> 建元一二间，多士四方至。翩翩下鸿鹄，一一抱经纬。……失足青冥中，投命江湖里。[2]

作为鸿鹄起落的空间，"江湖"才能与"青冥"（天空）的辽阔相称。当然，表示环境和主体的词语，搭配使用有历史的习惯，江湖、鸿雁并不是陋巷、颜子那样几乎固定的组合，二苏笔下与"江湖"相配使用的似乎以"鱼鸟"为多：

> 顷在钱塘，乐其风土。鱼鸟之性，既自得于江湖；吴越

1　苏轼：《武昌西山》，《苏轼诗集合注》卷二十七，第1386页。

2　苏辙：《送交代刘莘老》，《苏辙集·栾城集》卷七，北京：中华书局，1990年，第131页。

之人，亦安臣之教令。[1]

本以鲦生，冒居禁从。顷缘多病，力求颖尾之行；曾未半年，复有广陵之请。盖以鱼鸟之质，老于江湖之间。习与性成，乐居其旧；天从民欲，许择所安。[2]

草野微陋，章句拙疏。十载江湖之间，自群鱼鸟；五迁台省之要，永愧冠裳。[3]

十年流落敢言归，鱼鸟江湖只自知。[4]

幸推江湖心，适我鱼鸟愿。[5]

毕竟字面上的"江湖"乃是水域，所以与之适配的主体还有"鱼"，而同时并举的"鸟"里面，应以鸿雁那样的候鸟为主吧。无论如何，包含鸿雁在内的"鱼鸟"明确为作者的自喻，"江湖"就是其身处的空间。那么，作者赋予这个空间的诗意又是什么，就是本文要加以考察的问题了。

一、失意之人被放逐的场所

对"江湖"的书写，恐怕是中国文学最基本的特征之一，而在白话小说流行之前，主要见于诗歌。21世纪初，丁启阵先

1　苏轼：《湖州谢上表》，《苏轼文集》卷二十三，北京：中华书局，1986年，第654页。

2　苏轼：《扬州谢到任表二首》之二，《苏轼文集》卷二十四，第695页。

3　苏辙：《谢翰林学士宣召状二首》之一，《苏辙集·栾城集》卷四十八，第837页。

4　苏轼：《次韵李修孺留别二首》之一，《苏轼诗集合注》卷二十七，第1381页。

5　苏轼：《和穆父新凉》，《苏轼诗集合注》卷二十九，第1432页。

生有《中国古代诗歌中"江湖"概念的嬗变》一文[1]，简要地梳理了"江湖"一词的语义变化，认为此词本指适合鱼类生存的环境，始于《庄子》，后来被陶渊明转指隐居的场所，及至杜甫，则扩大为在野（与出仕相对）、不在都城（与在朝廷相对）之义，就此定型，而被后人沿袭。尽管丁先生也已指出，杜甫久在江湖，与这个世界的感情是亲切的；但总体而言，跟绝大多数儒家知识分子一样，杜甫毕竟仍希望出仕，向往朝廷，"江湖"并不是实现其人生理想的地方，这个空间的意义基本上是负面的，处在"江湖"的大致是失意之人。

确实，如果我们专看二苏上呈给朝廷的章表，则其中的"江湖"一词，仍是与朝廷相对的世界，而且几乎就是放逐罪人的场所。尤其是贬居黄州以后的苏轼，似乎习惯以寄身"江湖"来表述这段经历：

> 只影自怜，命寄江湖之上；惊魂未定，梦游缧绁之中。[2]
> 臣猥缘末技，获玷清流。早岁数奇，已老江湖之上；余生何幸，得依日月之光。[3]

前一段是刚获命离开黄州时所作，后一段是元祐初年在朝时的回顾，所谓"江湖之上"主要指向黄州的经历。这大概因

1　丁启阵：《中国古代诗歌中"江湖"概念的嬗变》，《中国典籍与文化》2002年第3期。学界对"江湖"加以论述的著作、论文不胜枚举，丁先生的结论与本文内容可衔接，故独举此文。

2　苏轼：《谢量移汝州表》，《苏轼文集》卷二十三，第656页。

3　苏轼：《谢赐御书诗表》，《苏轼文集》卷二十三，第670页。

为黄州处在长江之滨，过江就是荆湖北路，可谓名副其实的"江湖"之地。在苏轼贬居黄州的同时，苏辙受兄长连累，也贬居江南西路的筠州，他后来也用"江湖"一词指代贬地：

> 近蒙圣恩，除前件官，仍改赐章服者。谪宦江湖，岁月已久；置身台省，志气未安。[1]
>
> 臣家世寒贱，兄弟戆直。早坐狂言，流落江湖而不返；晚逢兴运，联翩禁近以偷安。[2]

这都是元祐在朝时的回顾，与"台省""禁近"对举的"江湖"，当指其元丰年间的贬地而言。

不过，二苏的生平中，除了在朝、贬谪外，还有一种外任的经历，即离开首都去担任地方官。从语词使用的实际情况来看，苏轼章表也把外任之地称作"江湖"的，其例如下：

> 臣本缘衰病，出守江湖。以一方凋弊之余，当二年水潦之厄。[3]
>
> 三年翰墨之林，屡遭飞语；再岁江湖之上，粗免烦言。岂此身愚智之殊，盖所居闲剧之致。[4]
>
> 臣久缘衰病，待罪江湖。莫瞻北极之光，但罄南山之祝。[5]

1　苏辙：《除中书舍人谢执政启》，《苏辙集·栾城集》卷五十，第867页。

2　苏辙：《免尚书右丞表二首》之一，《苏辙集·栾城集》卷四十七，第832页。

3　苏轼：《谢宣召再入学士院二首》之一，《苏轼文集》卷二十三，第681页。

4　苏轼：《谢兼侍读表二首》之二，《苏轼文集》卷二十三，第685页。

5　苏轼：《上皇帝贺冬表》，《苏轼文集》卷二十四，第714页。

臣职守江湖，心驰象魏。[1]

以上皆元祐间所作，与"翰墨之林"或"象魏"对举的"江湖"，指的是杭州等"出守"州郡。地方政府是朝廷的下属，或者说派出机构，但地理上则与朝廷有一定距离，故在"朝廷——江湖"的二元图景中，地方政府属于前者还是后者，道理上本来是两可的，不同的作者可以各自的方式去处理，从中反映出他们不同的心态。对于苏轼来说，他当然明白地方政府必须听命于朝廷，但仍愿意将其所在地称为"江湖"，这一点是值得注意的。

这表明"江湖"并不能拒绝权力的脉络向这个空间延伸，因此虽在"江湖"，仍是"待罪"，而且面对旱涝灾害，还有救治的责任；不过苏轼仍愿意强调这是一个跟权力中枢不同的空间，至少容得"衰病"之人，可以"粗免烦言"，承受的压力比在朝廷要小一些。

二苏章表中使用"江湖"一词最晚的例子，是绍圣二年（1095）再次贬居筠州的苏辙所作《明堂贺表》，此年九月因明堂礼毕而大赦天下，在严厉打击"元祐党人"的时势中，是个难得的宽弛之令，辙读赦书而上表云：

臣顷侍帷幄，稍历岁时。谴责之深，坐甘没齿；江湖之远，犹冀首丘。[2]

1　苏轼：《上太皇太后贺正表》，《苏轼文集》卷二十四，第714页。
2　苏辙：《明堂贺表》，《苏辙集·栾城后集》卷十八，第1079页。

在此表中，"帷幄"指向朝廷，"首丘"指向故乡，而所谓"江湖之远"，既远离朝廷，又远离故乡，乃是被"谴责"者的放逐之所。对于这种被放逐的命运，苏辙表述的态度是"坐甘没齿"。仅就章表的范围来看，这样的表述充满悲情，出于无奈，但我们若读二苏的诗歌，则不难看到他们对于"江湖"，也确实有一种"鱼鸟"之思，详见下文。

二、"江湖"可思

跟章表中一样，二苏诗中的"江湖"，亦兼指贬所与外任之地。首先，黄州谪居生涯，被苏轼称为"五年江湖"，见其对朋友孙觉的诉说：

> 吾穷本坐诗，久服朋友戒。五年江湖上，闭口洗残债。[1]

这里的"坐诗"就指"乌台诗案"，此后便是黄州的五年谪居。被他连累的苏辙，在贬居筠州时期也有"远谪江湖舳尾衔，到来辛苦向谁谈"[2]、"门前溪水似渔家，流浪江湖归未涯"[3]

1　苏轼：《孙莘老寄墨四首》之四，《苏轼诗集合注》卷二十五，第1251页。又，苏词《浣溪沙·席上赠楚守田待问小鬟》之二"一梦江湖费五年"，亦指黄州谪居，见《东坡乐府笺》卷二，第233页。

2　苏辙：《次韵毛国镇赵景仁唱和三首一赠毛一赠赵一自咏》之三，《苏辙集·栾城集》卷十，第188页。

3　苏辙：《试院唱酬十一首·次前韵三首》之二，《苏辙集·栾城集》卷十一，第208页。

等诗句，将贬地称为"江湖"。又，苏轼于"乌台诗案"前赠朋友李常诗已云：

君为三郡守，所至满宾从。江湖常在眼，诗酒事豪纵。[1]

　　他说李常离开朝廷后，连着做了三处地方官，所以经常可以看到"江湖"。元丰末从黄州放归，也有赠同年蔡承禧诗云："三年弭节江湖上，千首放怀风月里。"[2]此谓蔡氏离朝外任已达三年。可见外任之地，在他的笔下亦属"江湖"。这样，苏轼从熙宁间因反对"新法"而离朝，至元祐归朝，其外任和谪居的时间加起来有十余年，这被他自己称为"十载江湖"，如《次韵胡完夫》云："青衫别泪尚斓斑，十载江湖困抱关。"[3]与此相似的说法，是黄庭坚《寄黄几复》诗中的"江湖夜雨十年灯"[4]，大概从二黄相别，到庭坚写诗的时候（元丰末），他们在地方州县转辗任职，已有十年了。

　　元祐归朝的苏辙，回顾此前的经历，也说"流落江湖东复西，归来未洗足间泥"[5]。不过他的笔下，与"十载江湖"相似的表述是"十年江海"：

1　苏轼：《次韵李公择梅花》，《苏轼诗集合注》卷十九，第945页。

2　苏轼：《蔡景繁官舍小阁》，《苏轼诗集合注》卷二十四，第1226页。

3　苏轼：《次韵胡完夫》，《苏轼诗集合注》卷二十六，第1336页。

4　黄庭坚：《寄黄几复》，《山谷诗集注》卷二，上海：上海古籍出版社，2003年，第42页。

5　苏辙：《次韵刘贡父省上示同会二首》之一，《苏辙集·栾城集》卷十五，第288页。

十年江海兴不浅，满帆风雨通宵行。投篙杙杙便止宿，买鱼沽酒相逢迎。归来朝中亦何有，包裹观阙围重城。日高困睡心有适，梦中时作东南征。[1]

以"江海"指远离政治权力之地，在六朝以来的诗歌中也自成传统，苏辙未尝出海，他所谓的"江海"实际上跟"江湖"的意思相同。值得注意的是，在这首作于元祐年间的诗中，此前的十几年流落江湖的经历，成了梦里追寻的美好过去。水运交通和市镇的发达，使江湖旅途亦具风雨夜行的兴致，不但可以随处止宿，还能相遇不同的人，吃各种不同的鱼，喝各地自产的酒，颇有温情。与此相比，京都又有什么？无非是内城、外城两重城墙包围着一些宫廷衙门而已，身在其中只想睡觉，而梦魂飞回了东南——好不容易归朝的作者，却成了个思念"江湖"的人。同样，元祐年间的苏轼，也有"江湖前日真成梦"[2]、"江湖来梦寐，蓑笠负平生"[3]等相似诗句。

"江湖"有何可思？与固定在一地的都城不同，"江湖"是个流动的空间，苏辙写的"通宵行""东南征"也富有动感，比起困睡一地，在流动空间中的连续行动，当然更有资格成为真正"人生"的内容。人生本来就常被形容为一个旅程，这旅程是理应在流动的空间中展开的，所谓"君为魏博三年客，日有

1 苏辙：《书郭熙横卷》，《苏辙集·栾城集》卷十五，第295页。

2 苏轼：《次韵张舜民自御史出倅虢州留别》，《苏轼诗集合注》卷二十九，第1449页。

3 苏轼：《次韵奉和钱穆父蒋颖叔王仲至诗四首·藉田》，《苏轼诗集合注》卷三十六，第1833页。

江湖万里心"[1]，保持对于远方的向往，才是富有诗意的人生。当然，这个空间不能只是一片荒原野水，其中必须有适合诗人生存的条件，那么，除了舟楫风帆，买鱼沽酒，二苏的"江湖"还有什么呢？

熙宁九年（1076），密州知州苏轼把州城西北潍水边上的一个送客亭改建为"快哉亭"，时在齐州的苏辙寄诗云：

> 车骑崩腾送客来，奔河断岸首频回。凿成户牖功无几，放出江湖眼一开。景物为公争自致，登临约我共追陪。自矜新作超然赋，更拟兰台诵快哉。[2]

按诗中所云，改建工程并不复杂，主要是多开了几扇门窗，但好处就在"放出江湖"进入亭中之人的视野，使自然风景纷至沓来，引人诗兴。上文引用的苏轼赠李常诗"江湖常在眼，诗酒事豪纵"，也是相同的意思。多年以后，苏轼还有"忆昔江湖一钓舟，无数云山供点笔"[3]的回忆。山水风景，自非行走"江湖"者不能饱览。像后来深居宫廷的艺术家宋徽宗，就只好造些假山来寻取诗情画意，却为此承受千古骂名，也算可怜。

与自然山水相伴的，往往还有历史遗迹，对于二苏这样学者型的诗人，可能更富吸引力。熙宁四年（1071）苏轼出京赴杭州通判任，途中游历镇江，作《甘露寺》诗，苏辙次韵云：

---

1 苏辙：《和强君瓦亭》，《苏辙集·栾城集》卷三，第41页。

2 苏辙：《寄题密州新作快哉亭二首》之一，《苏辙集·栾城集》卷六，第110页。

3 苏轼：《次前韵送程六表弟》，《苏轼诗集合注》卷三十，第1497页。

去国日已远，涉江岁将阑。东南富山水，跬步留清欢。
迁延废行迈，忽忘身在官。清晨陟甘露，乘高弃征鞍。超然
脱阛阓，穿云抚朱栏。下视万物微，惟觉沧海宽。潮来声汹
汹，望极空漫漫。一一渡海舶，冉冉移樯竿。水怪时出没，
群嬉类猨猱。幽阴自生火，青荧复谁钻。石头古天险，凭恃
分权瞒。疑城曜远目，来骑惊新观。聚散定王业，成毁犹月
团。金山百围石，岌岌随涛澜。犹疑汉宫廷，屹立承露盘。
狂波恣吞噬，万古嗟独完。凝眸厌滉漾，绕屋行盘珊。此寺
历今古，遗迹皆龙鸾。孔明所坐石，斑斓非人刊。经霜众草
短，积雨青苔寒。萧翁嗜佛法，大福将力干。坡陀故镬在，
甲错苍龙蟠。卫公秉节制，佛骨埋金棺。长松看百尺，画像
留三叹。新诗语何丽，传读纸遂刊。嗟我本渔钓，江湖心所
安。方为笼中闭，仰羡天际抟。游观惜不与，赋咏嗟独难。
俸禄藉升斗，虀盐嗜咸酸。何时扁舟去，不俟官长弹。[1]

甘露寺在濒临长江的北固山上，苏辙在描写山水风景之
后，可能是按苏轼原诗的提示，逐一点到了诸葛亮坐过的狠石、
梁武帝造的大铁镬和唐代李德裕画像等历史遗迹，甘露寺拥有
的这些遗迹几乎勾连起一部宋前的中国史。最后，苏辙为自己
未能同游深表遗憾，希望哪天可以脱离官场，乘上扁舟去"江
湖"尽情寻访。因为漫长的中国史把众多的遗迹散布在"江湖"
空间，所以这个空间实际上也到处含蕴着深邃的历史感。

值得注意的，还有苏轼作于元祐后期的下面两首诗，都提

---

1 苏辙：《次韵子瞻游甘露寺》，《苏辙集·栾城集》卷四，第64页。

到了"江湖"：

> 都城昔倾盖，骏马初服辀。再见江湖间，秋鹰已离鞲。
> 于今三会合，每进不少留。……[1]

> 淮上东来双鲤鱼，巧将诗信渡江湖。细看落墨皆松瘦，
> 想见掀髯正鹤孤。[2]

　　前一首说他在"江湖"见到了朋友，后一首说朋友的书信
远渡"江湖"到达自己手上。北宋时期的交通、通讯，当然没
有现代那么便利发达，但与唐五代之前相比，显然有巨大的进
步。以前的诗人，相聚交流大抵只在京师，分赴"江湖"后便
多孤处寂寞之叹，但对于北宋诗人苏轼来说，他的"江湖"既
可以是朋友相见之地，也不难收到朋友的书信。客观上，交通、
通讯以及商品经济等方面的发展，使"江湖"的宜居程度不断
提高。

　　这样，我们在二苏言及"江湖"的以上诗句中看到，这"江
湖"间有山水风光、有历史遗迹、有朋友人情，在此行旅酒食，
无不催发诗兴。对于诗人来说，除了权力压迫、行政束缚，"江
湖"已经不缺乏什么。比起京都，"江湖"甚至更多人间烟火，
更适合作为归宿之地。

1　苏轼：《送张嘉父长官》，《苏轼诗集合注》卷三十五，第1771页。
2　苏轼：《次韵刘景文见寄》，《苏轼诗集合注》卷三十四，第1703页。

三、"江湖"可归

北宋"新旧党争"局面的变化，很大程度上跟宋神宗英年早逝有关，比神宗年长十来岁的苏轼、苏辙，在谪居黄州、筠州的时候，是不敢预想皇帝会比他们更早去世的，所以，此后政局翻转使他们成为元祐大臣，毋宁说是个意外。当苏轼在元丰七年（1084）获准离开黄州的时候，他本人并不认为这是一个政治转机，《别黄州》诗云：

> 投老江湖终不失，来时莫遣故人非。[1]

他认为自己还会回到黄州来，因为余生肯定要在"江湖"上度过。这并不是刻意对政治前途作低调的估计，以神宗皇帝掌控政局、坚持"新法"为事实前提，苏轼必须有这样的心理准备。实际上，他在黄州经营东坡，建造雪堂，自号"东坡居士"，也已经是此种心理准备的体现：有意认同黄州，认同"江湖"。

对"江湖"的心理认同，当然不至于使苏轼放弃元祐入朝的机会，毕竟儒家教养赋予士人的政治理想主要须在朝廷才能实现。但元祐年间也有党争，而且局面更为杂乱，官职的升迁并不意味着苏轼的政治诉求都能如愿以偿，当他对京师的官场感到厌倦的时候，"江湖"就越来越具有吸引力。元祐四年（1089）的苏轼回想黄州云：

---

1 苏轼：《别黄州》，《苏轼诗集合注》卷二十三，第1146页。

东坡先生未归时，自种来禽与青李。五年不踏江头路，梦逐东风泛苹芷。江梅山杏为谁容，独笑依依临野水。此间风物君未识，花浪翻天雪相激。明年我复在江湖，知君对花三叹息。[1]

此时苏轼正想申请离京，去担任地方官，所以预计"明年我复在江湖"，而事实上他当年就再莅杭州。此后，在"江湖"与朝廷之间来来去去，真如鸿雁一般。据其诗语，他更为认同的乃是"江湖"：

老身倦马河堤永，踏尽黄榆绿槐影。荒鸡号月未三更，客梦还家时一顷。归老江湖无岁月，未填沟壑犹朝请。黄门殿中奏事罢，诏许来迎先出省。已飞青盖在河梁，定饷黄封兼赐茗。远来无物可相赠，一味丰年说淮颍。[2]

这是元祐七年（1092）从扬州还朝的时候所作，漫长的行旅显然令他感到疲倦。朝廷对这位名臣表示了礼遇，知其行近都城，特许门下侍郎苏辙暂停公务，出城迎接兄长，还赐茶慰劳。不过苏轼表示他没有礼物可以回赠，只能把一路上听到的丰收消息告诉担任执政官的弟弟，而对于自己这一次还朝任职，则遗憾地表示"归老江湖"的愿望又一次落空了。"归"字的指向，一般是故乡，也经常是京师，但在苏轼这里却是"江湖"。

1　苏轼：《和王晋卿送梅花次韵》，《苏轼诗集合注》卷三十一，第1544页。

2　苏轼：《召还至都门先寄子由》，《苏轼诗集合注》卷三十六，第1813—1814页。

确实，翰林学士苏轼的"江湖"之志，屡见诗中，如"今年我欲江湖去，暮雨连山宰树春"[1]、"逝将江湖去，浮我五石尊"[2]、"此生定向江湖老，默数淮中十往来"[3]等，在写给朋友的书信中也说："某江湖之人，久留辇下，如在樊笼，岂复有佳思也。"[4]这样反复表示，并非违心之语，因为就仕宦常情而论，随着苏辙担任的职务愈趋显要，其嫡亲兄长似乎也以申请外任为宜。就此而言，将外任之地纳入"江湖"，对苏轼来说几乎是必要的，否则除了贬谪，他就与"江湖"无缘了。相对来说，苏辙的政治地位更高，卷入元祐政争更深，尽管也有"万里还朝径归去，江湖浩荡一轻鸥"[5]等类似表述，但元祐时期的他除了一度出使契丹外，几乎全部时间都在朝廷。当然，他对兄长的"江湖"之志是完全了解的，还曾寄诗"提醒"苏轼：

> 谁将家集过幽都，逢见胡人问大苏。莫把文章动蛮貊，恐妨谈笑卧江湖。[6]

苏辙在契丹见闻了苏轼及其作品在当地的影响，觉得如此声名远播，恐怕会妨碍其"江湖"之志的实现。

---

1 苏轼：《潘推官母李氏挽词》，《苏轼诗集合注》卷二十八，第1394页。

2 苏轼：《复次韵谢赵景贶陈履常见和兼简欧阳叔弼兄弟》，《苏轼诗集合注》卷三十四，第1698页。

3 苏轼：《淮上早发》，《苏轼诗集合注》卷三十五，第1766页。

4 苏轼：《与刘贡父七首》之七，《苏轼文集》卷五十，第1467页。

5 苏辙：《题王诜都尉设色山卷后》，《苏辙集·栾城集》卷十六，第316页。

6 苏辙：《奉使契丹二十八首·神水馆寄子瞻兄四绝》之三，《苏辙集·栾城集》卷十六，第321页。

既然"江湖"是一个"朝廷"之外的空间,而"朝廷"才是儒家政治理想、人生价值的实现地,那么"归"去"江湖"又有什么意义呢?如果仅仅是为了逃避政争、休歇身心,则归隐"山林"更符合诗歌的表现传统。逃避的空间,只需要一丘一壑,用不着"江湖"那么辽阔。但苏轼向往的,确是辽阔的空间,而且他的诗歌对此有异常杰出的把握:

> 江夏无双种奇茗,汝阴六一夸新书。磨成不敢付童仆,
> 自看雪汤生玑珠。列仙之儒瘠不腴,只有病渴同相如。明年
> 我欲东南去,画舫何妨宿太湖。[1]

　　此诗以"江"起,以"湖"结,笔者以为是苏诗"江湖"书写的巅峰之作。"江夏无双"指黄庭坚,他把家乡的双井茶送给苏轼,并赠诗,苏轼次韵答之,却由长江流域的黄庭坚联想到了汝阴(颍州)的六一居士欧阳修,后者曾在自己的著作中盛赞双井茶。然而,当"江夏无双种奇茗"的时候,其实"汝阴六一"墓木已拱,首二句所写的事并不发生于同一时间,作者以对仗之法加以并置,是把时间间隔转化成了"江夏—汝阴"的空间距离。接下来,两句写黄庭坚精心制茶,两句写欧阳修生前"病渴",正需要好茶,这两者之间的时间间隔也被抽去。"病渴"就是糖尿病,同样患有此病的,还有汉朝的司马相如,其在当时文坛首屈一指的地位,正与欧阳修相同。这司马相如被带出,使被抽去的时间间隔更大。最后两句,苏轼自己出场,

---

1　苏轼:《黄鲁直以诗馈双井茶次韵为谢》,《苏轼诗集合注》卷二十七,第1382页。

"明年"二字把时间因素稍稍放出，但立刻又被转化成空间距离：他想把自己安置到东南的太湖上。苏轼使用了真正堪称"空间诗学"的高超手段，把漫长的时间都折叠到空间之中。太湖之思绝对不是逃避行为，而是有意在开拓空间："汝阴"一名自与汝水相关，而北宋颍州实因流入淮河的颍水得名，当时已有大运河沟通淮河、长江，从长江再往南，才连到太湖。很显然，苏轼通过自己的水运交通经验，达成了对"江湖"流动空间的宏观把握，而由双井茶所象征的文人风雅生活，就在此空间中传递。另一方面，如果我们把诗中被作者有意压扁的时间轴释放开来，则在种茶的弟子和著书的老师之间，东坡画舫的驶入，也是绝对不可缺少的，三代师徒由此得以连贯，而向上追溯，还能望见司马相如的身影。这样的一个世界，令人神往，苏轼赋予它的文化意义，不是一处"山林"可以承担的，必须是"江湖"。

一种风雅的生活充盈在"江湖"，一缕亘古的诗意延绵在"江湖"，一个伟大的文明崛起在这个辽阔的空间。苏诗对"江湖"的书写，至少在建构其人文景观方面，是远远超越杜甫，超越前人的。"江湖"的意义不再是负面的，它承载了我们的文化，是文化人真正的归宿。

四、通向桃源的"江湖"

苏轼有"我家江水初发源"[1]之句，认为自己的家乡是长江的源头，后来他两度任职于杭州，歌咏西湖并成功地治理西湖，他对"江湖"的好感，很可能跟这样的经历相关。不过，既然"江湖"可以泛指朝廷之外的所有地方，那么为这个空间赋予意义的时候，诗歌传统中借"山林"意象来表现的隐逸文化，其实也被包含其中。早在熙宁初年，苏轼诗中想象的"江湖"，就是有不少隐士的：

江湖隐沦士，岂无适时资？老死不自惜，扁舟自娱嬉。从之恐莫见，况肯从我为？[2]

他说"江湖"上的这些隐士，或许也不乏为国家出力的才干，却愿意逍遥自在，空度一生，"我们"既找不到他们，他们也不肯来找"我们"。此时出仕不久的苏轼对"江湖"尚有陌生之感，但由此不难看到，隐逸文化是宋人"江湖"想象的底色，这是由文化传统决定的。

当然，由于把各级地方政府的所在地也纳入了"江湖"的范围，隐逸文化就不能覆盖这个空间的全部了。实际上，随着水陆交通和信息传播的发展，政治控制力的加强，再加上北宋统治的疆域比汉唐狭小等因素，从京城延伸出来的权力脉络已

1　苏轼：《游金山寺》，《苏轼诗集合注》卷七，第274页。

2　苏轼：《秀州僧本莹静照堂》，《苏轼诗集合注》卷六，第218页。

经遍布"江湖"空间。这方面，苏辙曾有明确的表述，他在替朝廷起草的命令中说：

> 敕具官某等：朕惟古之圣王，不泄迩，不忘远，虽在江湖万里之外，视之如畿甸之间，是以并择才能，以察奸狱。……[1]

虽托言"古之圣王"，其实基于作者在当代的切身感受，所以他告诫新任的地方官说：即使你们跑到了"江湖万里之外"，朝廷仍能看到你们的所作所为。事实确乎如此，就像苏轼在杭州、密州写一些诗抒发不满的情绪，就会引来一起"乌台诗案"。所以，"江湖"并非安全的避世之处，其与隐逸文化将构成何种关系，是个值得深入思考的问题。

苏轼用诗歌表达了他的思考结果。在经历了"乌台诗案"、黄州谪居以后，元丰八年（1085）赴登州途中，苏轼重访离别十年的密州，自和旧诗云：

> 伛偻山前叟，迎我如迎新。那知梦幻躯，念念非昔人。江湖久放浪，朝市谁相亲？却寻泉源去，桃花应避秦。[2]

诗中的伛偻老人，看来曾是苏轼的旧识，但似乎已经不能认出苏轼了。一别十年，经历了这么多事，确实改变很大。"江

1　苏辙：《邹极江西提刑何琬府界提刑（制）》，《苏辙集·栾城集》卷二十八，第476页。
2　苏轼：《再过常山和昔年留别诗》，《苏轼诗集合注》卷二十六，第1310—1311页。

湖久放浪"大概指黄州谪居，以及离开黄州以来的长途漂泊，按今天的政区，苏轼从湖北出发，走过了江西、安徽、江苏、河南四省，又到达了山东。比起"朝市"，他已经习惯于这样流动的"江湖"生涯。虽然此时的苏轼是走在复起为官的途中，但诗末表达了他的愿望，并不是从"江湖"走向"朝市"，而想掉转方向，去寻找"泉源"。毕竟"江湖"在字面上是个水域，所以必然有个源头，而他想象中的这个"泉源"，是陶渊明笔下的桃花源。这一点具有非常重要的象征意义：东坡先生为他的"江湖"找到了一个源头，就是桃源！苏诗"江湖"书写的又一个点睛之笔出现了。

我们知道，陶渊明是隐逸文化的一个标志，在诗歌批评史上，也是苏轼把陶渊明提到至高无上的地位，其"和陶诗"更享盛名。至于苏轼对"桃源"的具体认识，则有明确的论述性文字，就在《和陶桃花源》诗的引言：

世传桃源事多过其实。考渊明所记，止言先世避秦乱来此，则渔人所见，似是其子孙，非秦人不死者也。又云"杀鸡作食"，岂有仙而杀者乎？旧说南阳有菊（花），〔水〕甘而芳，民居三十余家，饮其水，皆寿，或至百二三十岁。蜀青城山老人村，有见五世孙者。道极险远，生不识盐醯，而溪中多枸杞，根如龙蛇，饮其水，故寿。近岁道稍通，渐能致五味，而寿亦益衰。桃源盖此比也欤？使武陵太守得而至焉，则已化为争夺之场久矣！尝意天壤间若此者甚众，不独桃源。予在颍州，梦至一官府，人物与俗间无异，而山川清远，有足乐者。顾视堂上，榜曰"仇池"。觉而念之，仇池，武都氐故地，杨难当所保，余何为居之？明日，以问客。客有赵令畤德麟者，曰："公何问此？此乃福地，小有洞天之附庸也。杜子美盖云：'万古仇池穴，潜通小有天。'"他日，工部侍郎王钦臣仲至谓余曰："吾尝奉使过仇池，有九十九泉，万山环之，可以避世如桃源也。"[1]

他首先否定了"桃源"为神仙世界的说法，然后举出南阳菊（花）水、蜀地青城山老人村两个例子，认为这样保持自然生态与淳朴民俗的偏远区域，不与外界相通，就是现实中的"桃源"了。天下之大，类似的地方应该不少，陶渊明只是偶然到访了一处而已。引言的后半篇讲了苏轼梦至"仇池"的事，经过一番考问，最后确定"仇池"其实就是相对隔世的一处"桃源"。这个"仇池"之梦对苏轼影响不小，笔下多次道及，我们基本上可以把"仇池"看作苏轼心中的"桃源"。另外，在《和陶桃花源》诗中，苏轼还提到了"蒲涧安期境，罗浮稚川界"，即广州白云山的菖蒲涧和惠州的罗浮山，相传都是仙人的居所，但在苏轼看来，也跟"桃源"类似。总之，"凡圣无异居，清浊共此世……桃源信不远，杖藜可小憩"，这浊世之中，原本也有不少"桃源"与我们同在，随时可以前往小憩。陶渊明赋予"桃源"的隐逸文化被继承下来，但其神秘感消失，大抵就是处于僻远之地，不易受外界影响，人情风俗比较淳古的自然村而已，当然它们还有一个共同点，就是都拥有水源。这其实是生命存在所必须的条件，但妙处在于，既然拥有水源，便可

---

1 苏轼《和陶桃花源并引》，《苏轼诗集合注》卷四十三，第2199—2200页。

与"江湖"相通。于是我们看到中国诗歌史上颇具象征性的一幕：从陶渊明的"桃源"流出了苏轼的"江湖"，东坡"和陶诗"就是"江湖"向其源头"桃源"致敬。

当然，我们只能从苏轼的诗里看到他以"桃源"为"江湖"之源的构思，其论述性文字没有直接把两者相联结的说法。但诗人灵光一闪，联想及此，正是其真实心态的展露，极堪珍视。而且，在山的泉源，流出为江水，这原是传统的山水画经常表现的内容，苏轼就曾看到一幅这样的《烟江叠嶂图》，为之题诗云：

> 江上愁心千叠山，浮空积翠如云烟。山耶云耶远莫知，烟空云散山依然。但见两崖苍苍暗绝谷，中有百道飞来泉。萦林络石隐复见，下赴谷口为奔川。川平山开林麓断，小桥野店依山前。行人稍度乔木外，渔舟一叶江吞天。使君何从得此本，点缀毫末分清妍。不知人间何处有此境，径欲往买二顷田。君不见武昌樊口幽绝处，东坡先生留五年。春风摇江天漠漠，暮云卷雨山娟娟。丹枫翻鸦伴水宿，长松落雪惊昼眠。桃花流水在人世，武陵岂必皆神仙。江山清空我尘土，虽有去路寻无缘。还君此画三叹息，山中故人应有招我归来篇。[1]

此诗前半部分就再现了画中内容，苍崖绝谷之间的泉水，流出谷口而为平川，然后江面越来越宽阔，乃至"吞天"。"君

---

1 苏轼：《书王定国所藏烟江叠嶂图》，《苏轼诗集合注》卷三十，第1526—1527页。

不见"以下描写了黄州的四季之景，我们知道黄州经历便是苏轼念念不忘的"五年江湖"。接下来"桃花流水在人世，武陵岂必皆神仙"，正同于《和陶桃花源》中的说法，意谓世间流水，必可上溯到一个现实的"桃源"，只看你有没有决心去寻这条归路。

苏轼当然知道，他的"江湖"已是来自朝廷的权力延伸之地，但他仍坚持这"江湖"之水是从"桃源"流出来的。由"桃源"而"江湖"，是一种精神文化的延伸，与权力延伸的方向正好相反，但必须有来自"桃源"的一脉，才能保证这"江湖"是个诗意空间。

五、余论

以上汇集了苏轼、苏辙书写"江湖"的许多文本，按其语脉，结合作者的经历，求索其表达的含义，认为他们笔下的"江湖"已被建构成崭新的诗意空间。基本上，本文还未涉及同时代的其他诗人，他们其实也有不少相关的书写，而论及宋人的"江湖"观念，出现于南宋的一个被称为"江湖诗人"的群体，也是不能忽视的。学界对"江湖诗人"或所谓"江湖诗派"已有许多考论乃至争议[1]，从梳理历史现象的角度看，以"江湖"与"庙堂"之对举来确定这里的"江湖"含义，从而据诗人的非

1　详见侯体健《"江湖诗派"概念的梳理与南宋中后期诗坛图景》，《文学遗产》2017年第3期。

士大夫（或高级士大夫）身份来确定"江湖诗人"的范围，是比较简捷、容易操作的方法，笔者也曾如此主张。不过，个体的社会身份与其精神认同、审美倾向，毕竟不能完全对应，而彼此划分畛域。

鉴于苏诗的巨大影响力，我相信经他们书写的"江湖"，已经不专属一部分"江湖游士"，而是所有诗人共享的一个诗意空间。而且，这个空间以隐逸文化为底色，但不能拒绝政治权力的延伸，山水风光、历史遗迹、亲朋友谊、民情风俗乃至高雅的人文传承，毕集于此，与后世白话小说描写的"江湖"相比，明显缺少的是粗暴的市井、草莽之气，所以基本上仍属于士大夫文化。这就意味着，"江湖"书写本来就是士大夫文化发展出来的一个部分，如果一位高级士大夫，愿意一心一意书写他的"江湖"生活、"江湖"情思，那就没有人可以规定他不能做个"江湖诗人"，如果他仅存的作品显示出与别的"江湖诗人"高度认同，那我们仅据身份而把他逐出这个群体之外，就毫无必要。总之，对诗人来说，"江湖"既意味着一种身份，也意味着一个诗意空间，这两方面都值得我们重视。

延伸阅读

《苏轼文集》
苏轼著，孔凡礼校点，中华书局，1986。

《苏轼诗集》
苏轼著，孔凡礼校点，中华书局，1982。

《东坡乐府笺》
苏轼著，龙榆生笺注，上海古籍出版社，2009。

《苏轼选集》
王水照选注，上海古籍出版社，1984。

《嘉祐集笺注》
苏洵著，曾枣庄等笺注，上海古籍出版社，1993。

《栾城集》
苏辙著，曾枣庄等校点，上海古籍出版社，1987。

《苏轼年谱》
孔凡礼编撰，中华书局，1998。

《苏轼评传》
王水照、朱刚著，南京大学出版社，2004。

《诗人与造物：苏轼论考》
山本和义著，张剑译，中国社会科学出版社，2013。

《传媒与真相：苏轼及其周围士大夫的文学》
内山精也著，朱刚等译，上海古籍出版社，2013。

图书在版编目（CIP）数据

苏轼十讲 ／ 朱刚著.—上海：上海三联书店，2025.3（2025.6重印）

ISBN 978-7-5426-8711-1

I. K825.6；I207.23

中国国家版本馆CIP数据核字第2024QN6780号

苏轼十讲

著　　者 ／ 朱刚

责任编辑 ／ 王　建　樊　钰
特约编辑 ／ 李志卿　齐英豪
装帧设计 ／ 微言视觉｜沈　慢
监　　制 ／ 姚　军
责任校对 ／ 齐英豪

出版发行 ／ 上海三联书店
　　　　　　（200041）中国上海市静安区威海路755号30楼
邮　　箱 ／ sdxsanlian@sina.com
联系电话 ／ 编辑部：021-22895517
　　　　　　发行部：021-22895559
印　　刷 ／ 运河（唐山）印务有限公司

版　　次 ／ 2025年3月第1版
印　　次 ／ 2025年6月第2次印刷
开　　本 ／ 889×1194　1/32
字　　数 ／ 346千字
印　　张 ／ 16
彩　　插 ／ 23幅
书　　号 ／ ISBN 978-7-5426-8711-1 ／ K·808
定　　价 ／ 88.00 元

敬启读者，如发现本书有印装质量问题，请与印刷厂联系13752016434。